ENNEAD

ENNEAD

1

MOJITO

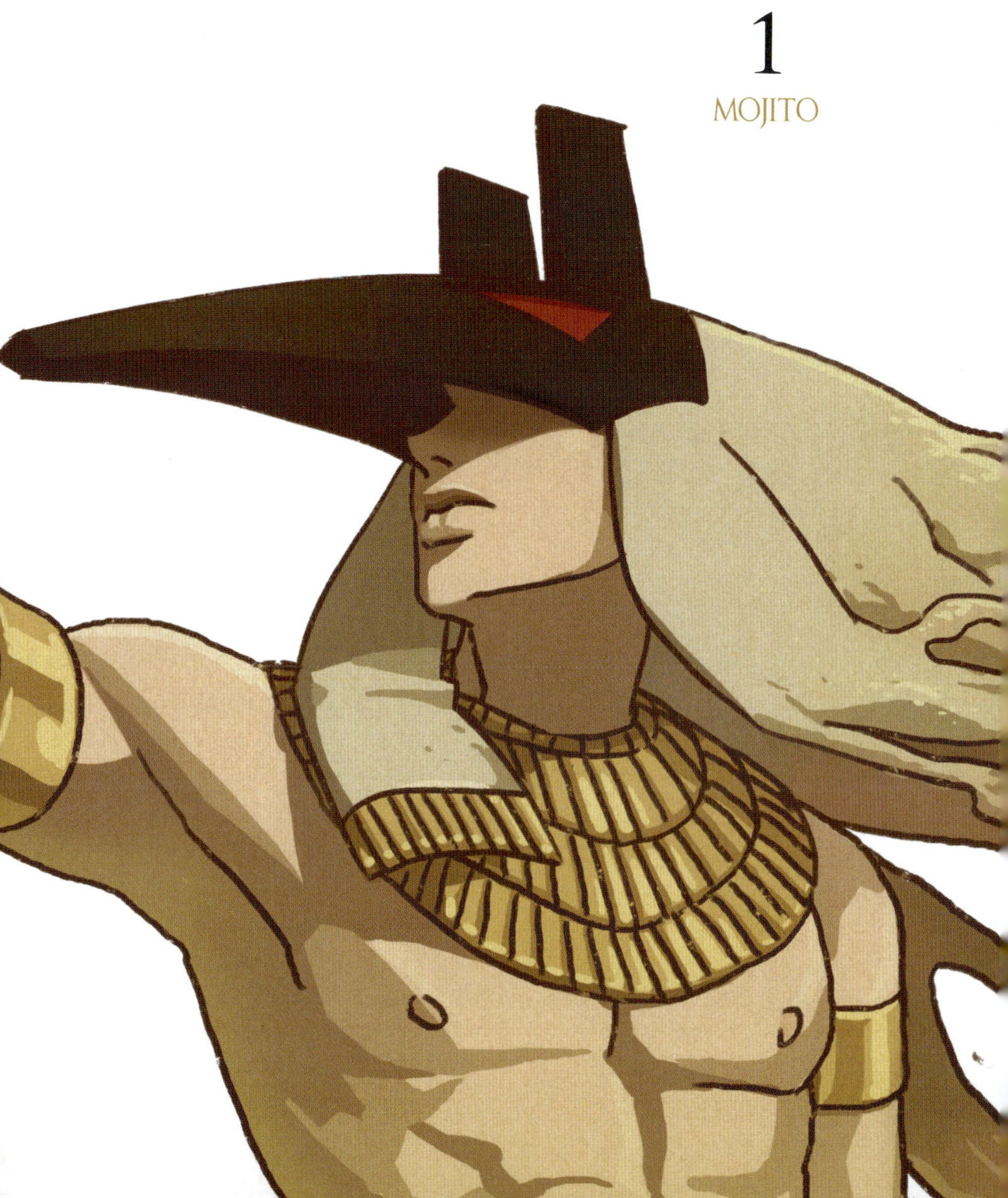

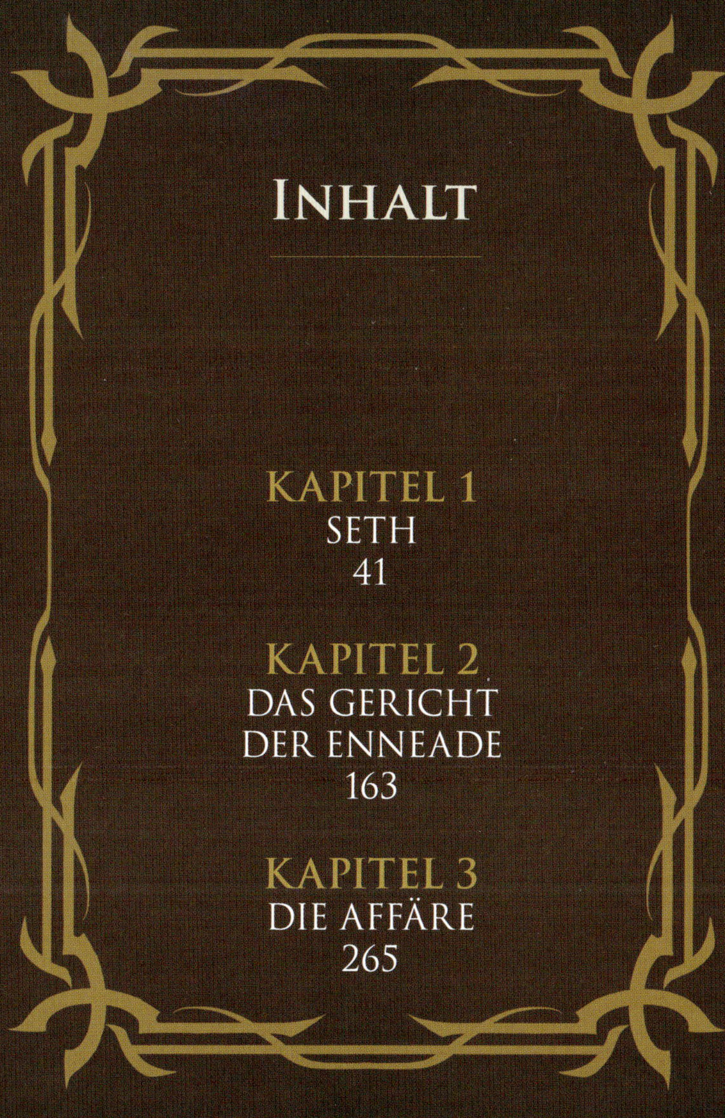

Inhalt

Prolog

AUF
EINEM HÜGEL
IM FLUSS DER
ZERSTÖRUNG
FORMTE DIE
SONNENGÖTTIN
SICH SELBST.

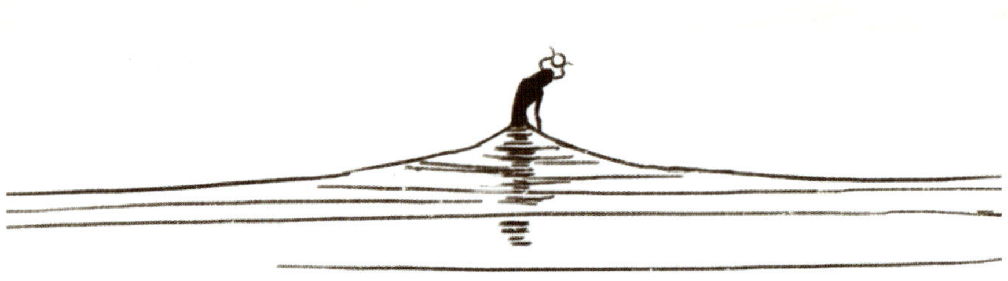

SIE SCHUF
TEFNUT, DIE
GÖTTIN DER
FEUCHTIG-
KEIT ...

... UND
SCHU,
DEN GOTT
DER LUFT.

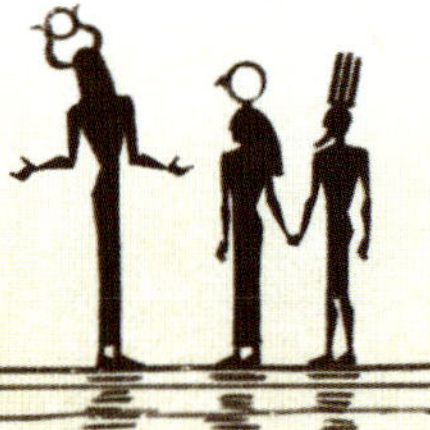

AUCH BASTET,
DIE GÖTTIN
VON REICHTUM
UND FRUCHT-
BARKEIT ...

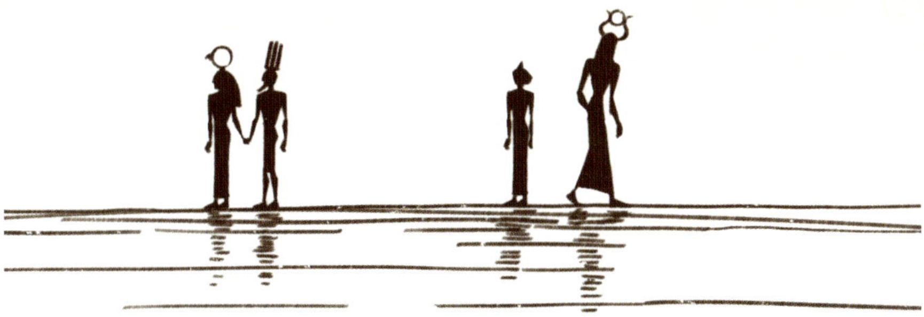

... HATHOR,
DIE GÖTTIN
DER LIEBE UND
SCHÖNHEIT ...

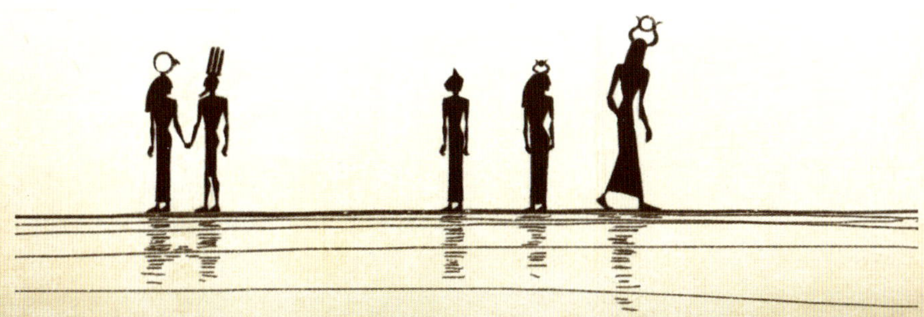

... MAAT, DIE GÖTTIN DER WAHRHEIT UND GERECHTIG-KEIT ...

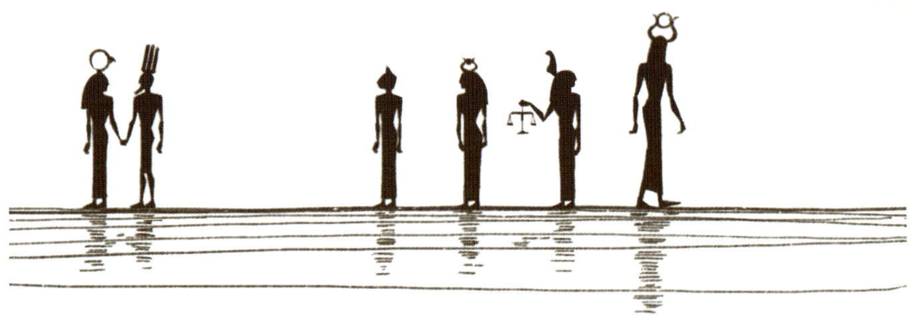

... UND SACHMET, DIE GÖTTIN DES UNHEILS, WURDEN DURCH SIE GESCHAFFEN.

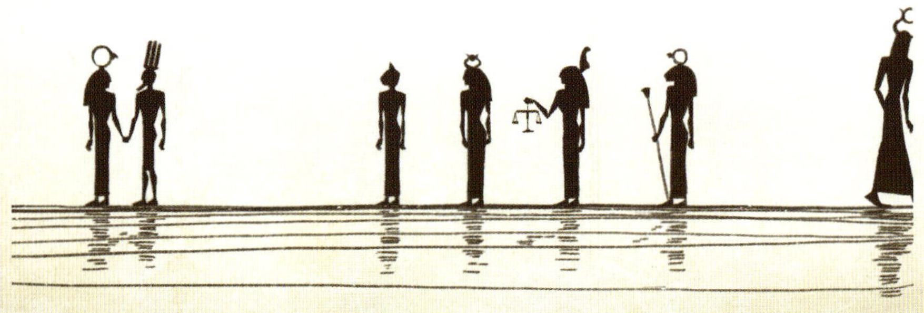

AUS DER LIEBE
IHRER KINDER
TEFNUT UND SCHU,
DEN GÖTTERN
VON FEUCHTIGKEIT
UND LUFT …

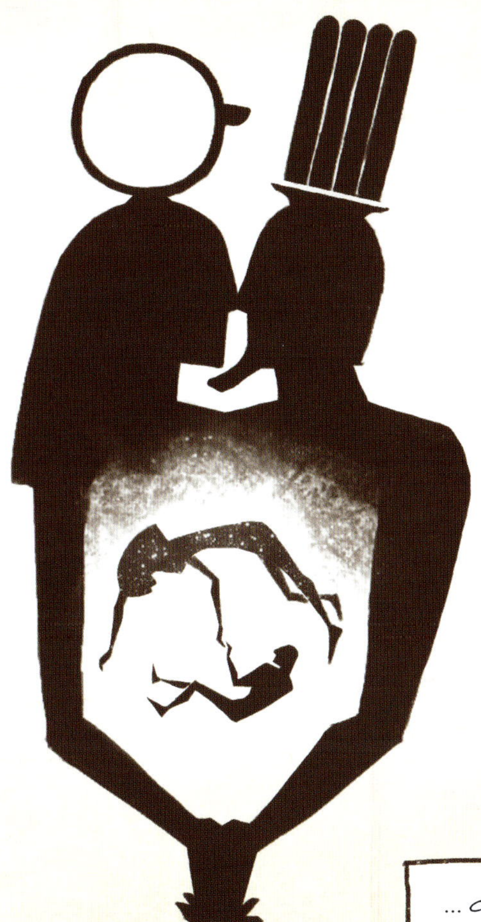

… GINGEN NUT,
DIE GÖTTIN DES
HIMMELS, UND
GEB, DER GOTT
DER ERDE,
HERVOR.

NUT UND GEB LIEBTEN SICH UND WÜNSCHTEN SICH EIN GEMEINSAMES KIND.

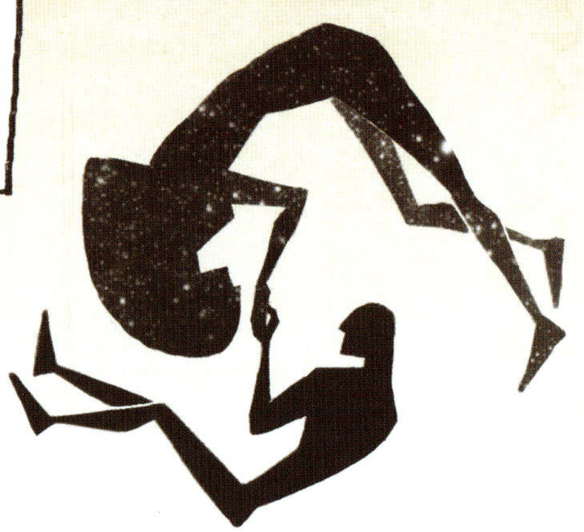

DOCH ...

„DAS KIND VON NUT UND GEB WIRD ÜBER ÄGYPTEN HERRSCHEN.“

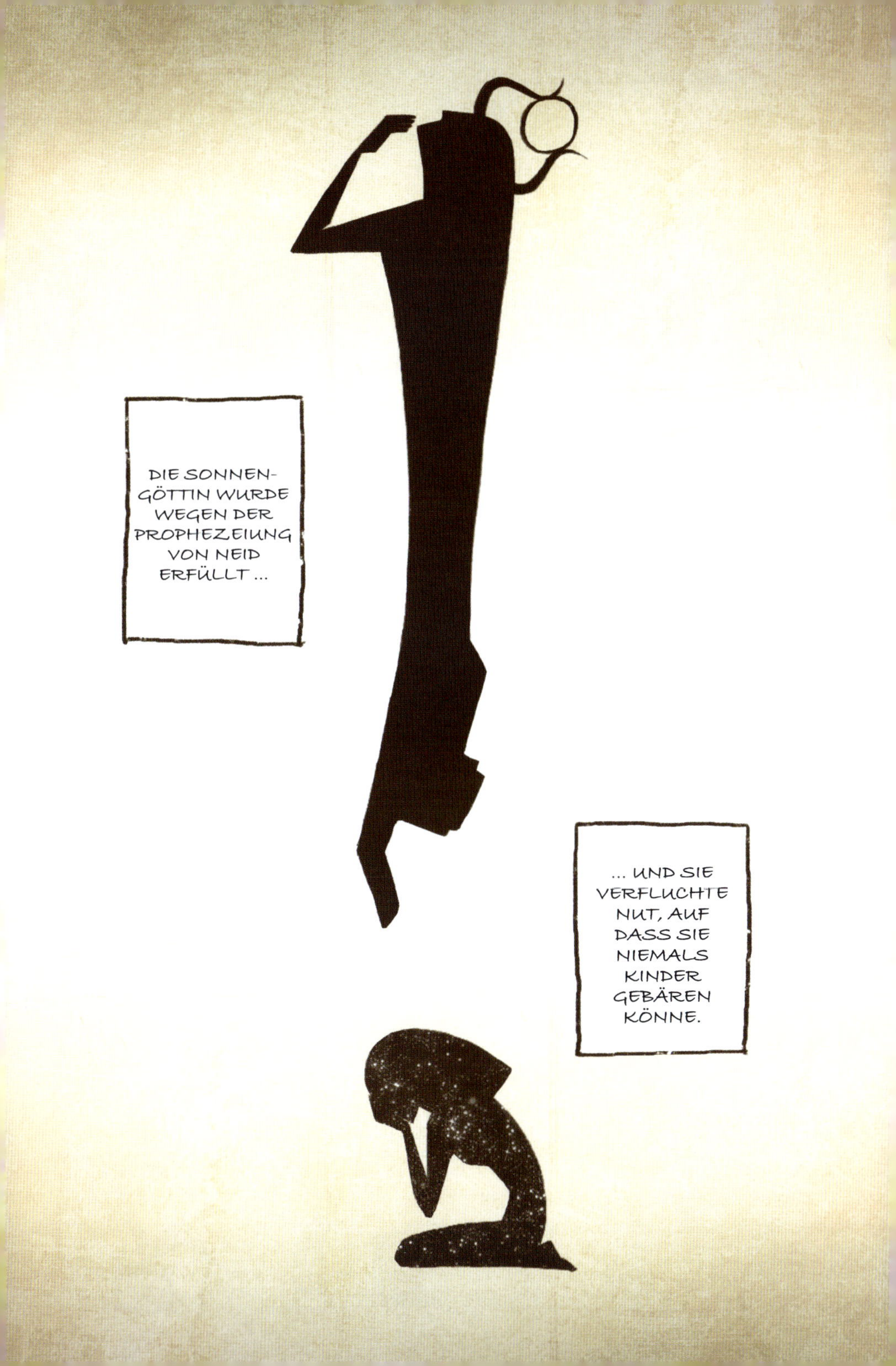

DIE SONNEN-
GÖTTIN WURDE
WEGEN DER
PROPHEZEIUNG
VON NEID
ERFÜLLT ...

... UND SIE
VERFLUCHTE
NUT, AUF
DASS SIE
NIEMALS
KINDER
GEBÄREN
KÖNNE.

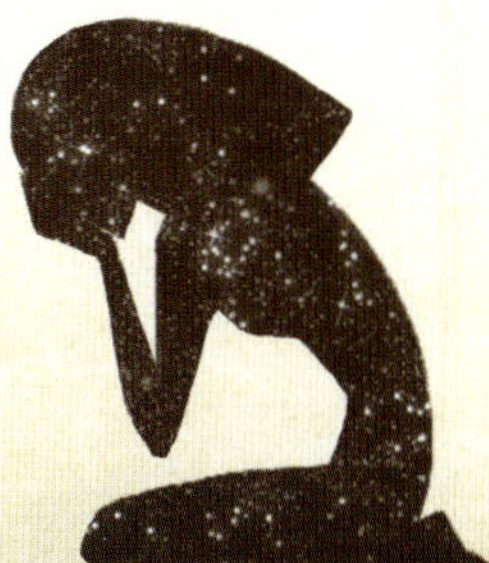

VON TRAUER GEPLAGT, WANDTE SICH NUT AN THOT, GOTT DES WISSENS UND DER WEISHEIT, UM HILFE ZU ERBITTEN.

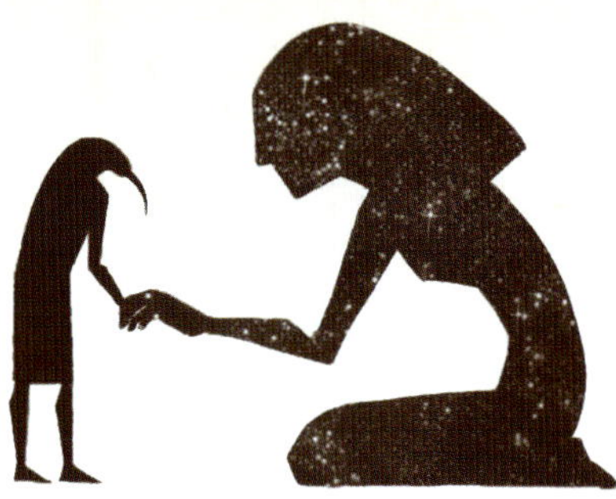

THOT VERSPÜRTE MITLEID UND SUCHTE DIE SONNENGÖTTIN AUF, UM ALLES AUF EINE PARTIE SENET* ZU SETZEN.

* EIN SPIEL, DAS DEM HEUTIGEN SCHACH ÄHNELT.

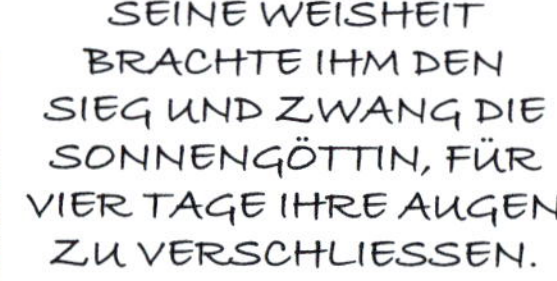

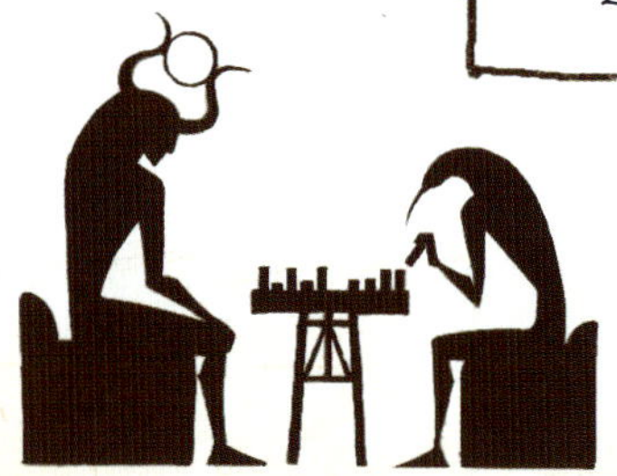

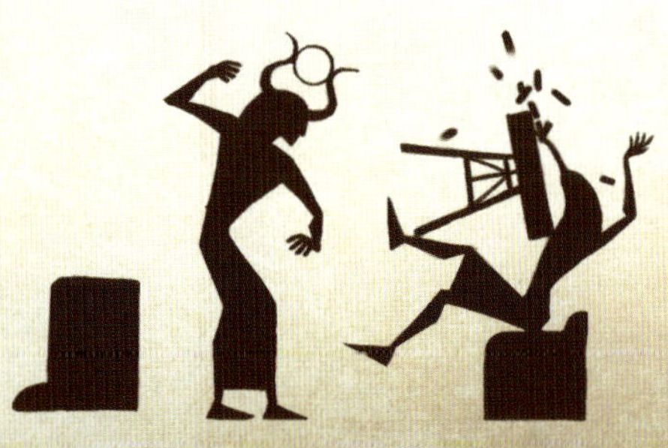

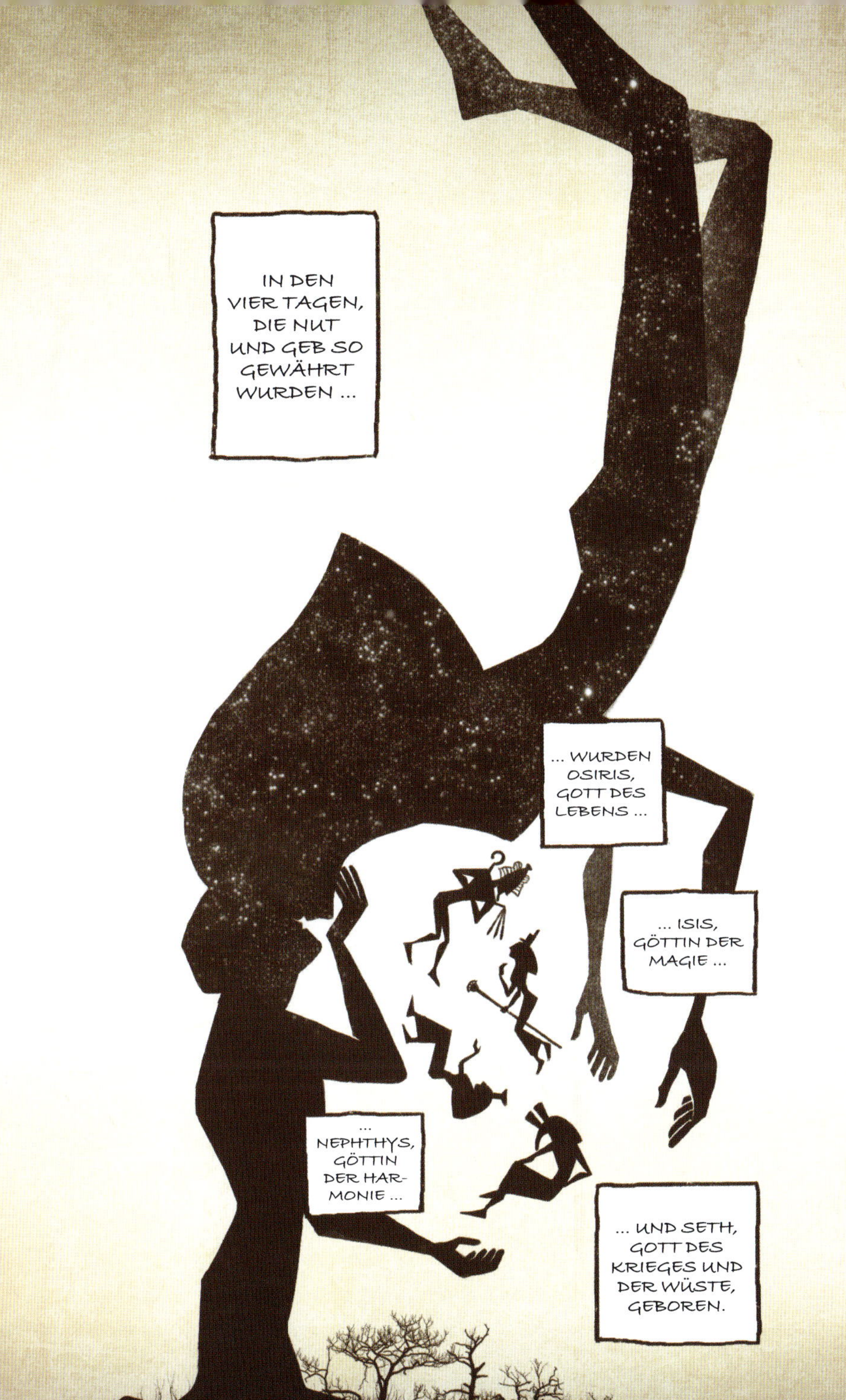
IN DEN VIER TAGEN, DIE NUT UND GEB SO GEWÄHRT WURDEN ...
... WURDEN OSIRIS, GOTT DES LEBENS ...
... ISIS, GÖTTIN DER MAGIE ...
... NEPHTHYS, GÖTTIN DER HAR-MONIE ...
... UND SETH, GOTT DES KRIEGES UND DER WÜSTE, GEBOREN.

DIE VIER GÖTTER,
DIE AUS HIMMEL
UND ERDE HER-
VORGINGEN ...

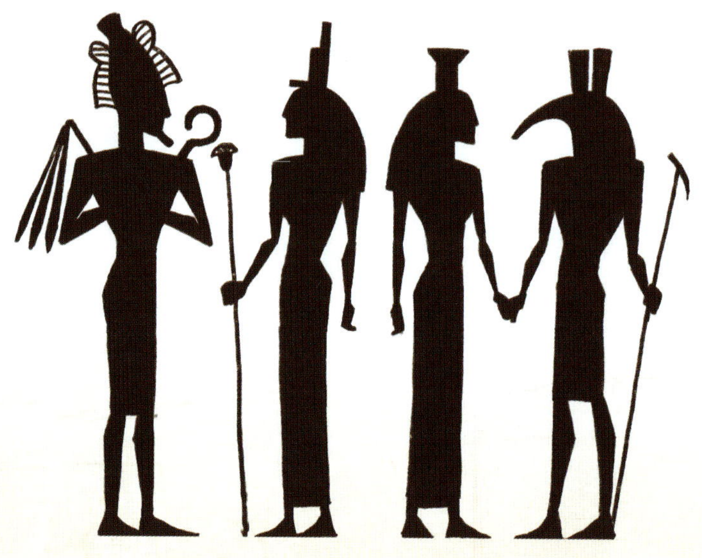

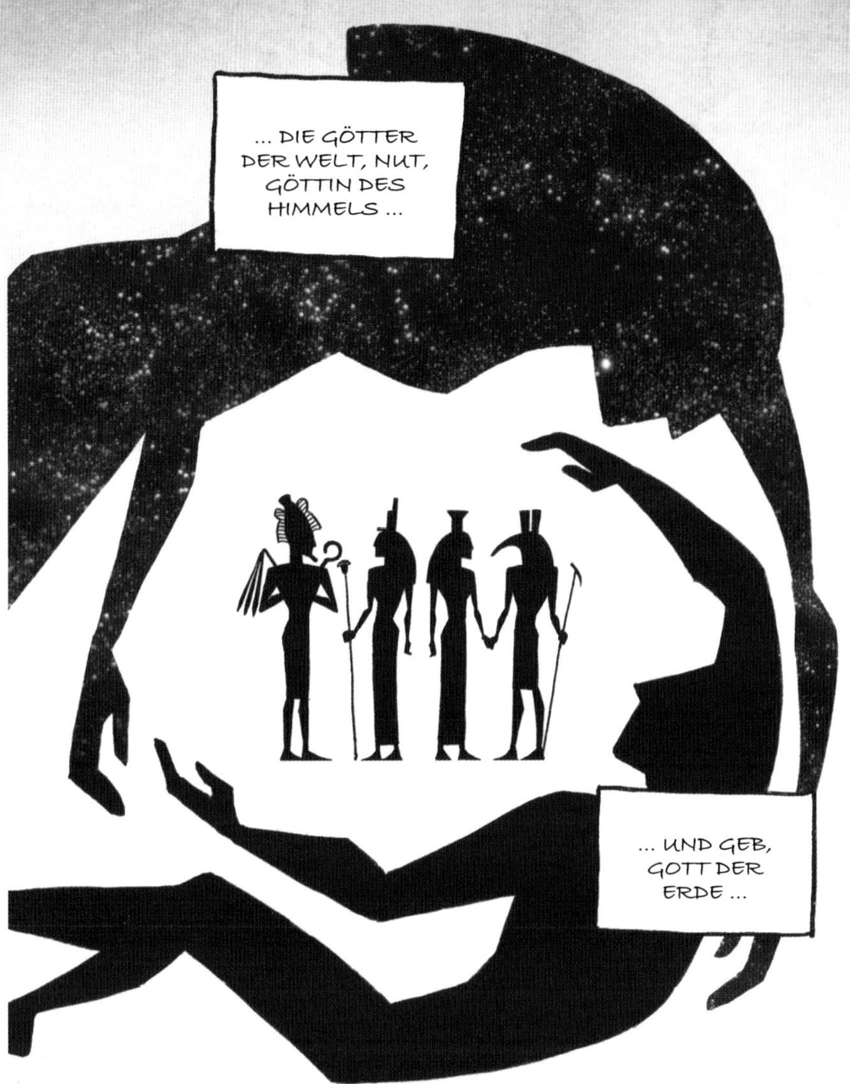

...JENE, DIE DIE WELT SPALTEN ...

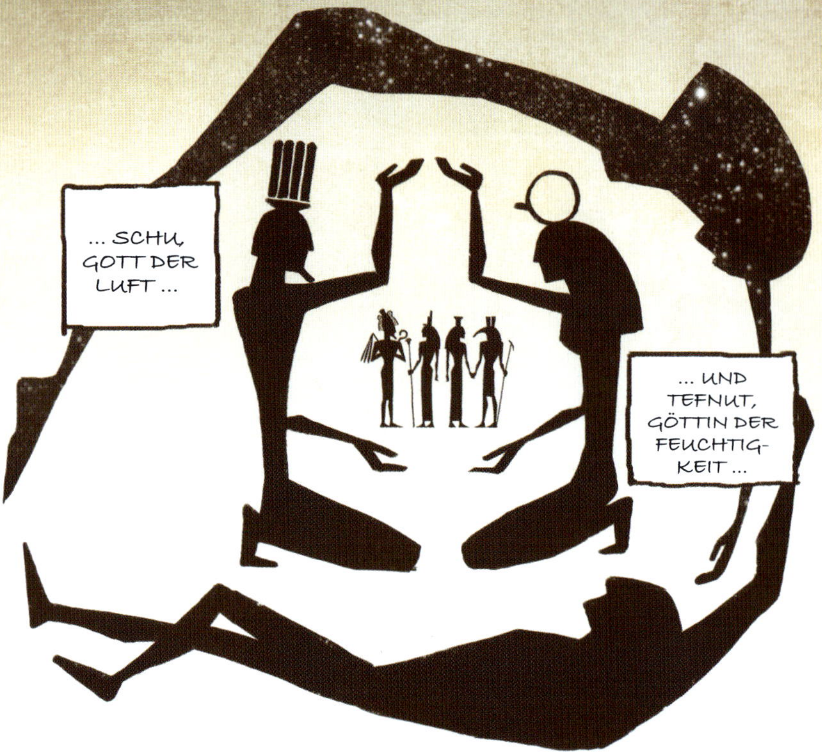

... SCHU, GOTT DER LUFT ...

... UND TEFNUT, GÖTTIN DER FEUCHTIGKEIT ...

... UND SCHLIESSLICH DIE SONNENGÖTTIN ALS WURZEL ALLER DINGE.

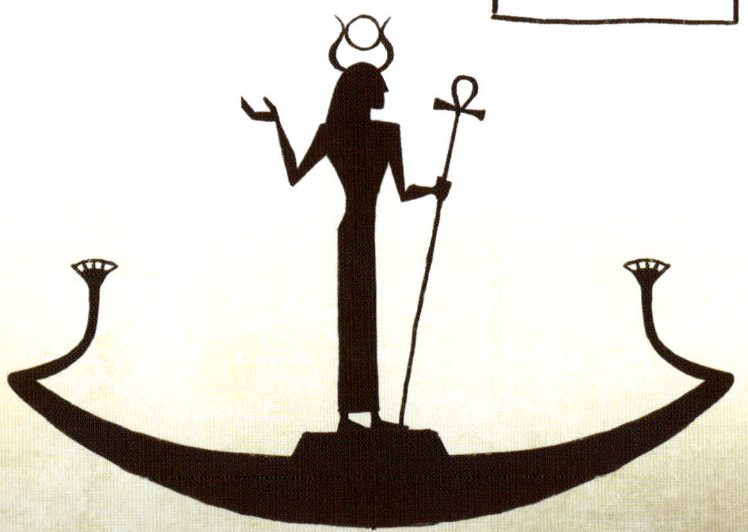

DAS VOLK ÄGYPTENS
BEZEICHNETE DIESE
NEUN GÖTTER ALS
„ENNEADE".

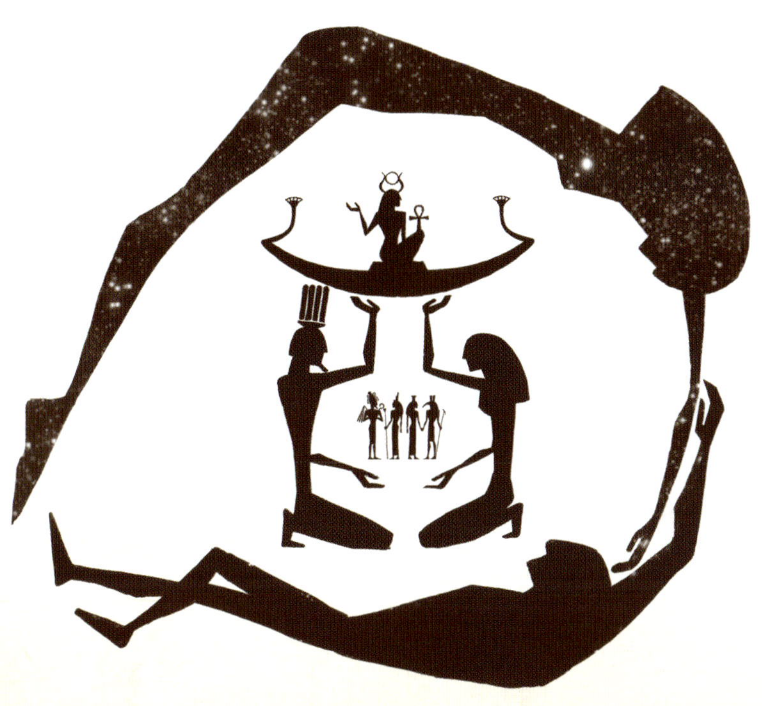

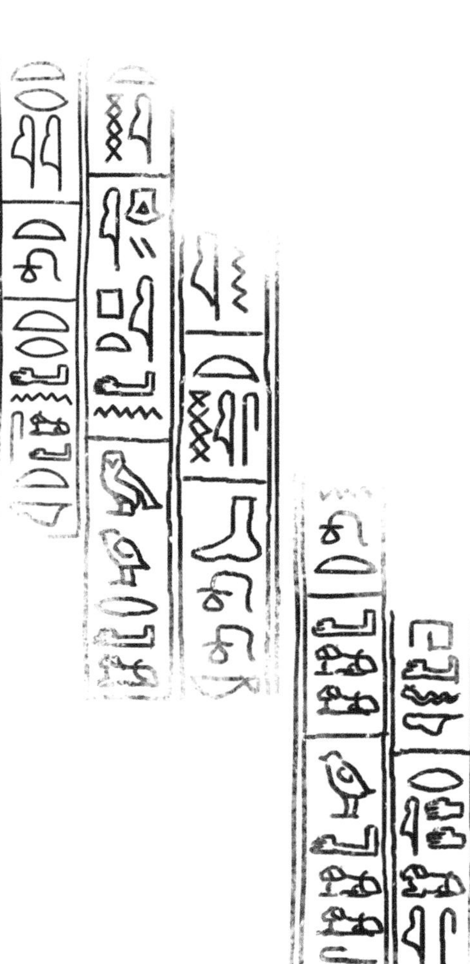

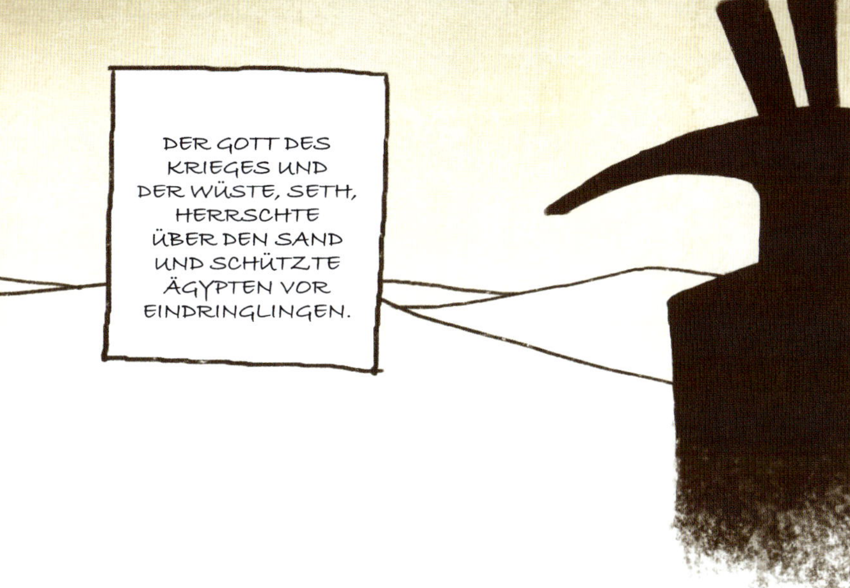
DER GOTT DES
KRIEGES UND
DER WÜSTE, SETH,
HERRSCHTE
ÜBER DEN SAND
UND SCHÜTZTE
ÄGYPTEN VOR
EINDRINGLINGEN.

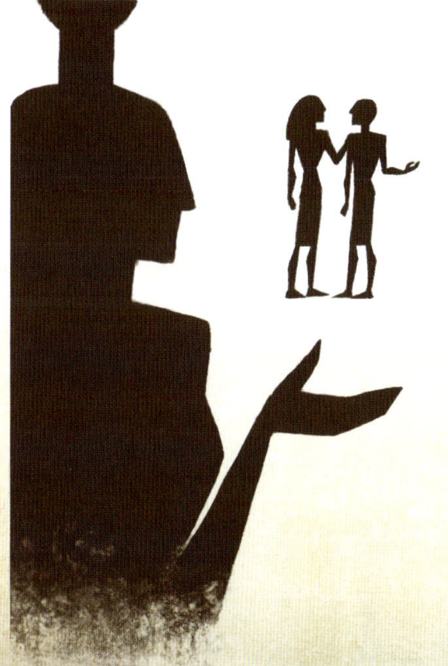
DIE GÖTTIN
DER HARMONIE,
NEPHTHYS, ÖFFNETE
DIE OHREN UND
MÜNDER DER
MENSCHEN UND
LIESS SO KONFLIKTE
VERSTUMMEN.

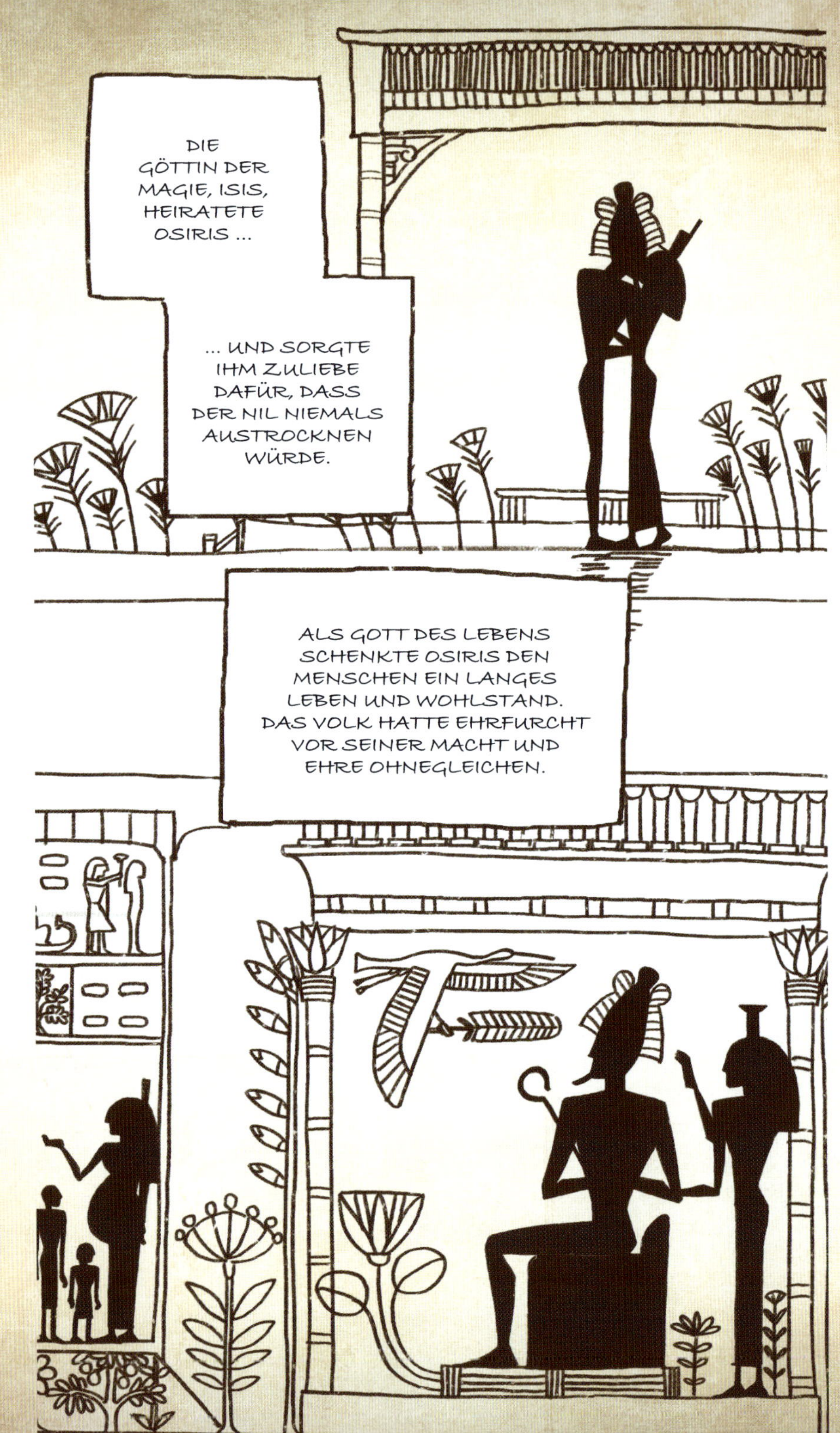
DIE GÖTTIN DER MAGIE, ISIS, HEIRATETE OSIRIS ...
... UND SORGTE IHM ZULIEBE DAFÜR, DASS DER NIL NIEMALS AUSTROCKNEN WÜRDE.
ALS GOTT DES LEBENS SCHENKTE OSIRIS DEN MENSCHEN EIN LANGES LEBEN UND WOHLSTAND. DAS VOLK HATTE EHRFURCHT VOR SEINER MACHT UND EHRE OHNEGLEICHEN.

SELBST DIE GROSSE SONNENGÖTTIN WAGTE ES NICHT, DEM STARKEN OSIRIS ZU TROTZEN. UND SO WURDE DIE HERRSCHAFT ÜBER ÄGYPTEN IHM ZUTEIL.

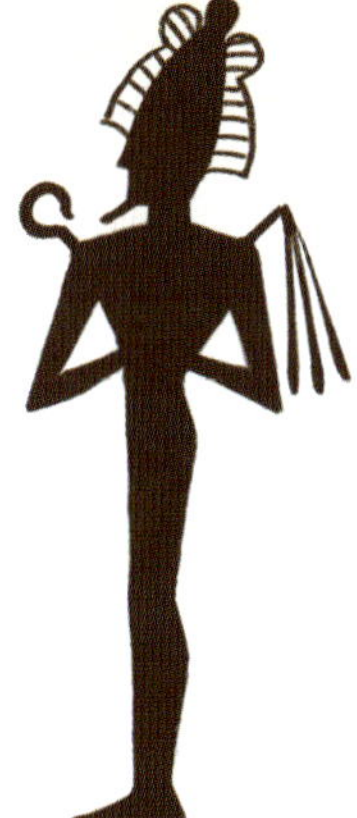

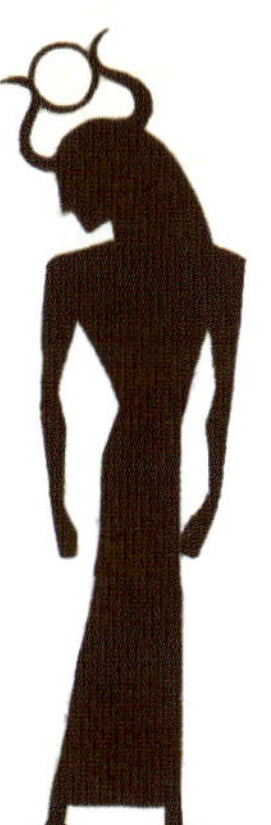

DOCH EINES TAGES ...

... ALS ÄGYPTEN SICH DES EWIGEN FRIEDENS SICHER WAR, KAM DIE GÖTTIN DES UNHEILS ZU BESUCH.

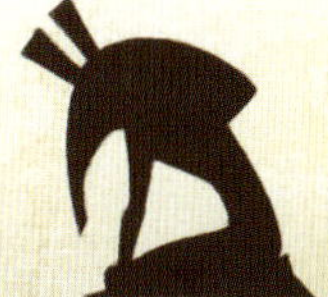

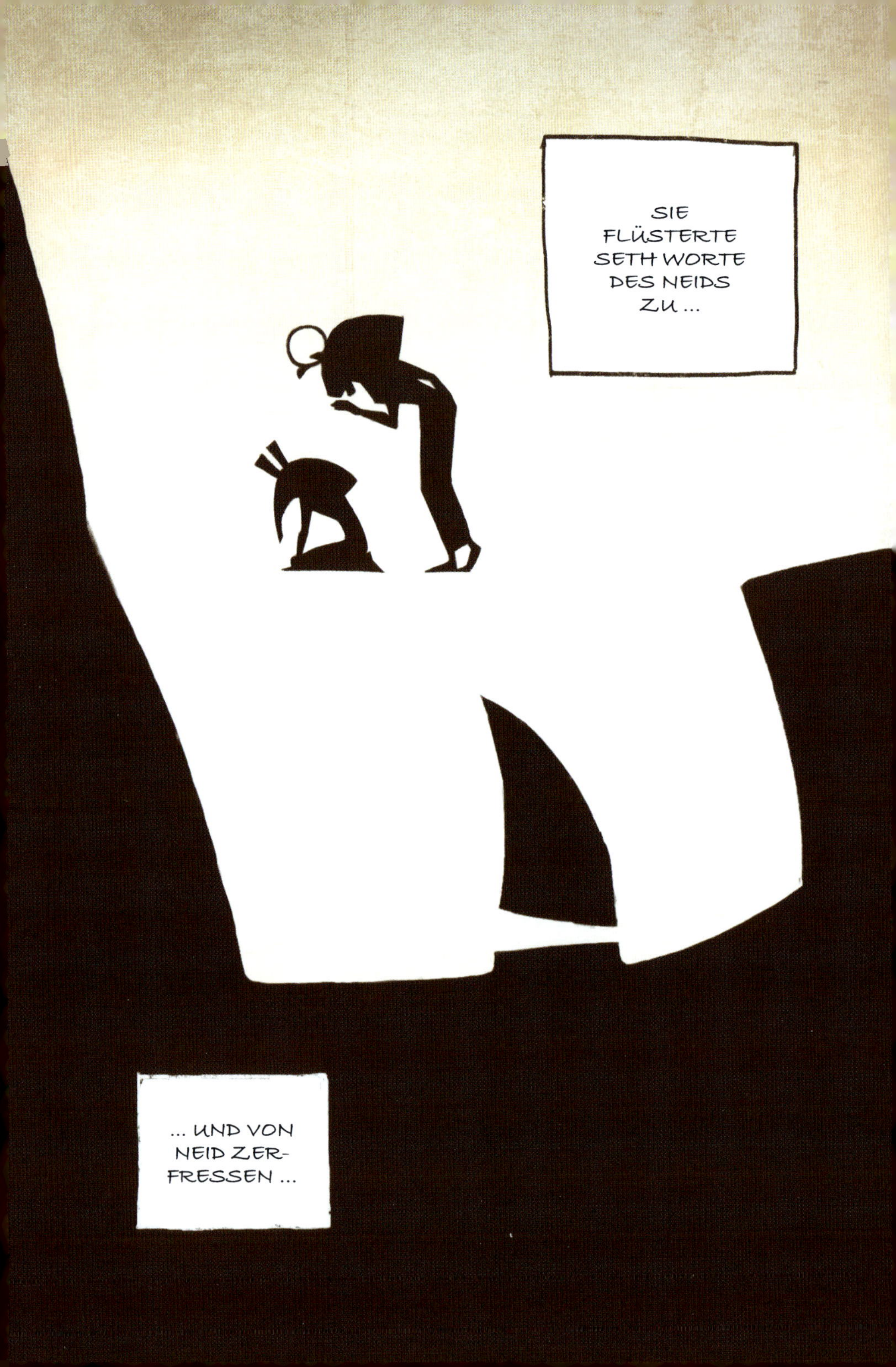

SIE FLÜSTERTE SETH WORTE DES NEIDS ZU ...
... UND VON NEID ZERFRESSEN ...

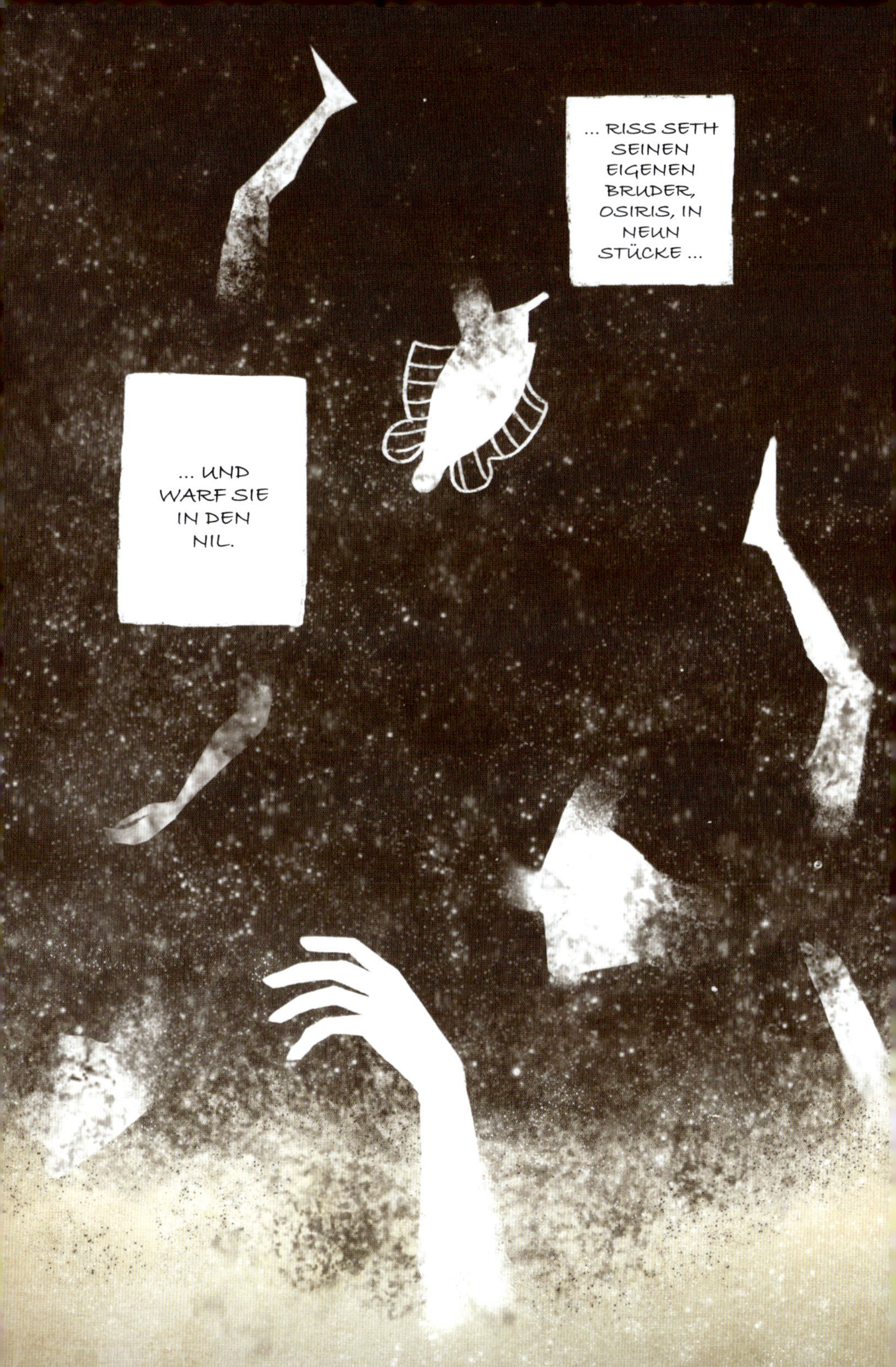
... RISS SETH SEINEN EIGENEN BRUDER, OSIRIS, IN NEUN STÜCKE ...
... UND WARF SIE IN DEN NIL.

SO GING ER ZU
ISIS, NANNTE SICH
SELBST KÖNIG
UND VERLANGTE,
DASS SIE DAS BETT
MIT IHM TEILE.

DOCH DER
NIL HATTE
ISIS BEREITS
OSIRIS' LEICHE
ZUGETRAGEN.
SIE WIES SETH
ZURÜCK UND
VERFLUCHTE
IHN.

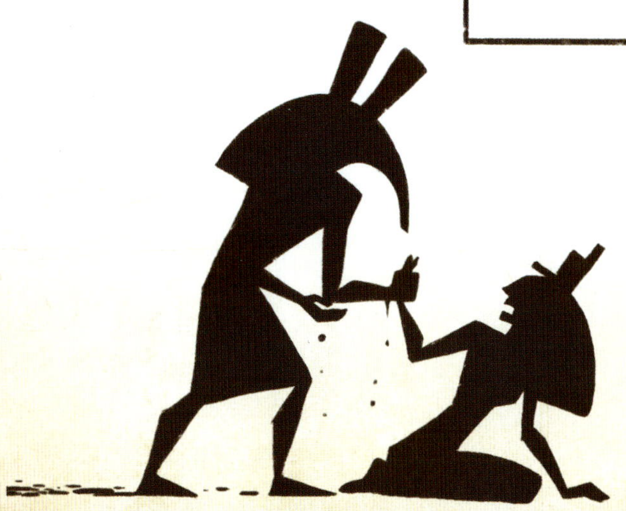

ZUR STRAFE
WURDE ISIS IN
EIN LABYRINTH
GESPERRT.

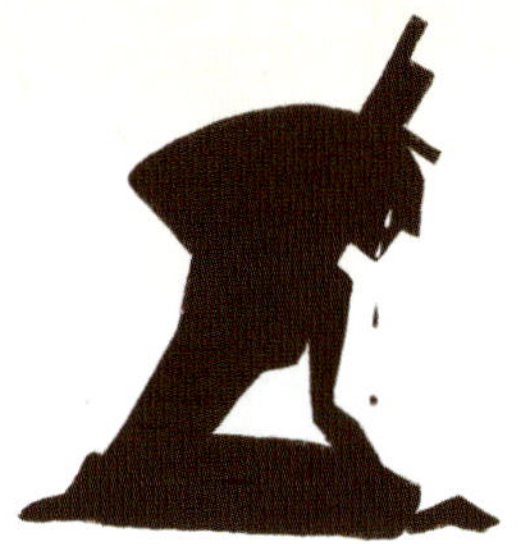

ALS
NEPHTHYS
DAVON
ERFUHR,
SUCHTE SIE
ISIS AUF ...

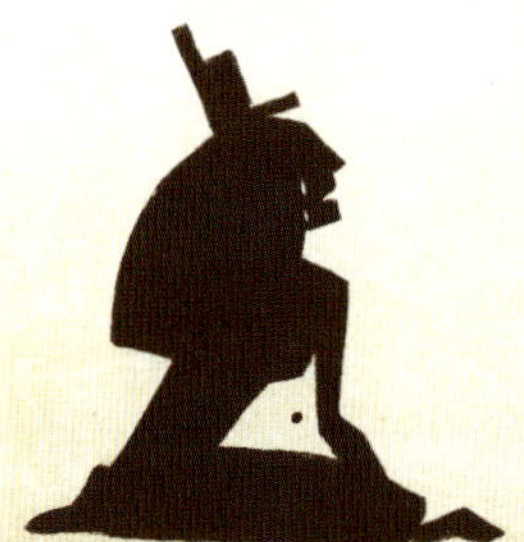

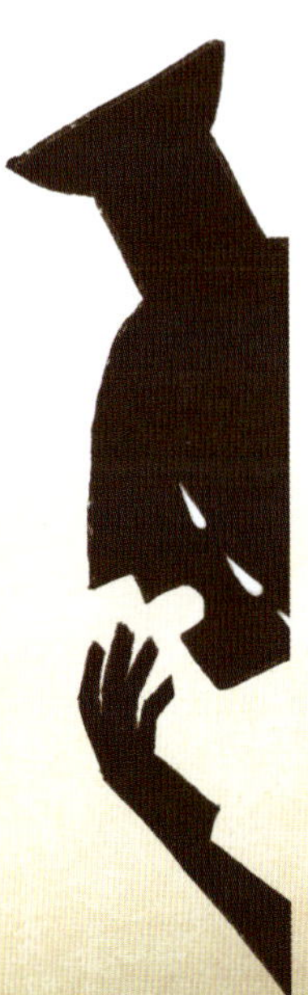

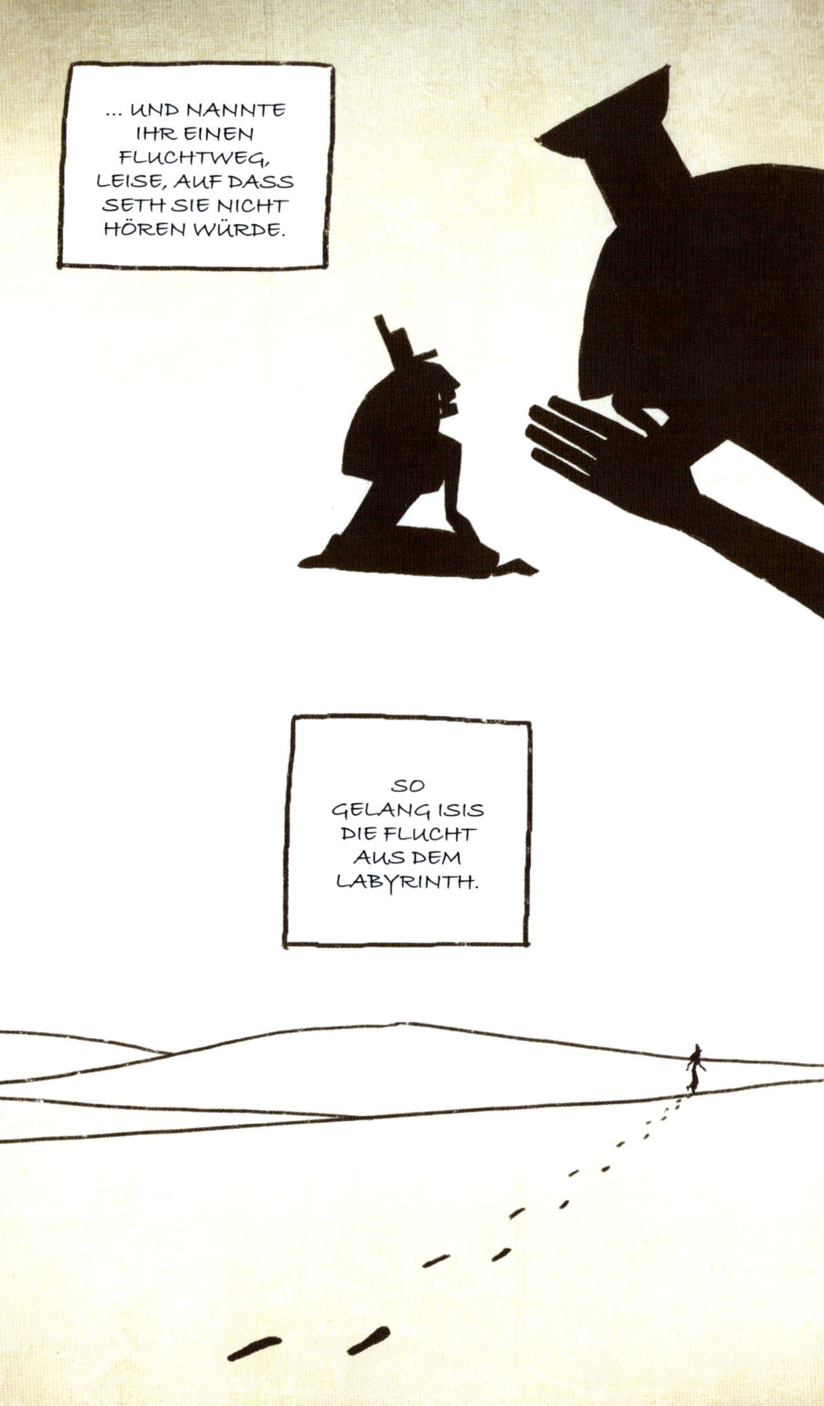
... UND NANNTE IHR EINEN FLUCHTWEG, LEISE, AUF DASS SETH SIE NICHT HÖREN WÜRDE.
SO GELANG ISIS DIE FLUCHT AUS DEM LABYRINTH.

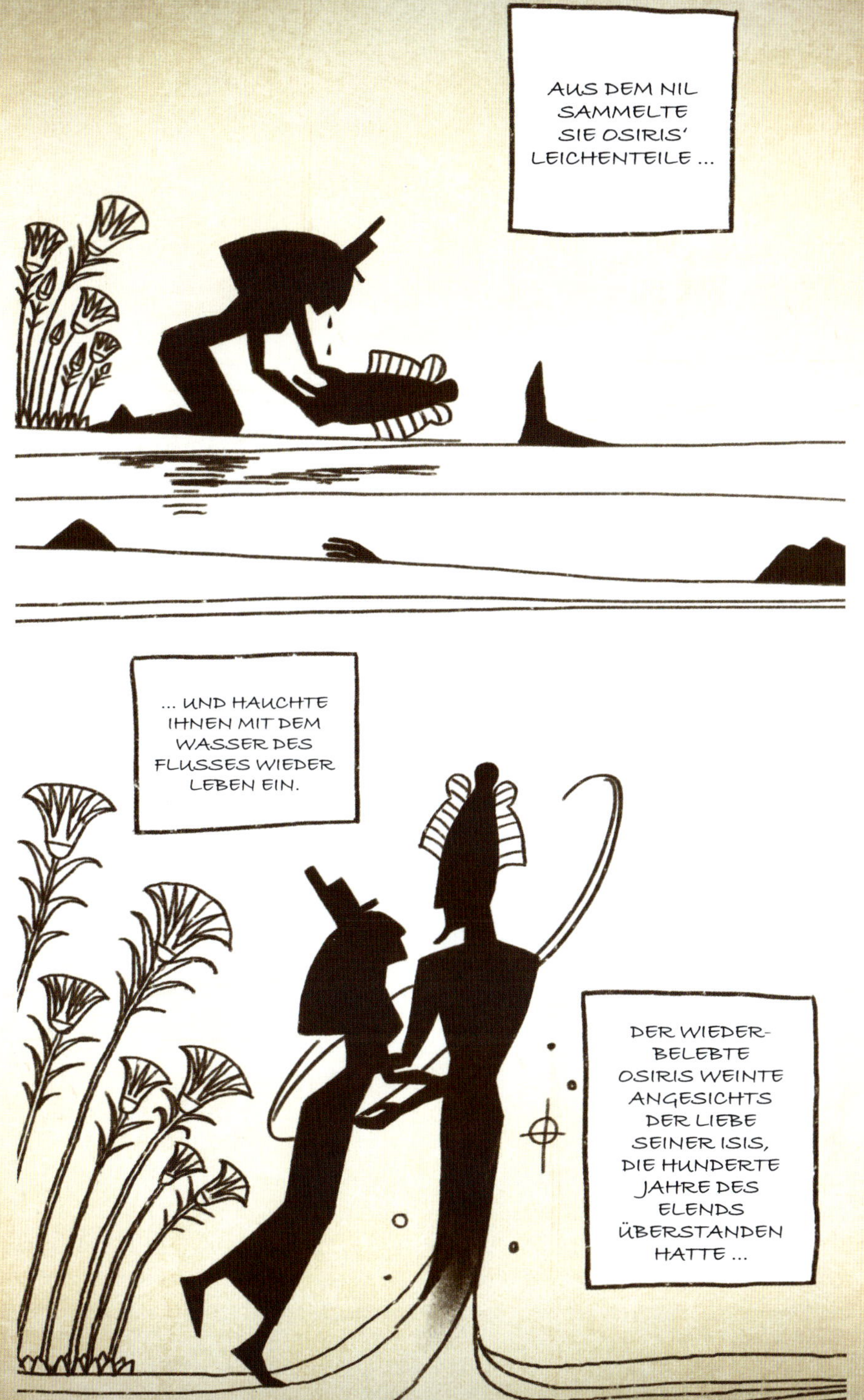
AUS DEM NIL SAMMELTE SIE OSIRIS' LEICHENTEILE ...
... UND HAUCHTE IHNEN MIT DEM WASSER DES FLUSSES WIEDER LEBEN EIN.
DER WIEDER-BELEBTE OSIRIS WEINTE ANGESICHTS DER LIEBE SEINER ISIS, DIE HUNDERTE JAHRE DES ELENDS ÜBERSTANDEN HATTE ...

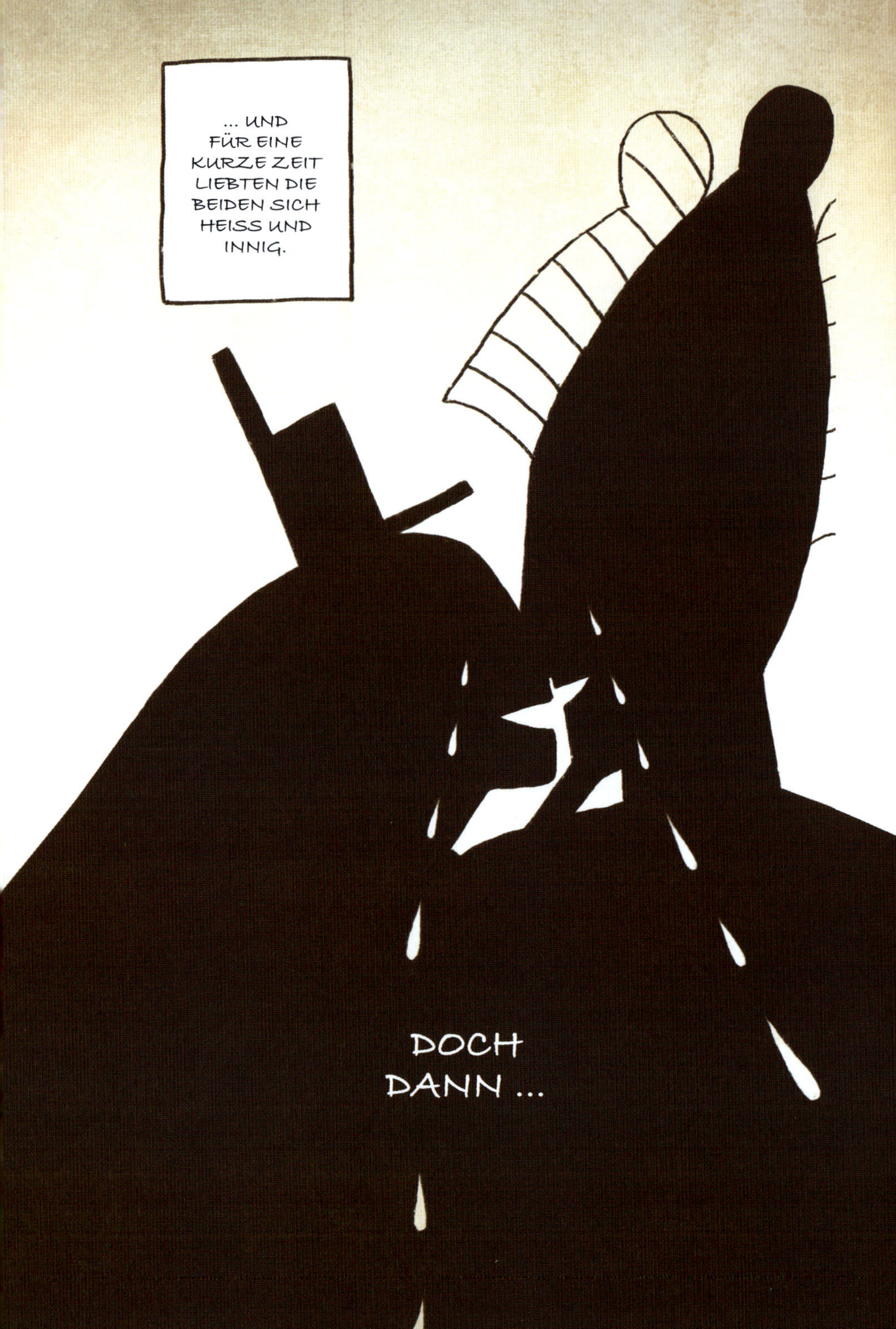
... UND FÜR EINE KURZE ZEIT LIEBTEN DIE BEIDEN SICH HEISS UND INNIG.
DOCH DANN ...

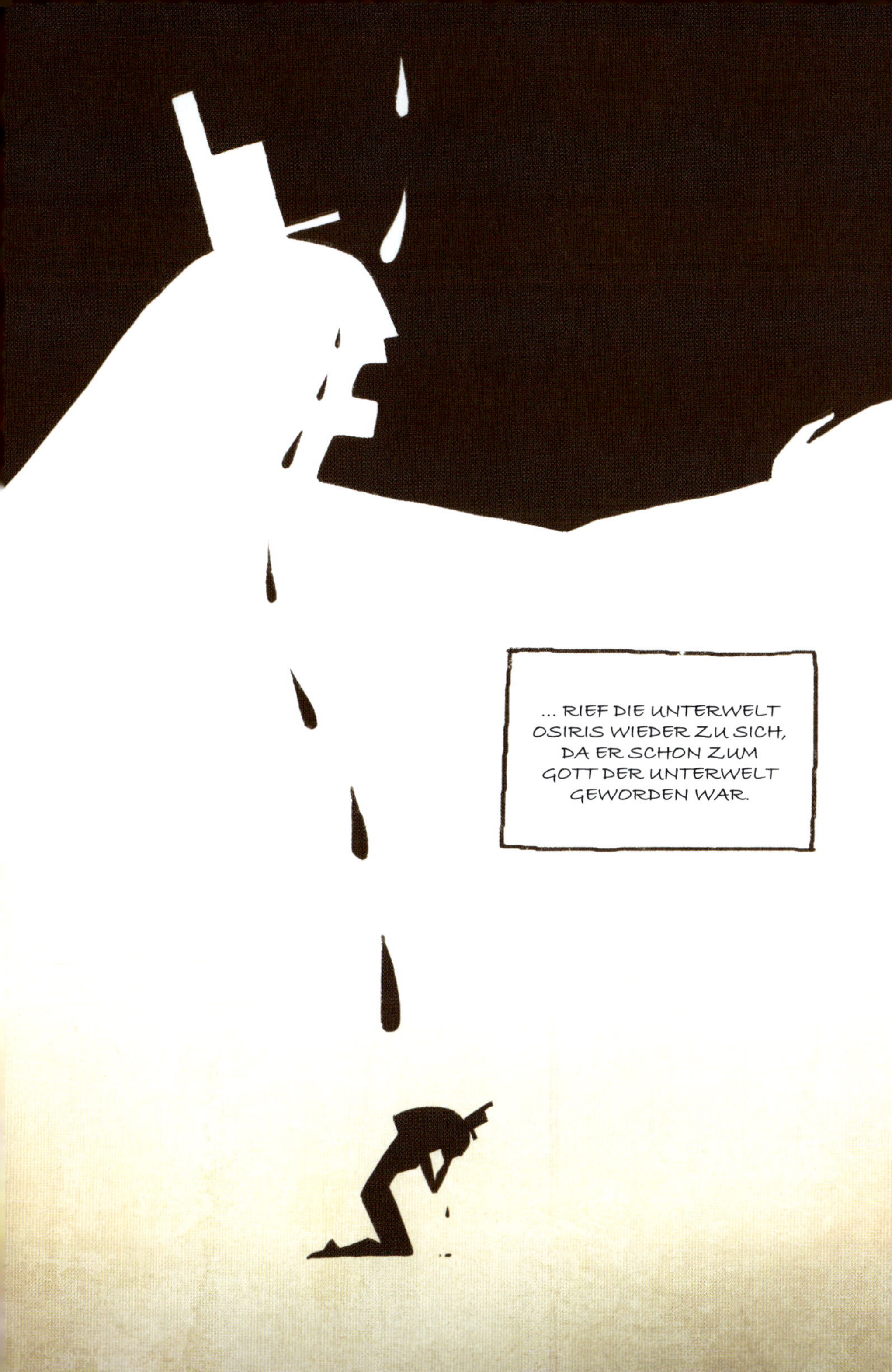
... RIEF DIE UNTERWELT
OSIRIS WIEDER ZU SICH,
DA ER SCHON ZUM
GOTT DER UNTERWELT
GEWORDEN WAR.

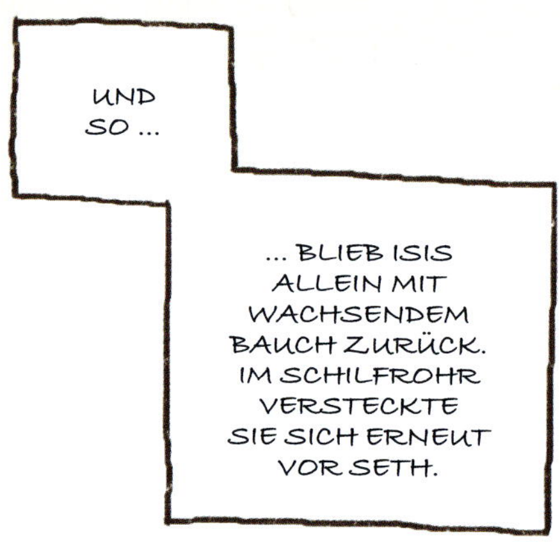
UND SO ...
... BLIEB ISIS ALLEIN MIT WACHSENDEM BAUCH ZURÜCK. IM SCHILFROHR VERSTECKTE SIE SICH ERNEUT VOR SETH.

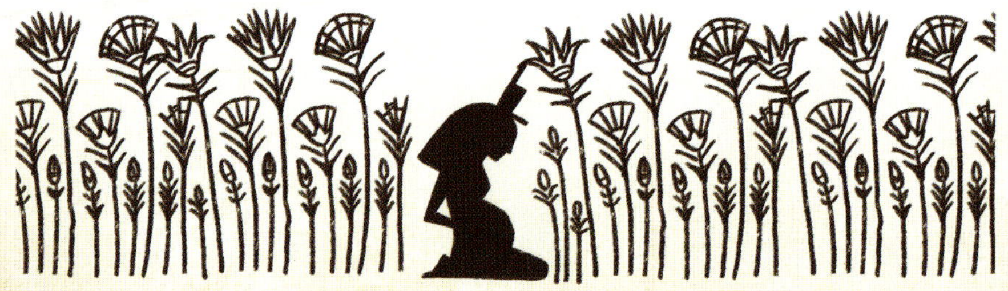

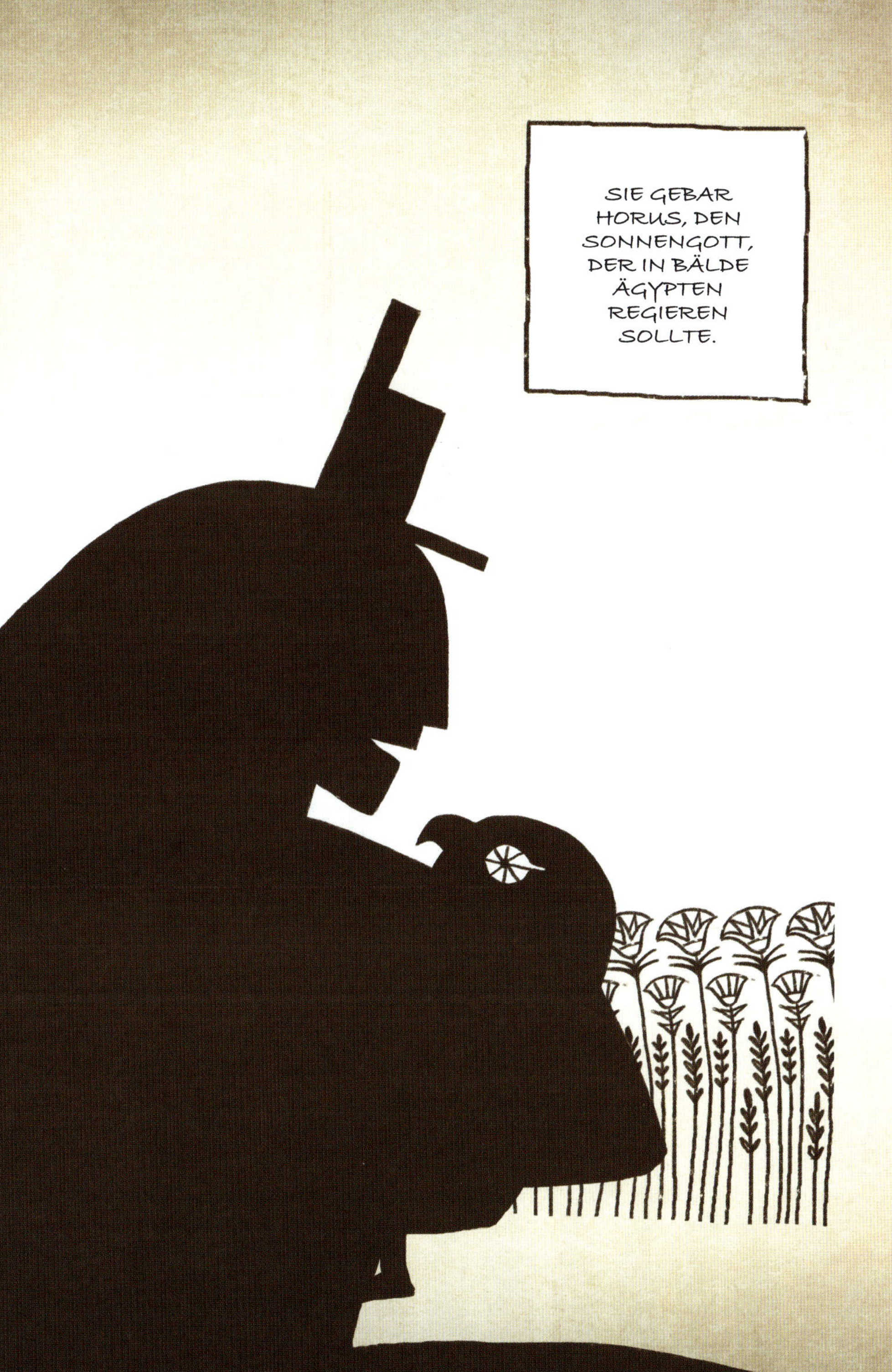
SIE GEBAR HORUS, DEN SONNENGOTT, DER IN BÄLDE ÄGYPTEN REGIEREN SOLLTE.

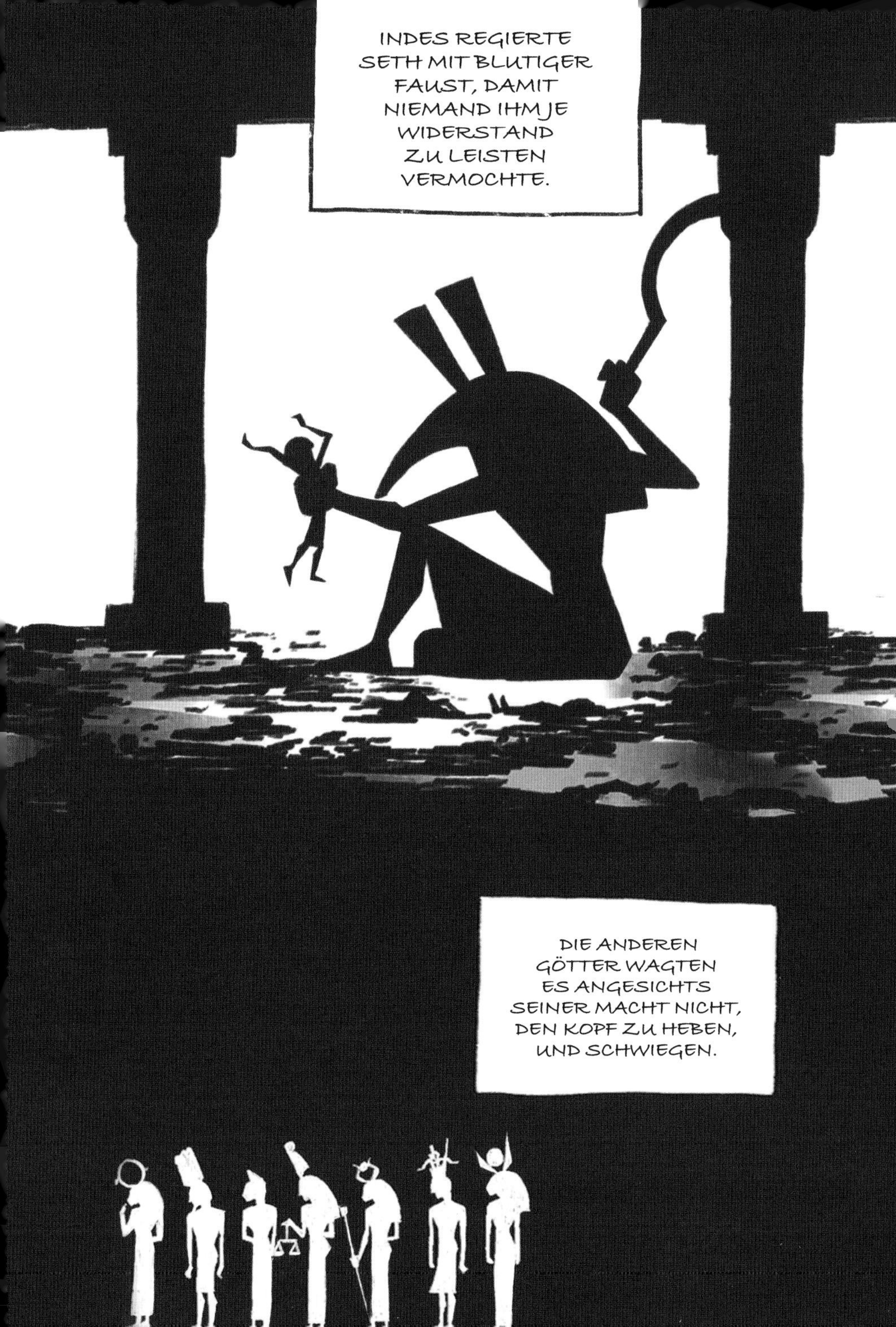
INDES REGIERTE SETH MIT BLUTIGER FAUST, DAMIT NIEMAND IHM JE WIDERSTAND ZU LEISTEN VERMOCHTE.
DIE ANDEREN GÖTTER WAGTEN ES ANGESICHTS SEINER MACHT NICHT, DEN KOPF ZU HEBEN, UND SCHWIEGEN.

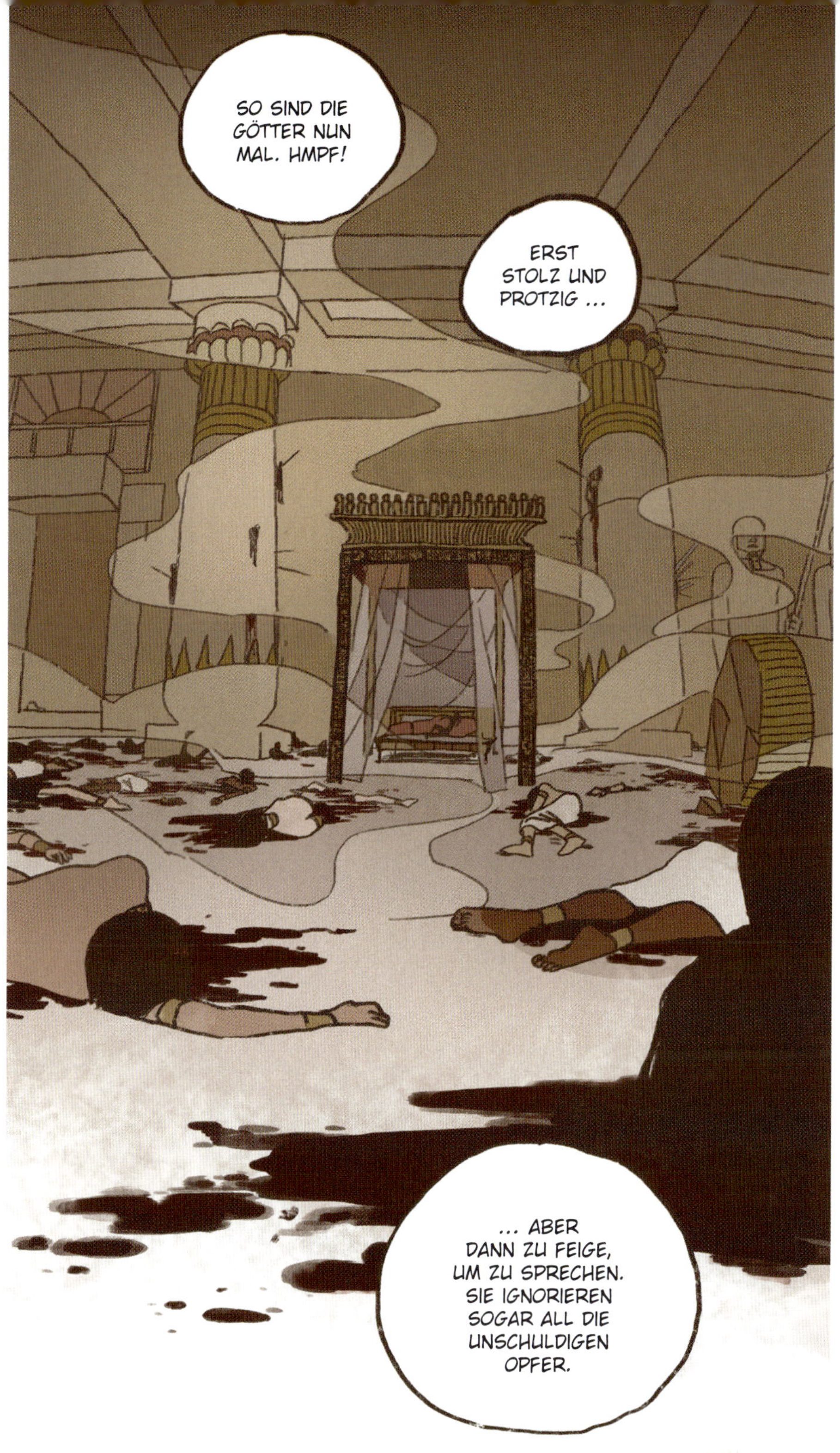
SO SIND DIE GÖTTER NUN MAL. HMPF!
ERST STOLZ UND PROTZIG …
… ABER DANN ZU FEIGE, UM ZU SPRECHEN. SIE IGNORIEREN SOGAR ALL DIE UNSCHULDIGEN OPFER.

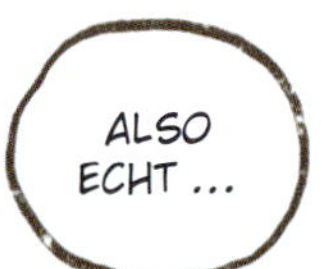

VERDAMMTE DRECKSKERLE.

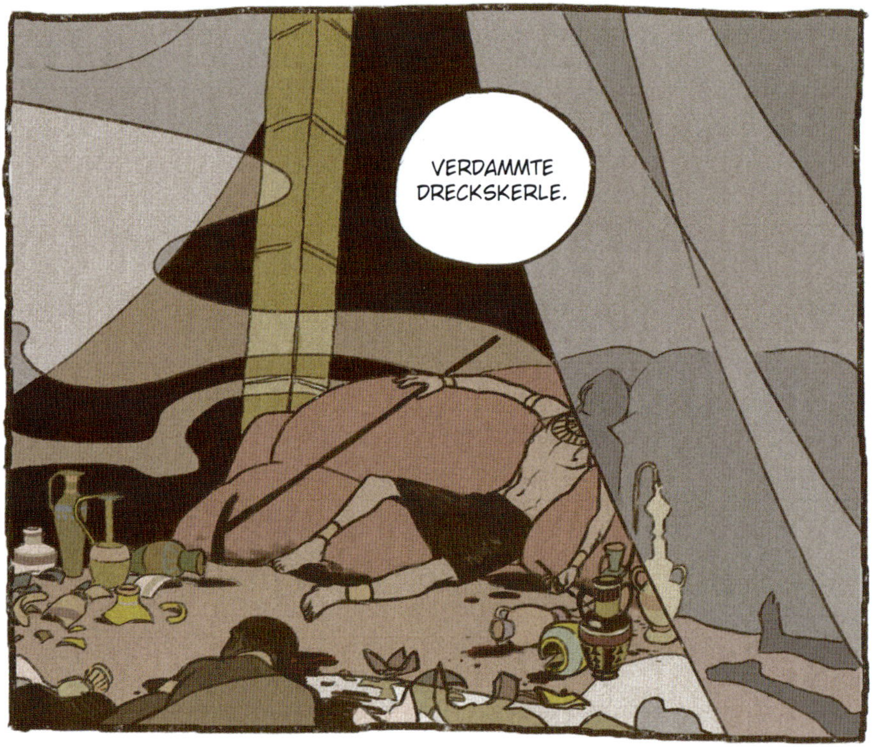

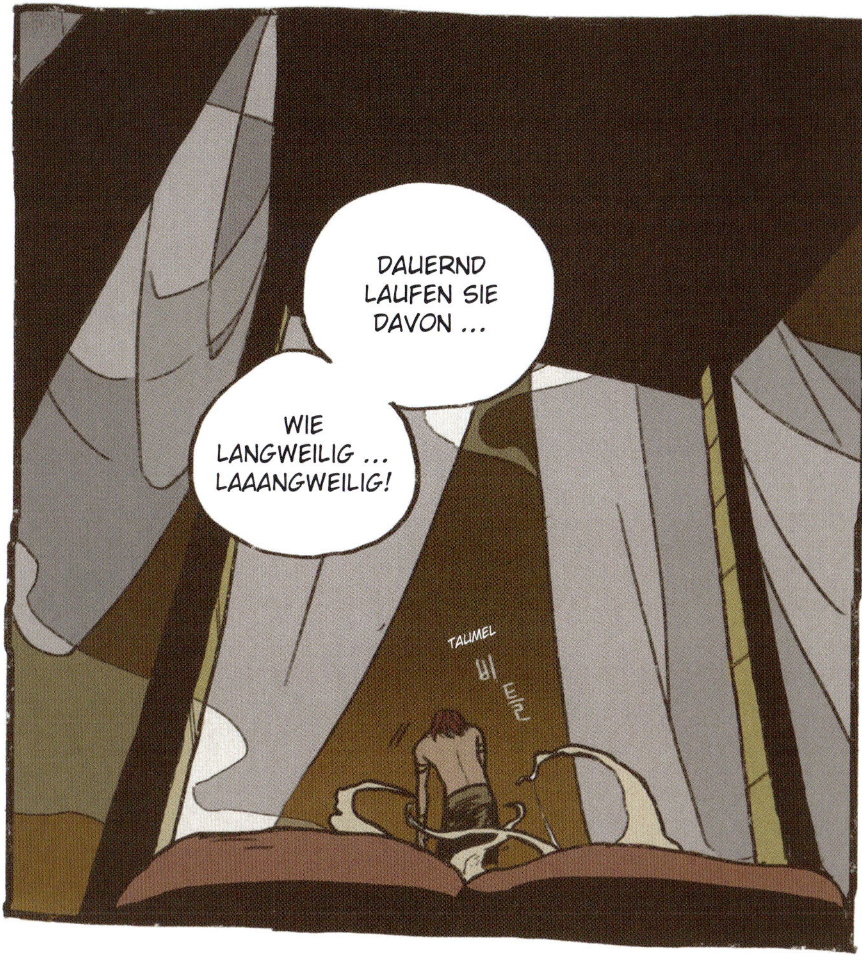

DAUERND LAUFEN SIE DAVON …
WIE LANGWEILIG … LAAANGWEILIG!
TAUMEL
비틀

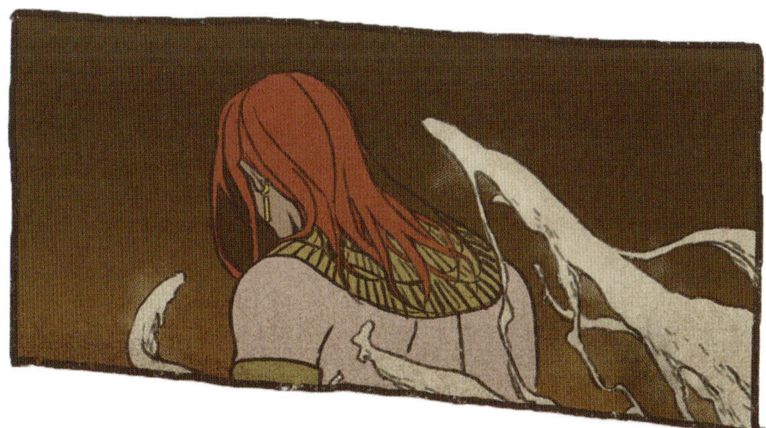

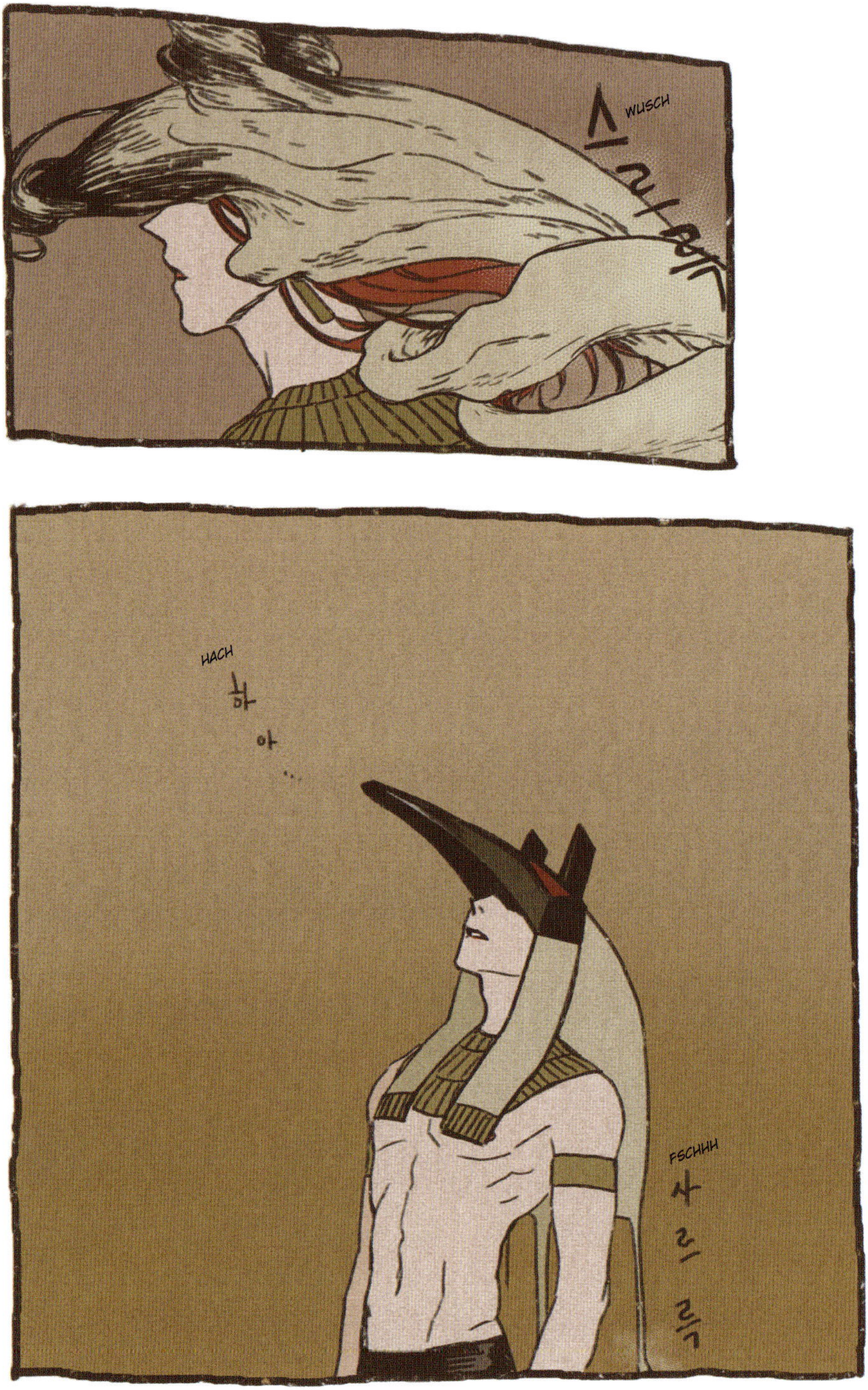

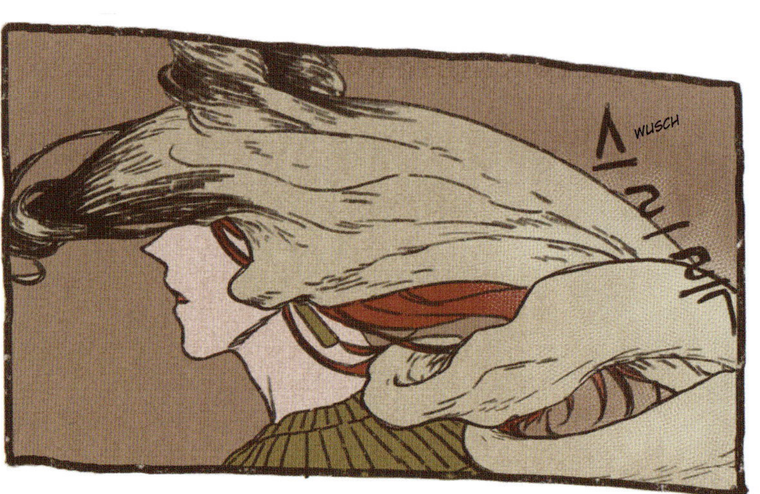
WUSCH

HACH
하아..
FSCHHH
사르륵

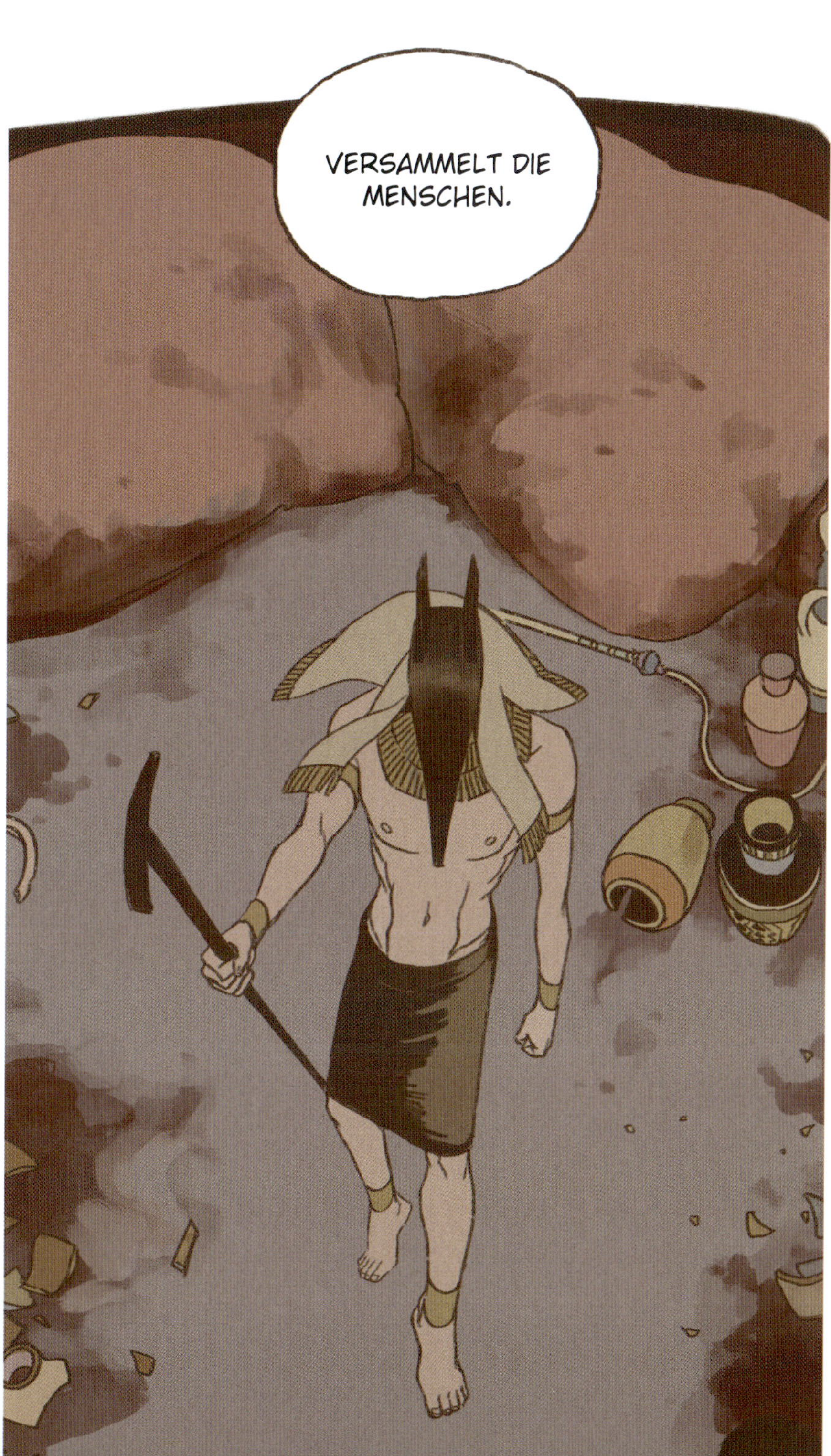
VERSAMMELT DIE MENSCHEN.

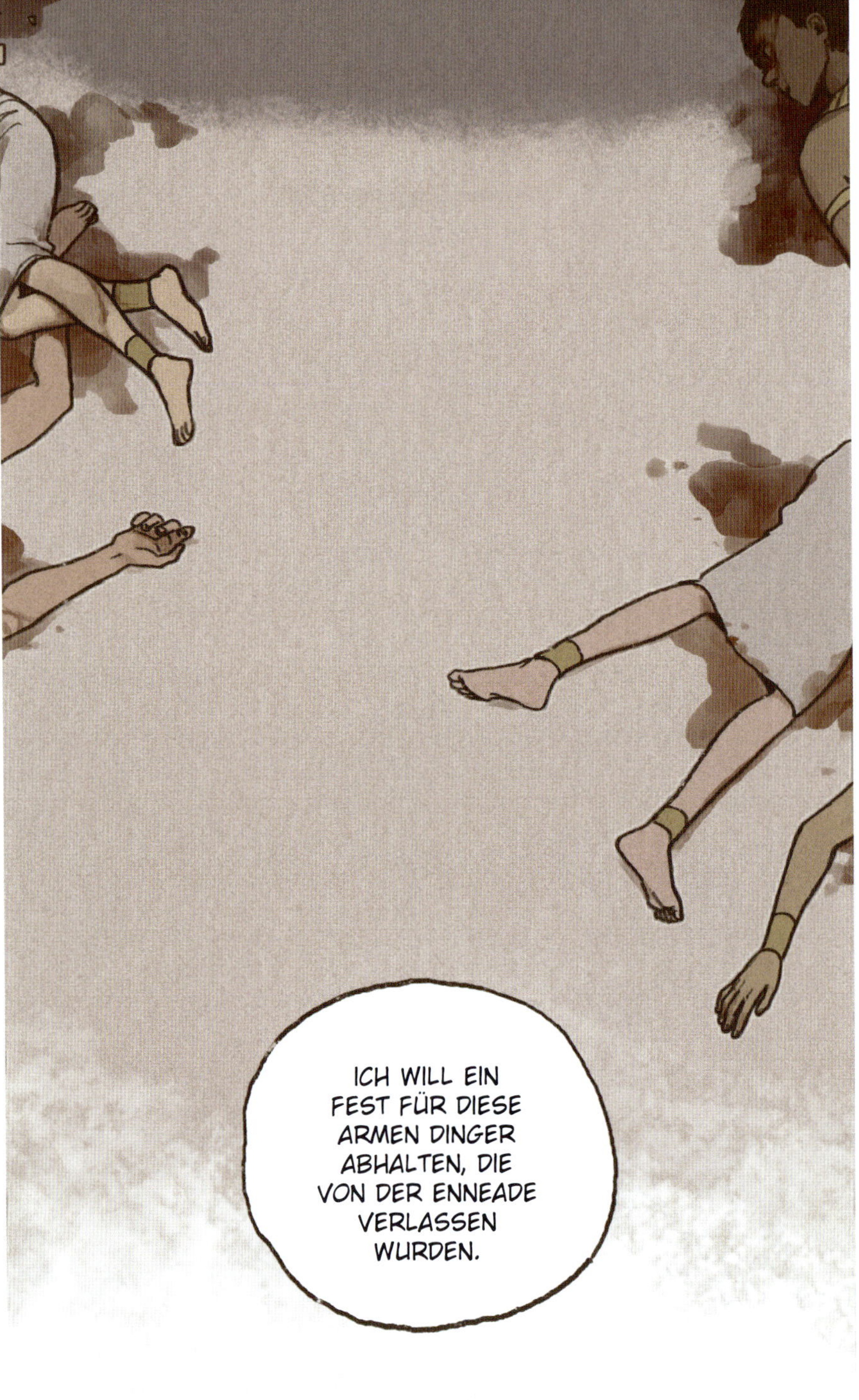
ICH WILL EIN FEST FÜR DIESE ARMEN DINGER ABHALTEN, DIE VON DER ENNEADE VERLASSEN WURDEN.

Kapitel 1
Seth

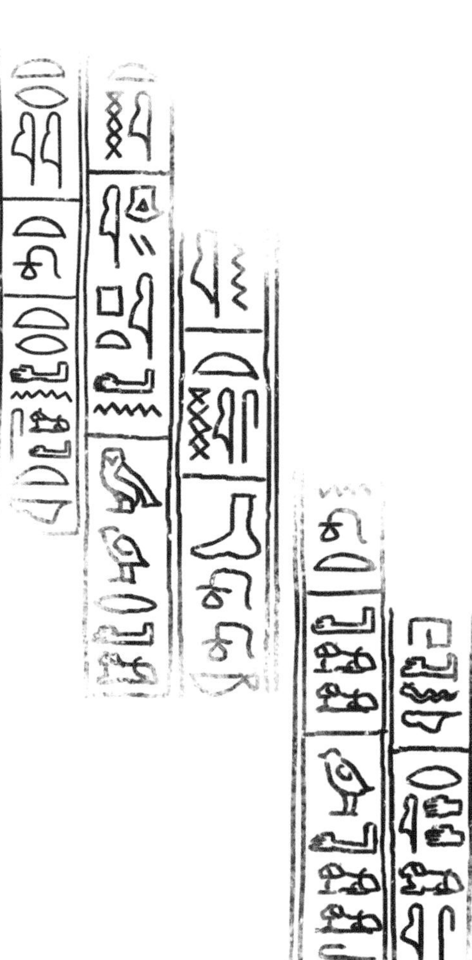

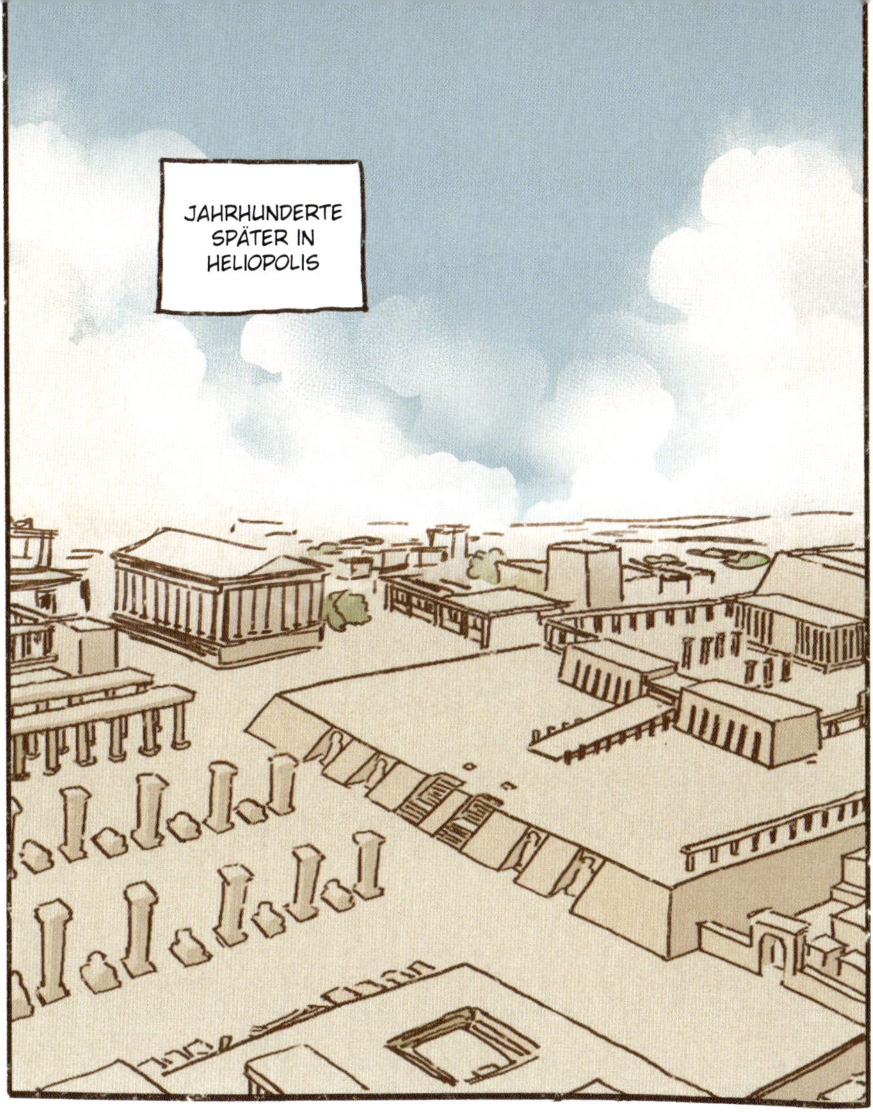

JAHRHUNDERTE SPÄTER IN HELIOPOLIS

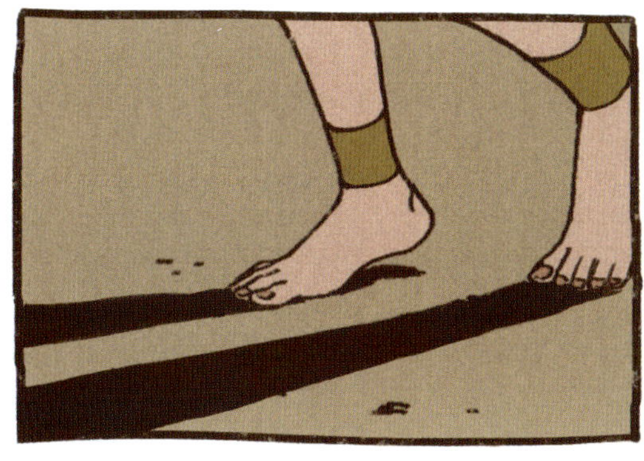

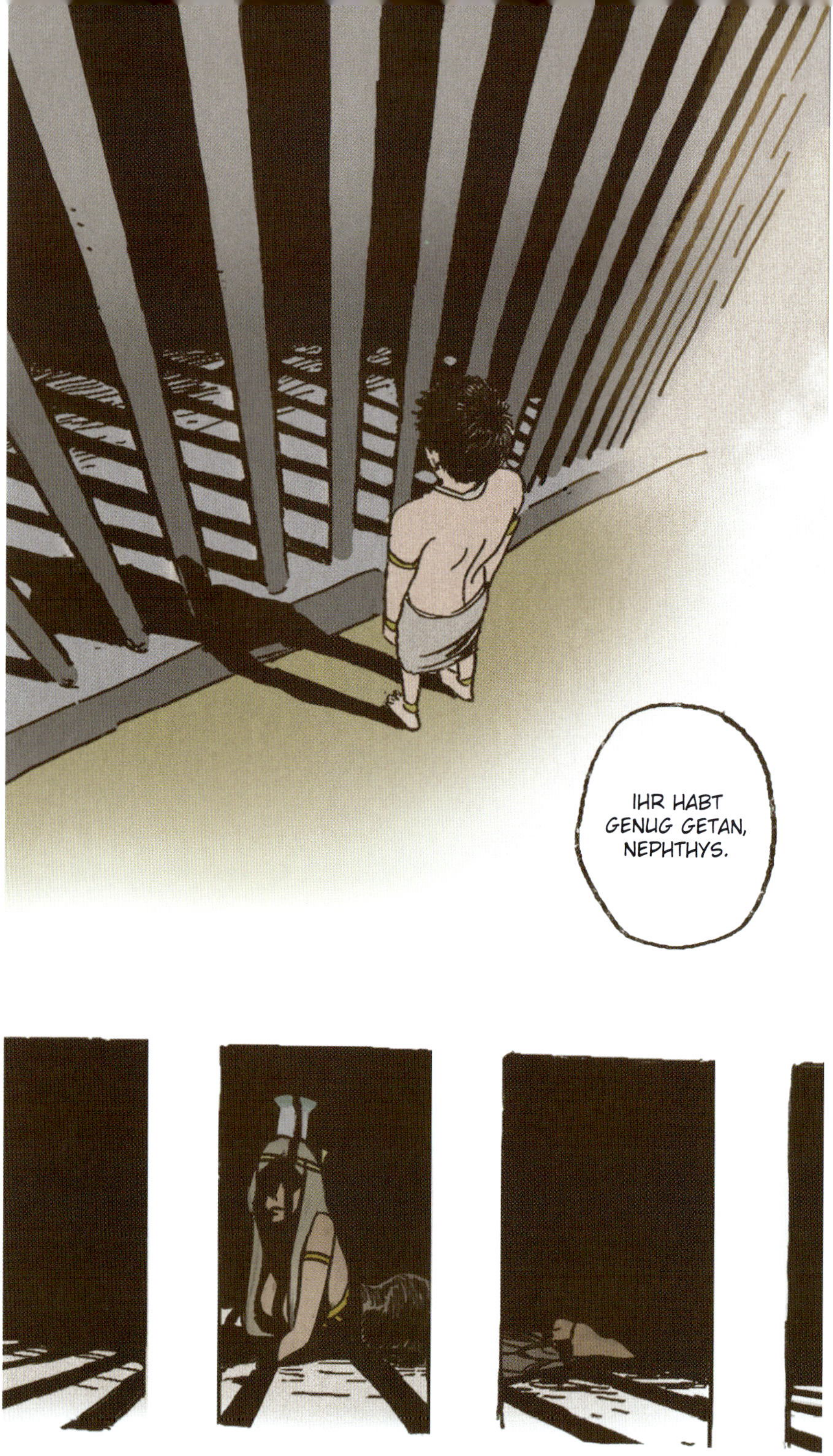

IHR HABT GENUG GETAN, NEPHTHYS.

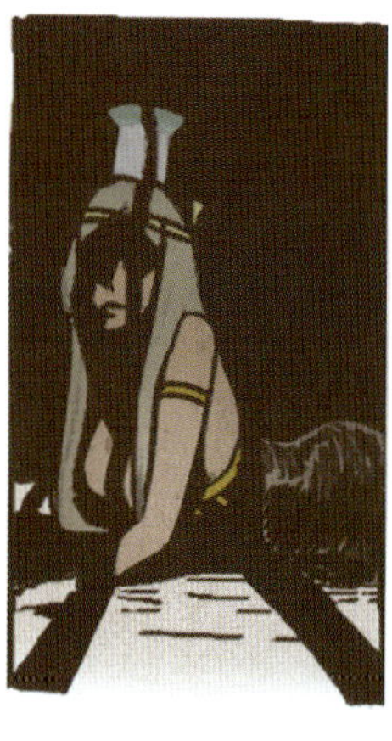

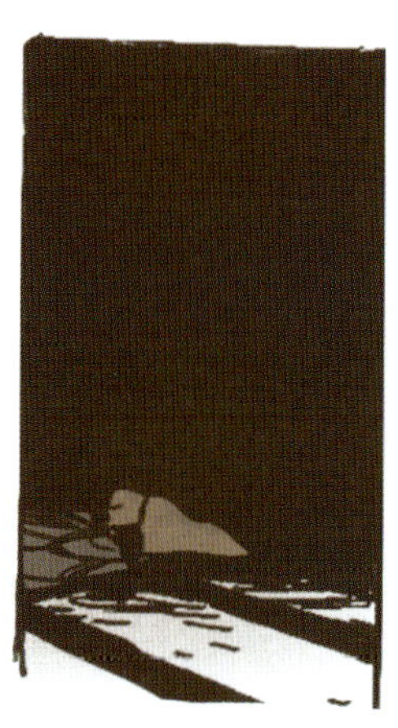

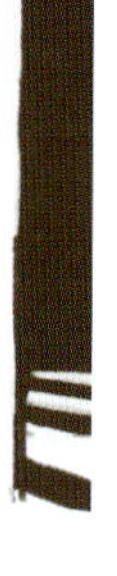

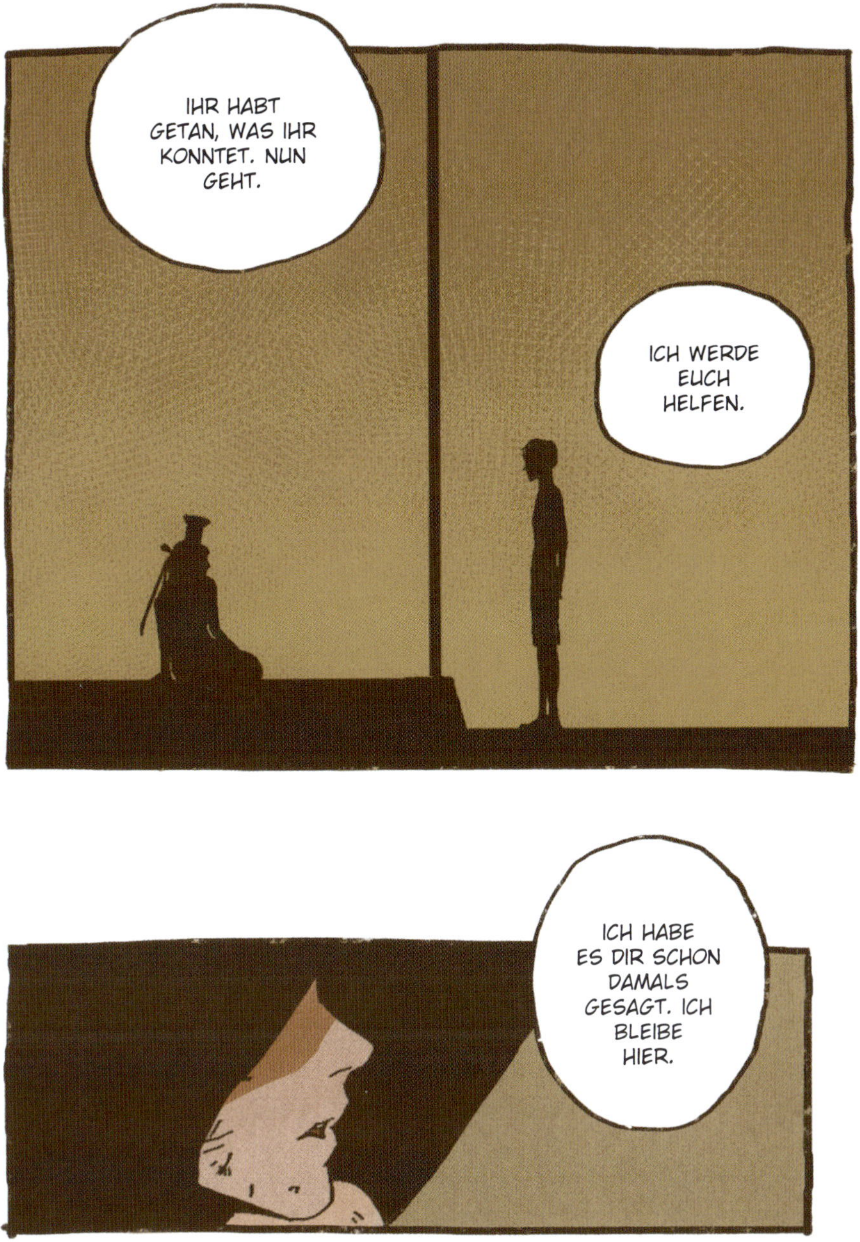

IHR HABT GETAN, WAS IHR KONNTET. NUN GEHT.

ICH WERDE EUCH HELFEN.

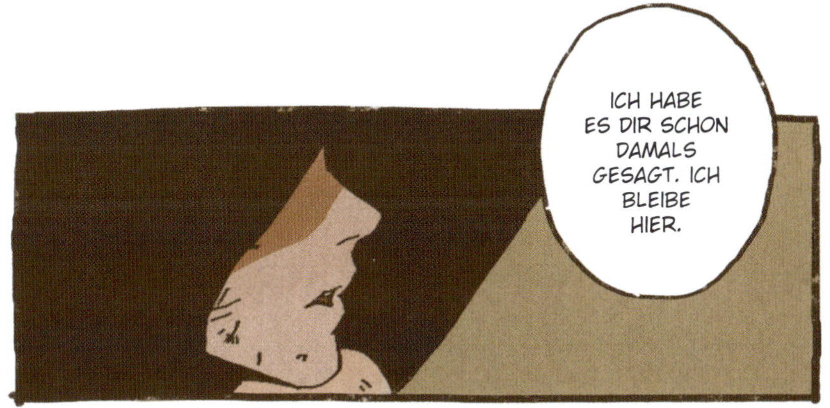

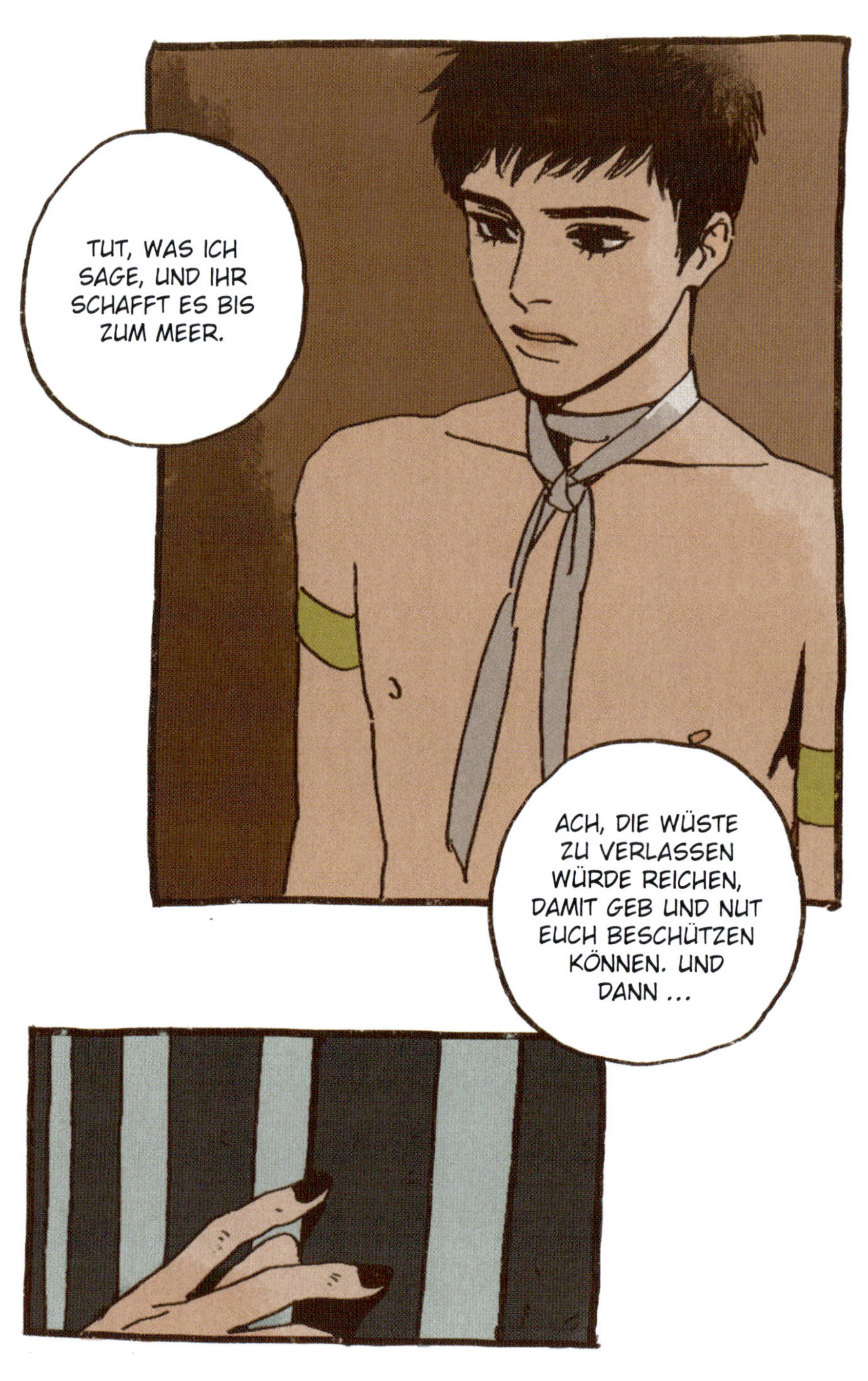
TUT, WAS ICH SAGE, UND IHR SCHAFFT ES BIS ZUM MEER.
ACH, DIE WÜSTE ZU VERLASSEN WÜRDE REICHEN, DAMIT GEB UND NUT EUCH BESCHÜTZEN KÖNNEN. UND DANN ...

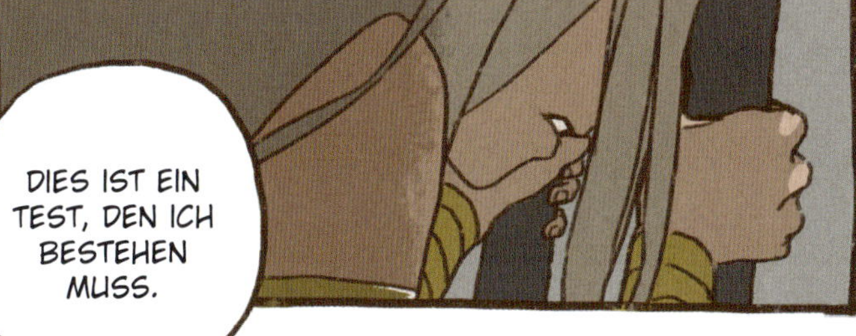
BITTE HÖR AUF.
DIES IST EIN TEST, DEN ICH BESTEHEN MUSS.

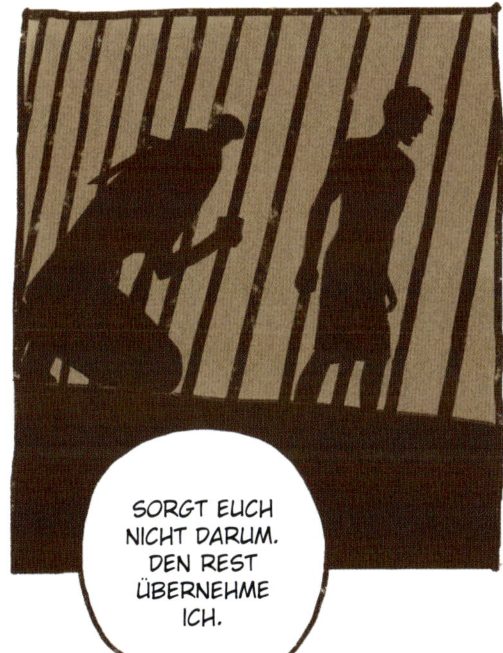
ICH MUSS BEI SETH BLEIBEN. WENN ICH GEHE …
SORGT EUCH NICHT DARUM. DEN REST ÜBERNEHME ICH.

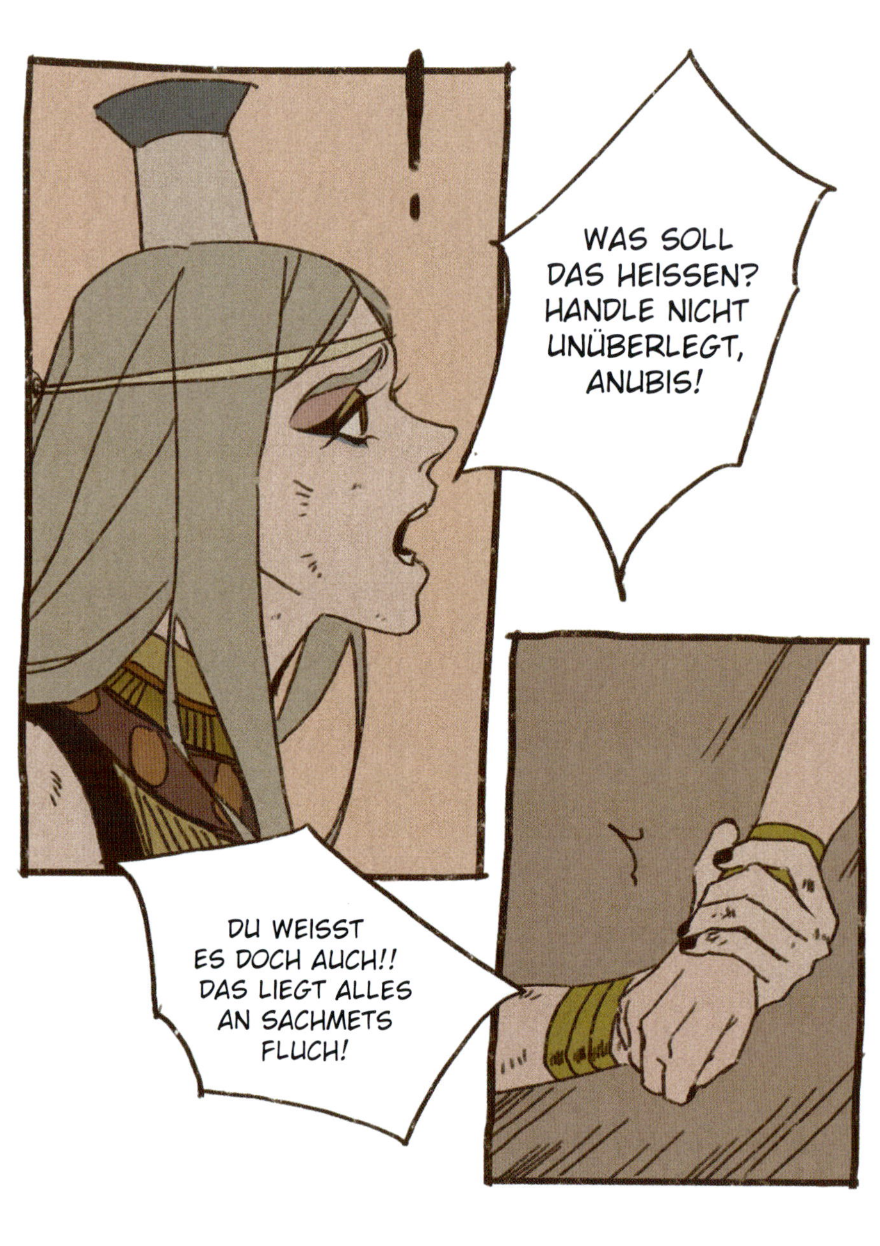
!
WAS SOLL DAS HEISSEN? HANDLE NICHT UNÜBERLEGT, ANUBIS!
DU WEISST ES DOCH AUCH!! DAS LIEGT ALLES AN SACHMETS FLUCH!

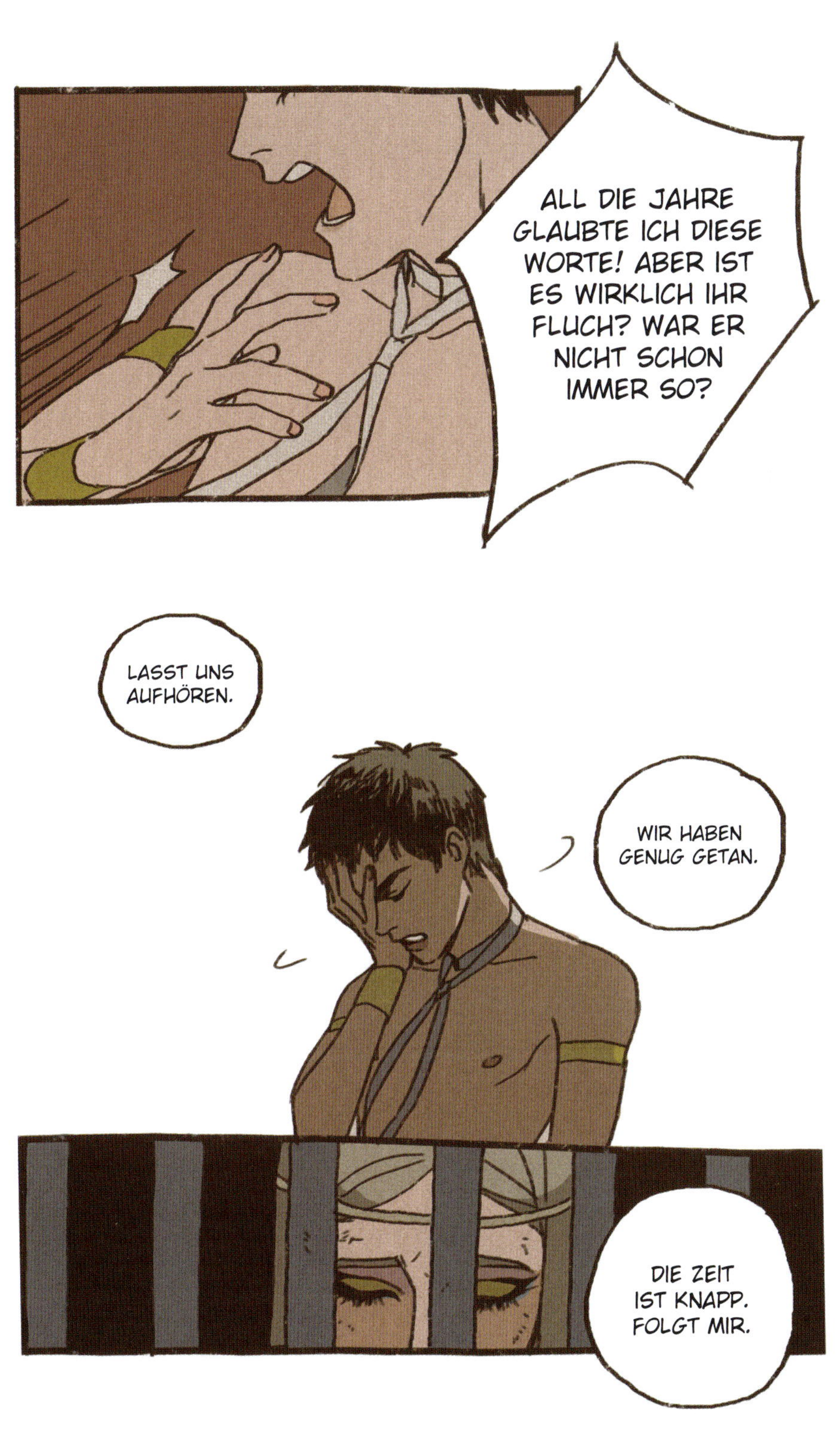
ALL DIE JAHRE GLAUBTE ICH DIESE WORTE! ABER IST ES WIRKLICH IHR FLUCH? WAR ER NICHT SCHON IMMER SO?
LASST UNS AUFHÖREN.
WIR HABEN GENUG GETAN.
DIE ZEIT IST KNAPP. FOLGT MIR.

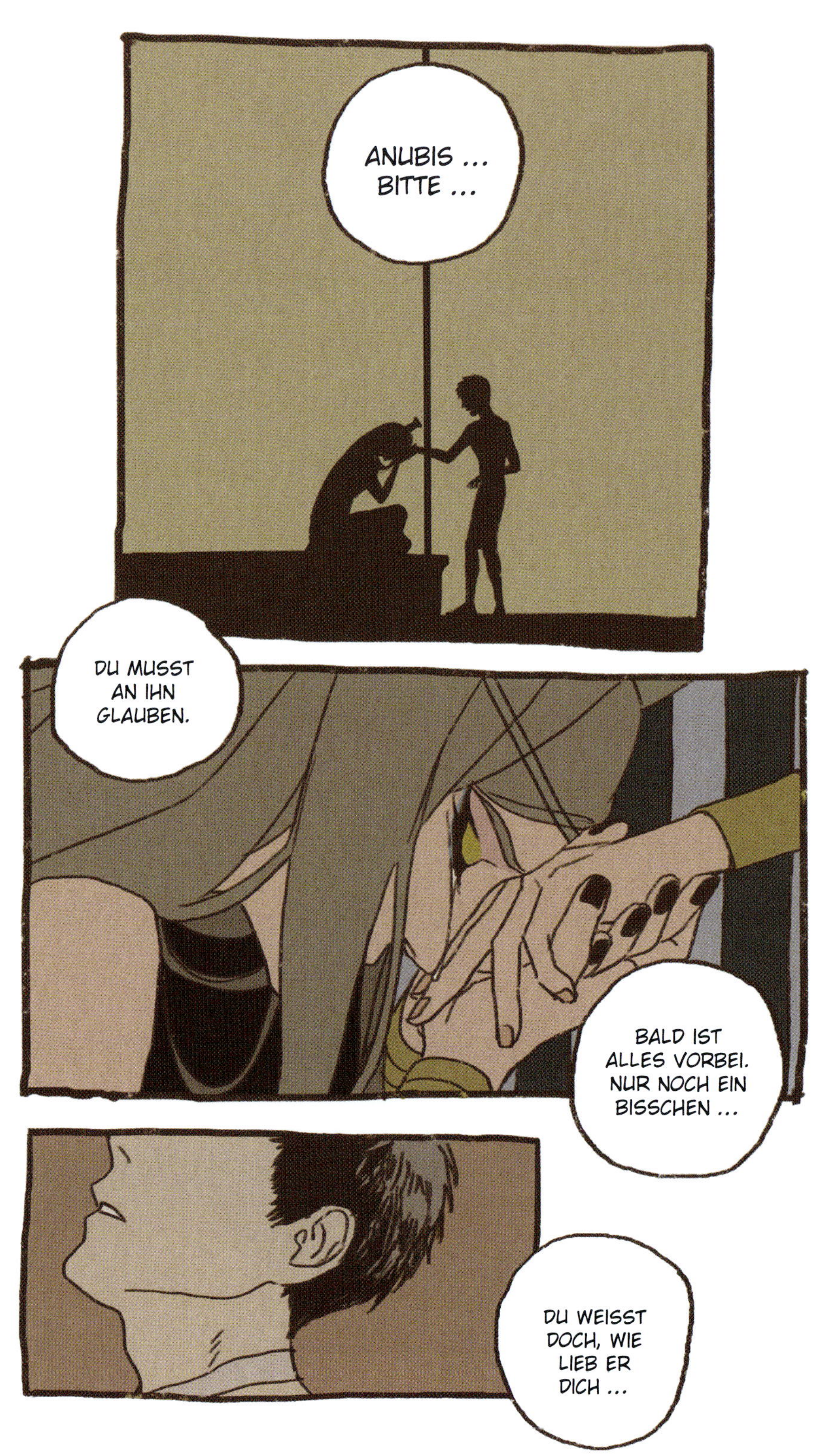
ANUBIS ...
BITTE ...
DU MUSST AN IHN GLAUBEN.
BALD IST ALLES VORBEI. NUR NOCH EIN BISSCHEN ...
DU WEISST DOCH, WIE LIEB ER DICH ...

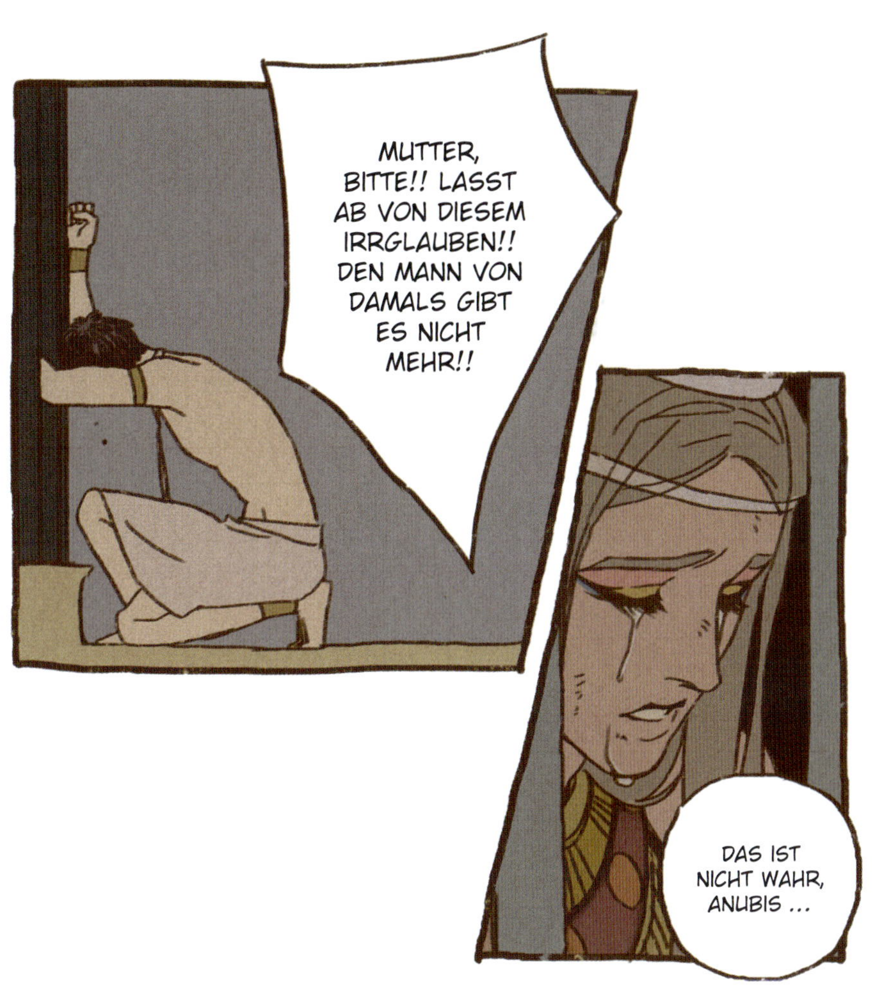

DAS IST NICHT WAHR ...

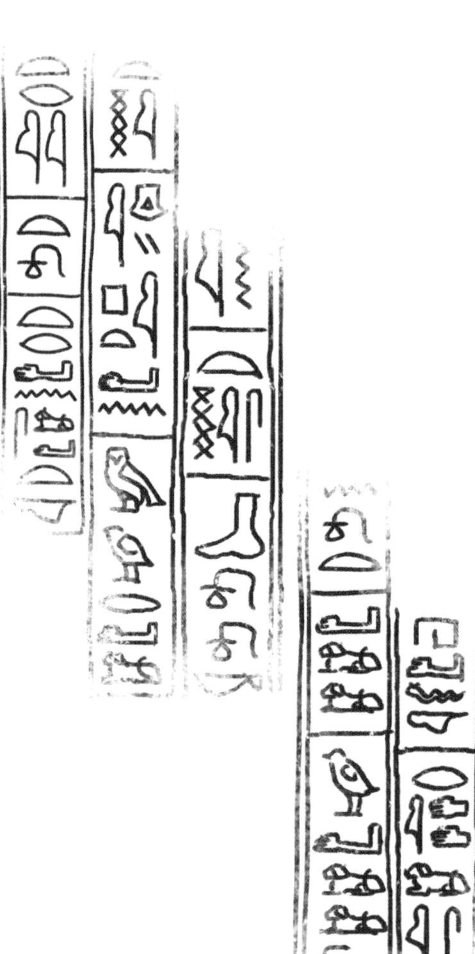

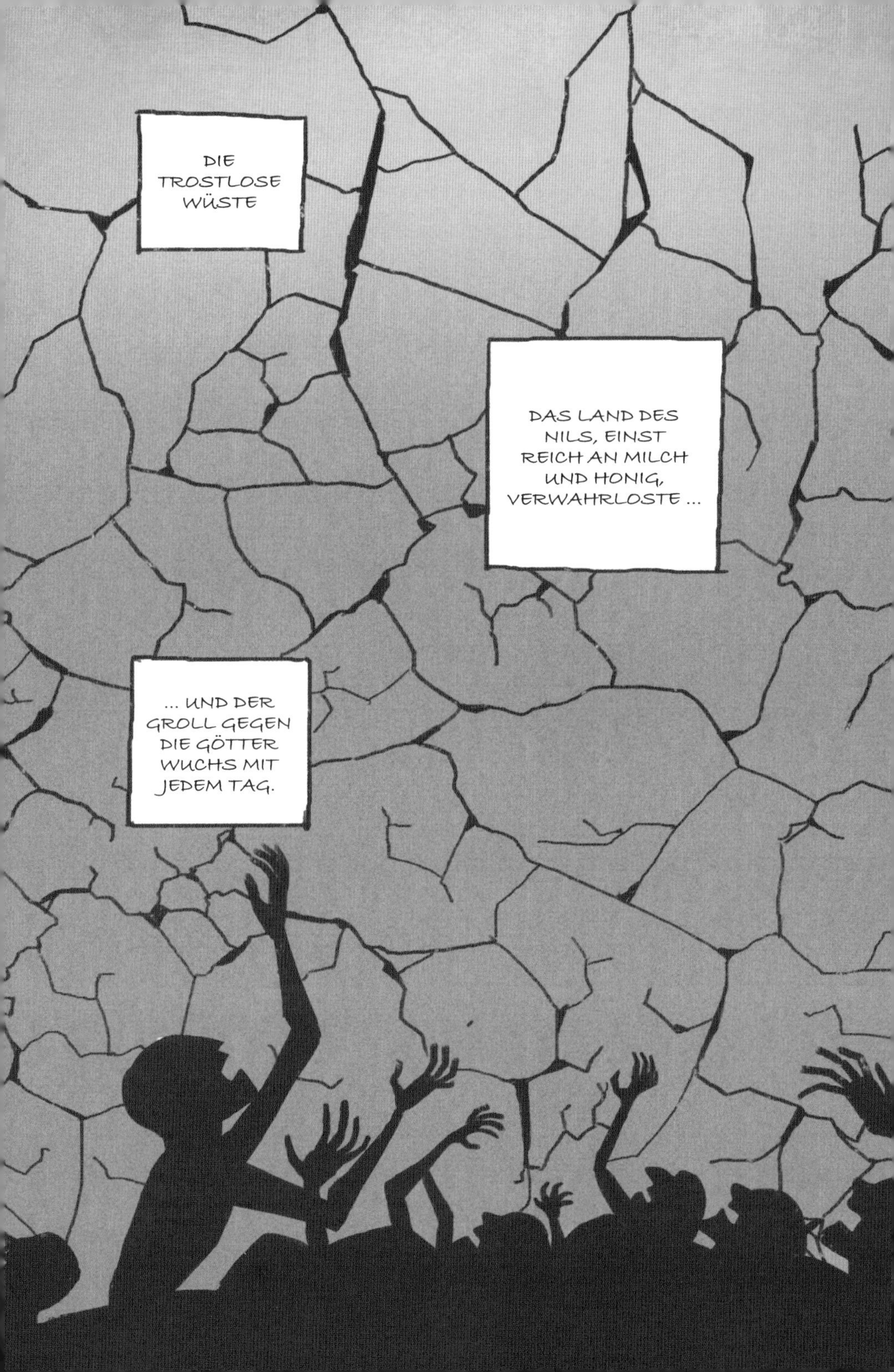
DIE TROSTLOSE WÜSTE
DAS LAND DES NILS, EINST REICH AN MILCH UND HONIG, VERWAHRLOSTE ...
... UND DER GROLL GEGEN DIE GÖTTER WUCHS MIT JEDEM TAG.

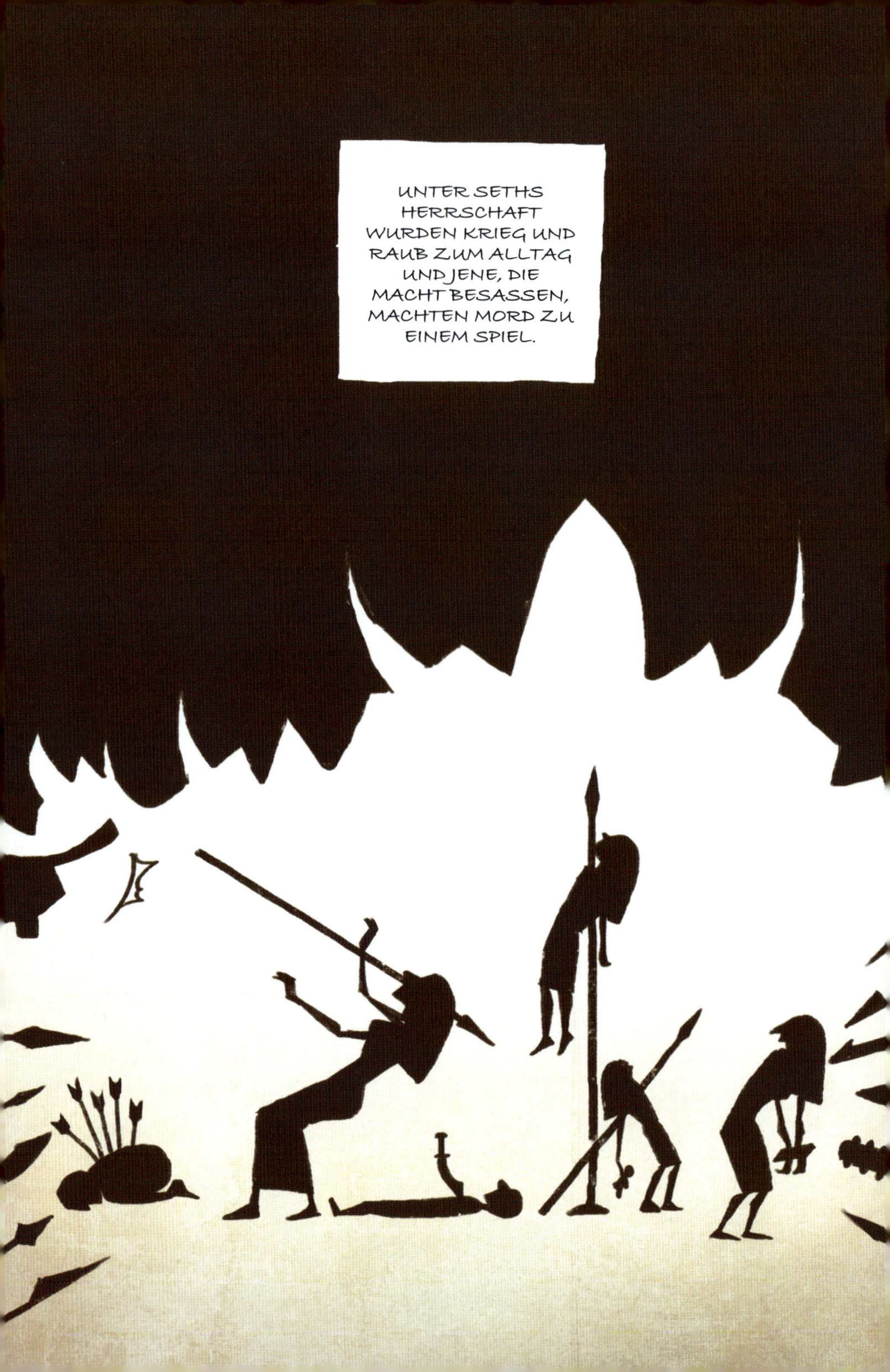

UNTER SETHS
HERRSCHAFT
WURDEN KRIEG UND
RAUB ZUM ALLTAG
UND JENE, DIE
MACHT BESASSEN,
MACHTEN MORD ZU
EINEM SPIEL.

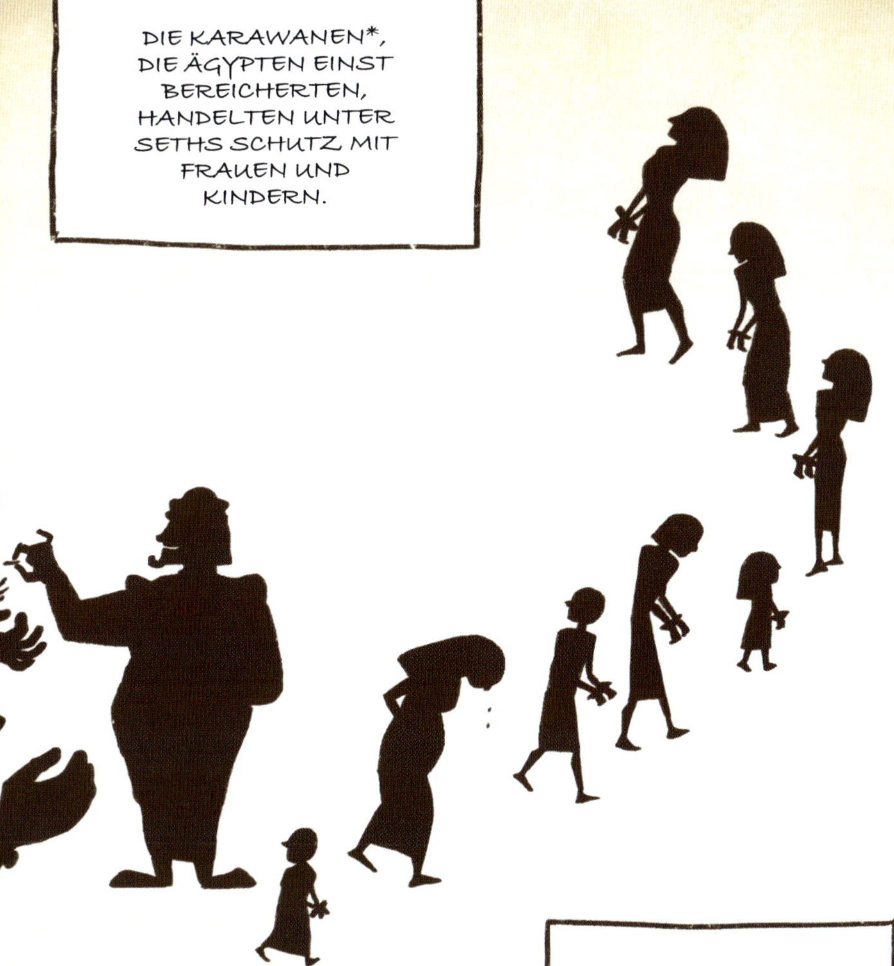

* HANDELSGRUPPEN

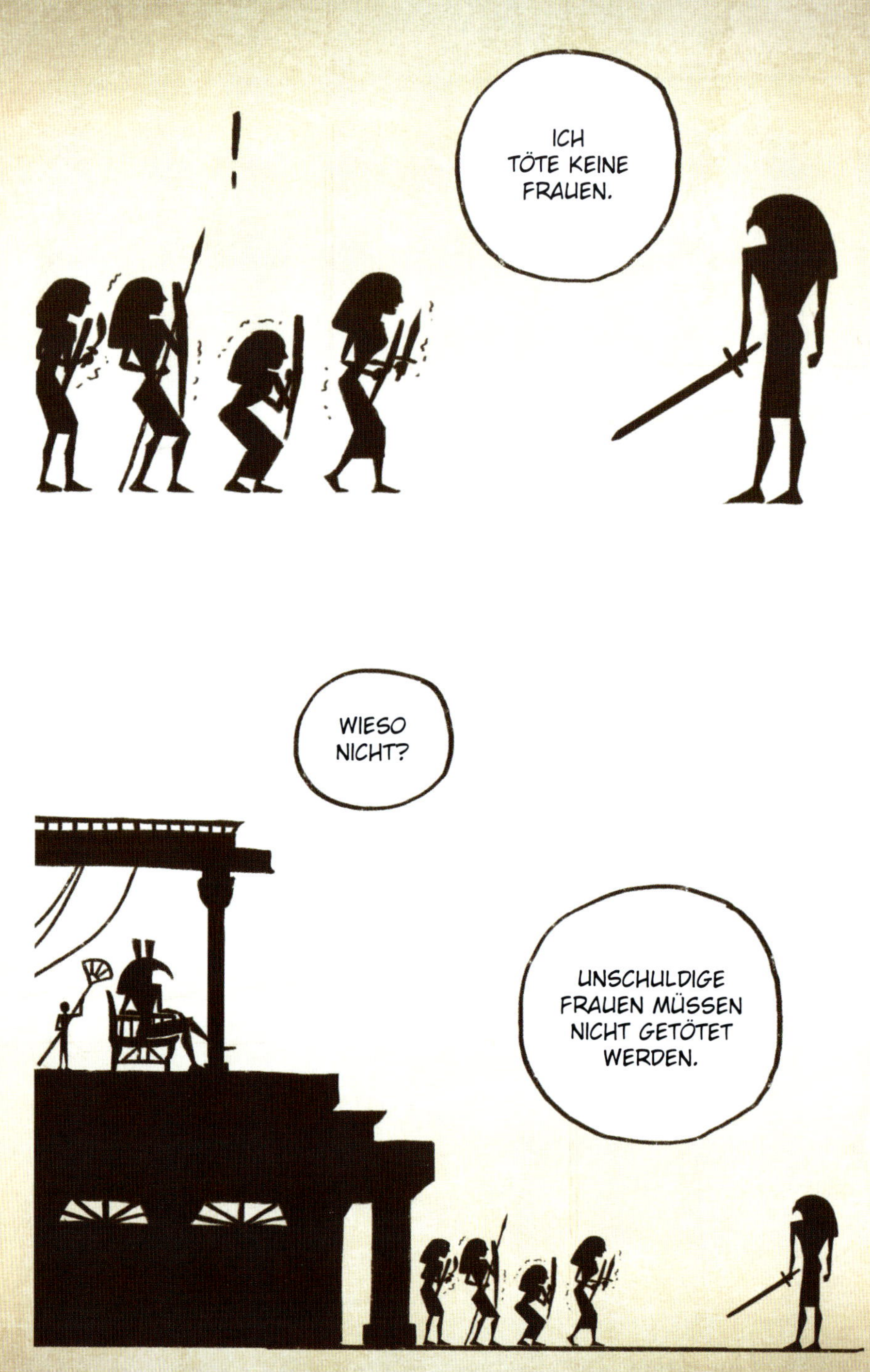
!
ICH TÖTE KEINE FRAUEN.
WIESO NICHT?
UNSCHULDIGE FRAUEN MÜSSEN NICHT GETÖTET WERDEN.

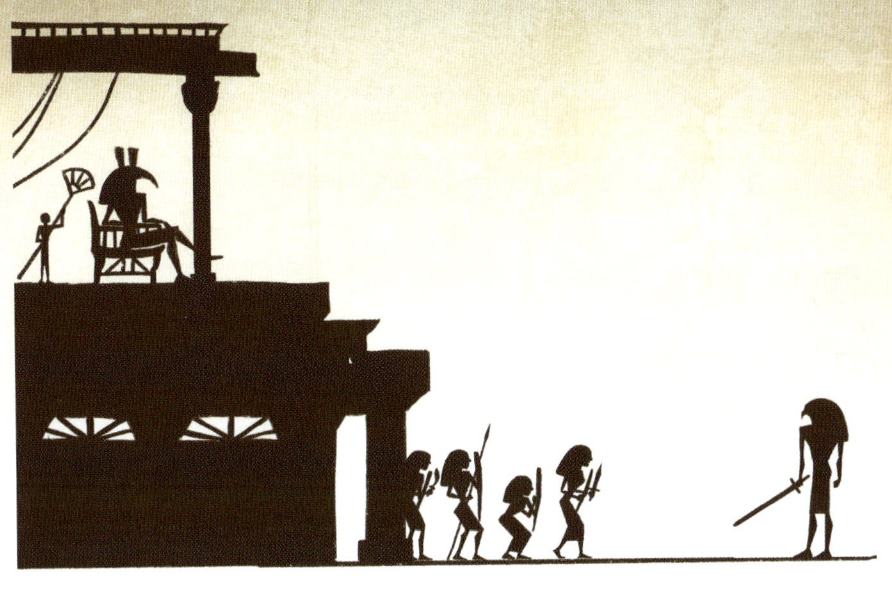

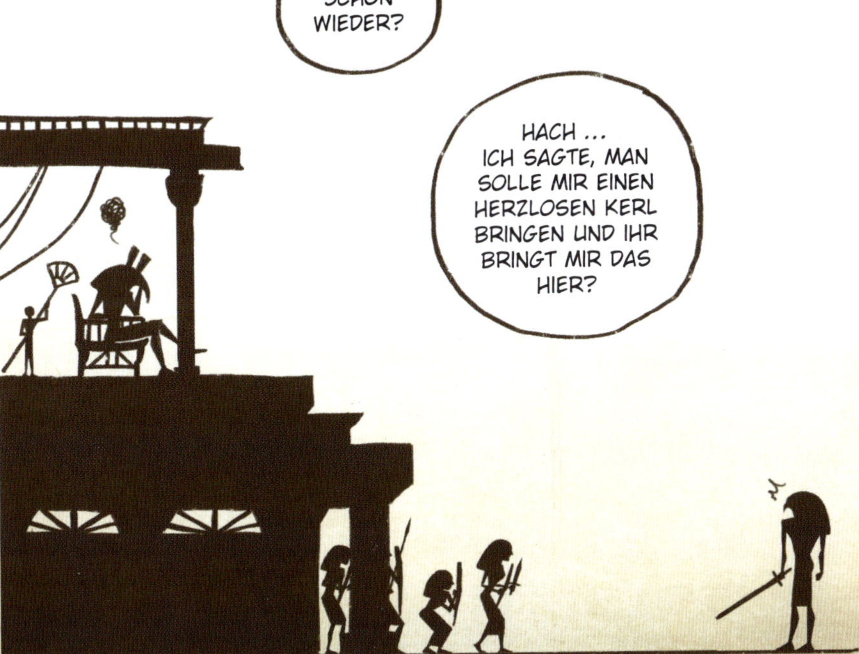
DAS SCHON WIEDER?
HACH ... ICH SAGTE, MAN SOLLE MIR EINEN HERZLOSEN KERL BRINGEN UND IHR BRINGT MIR DAS HIER?

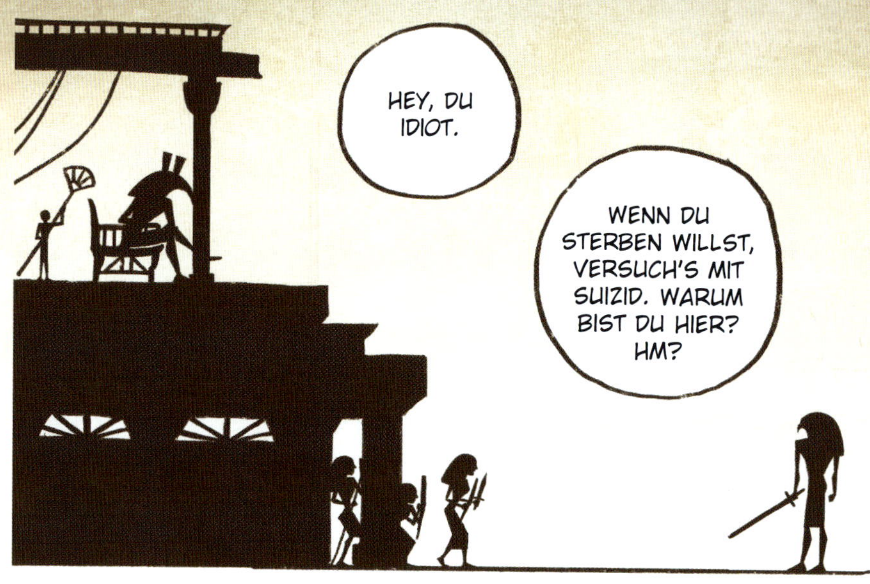
HEY, DU IDIOT.
WENN DU STERBEN WILLST, VERSUCH'S MIT SUIZID. WARUM BIST DU HIER? HM?

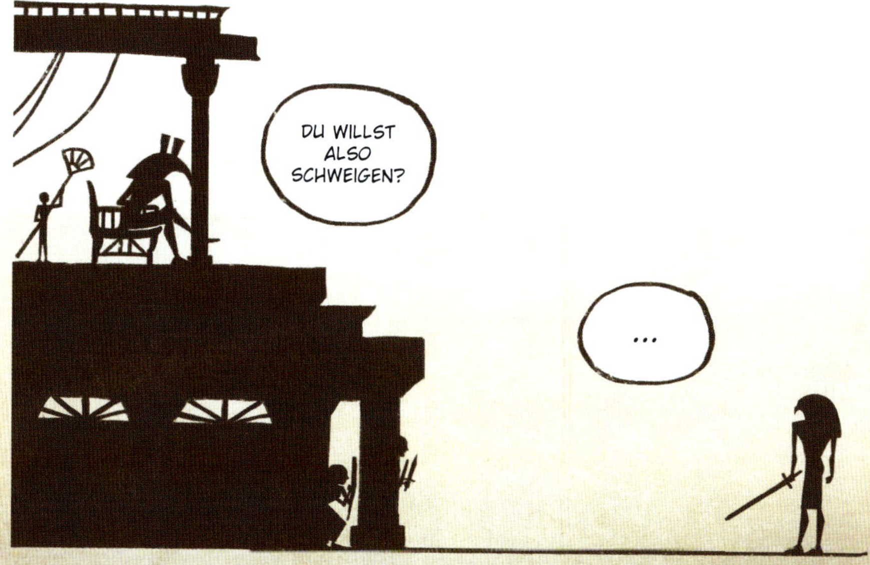
DU WILLST ALSO SCHWEIGEN?
...

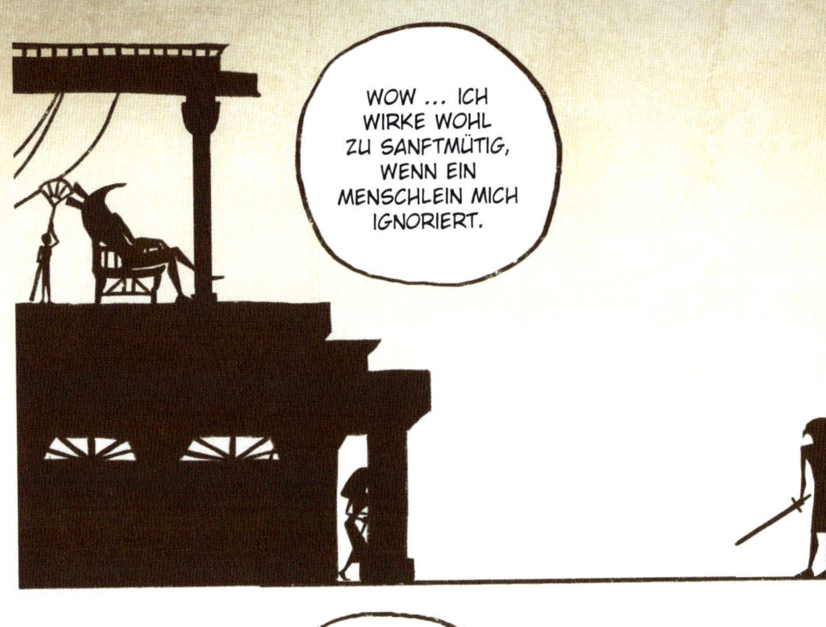
WOW ... ICH WIRKE WOHL ZU SANFTMÜTIG, WENN EIN MENSCHLEIN MICH IGNORIERT.

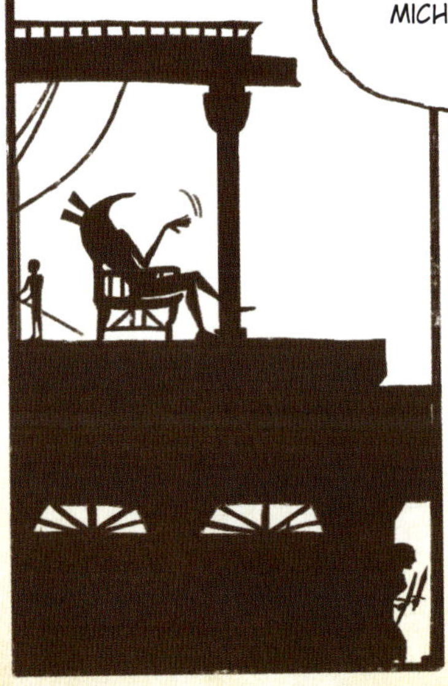
HEY. RÄUM DAS FÜR MICH WEG.

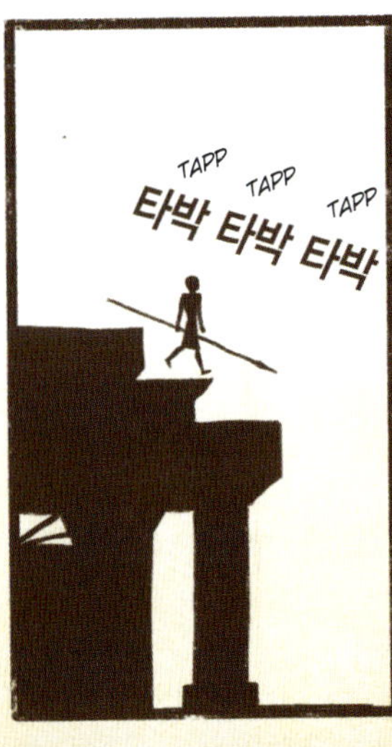
TAPP
TAPP
TAPP
타박 타박 타박

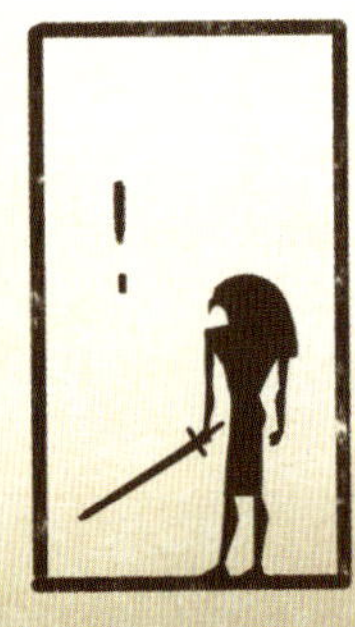
!

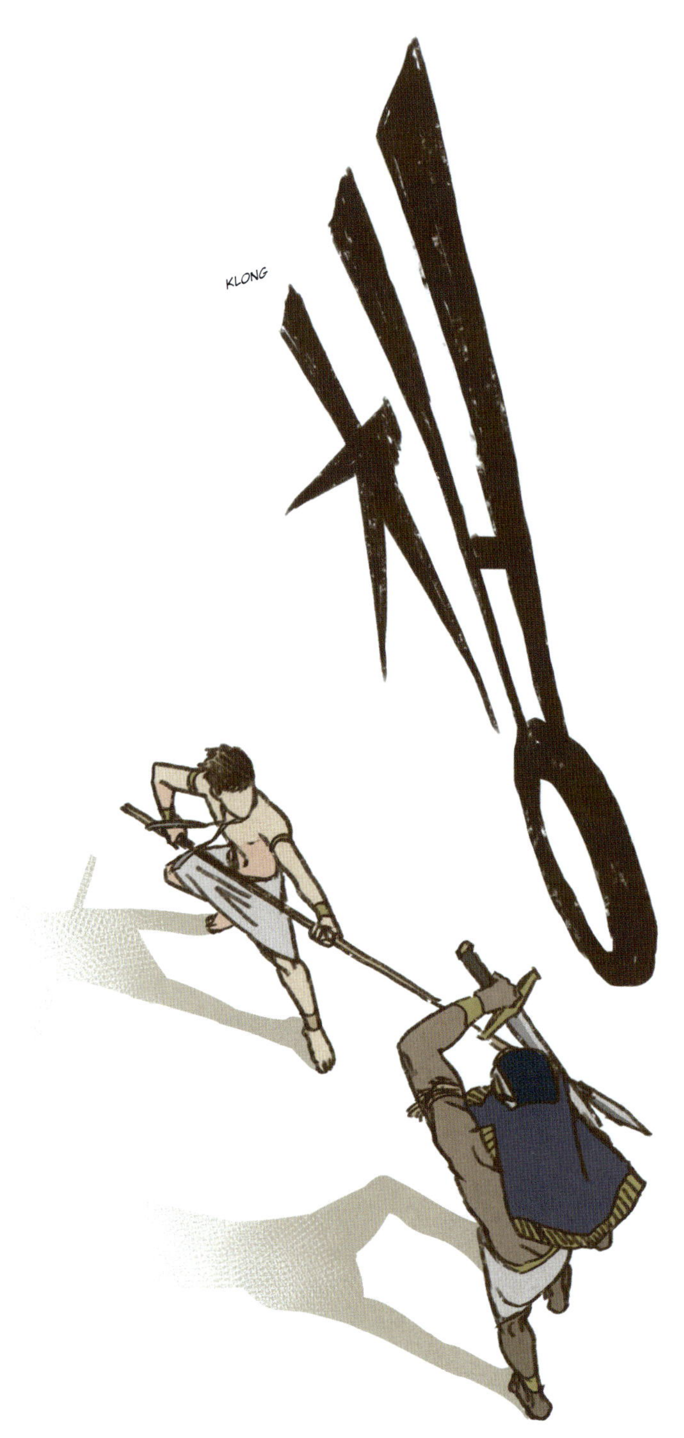
챙
KLONG

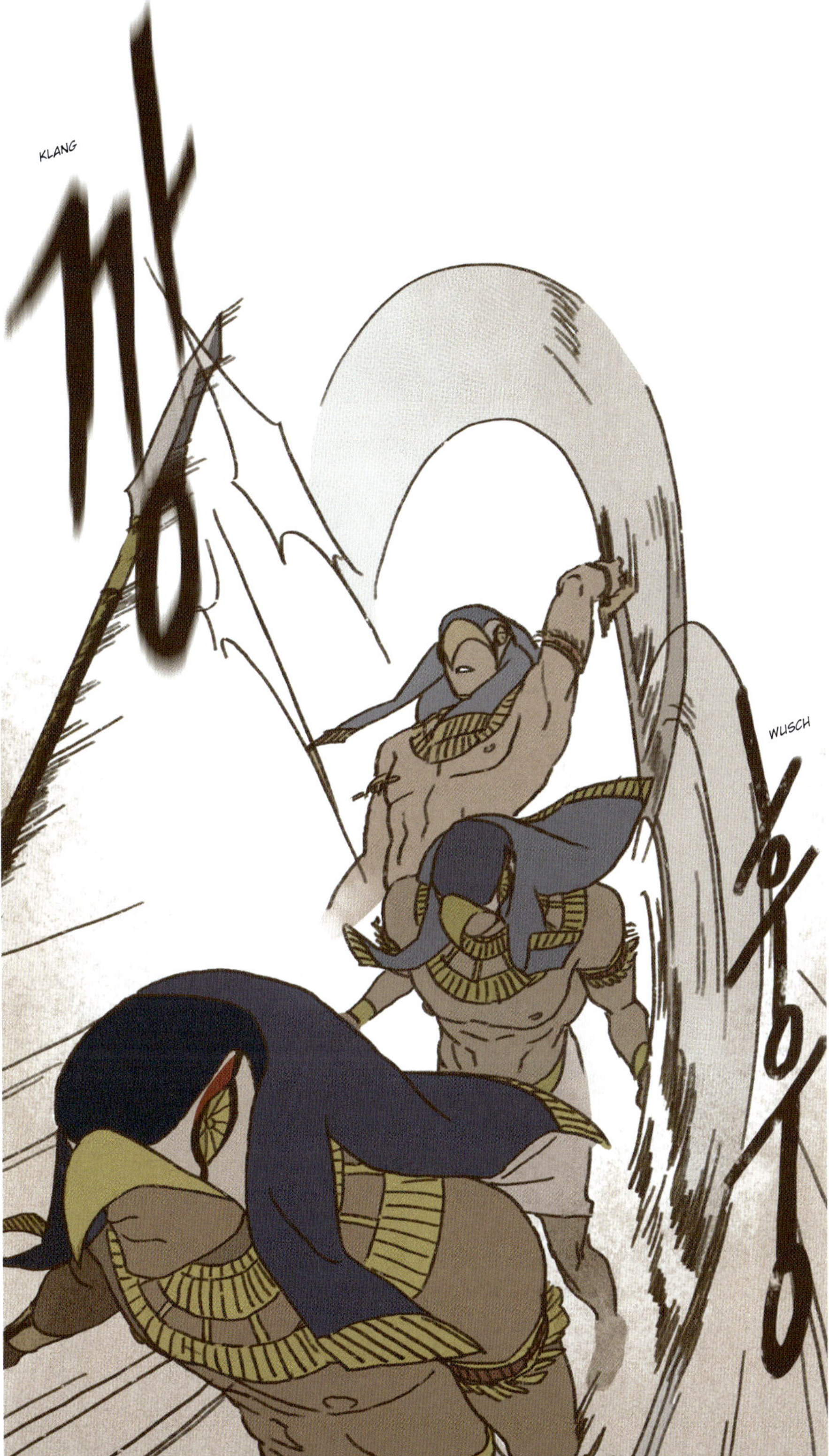
KLANG
WUSCH

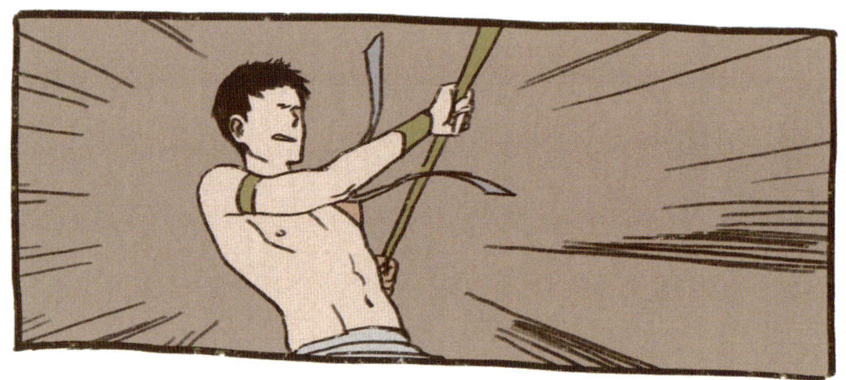

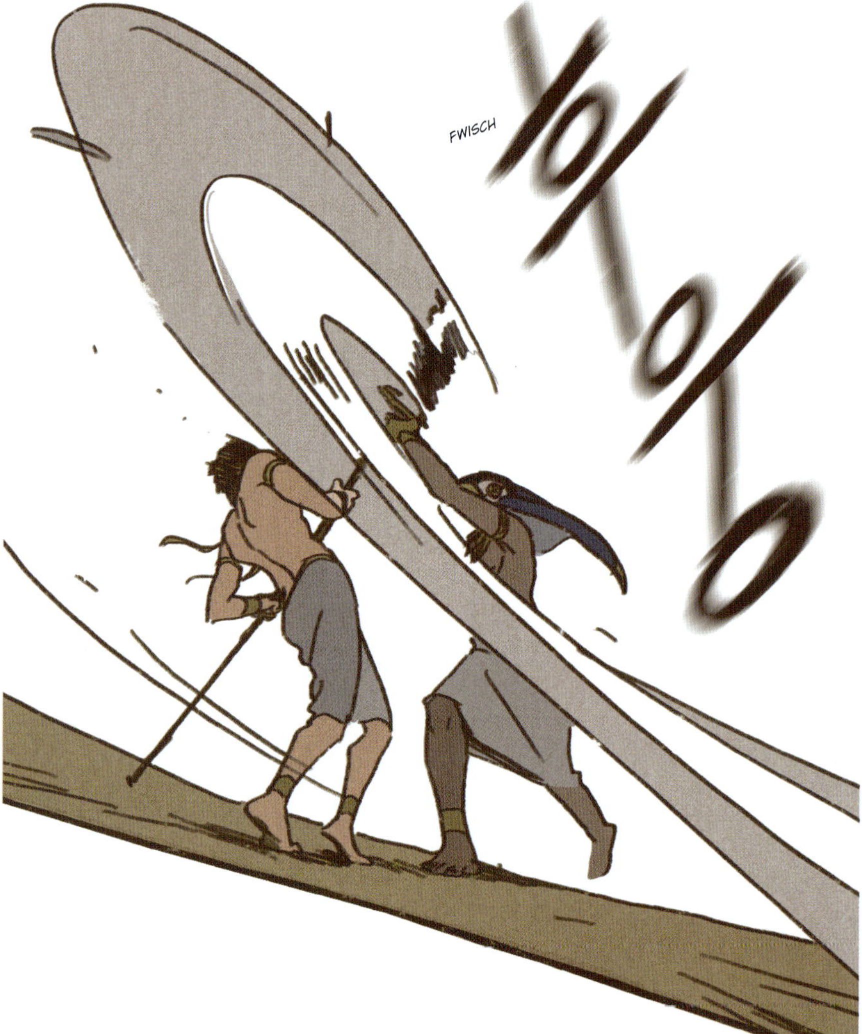

FWISCH

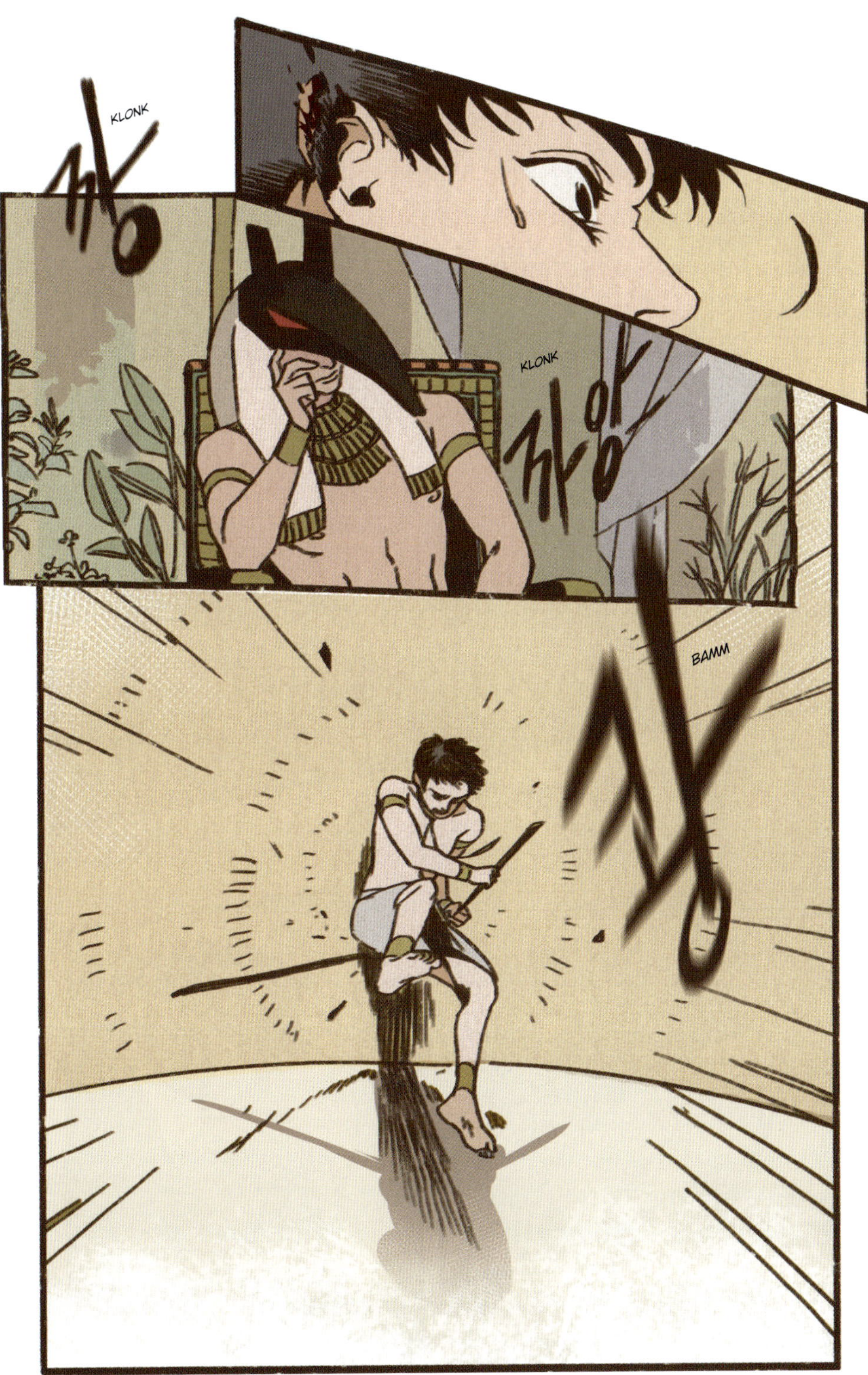
KLONK
KLONK
BAMM

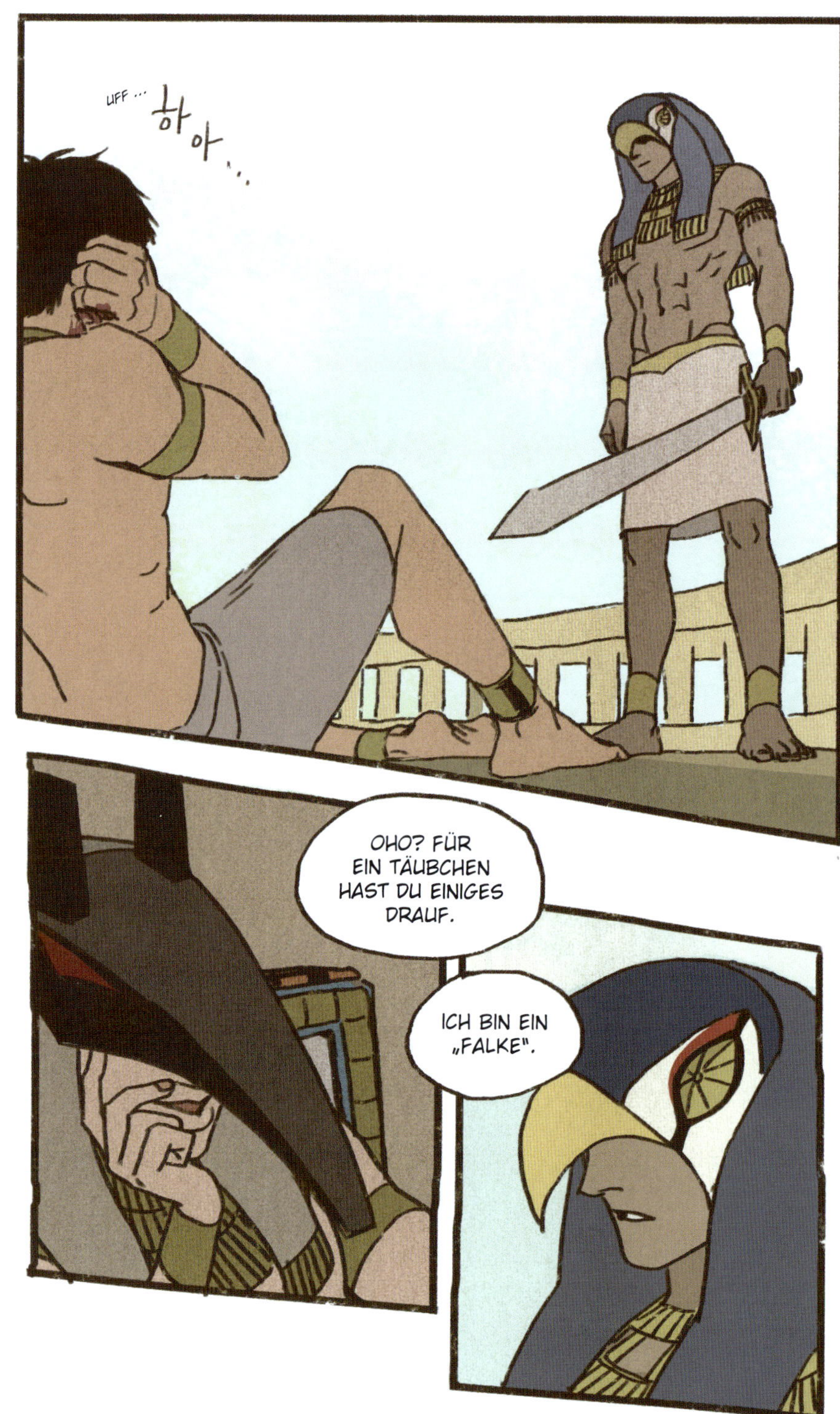
UFF ...
하아 ...
OHO? FÜR EIN TÄUBCHEN HAST DU EINIGES DRAUF.
ICH BIN EIN „FALKE".

IHR SOLLTET
NICHT SO
ENTSPANNT
SEIN.

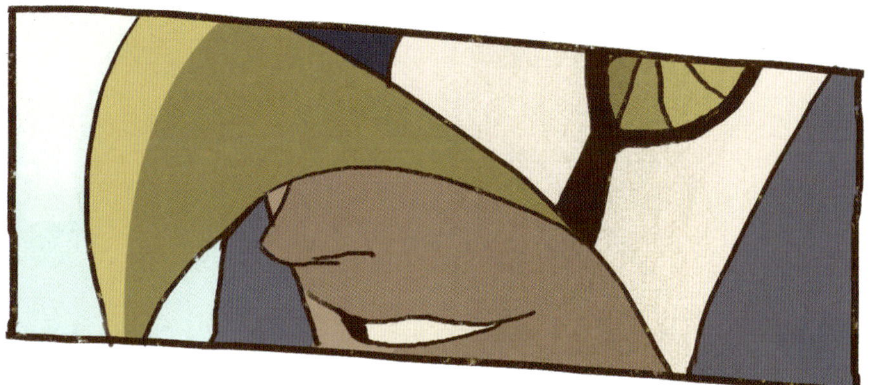

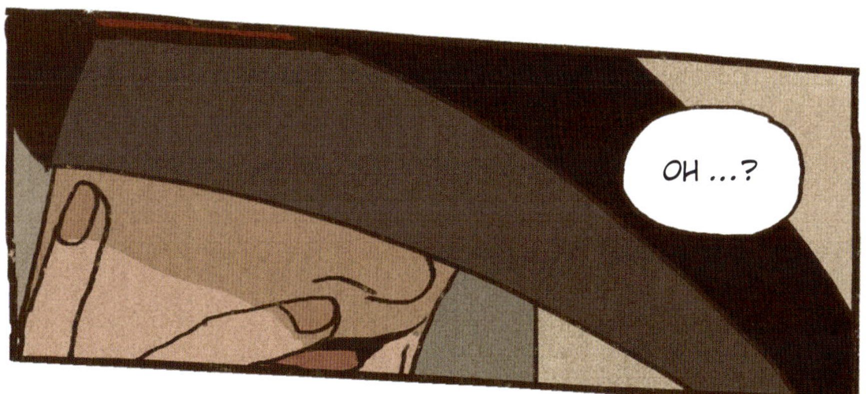

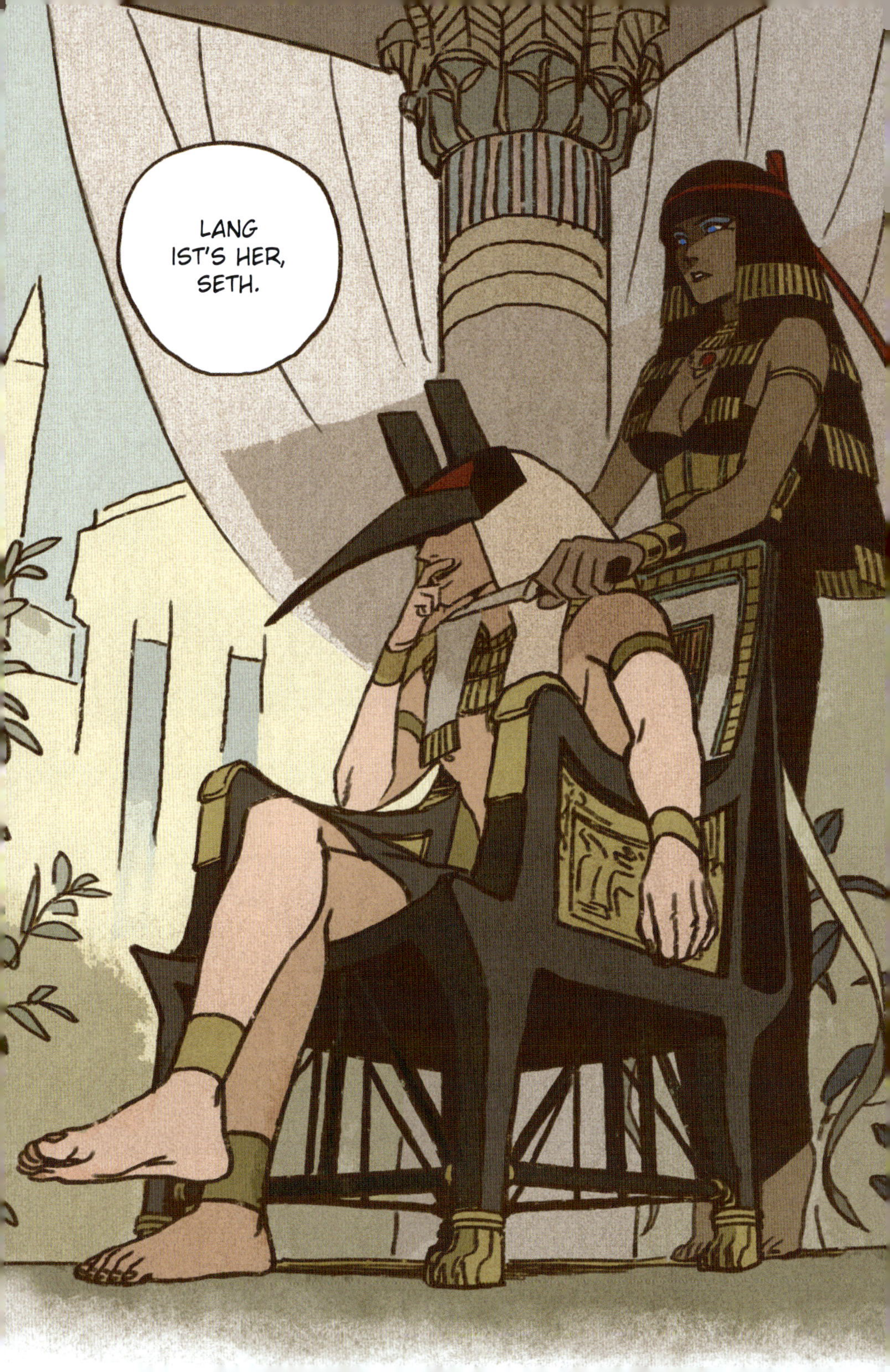
LANG IST'S HER, SETH.

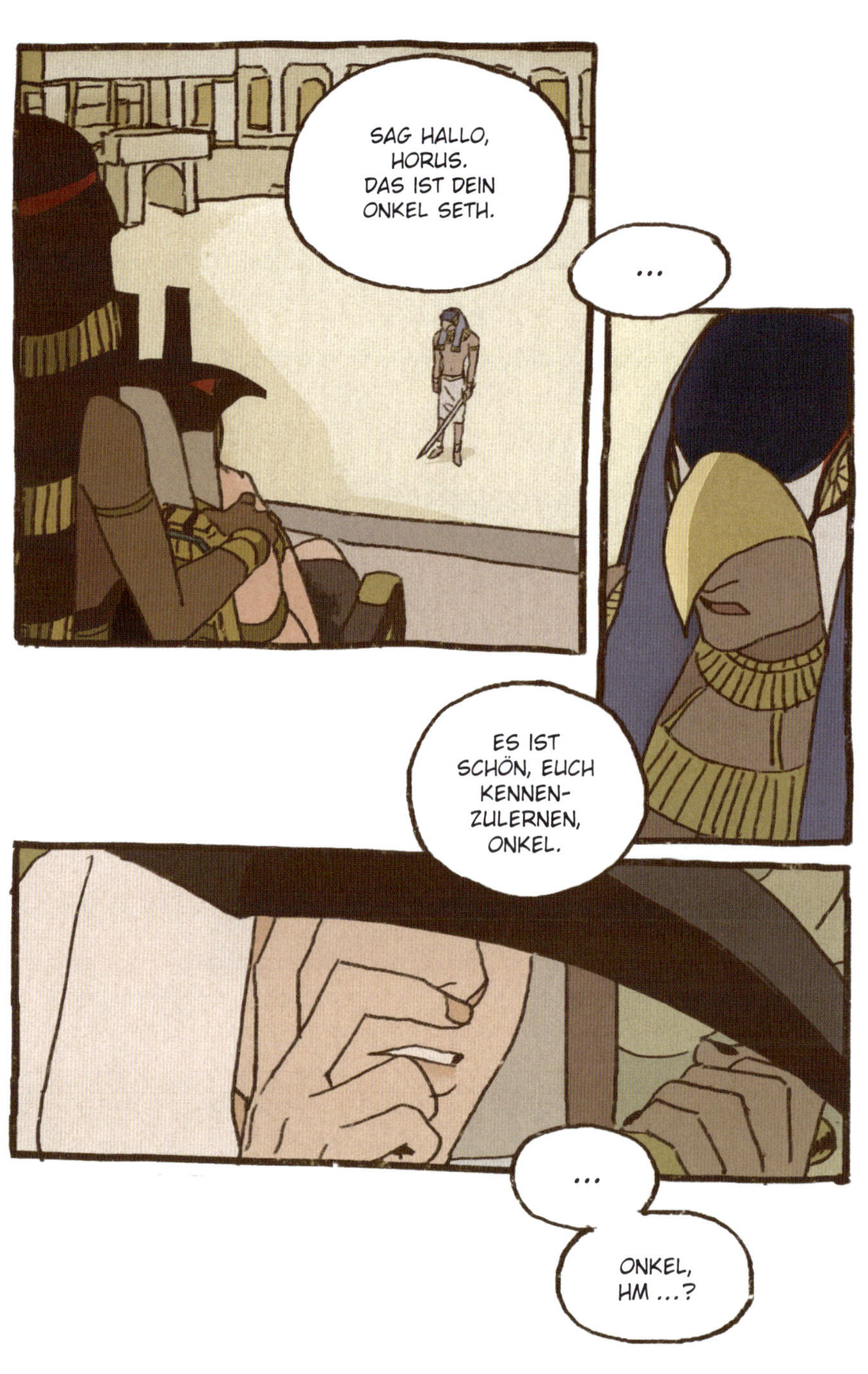
SAG HALLO, HORUS. DAS IST DEIN ONKEL SETH.
...
ES IST SCHÖN, EUCH KENNEN-ZULERNEN, ONKEL.
...
ONKEL, HM ...?

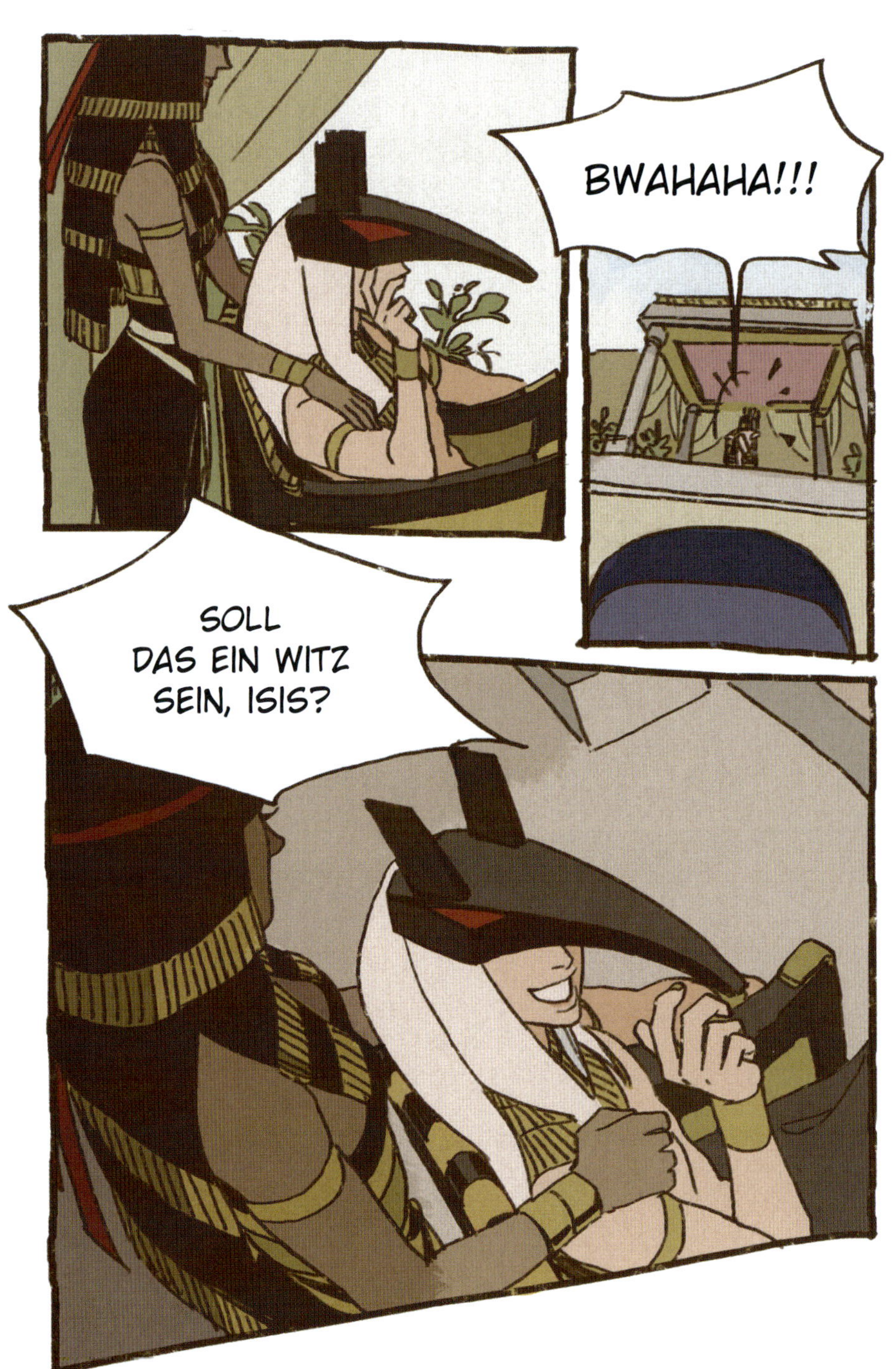
BWAHAHA!!!
SOLL DAS EIN WITZ SEIN, ISIS?

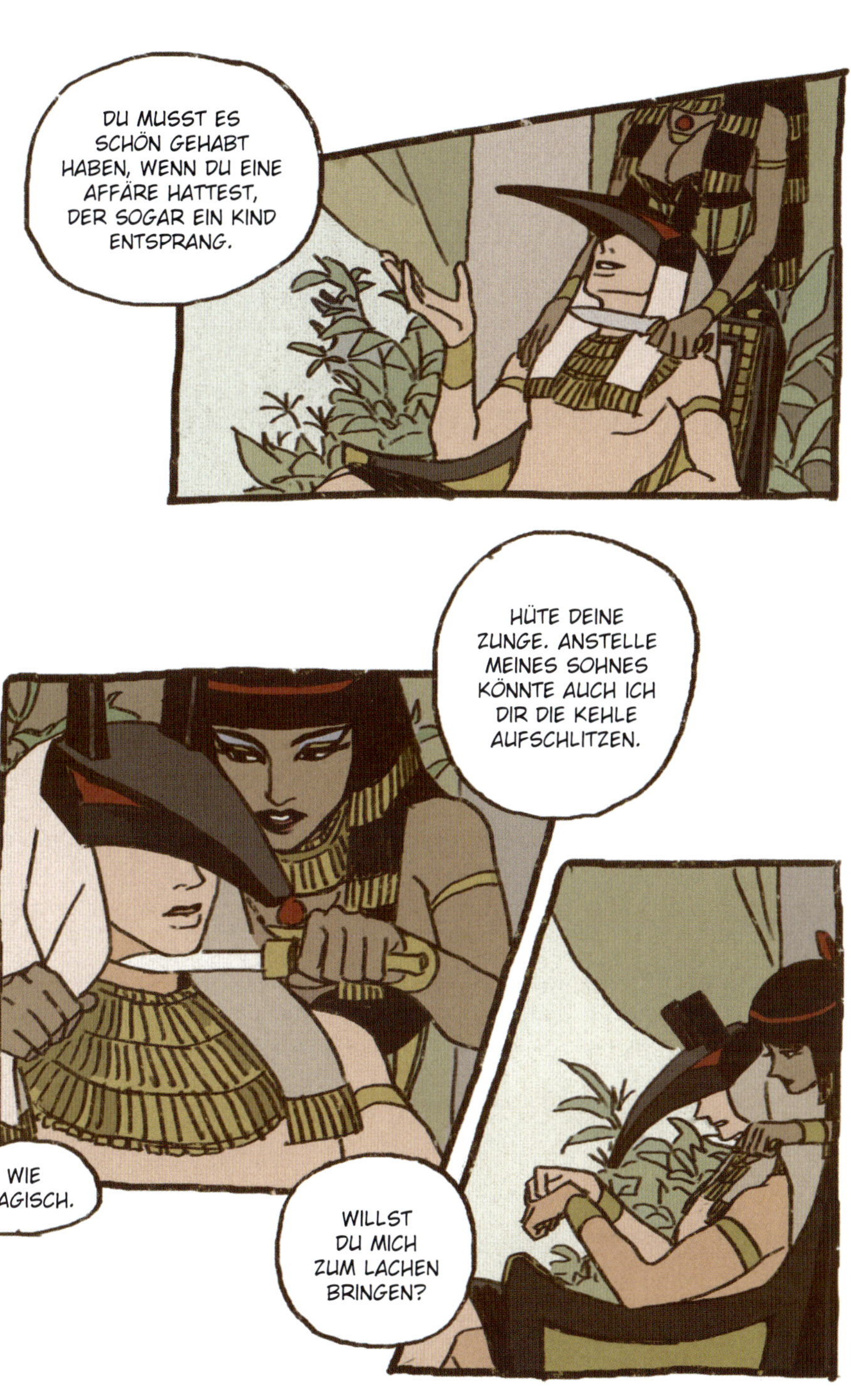
DU MUSST ES SCHÖN GEHABT HABEN, WENN DU EINE AFFÄRE HATTEST, DER SOGAR EIN KIND ENTSPRANG.
HÜTE DEINE ZUNGE. ANSTELLE MEINES SOHNES KÖNNTE AUCH ICH DIR DIE KEHLE AUFSCHLITZEN.
WIE TRAGISCH.
WILLST DU MICH ZUM LACHEN BRINGEN?

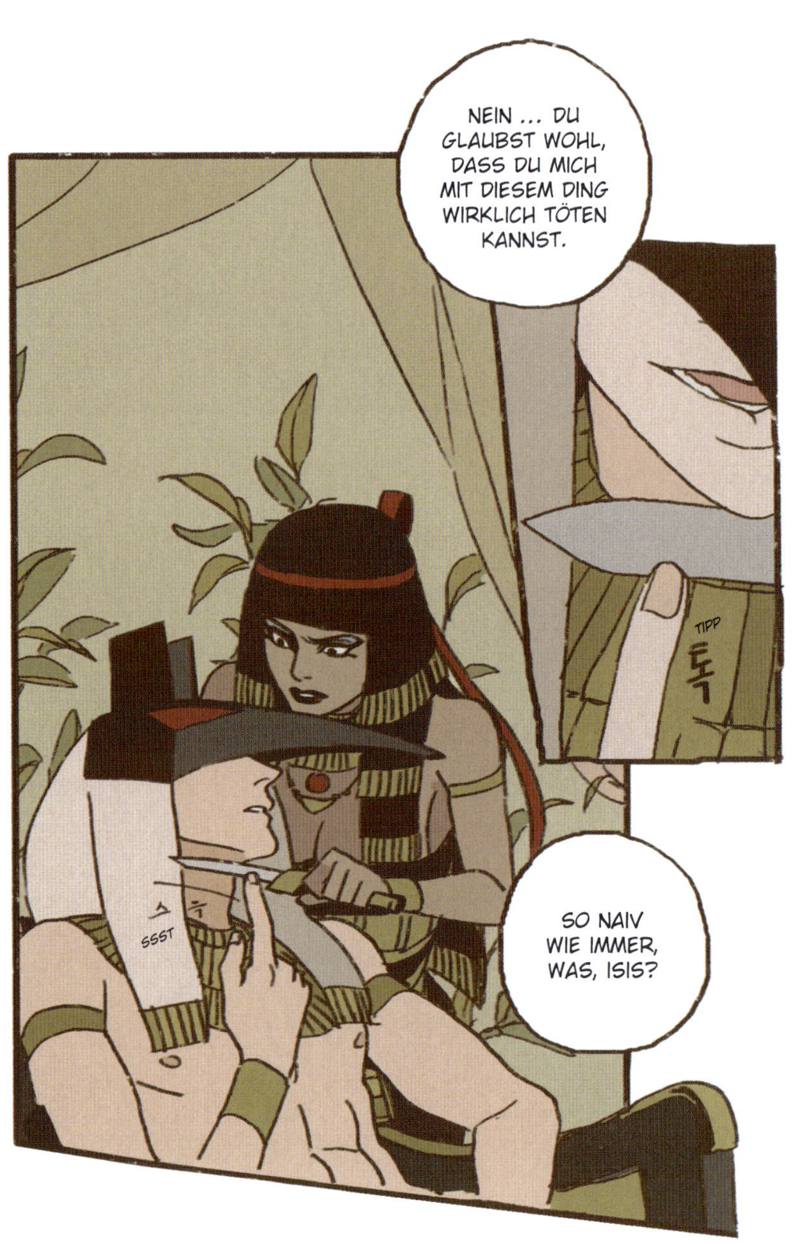
NEIN ... DU GLAUBST WOHL, DASS DU MICH MIT DIESEM DING WIRKLICH TÖTEN KANNST.
TIPP
SSST
SO NAIV WIE IMMER, WAS, ISIS?

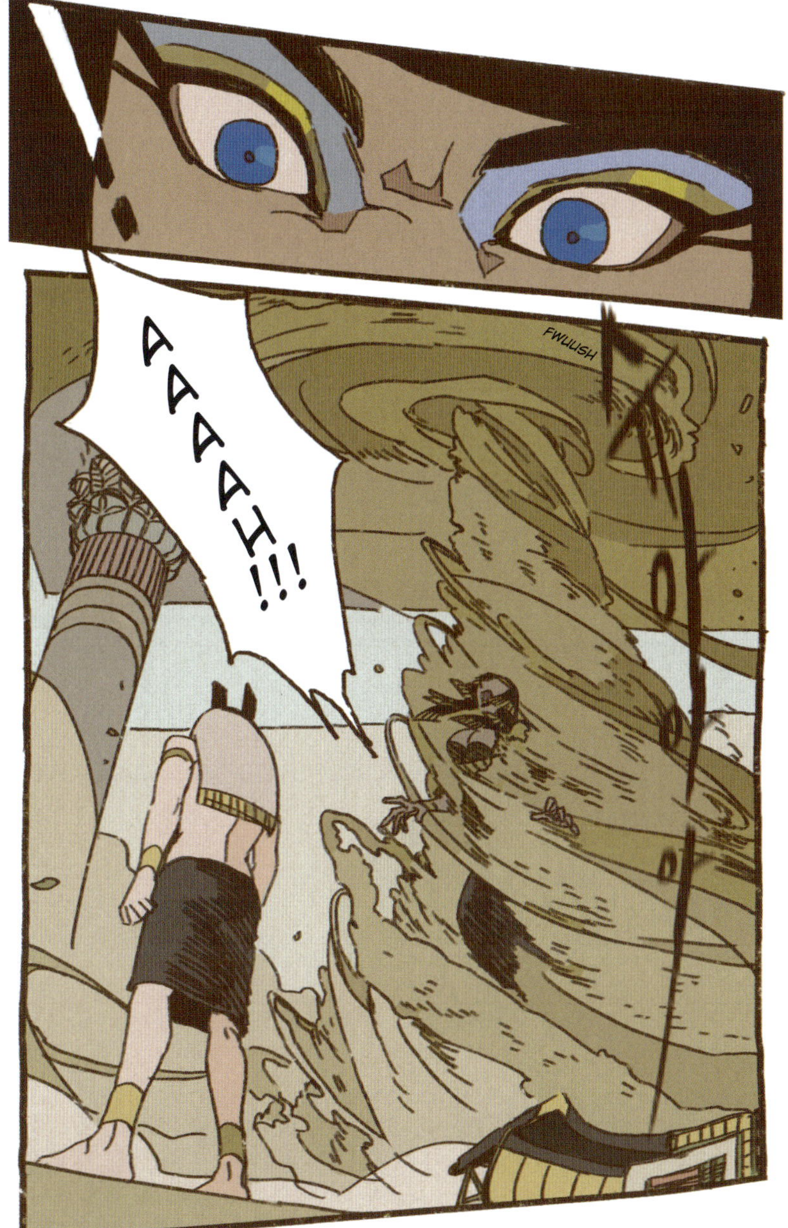
AAAAAH!!!
FWUUSH

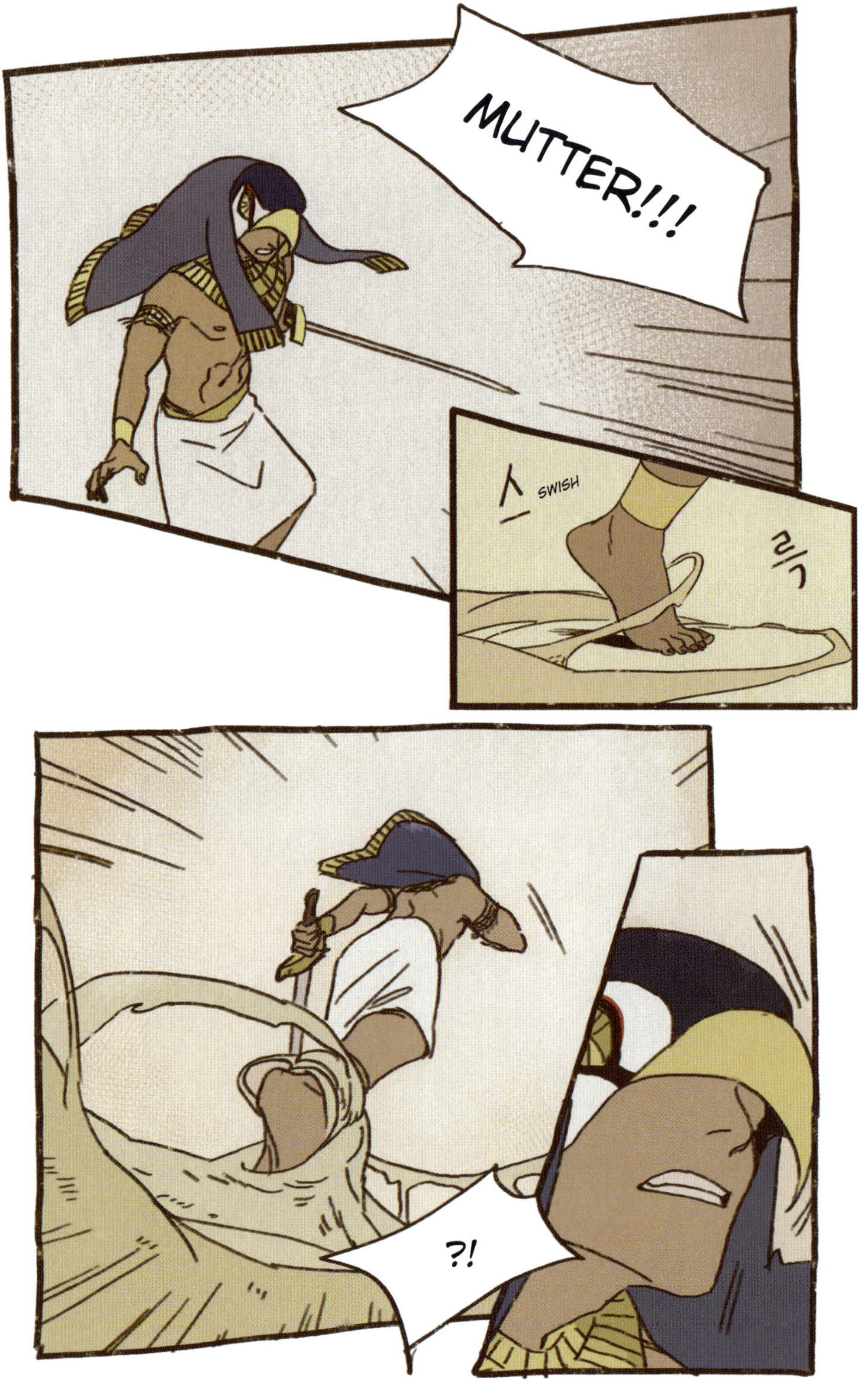

MUTTER!!!

SWISH

?!

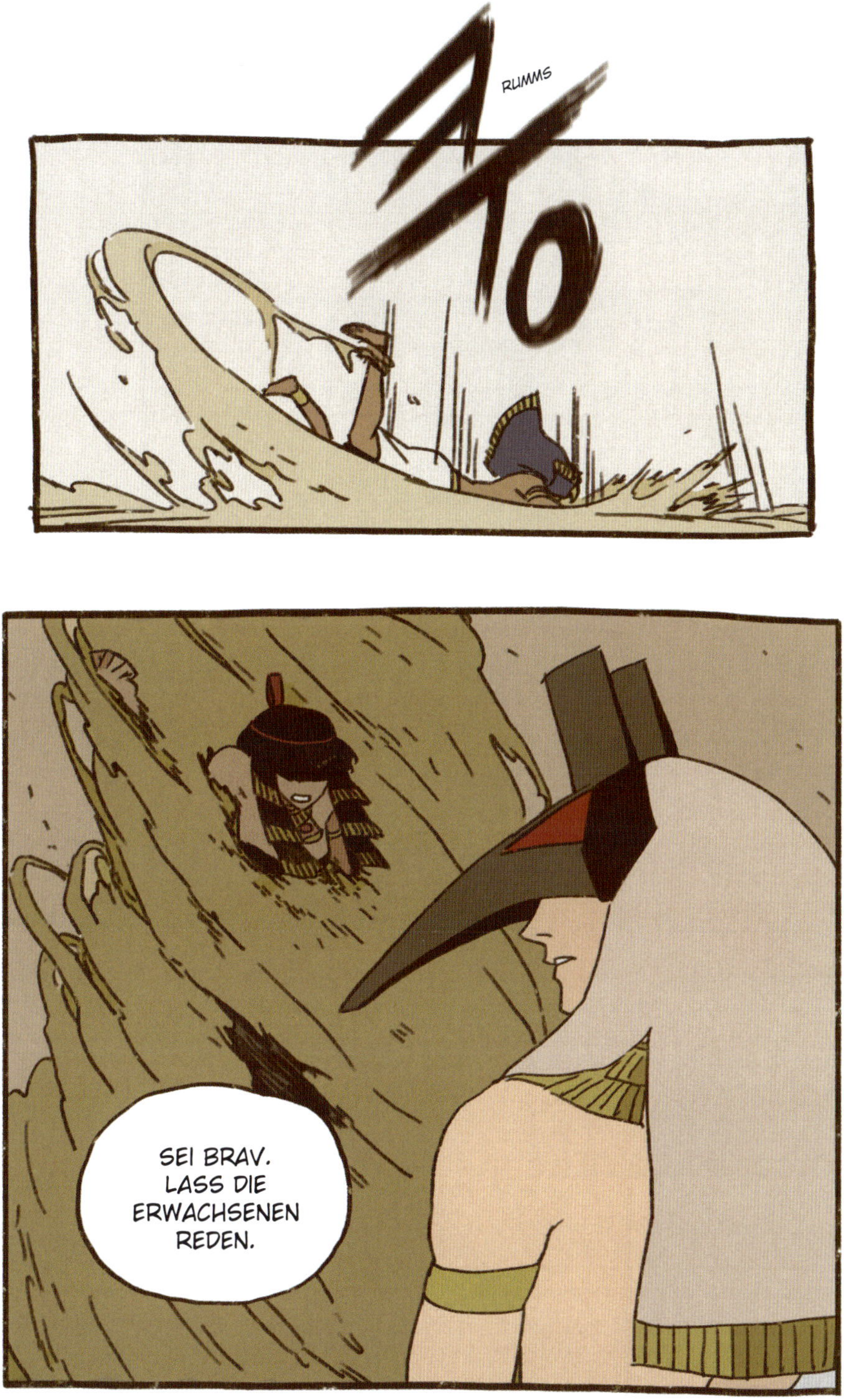

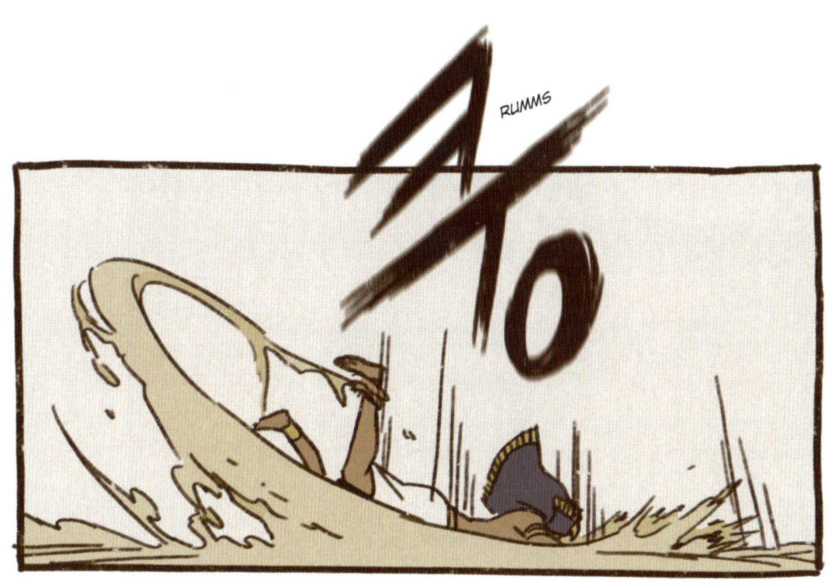

SEI BRAV. LASS DIE ERWACHSENEN REDEN.

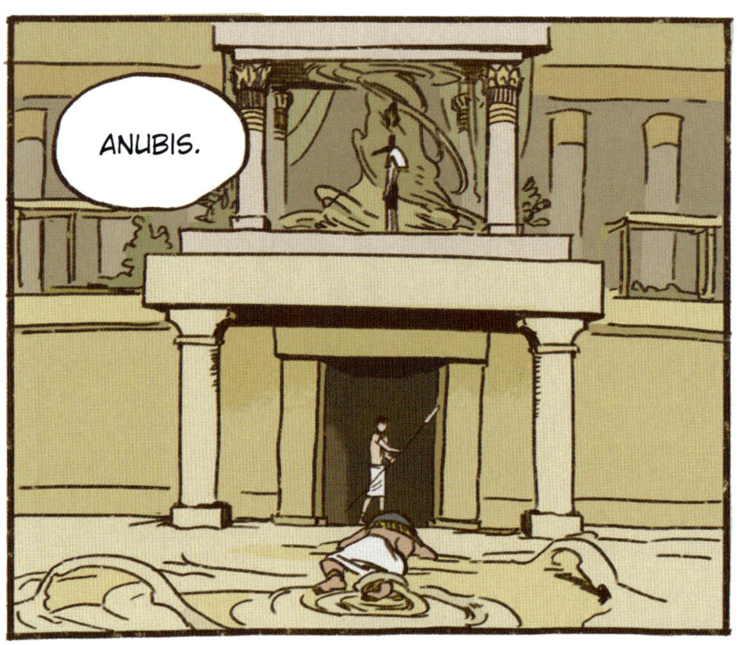

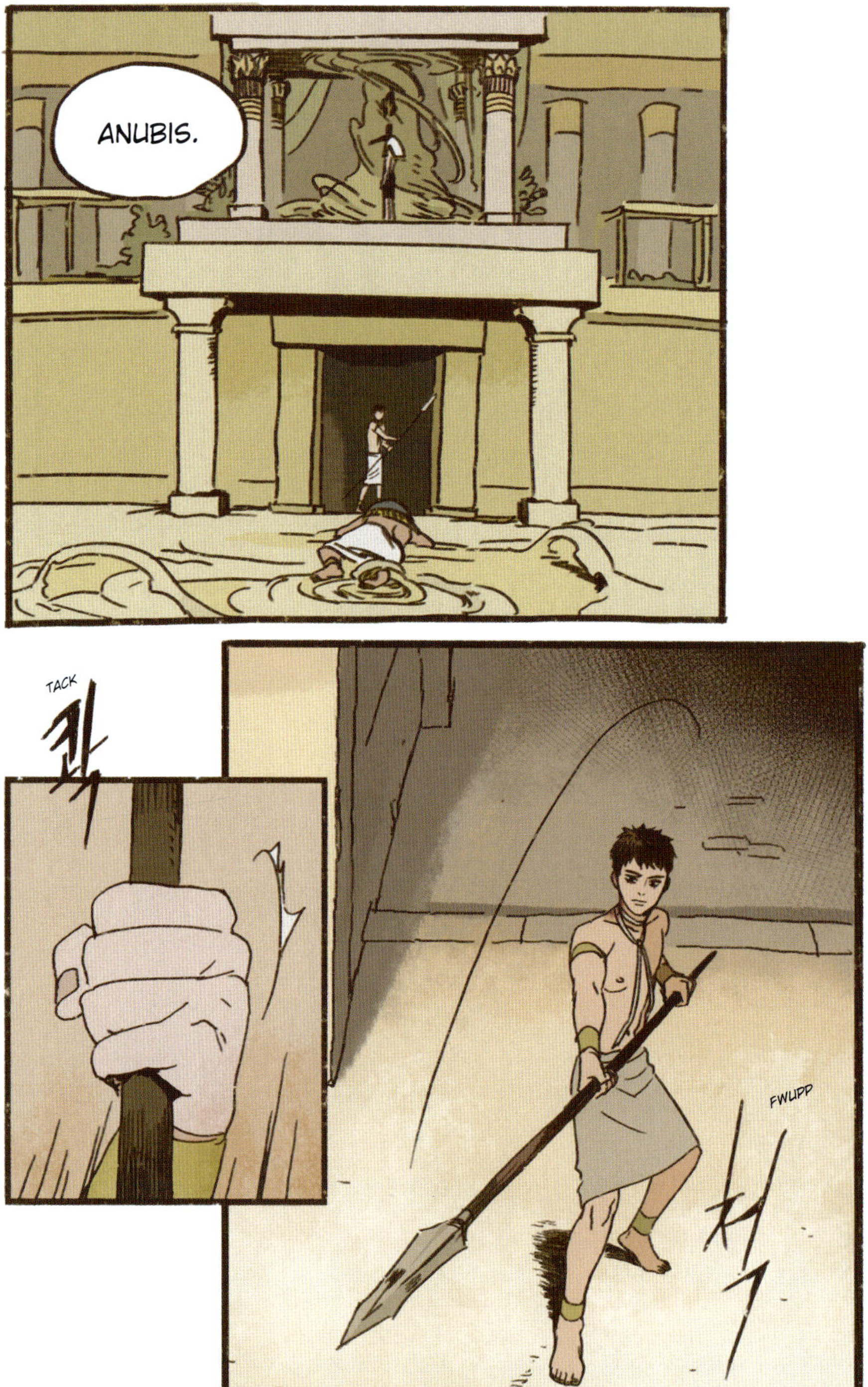

TACK

FWUPP

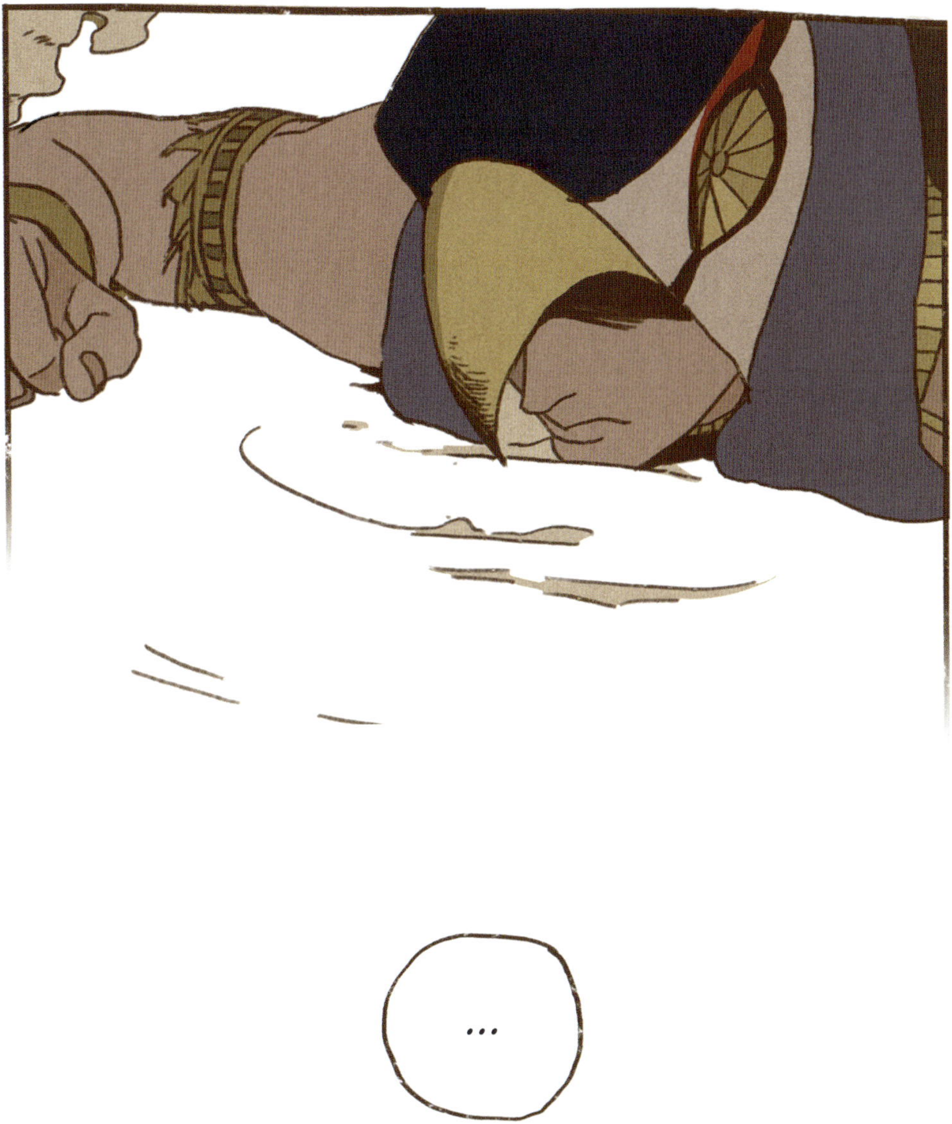

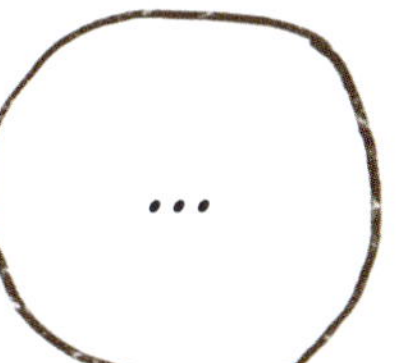

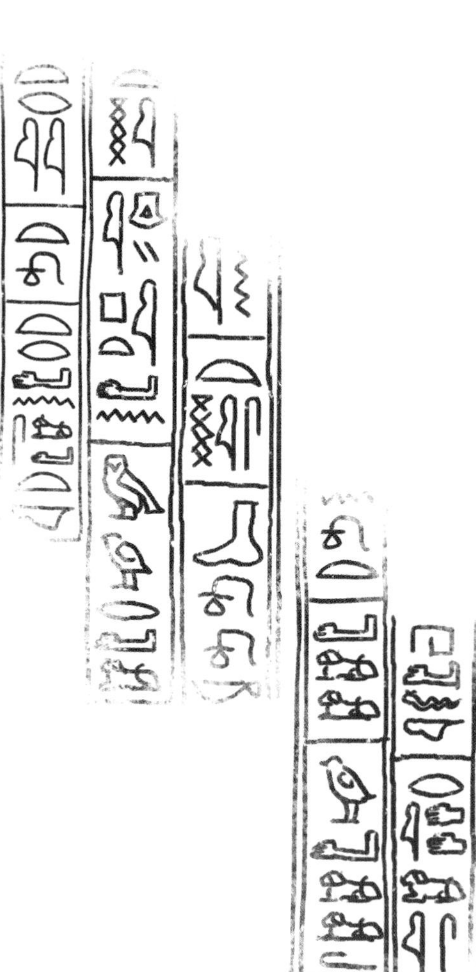

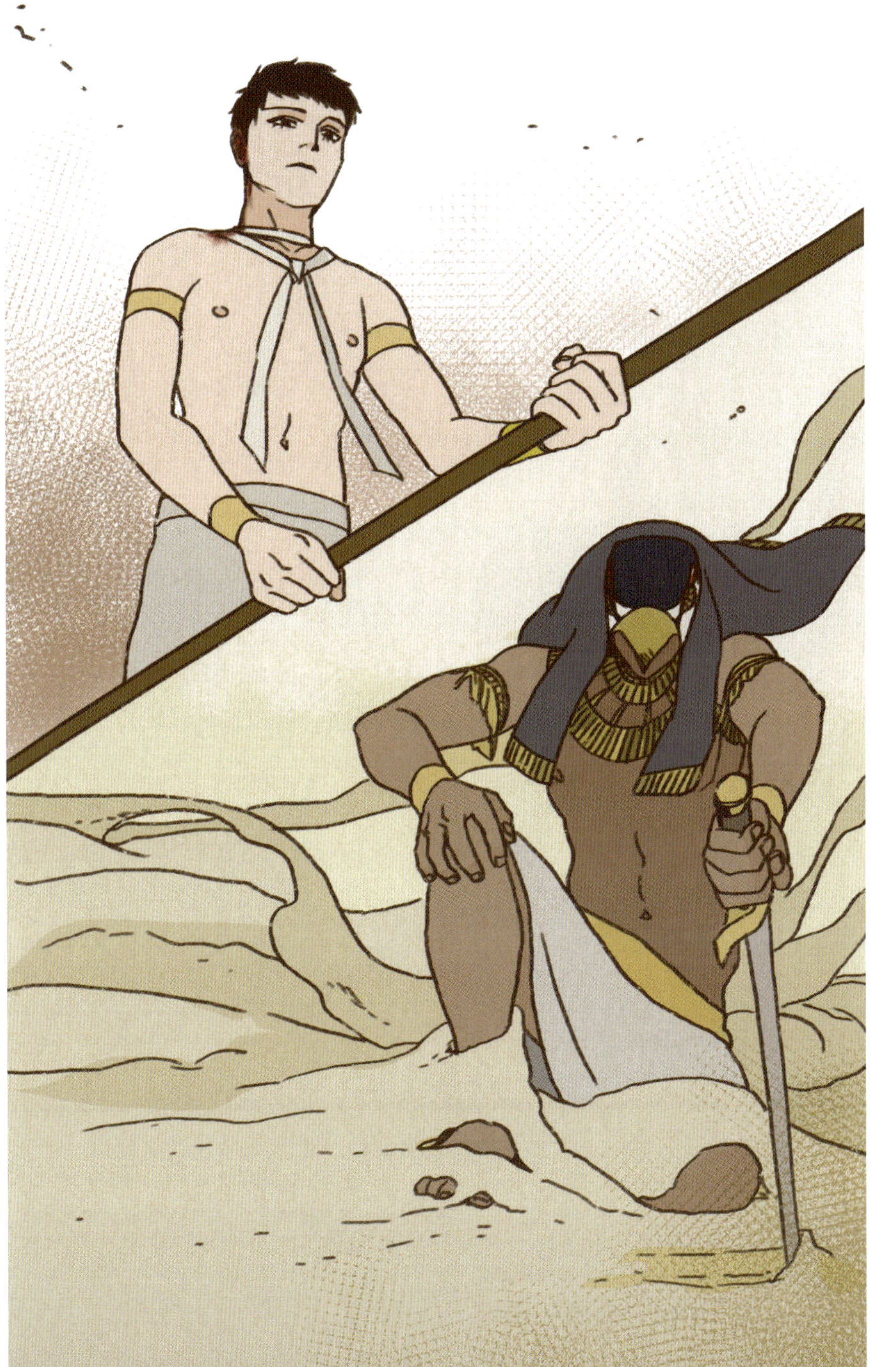

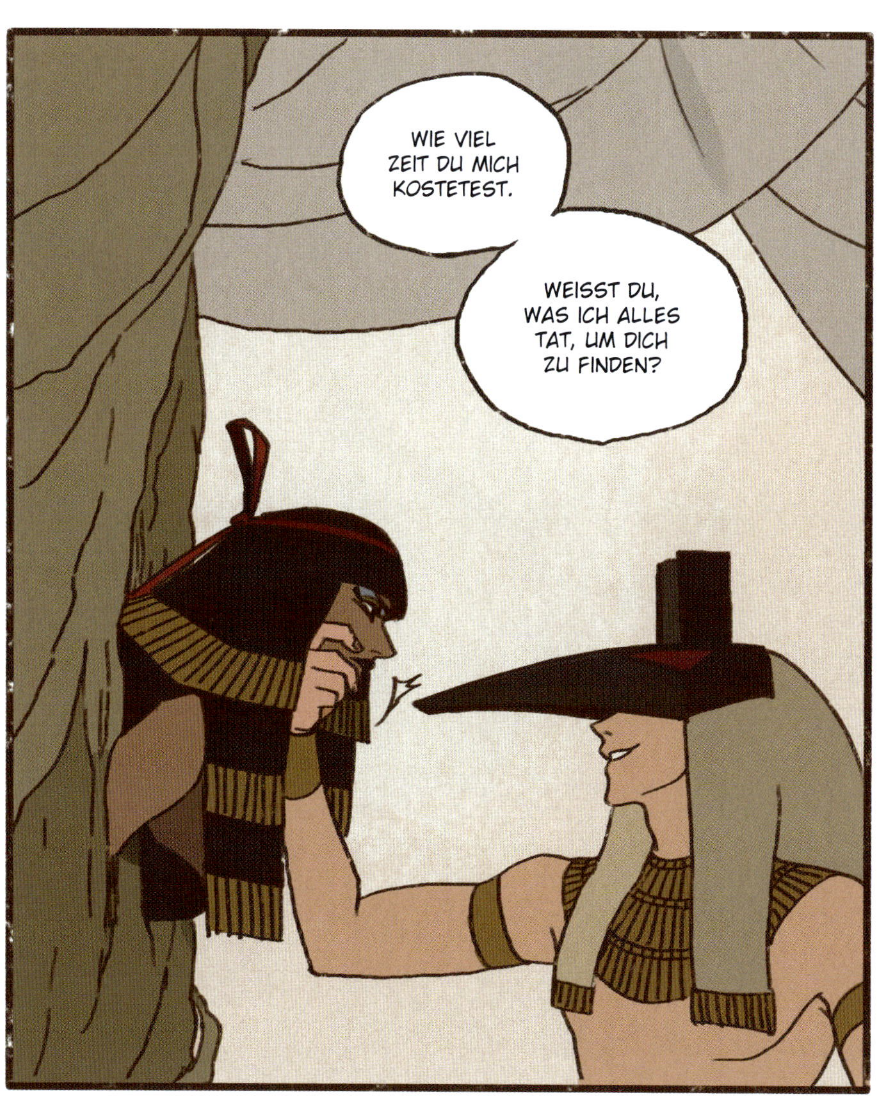
WIE VIEL ZEIT DU MICH KOSTETEST.
WEISST DU, WAS ICH ALLES TAT, UM DICH ZU FINDEN?

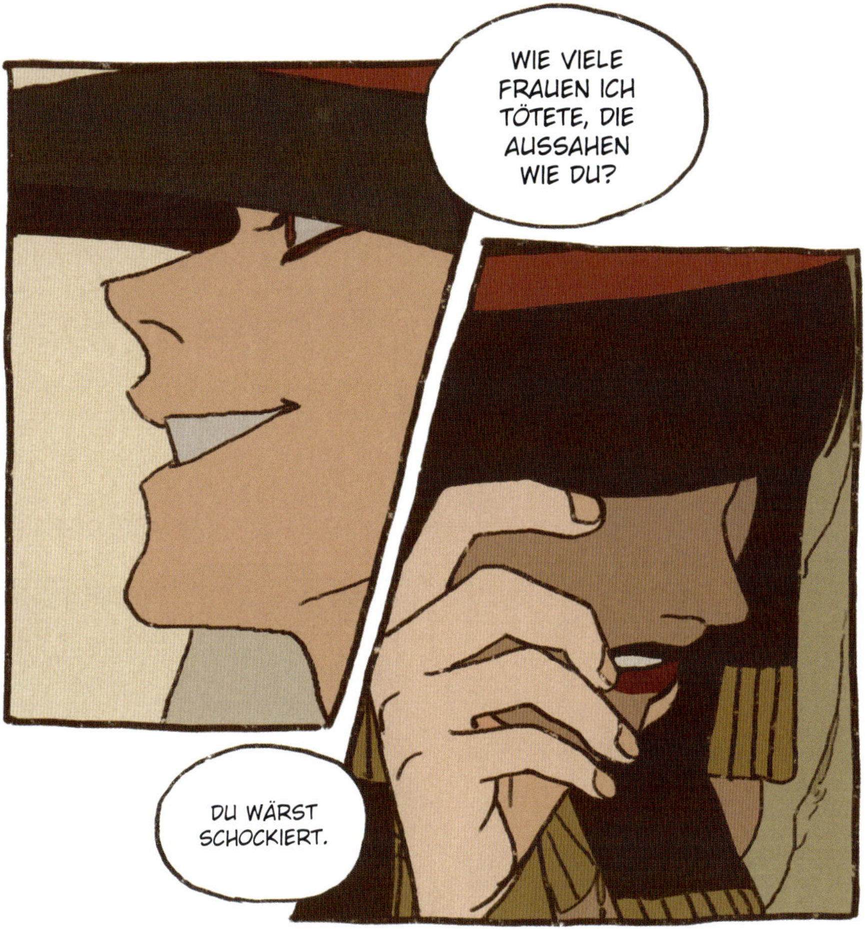

WIE VIELE FRAUEN ICH TÖTETE, DIE AUSSAHEN WIE DU?

DU WÄRST SCHOCKIERT.

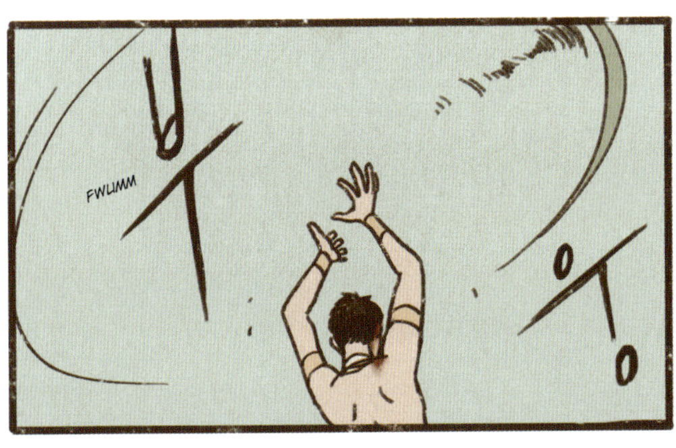

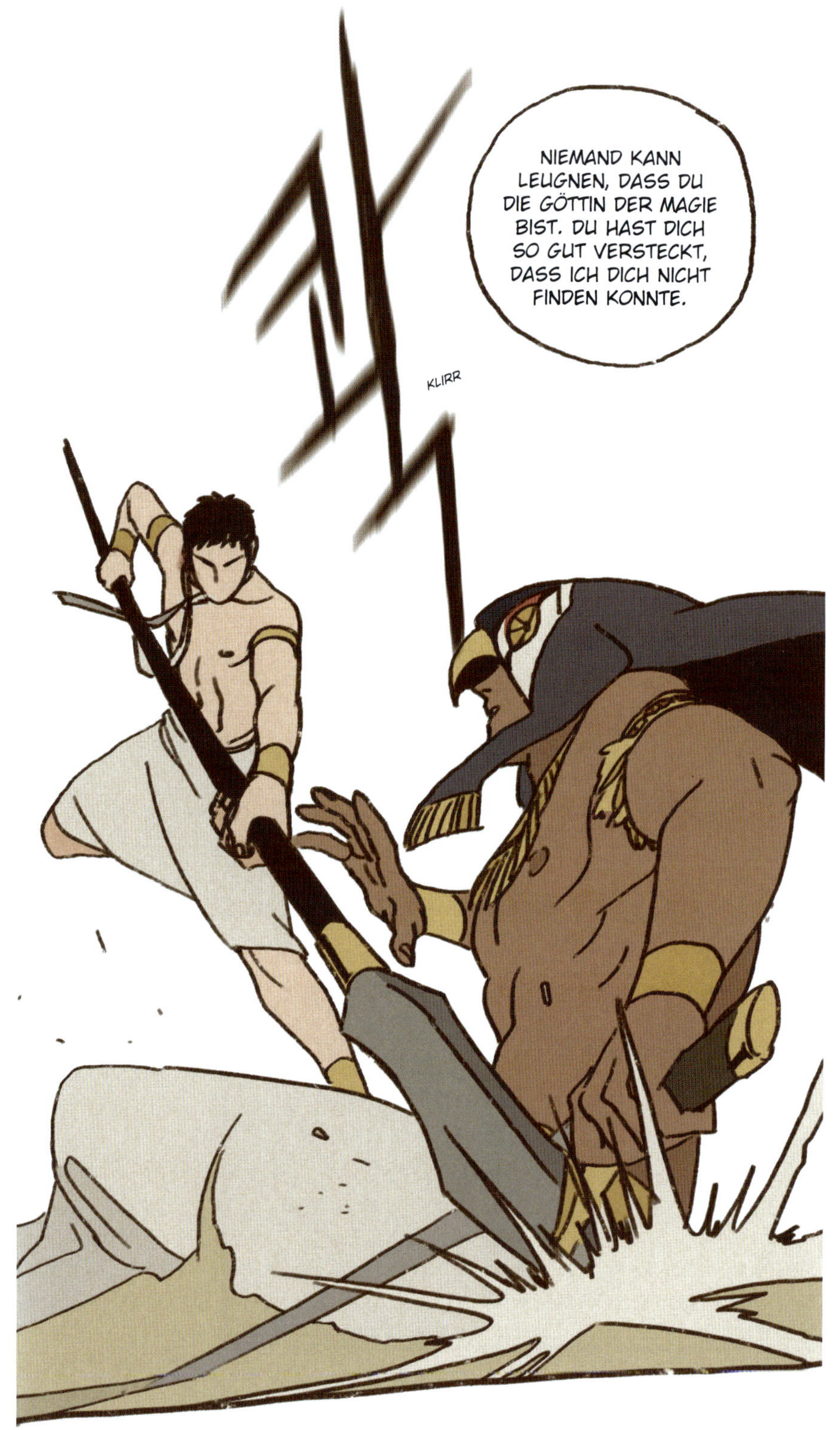
NIEMAND KANN LEUGNEN, DASS DU DIE GÖTTIN DER MAGIE BIST. DU HAST DICH SO GUT VERSTECKT, DASS ICH DICH NICHT FINDEN KONNTE.
KLIRR

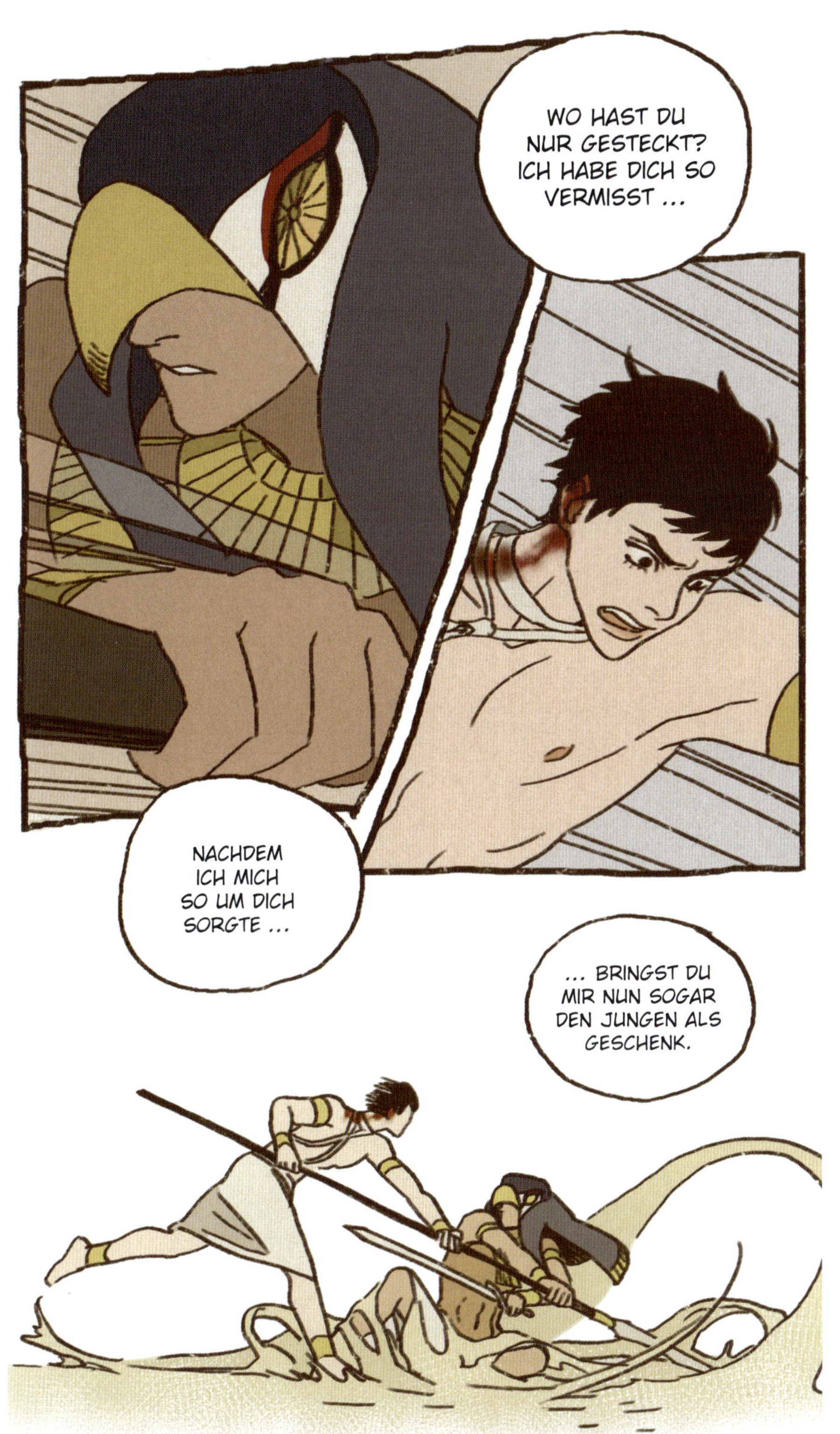
WO HAST DU NUR GESTECKT? ICH HABE DICH SO VERMISST …
NACHDEM ICH MICH SO UM DICH SORGTE …
… BRINGST DU MIR NUN SOGAR DEN JUNGEN ALS GESCHENK.

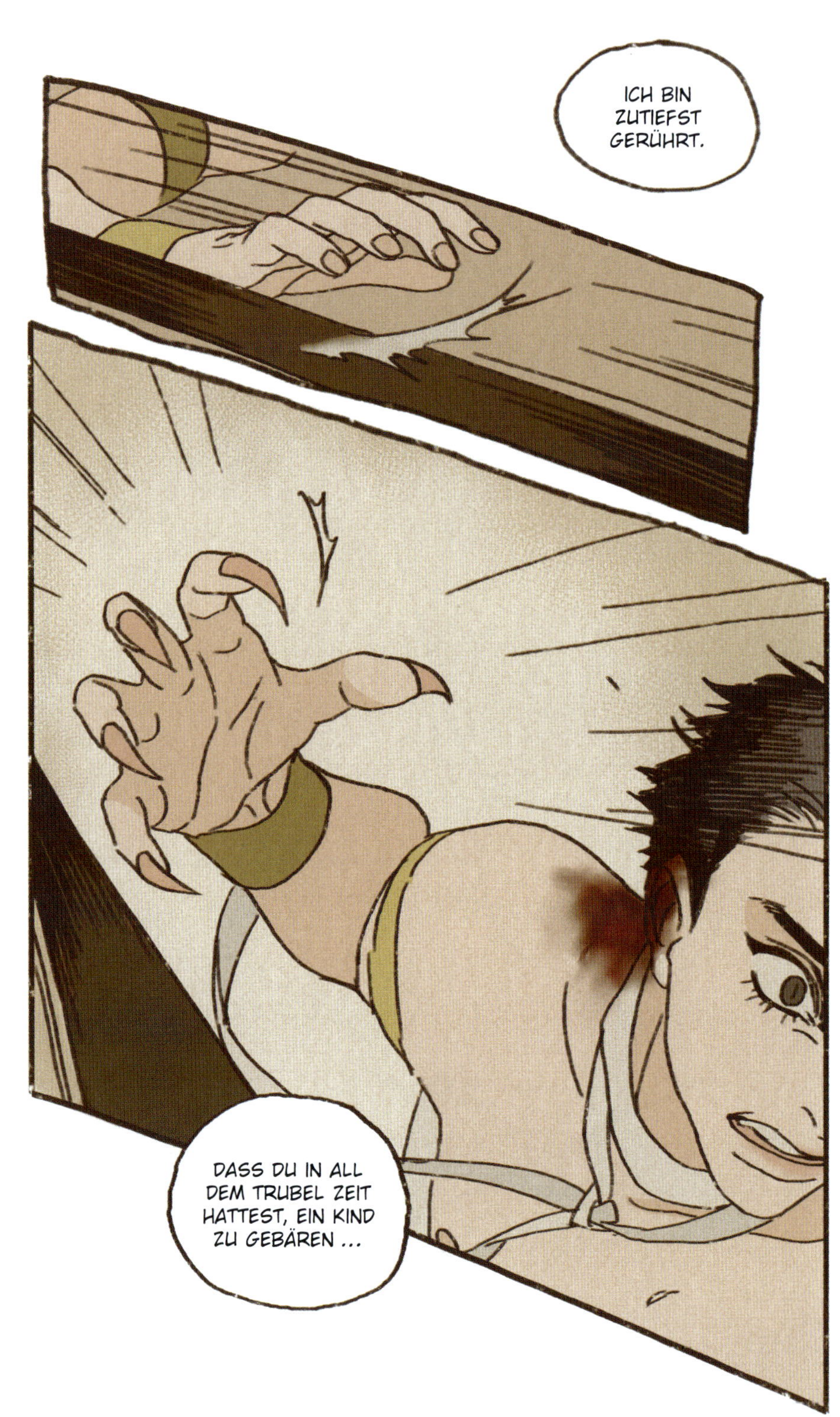
ICH BIN ZUTIEFST GERÜHRT.
DASS DU IN ALL DEM TRUBEL ZEIT HATTEST, EIN KIND ZU GEBÄREN …

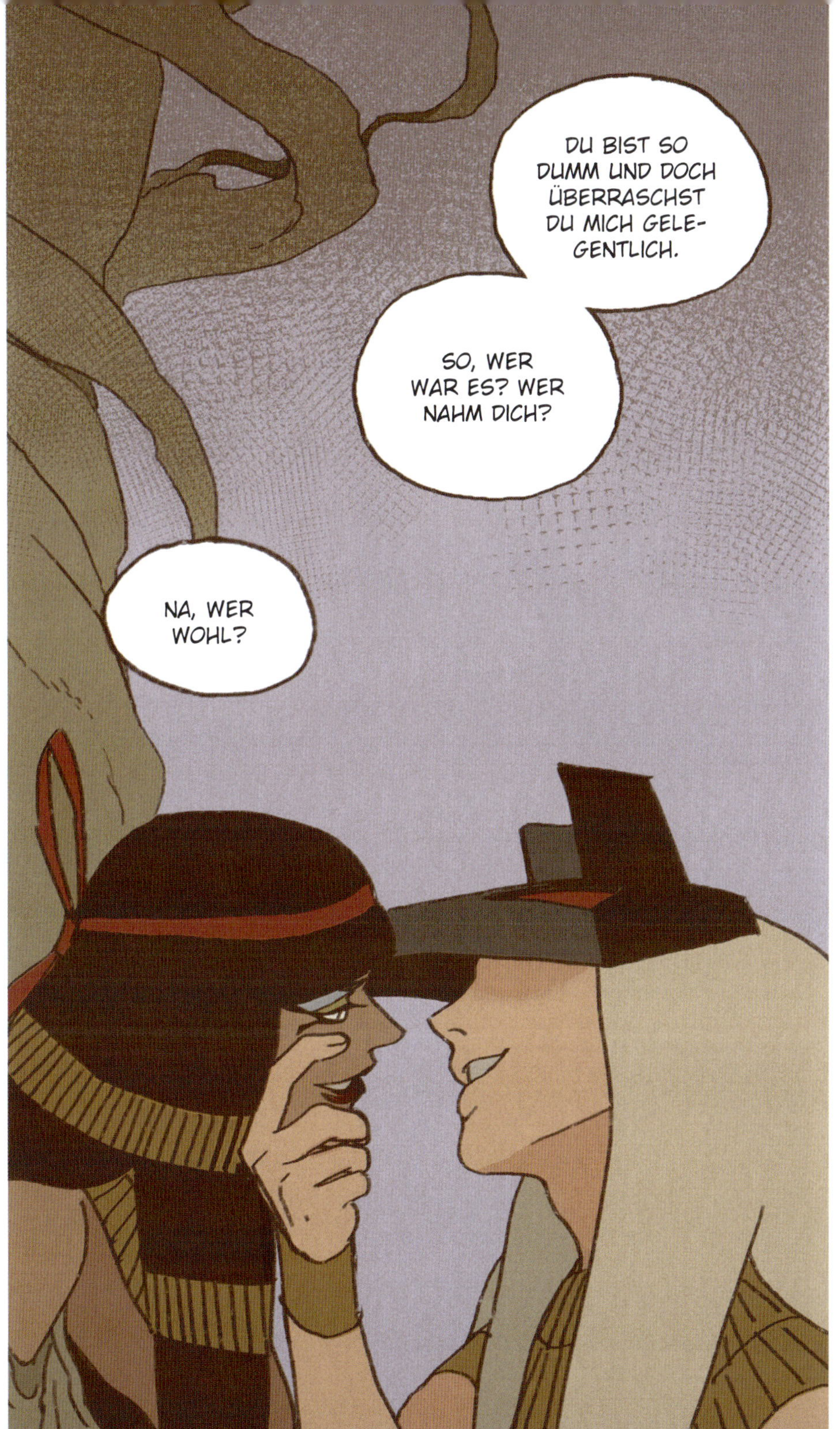
DU BIST SO DUMM UND DOCH ÜBERRASCHST DU MICH GELE-GENTLICH.
SO, WER WAR ES? WER NAHM DICH?
NA, WER WOHL?

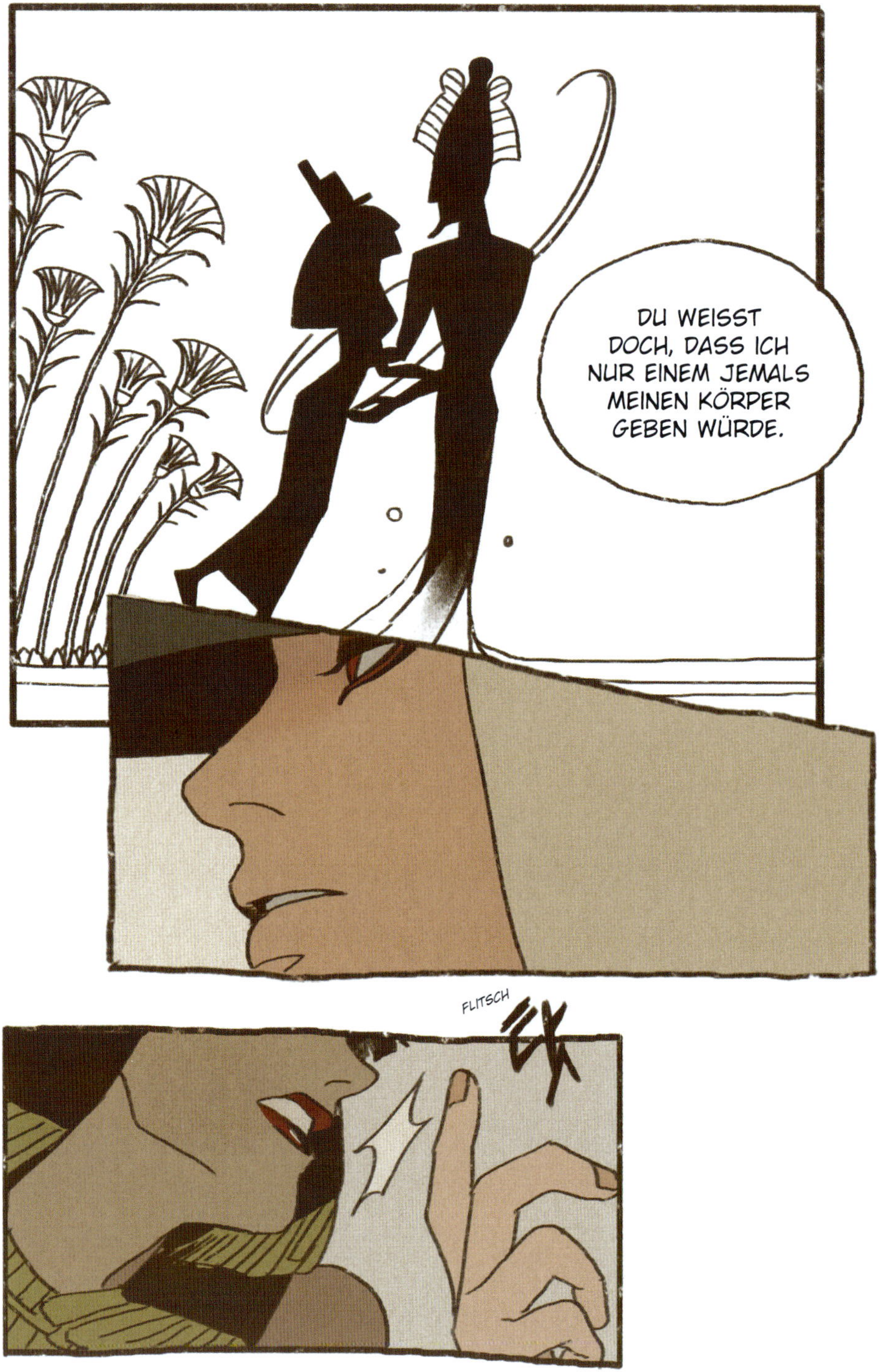

DU WEISST
DOCH, DASS ICH
NUR EINEM JEMALS
MEINEN KÖRPER
GEBEN WÜRDE.

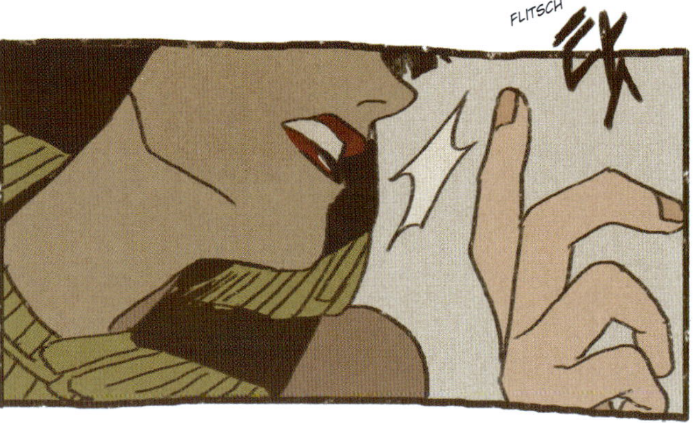

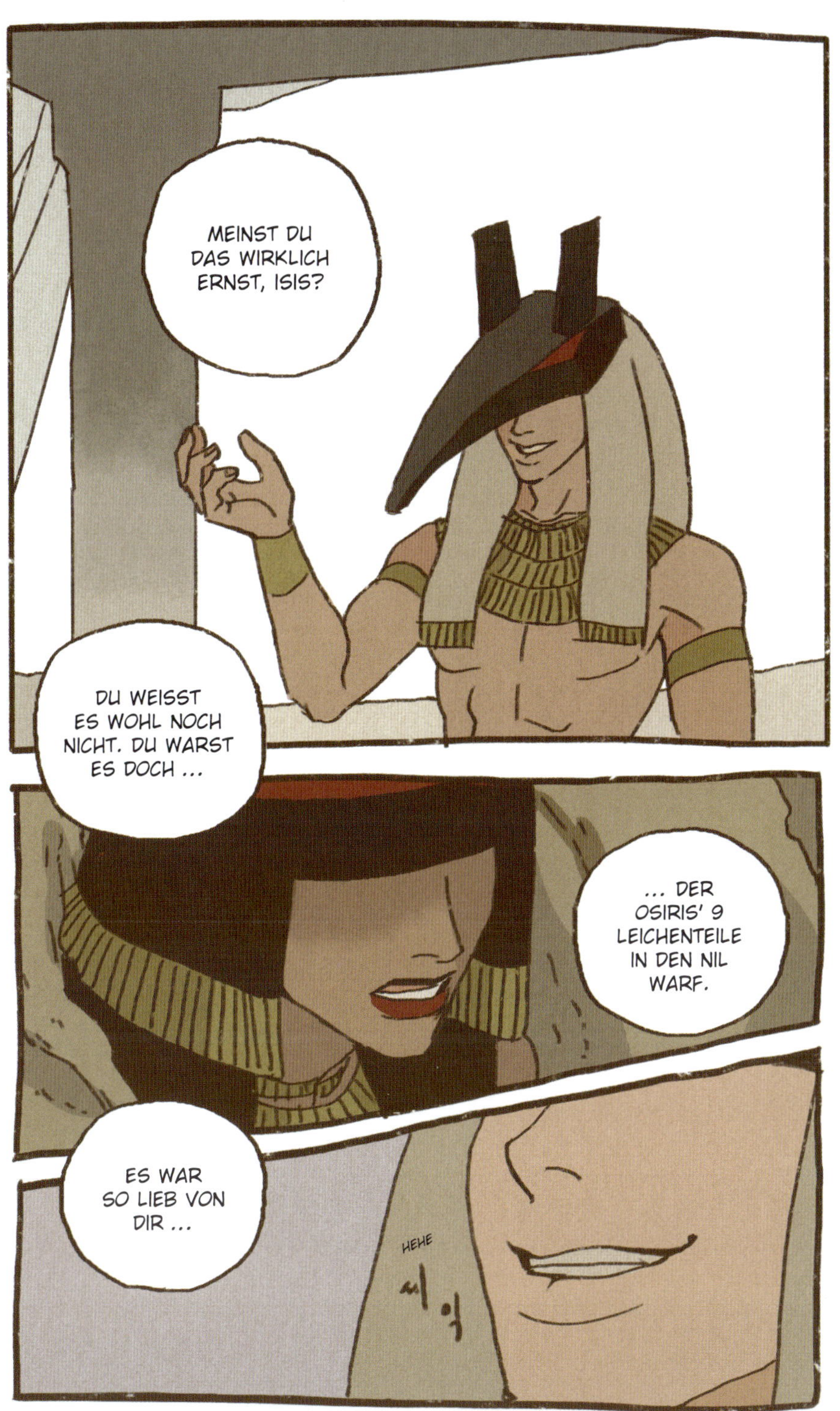
MEINST DU DAS WIRKLICH ERNST, ISIS?
DU WEISST ES WOHL NOCH NICHT. DU WARST ES DOCH …
… DER OSIRIS' 9 LEICHENTEILE IN DEN NIL WARF.
ES WAR SO LIEB VON DIR …
HEHE
씨익

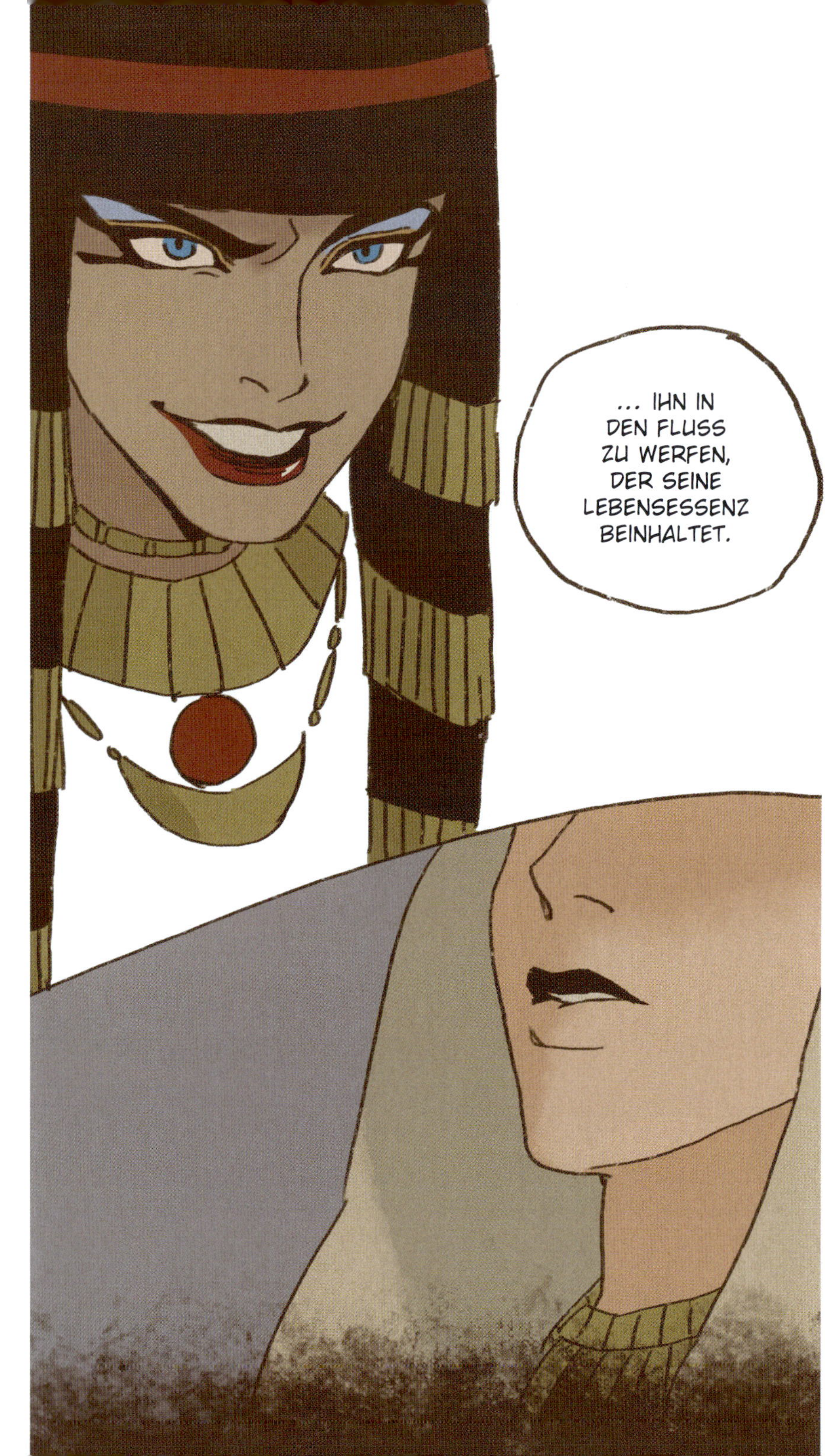
… IHN IN DEN FLUSS ZU WERFEN, DER SEINE LEBENSESSENZ BEINHALTET.

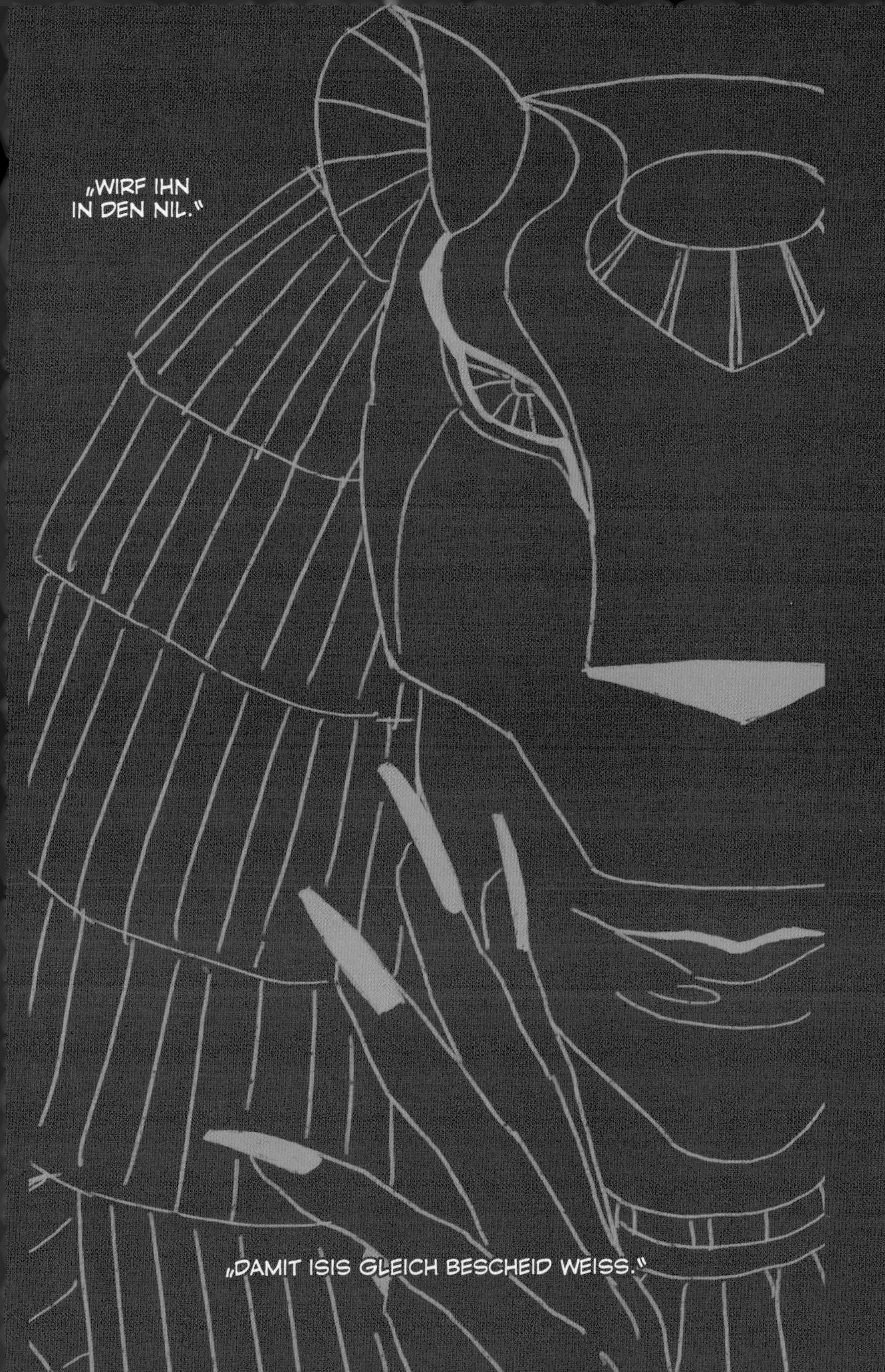
„WIRF IHN
IN DEN NIL."
„DAMIT ISIS GLEICH BESCHEID WEISS."

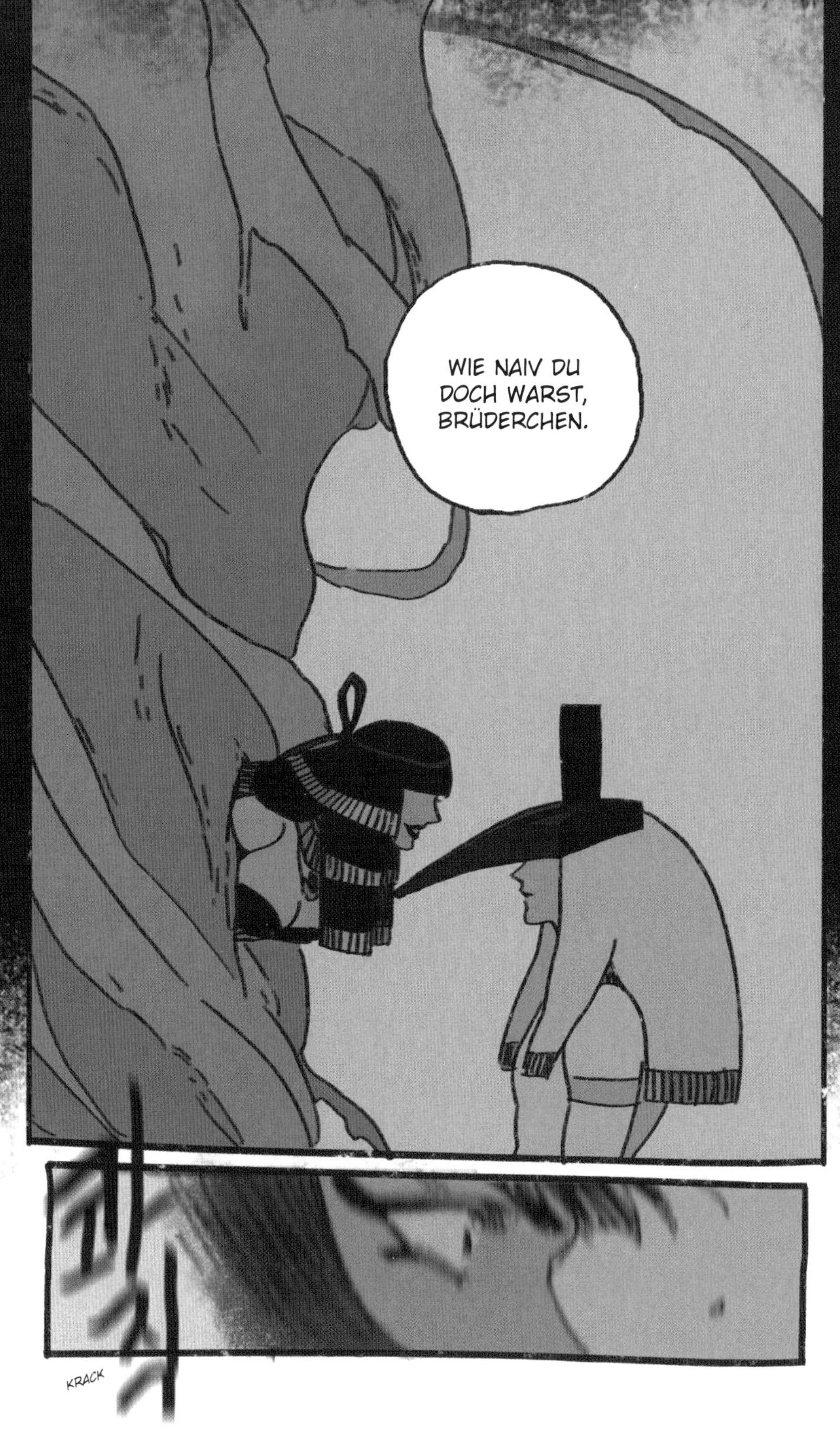
WIE NAIV DU
DOCH WARST,
BRÜDERCHEN.
KRACK

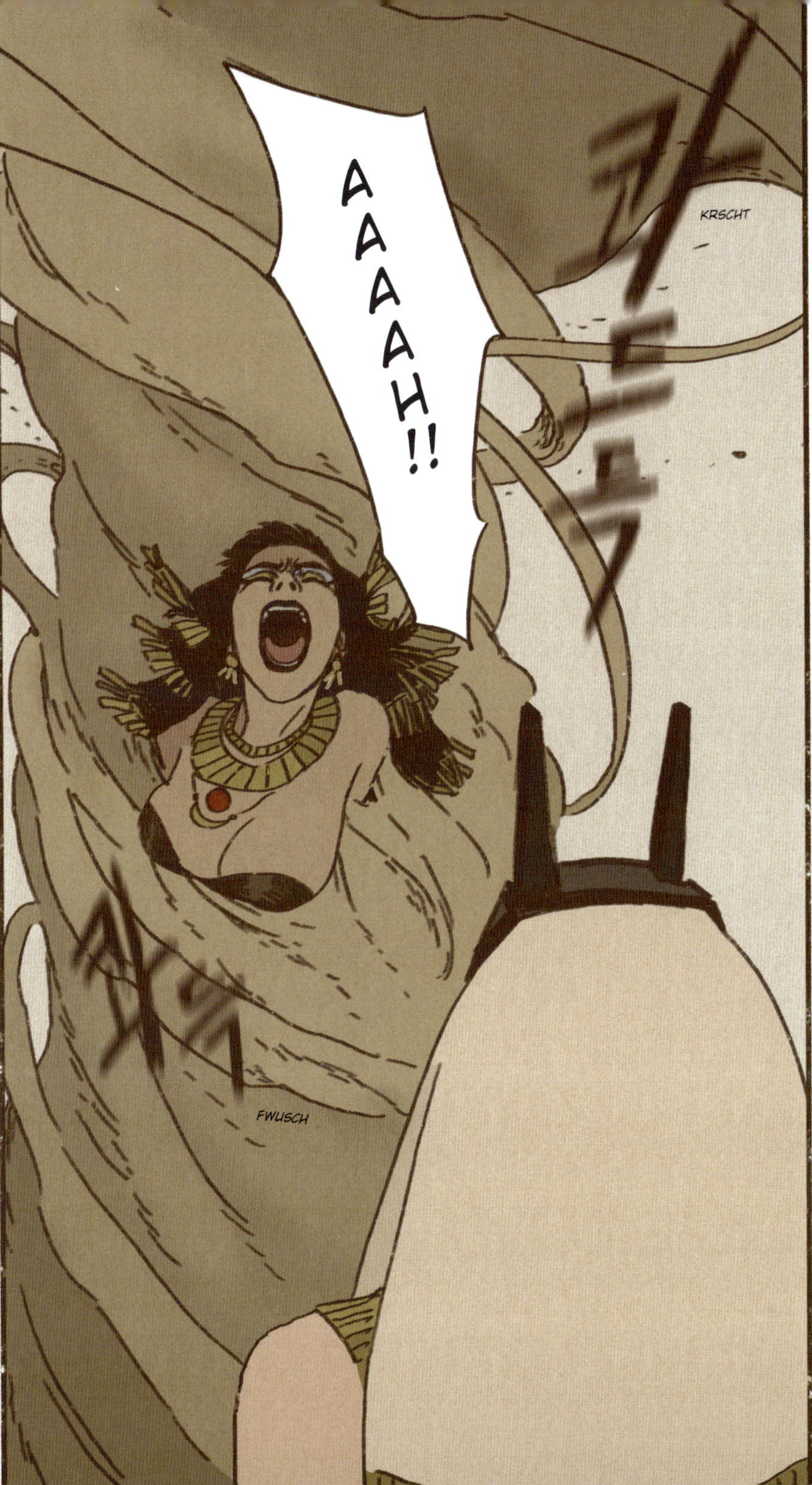
AAAAAH!!
KRSCHT
FWUSCH

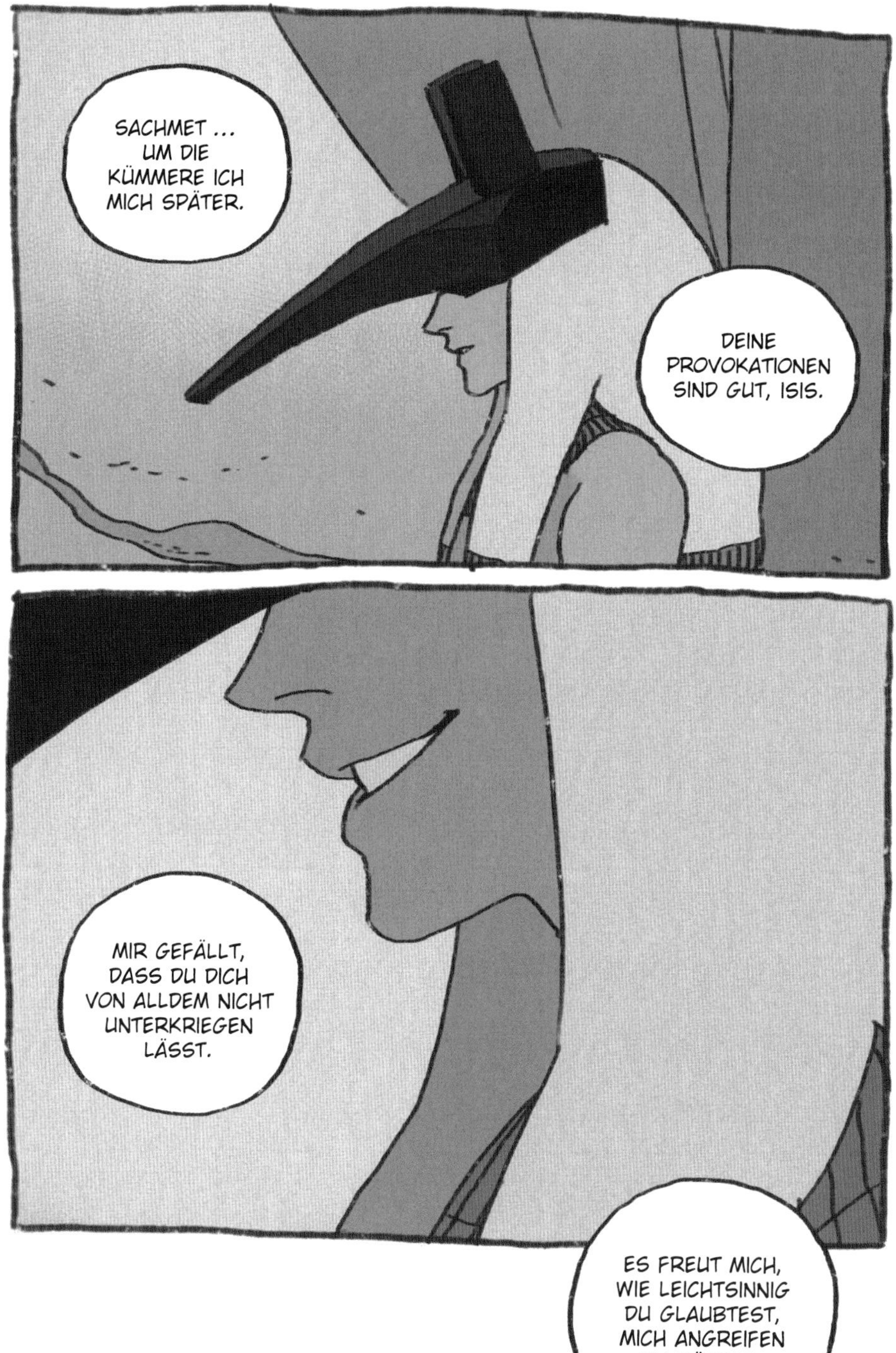

SACHMET ... UM DIE KÜMMERE ICH MICH SPÄTER.
DEINE PROVOKATIONEN SIND GUT, ISIS.
MIR GEFÄLLT, DASS DU DICH VON ALLDEM NICHT UNTERKRIEGEN LÄSST.
ES FREUT MICH, WIE LEICHTSINNIG DU GLAUBTEST, MICH ANGREIFEN ZU KÖNNEN.

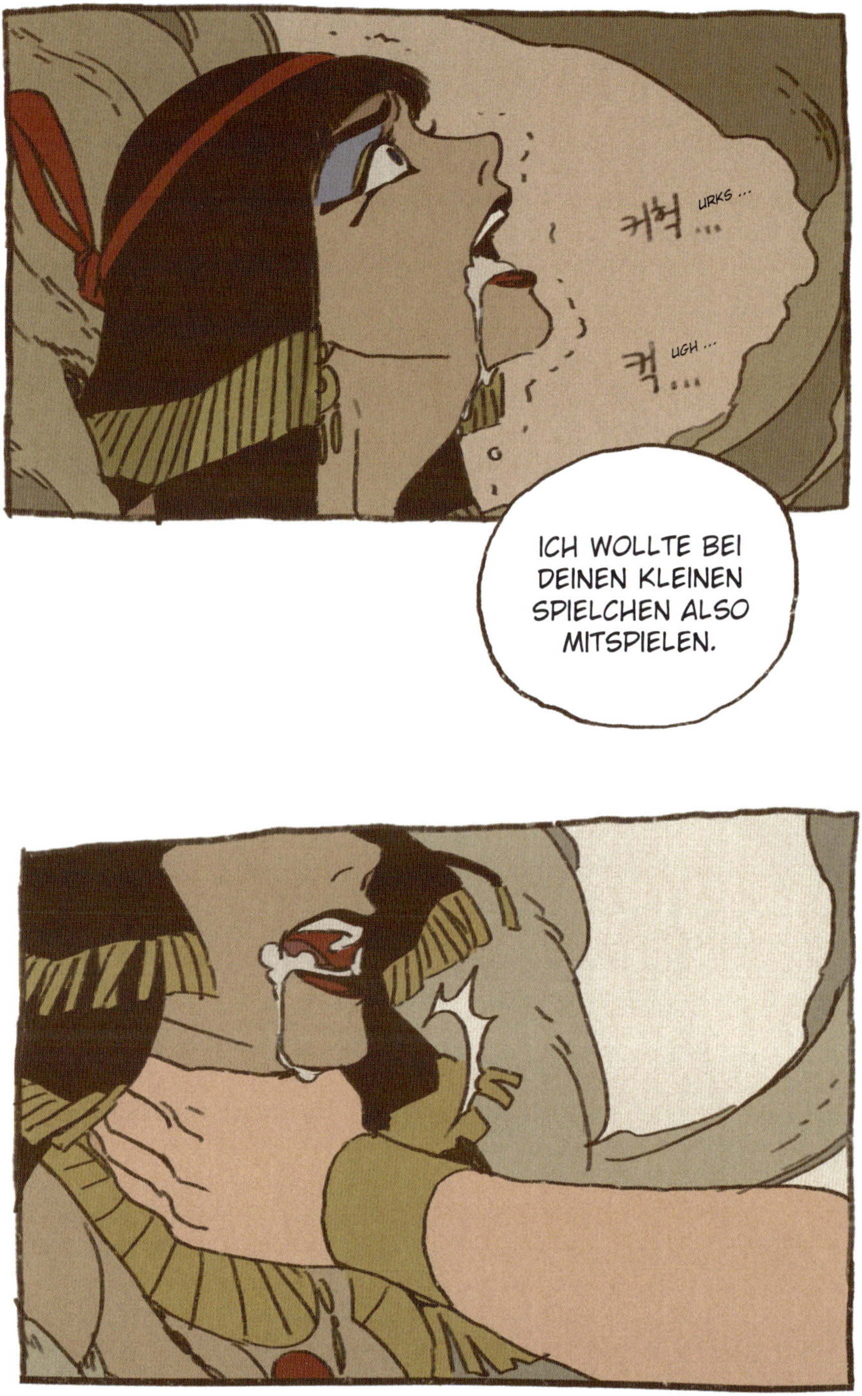

커헉... URKS ...

컥... UGH ...

ICH WOLLTE BEI DEINEN KLEINEN SPIELCHEN ALSO MITSPIELEN.

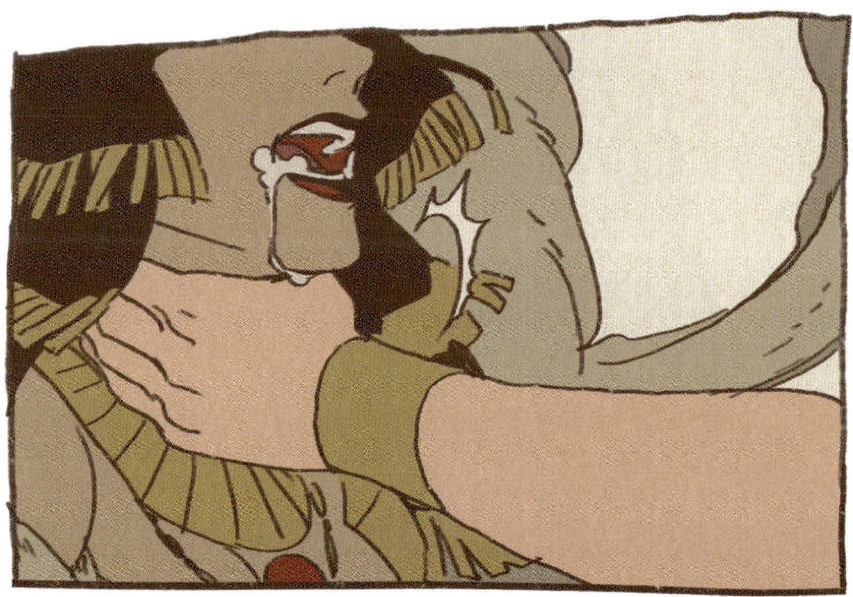

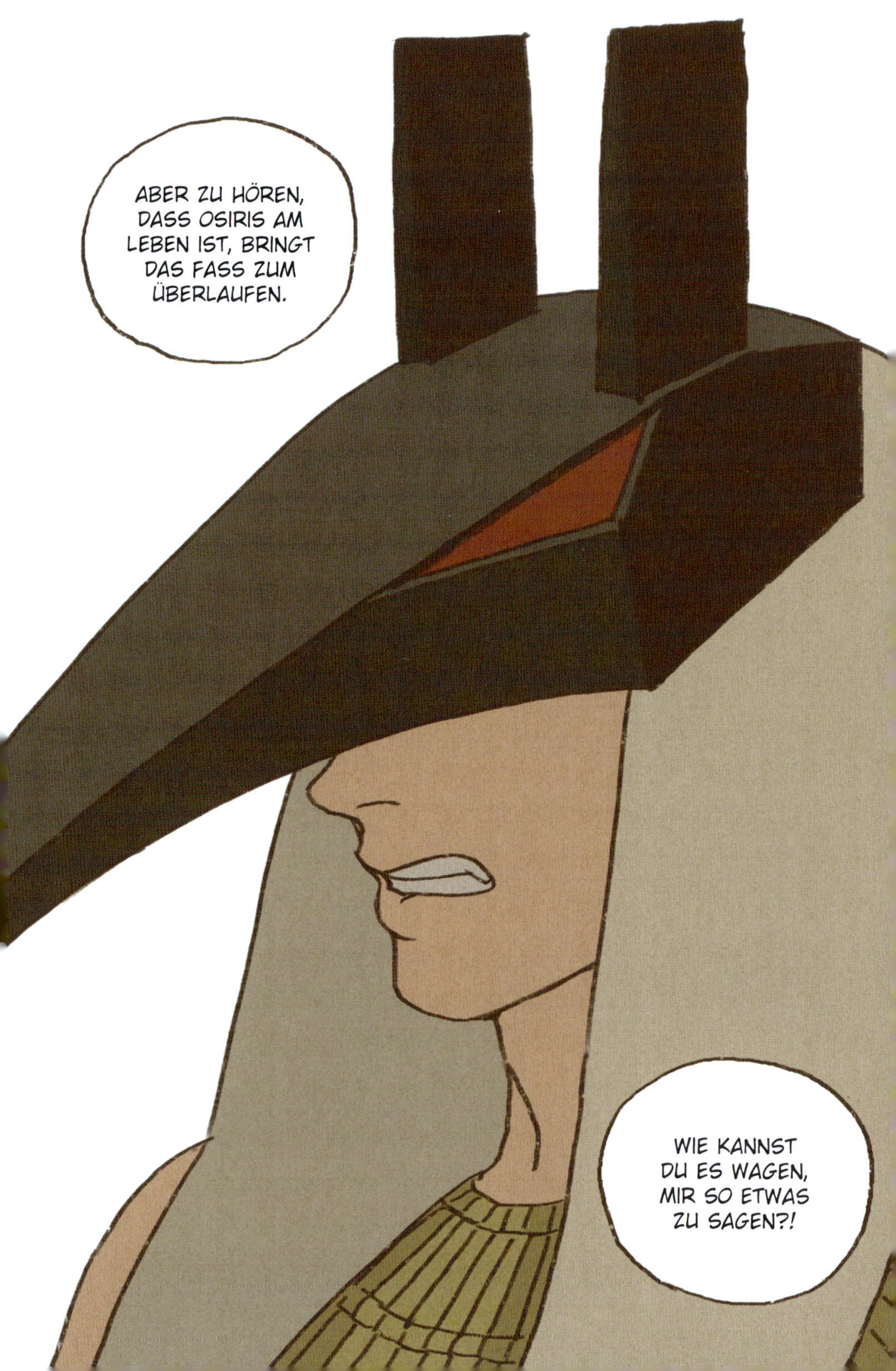
ABER ZU HÖREN, DASS OSIRIS AM LEBEN IST, BRINGT DAS FASS ZUM ÜBERLAUFEN.
WIE KANNST DU ES WAGEN, MIR SO ETWAS ZU SAGEN?!

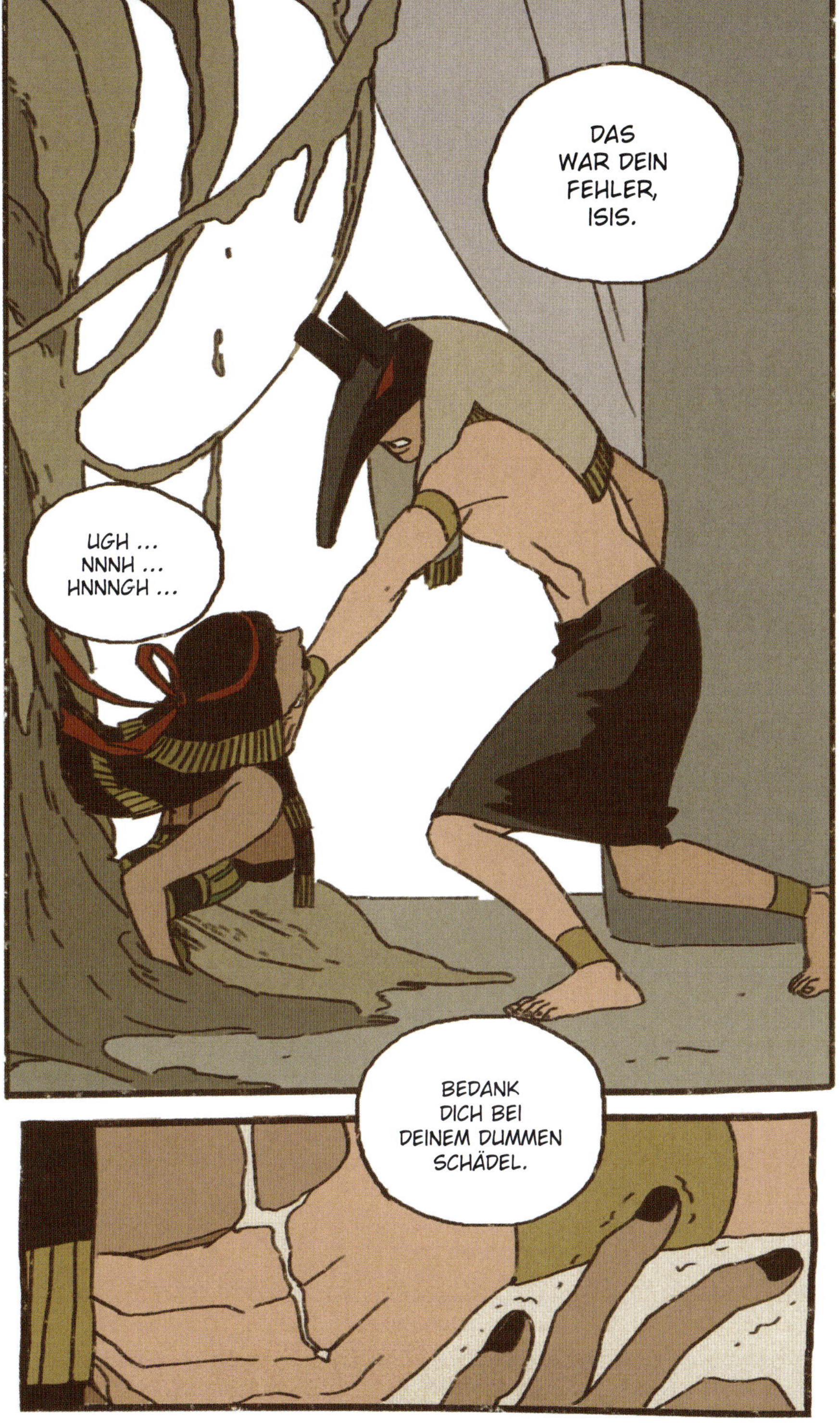
DAS WAR DEIN FEHLER, ISIS.
UGH ... NNNH ... HNNNGH ...
BEDANK DICH BEI DEINEM DUMMEN SCHÄDEL.

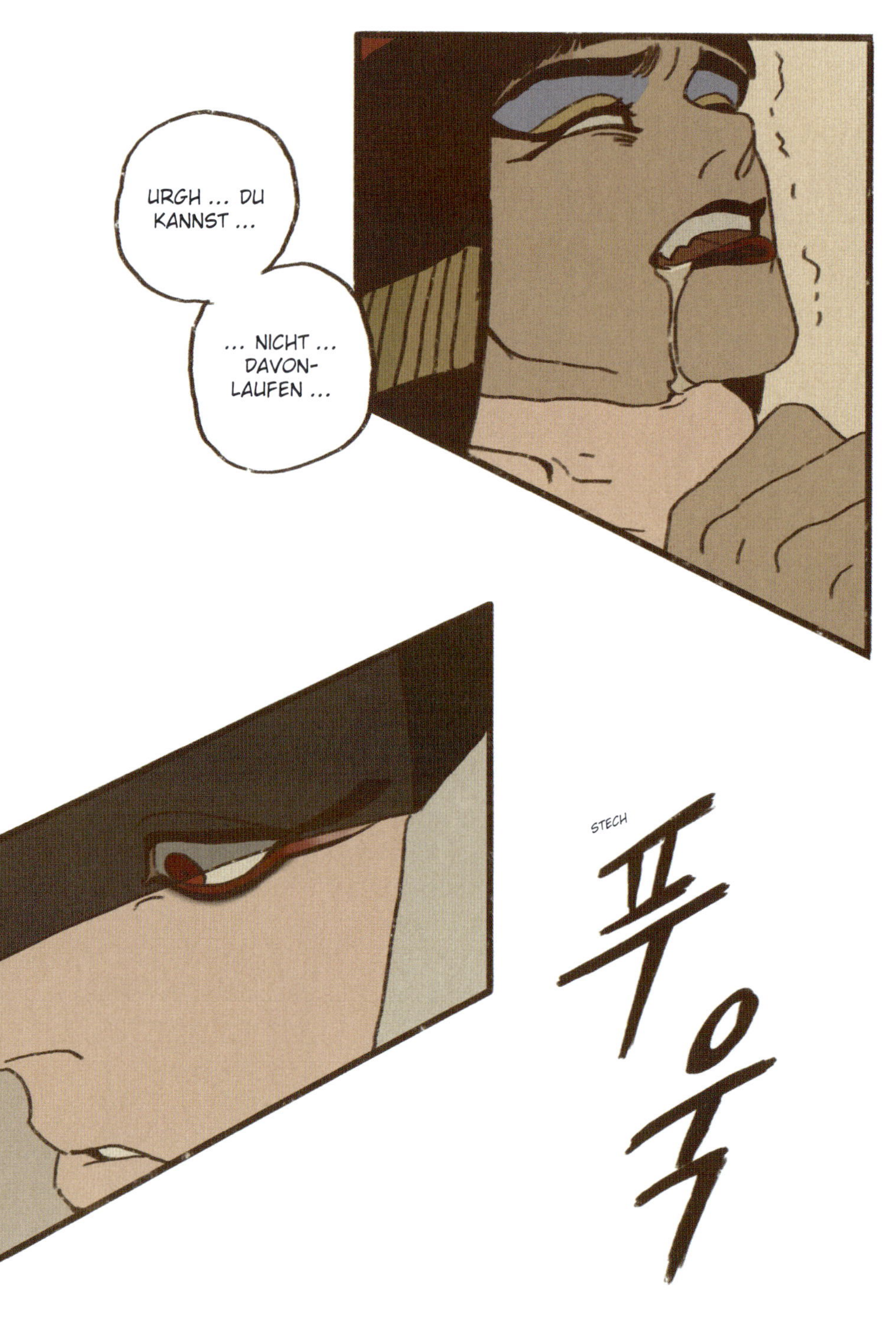
URGH … DU KANNST …
… NICHT … DAVON-LAUFEN …
STECH

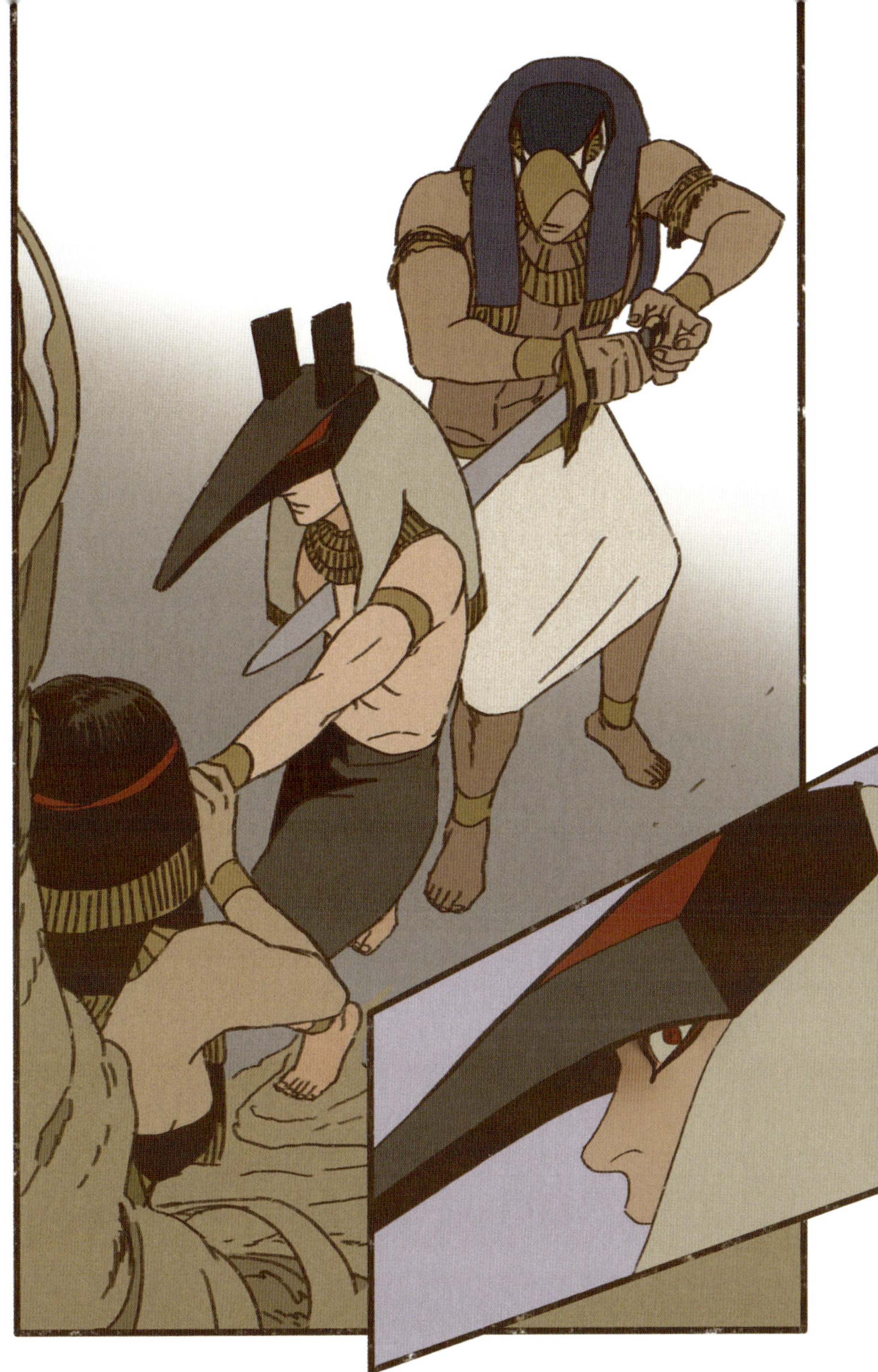

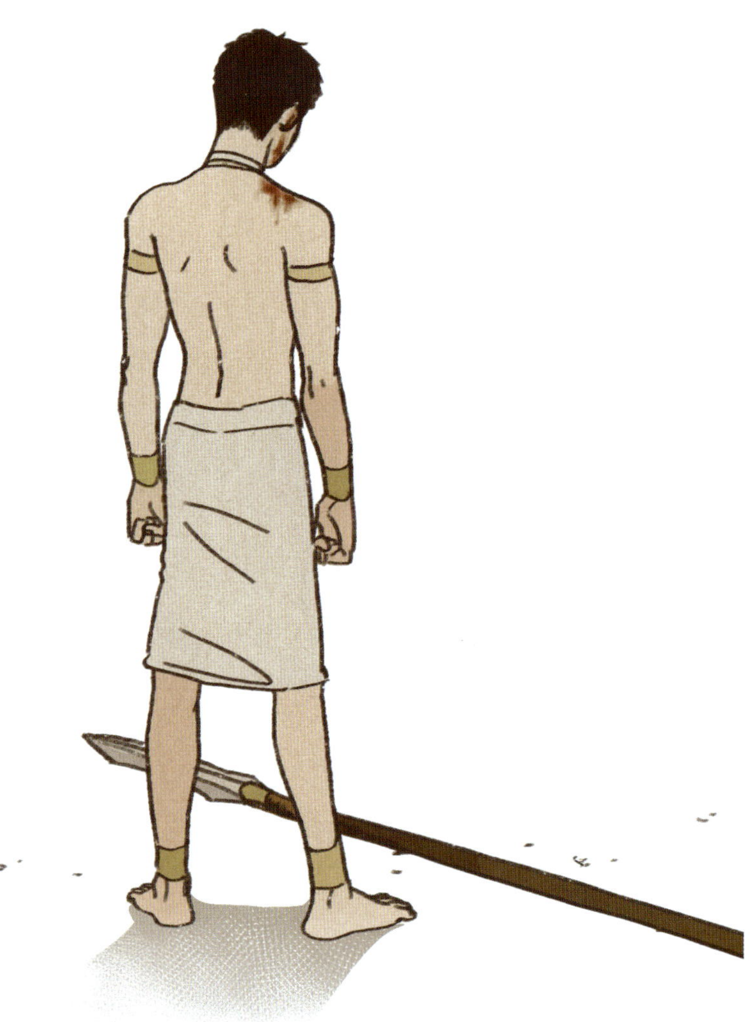

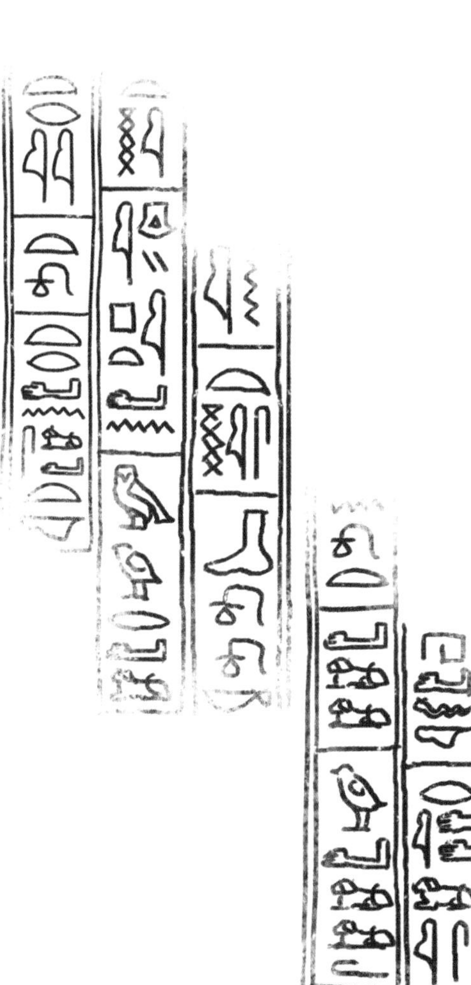

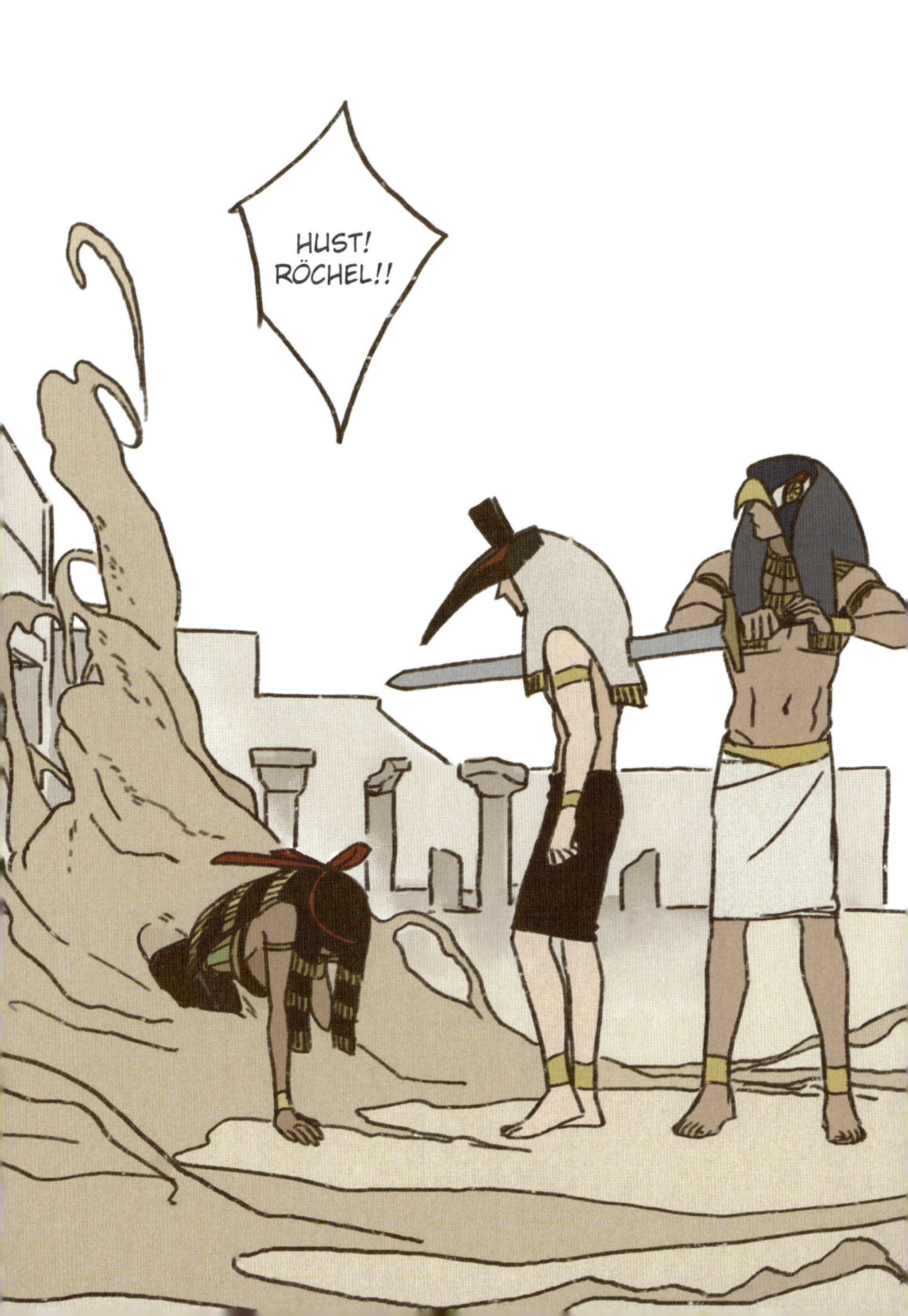
HUST!
RÖCHEL!!

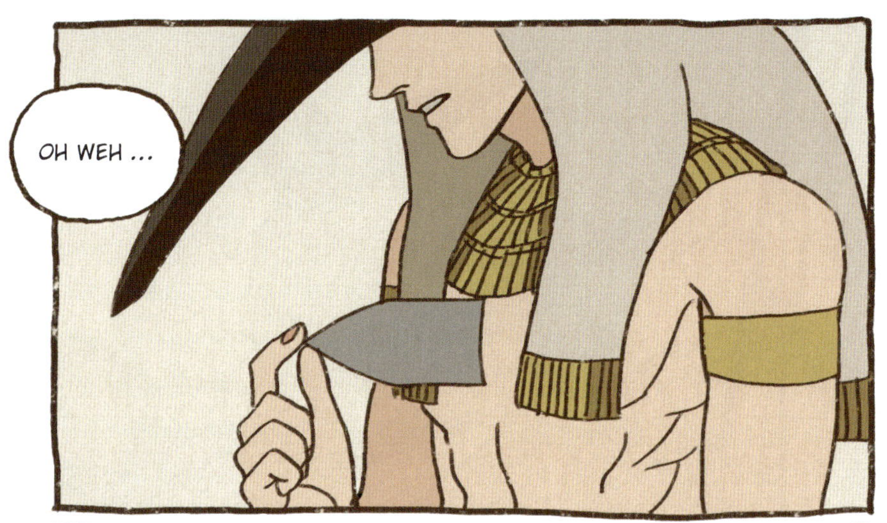

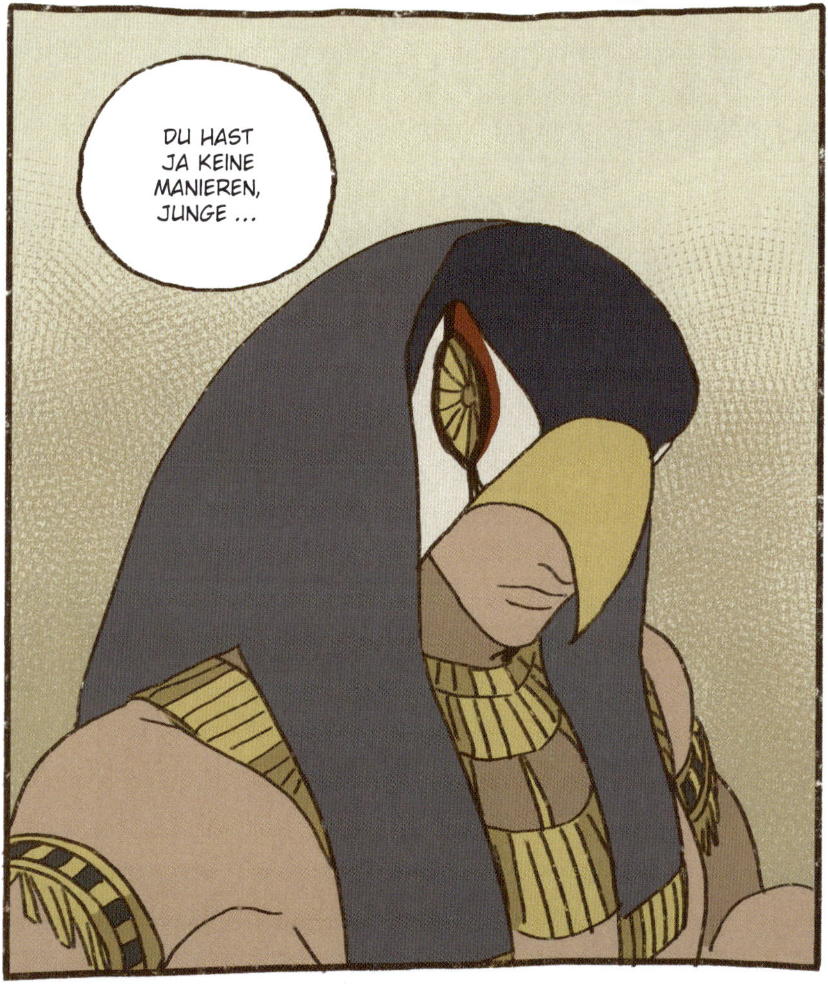

DU HAST JA KEINE MANIEREN, JUNGE ...

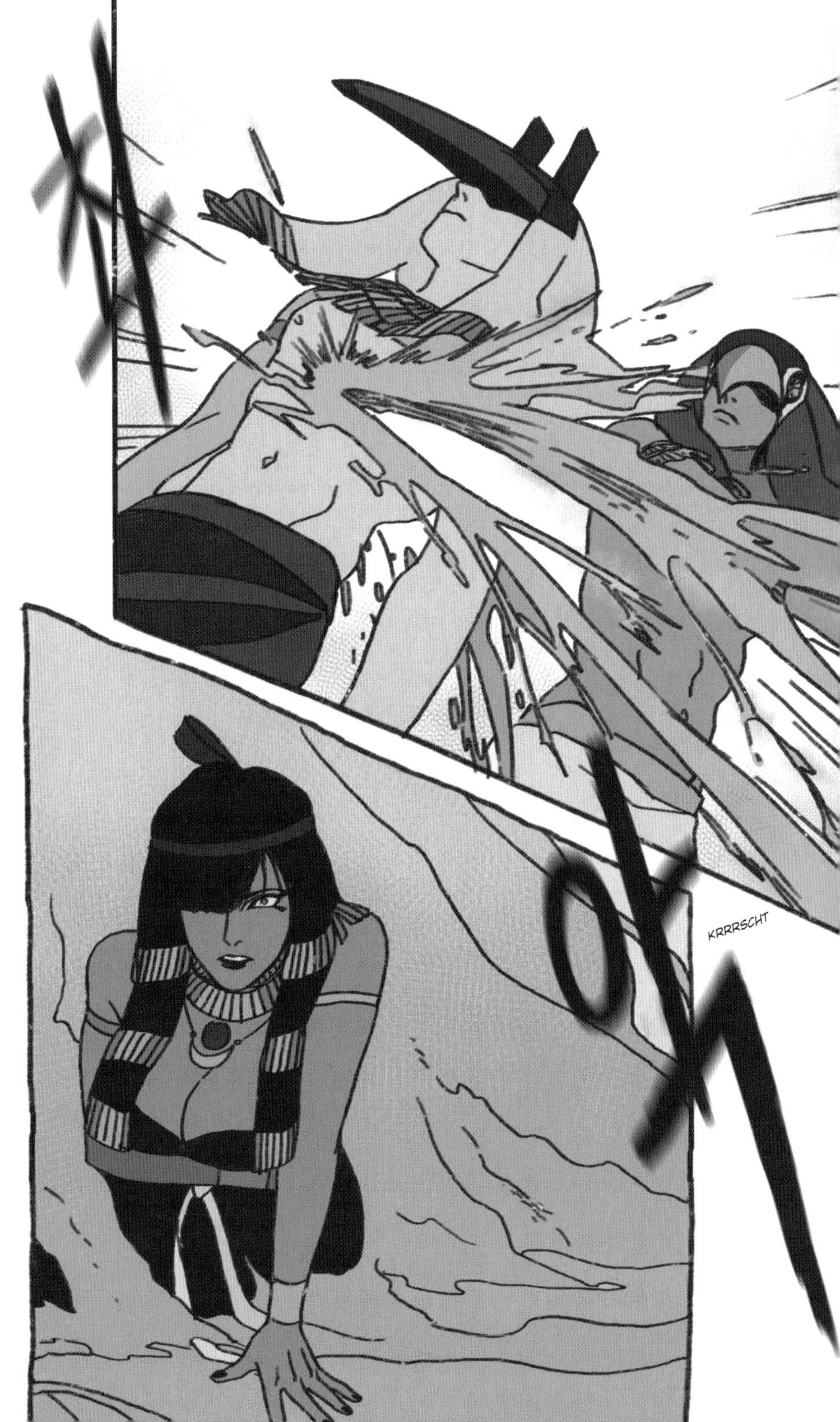
KRRRSCHT

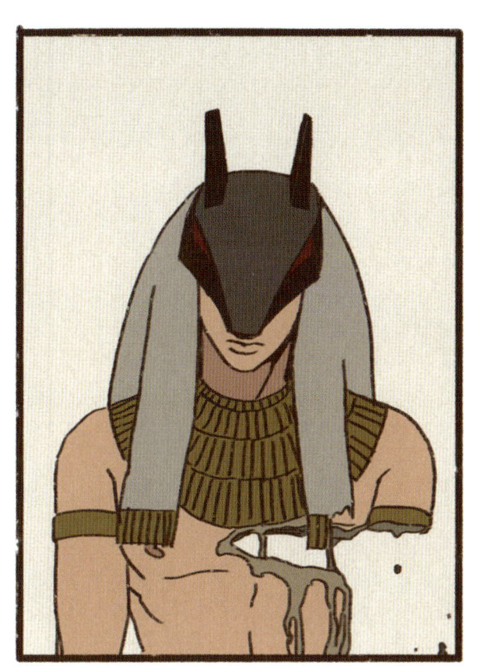

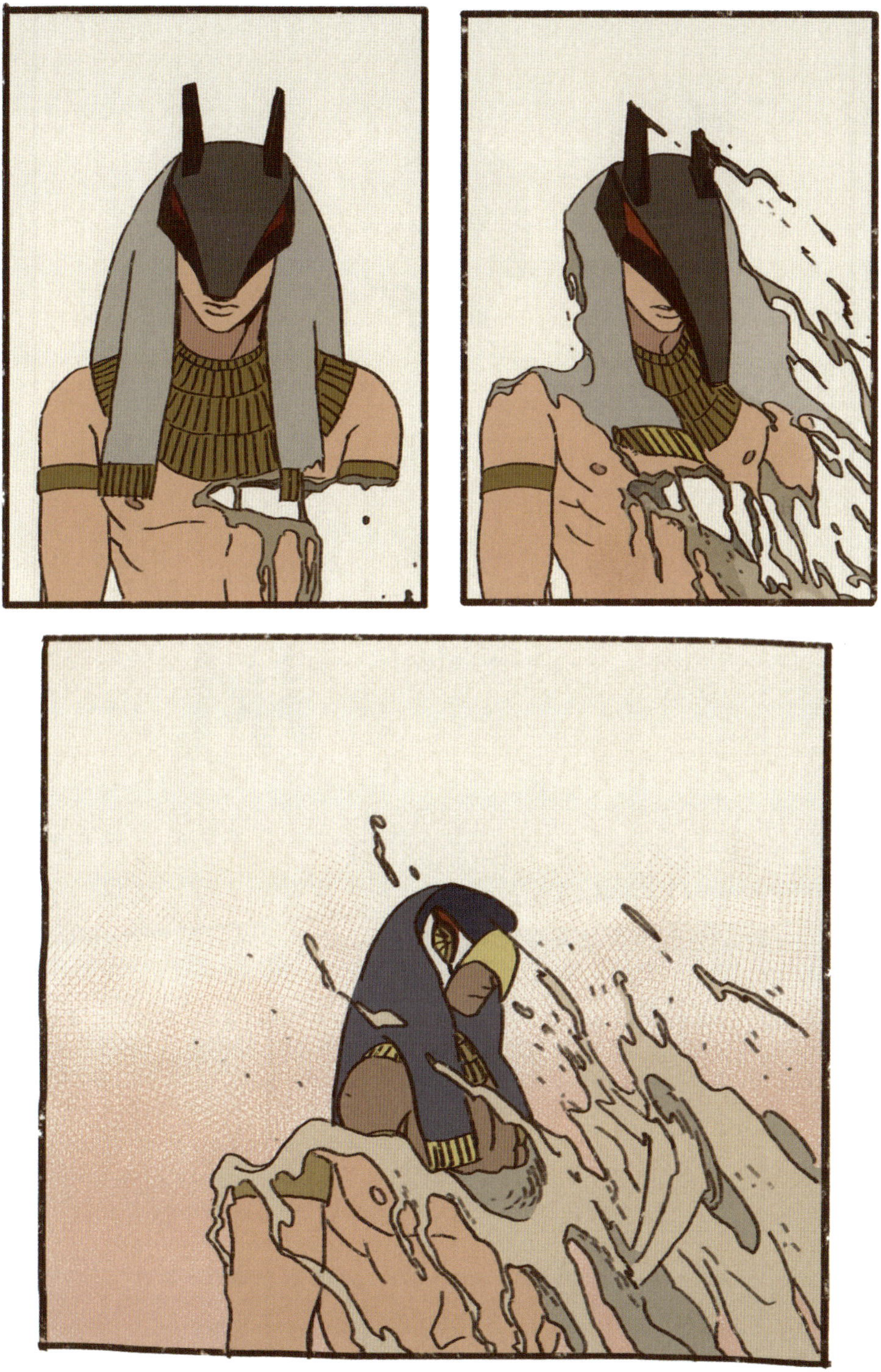

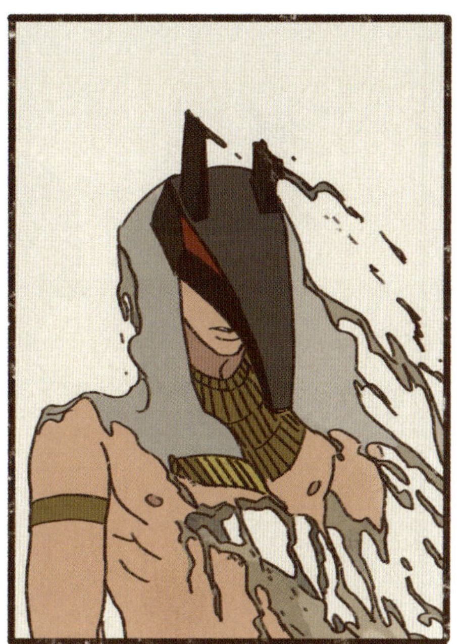

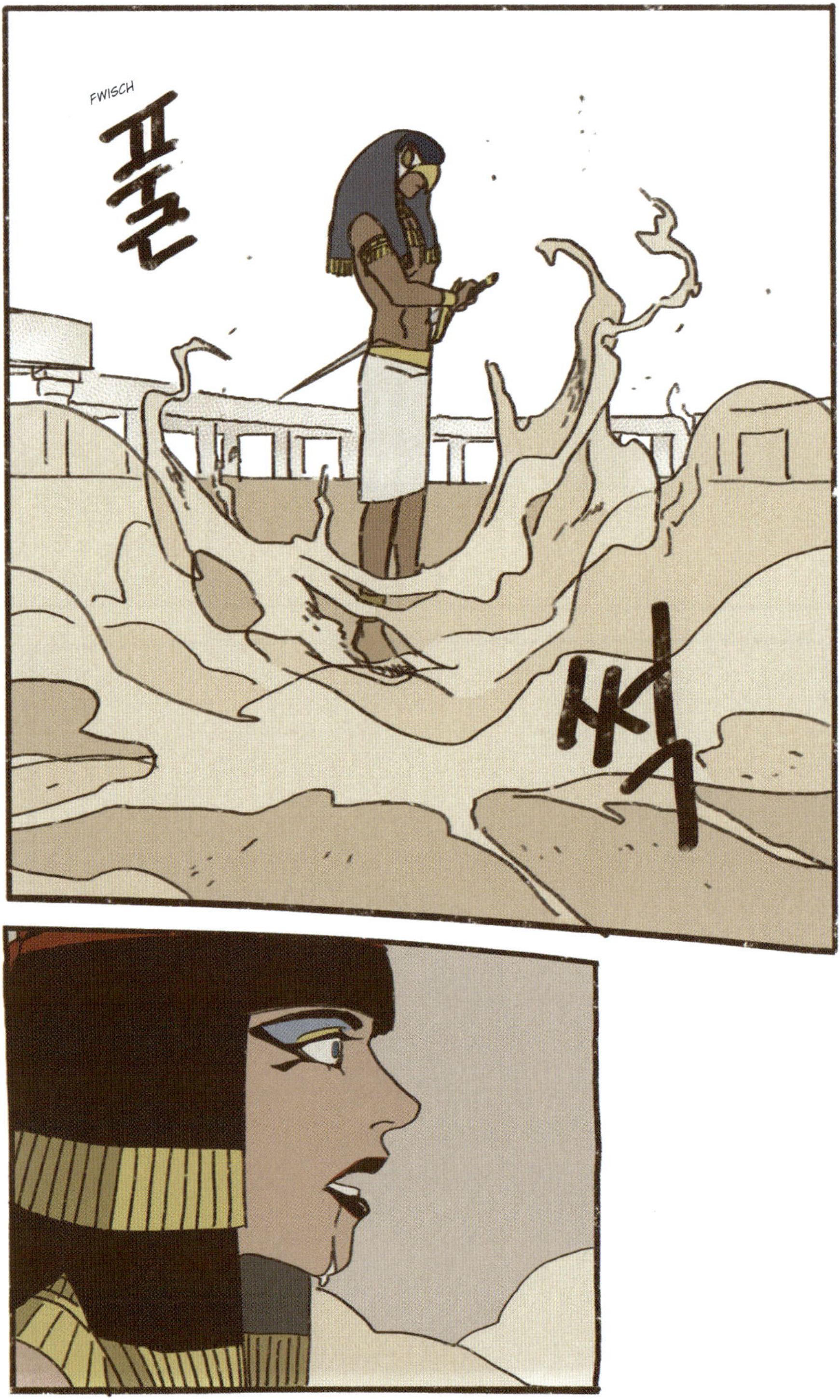

FWISCH

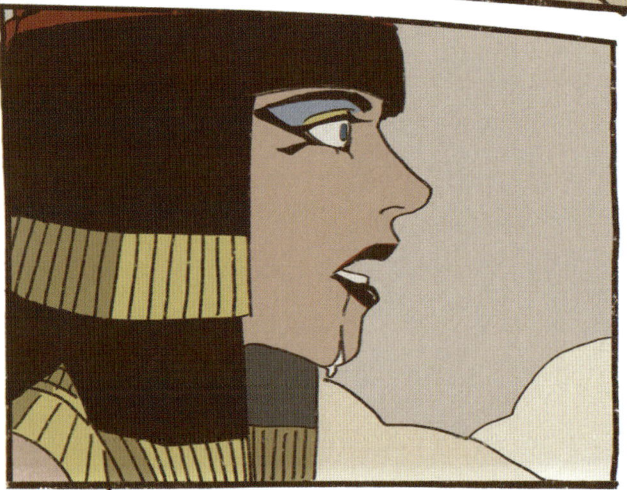

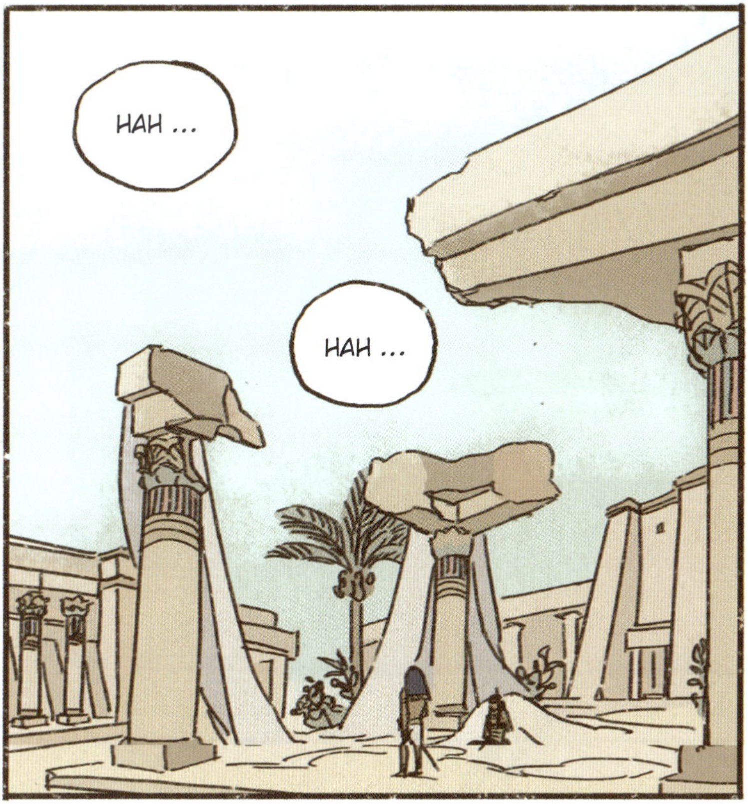

HAH ...

HAH ...

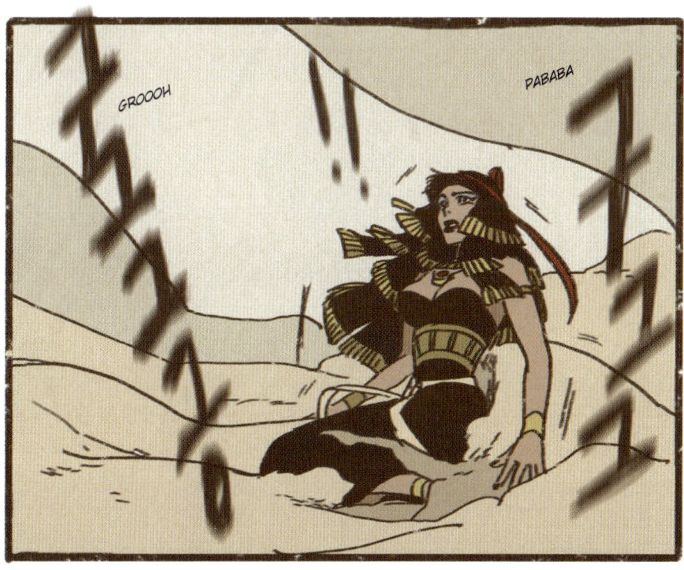

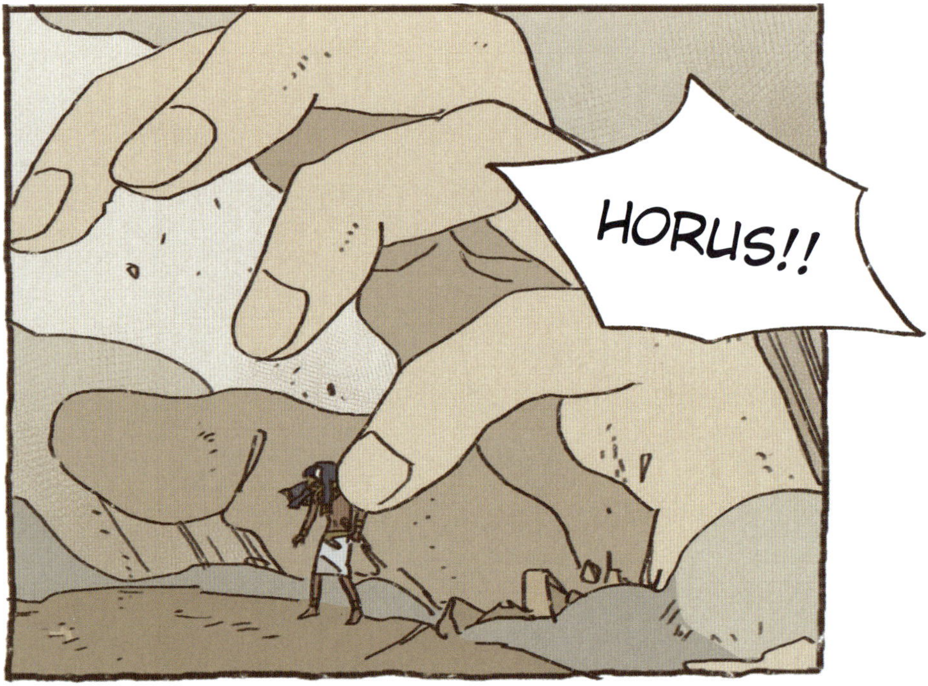

HORUS!!

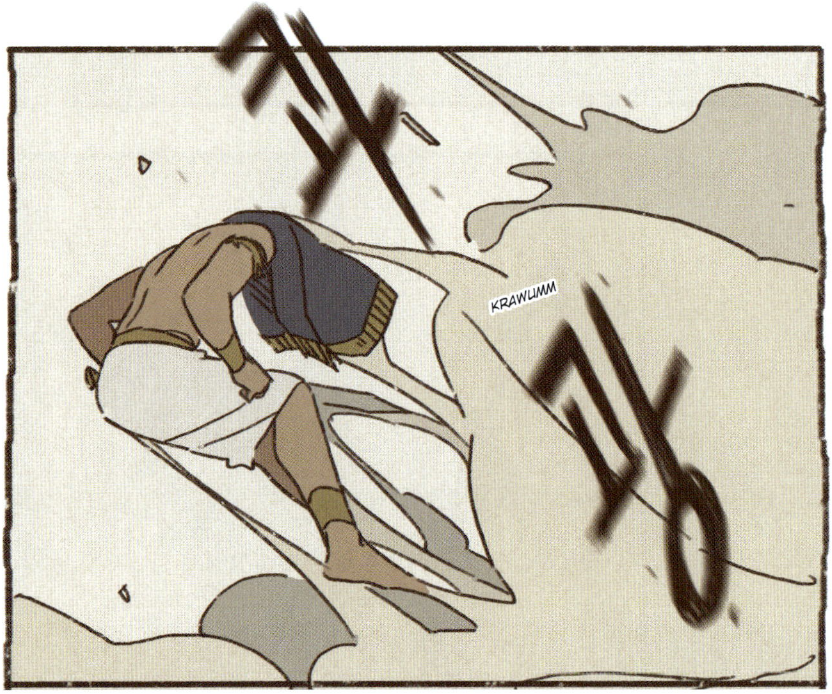

KRAWUMM

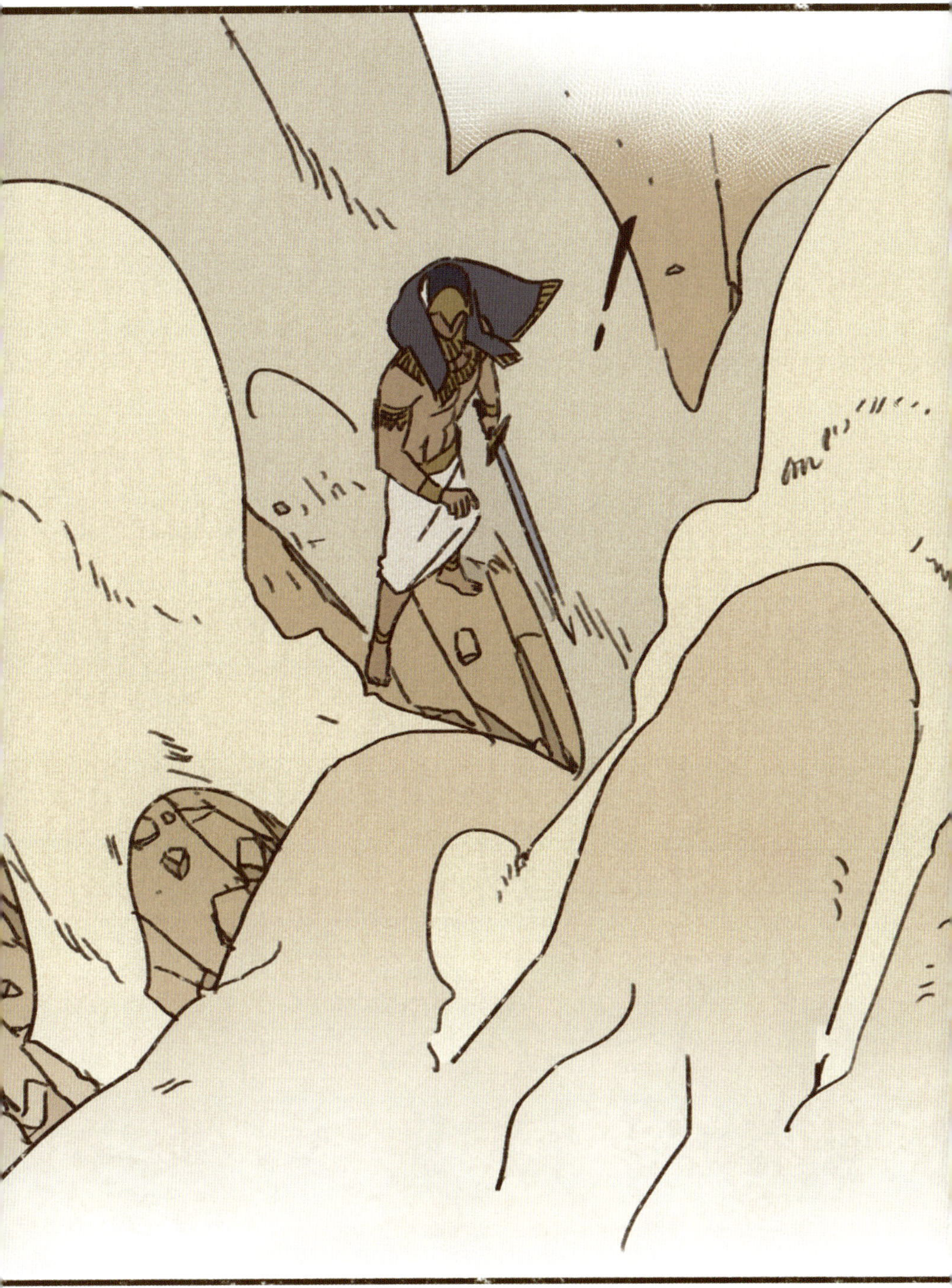

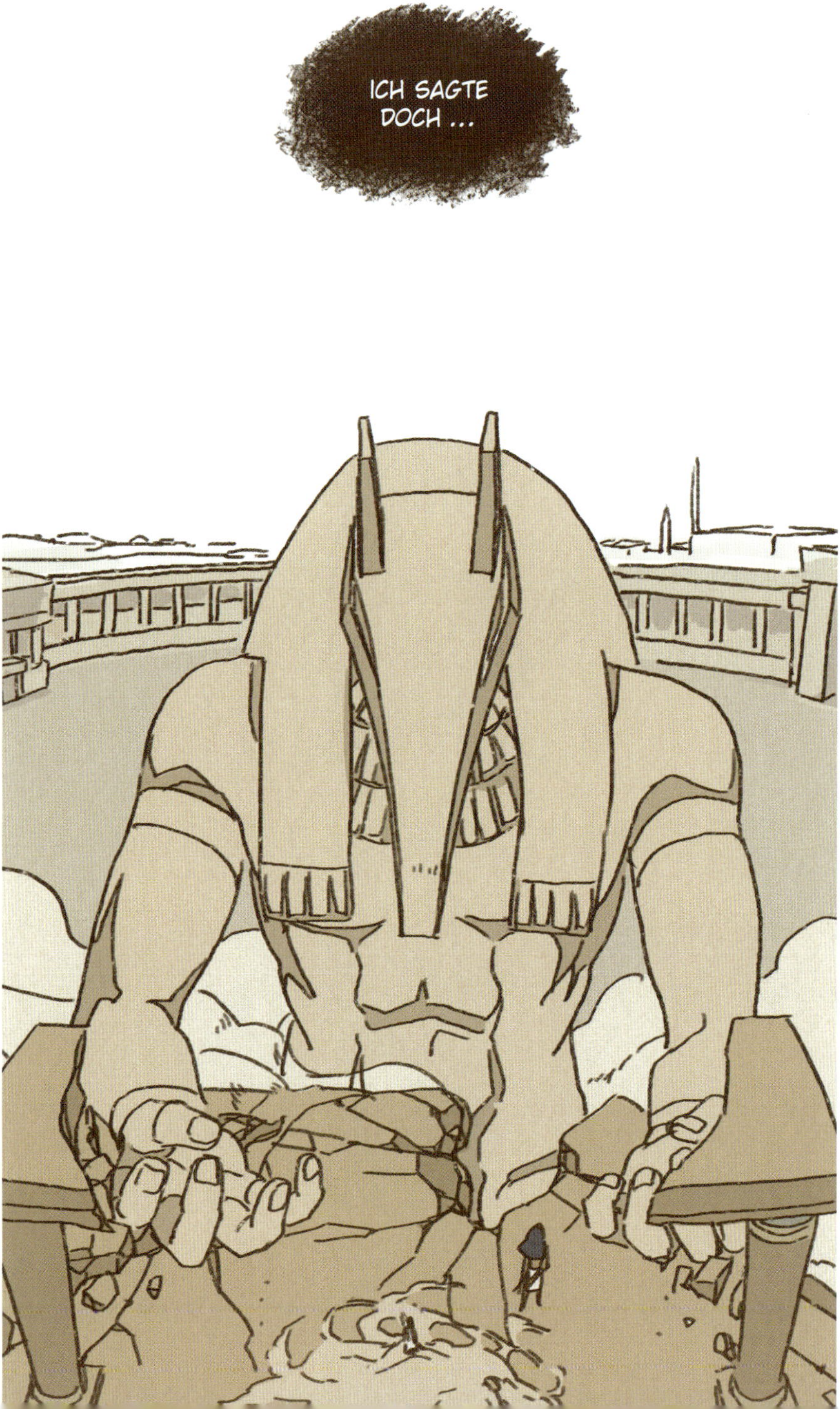

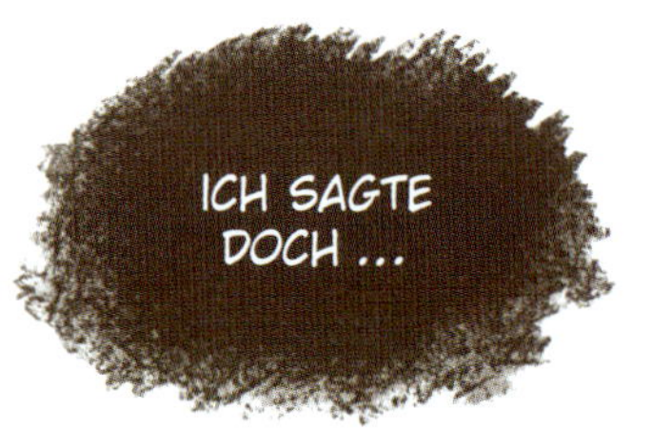
ICH SAGTE DOCH ...

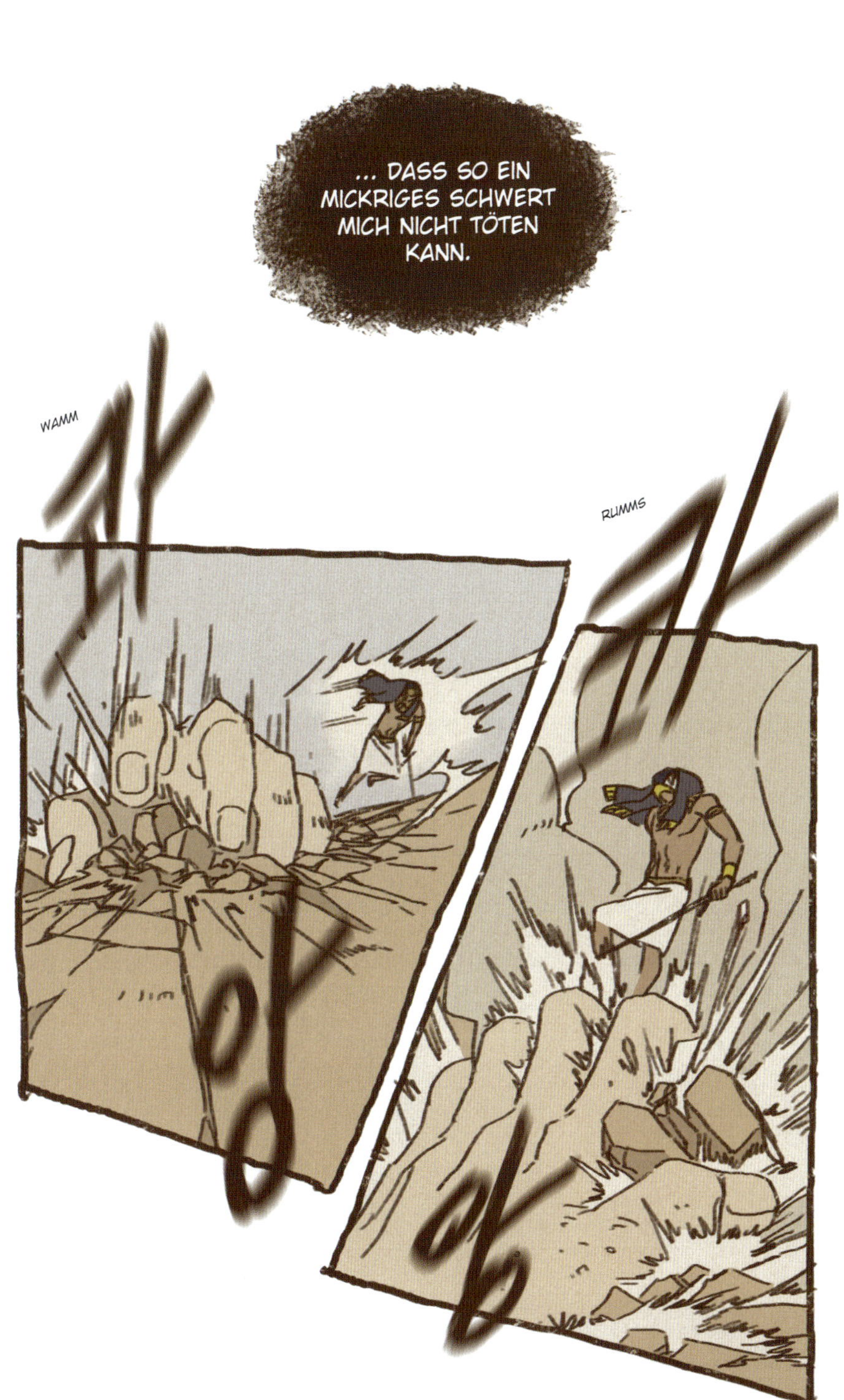
... DASS SO EIN MICKRIGES SCHWERT MICH NICHT TÖTEN KANN.
WAMM
RUMMS

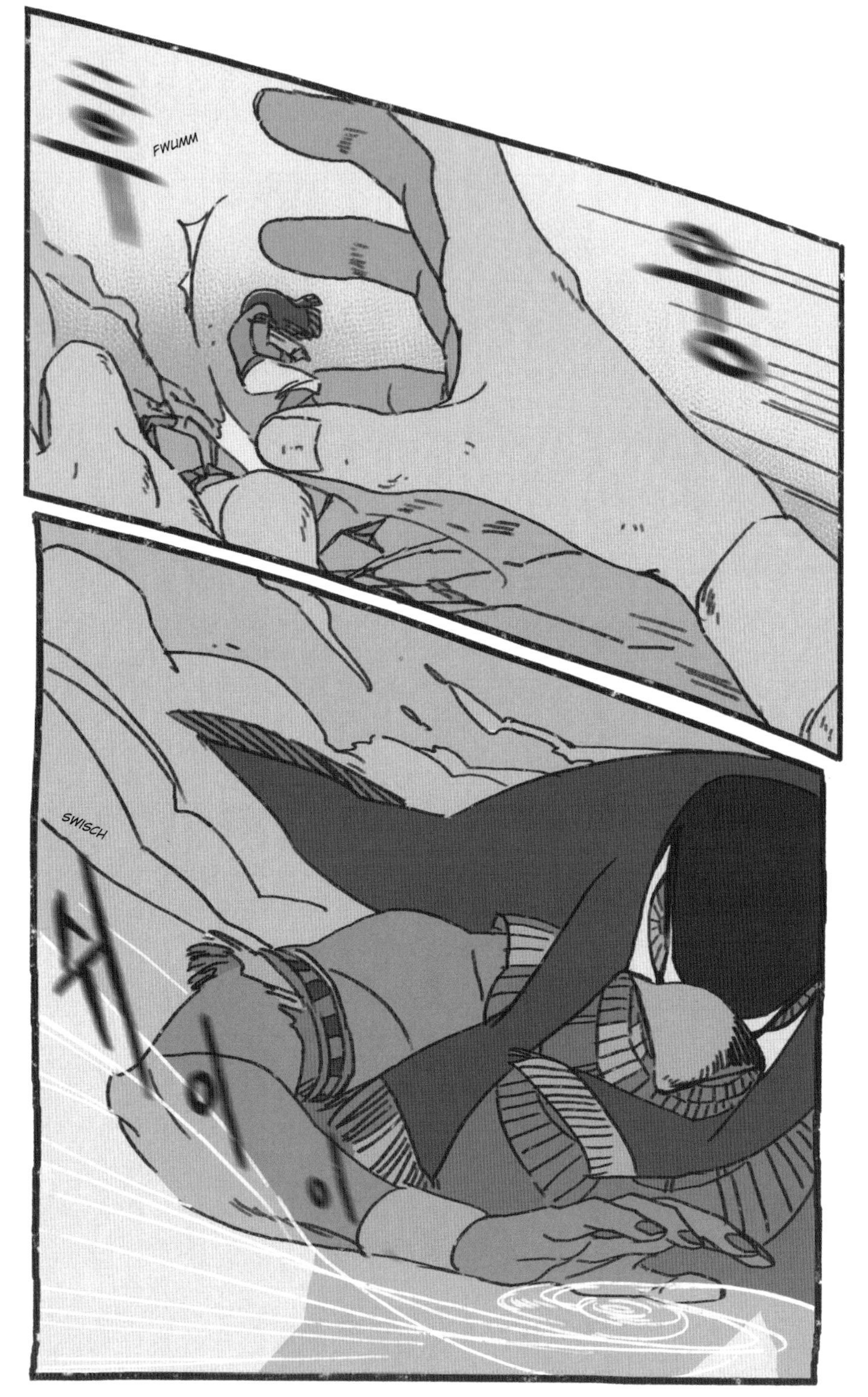
FWUMM
SWISCH

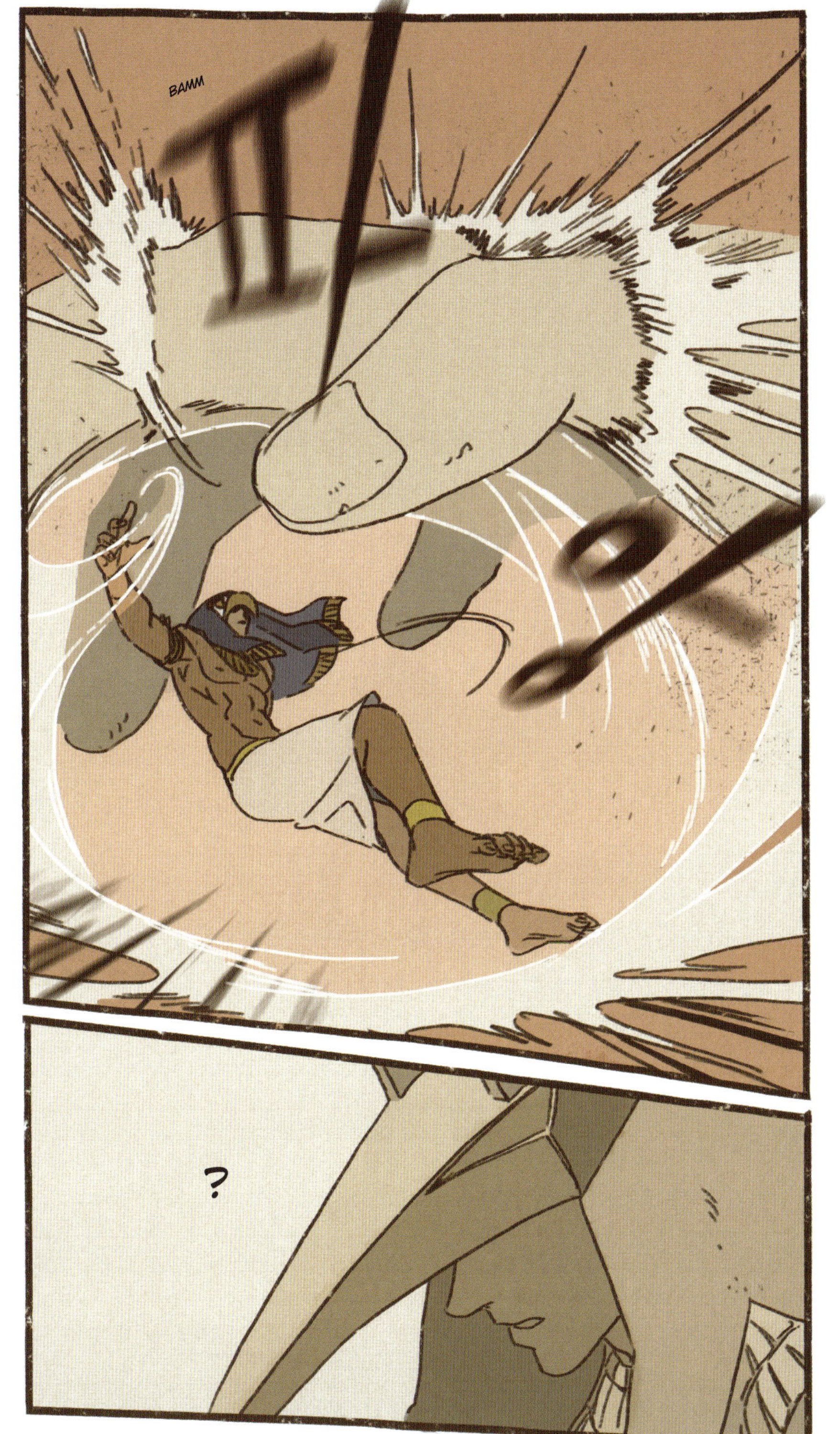
BAMM
?

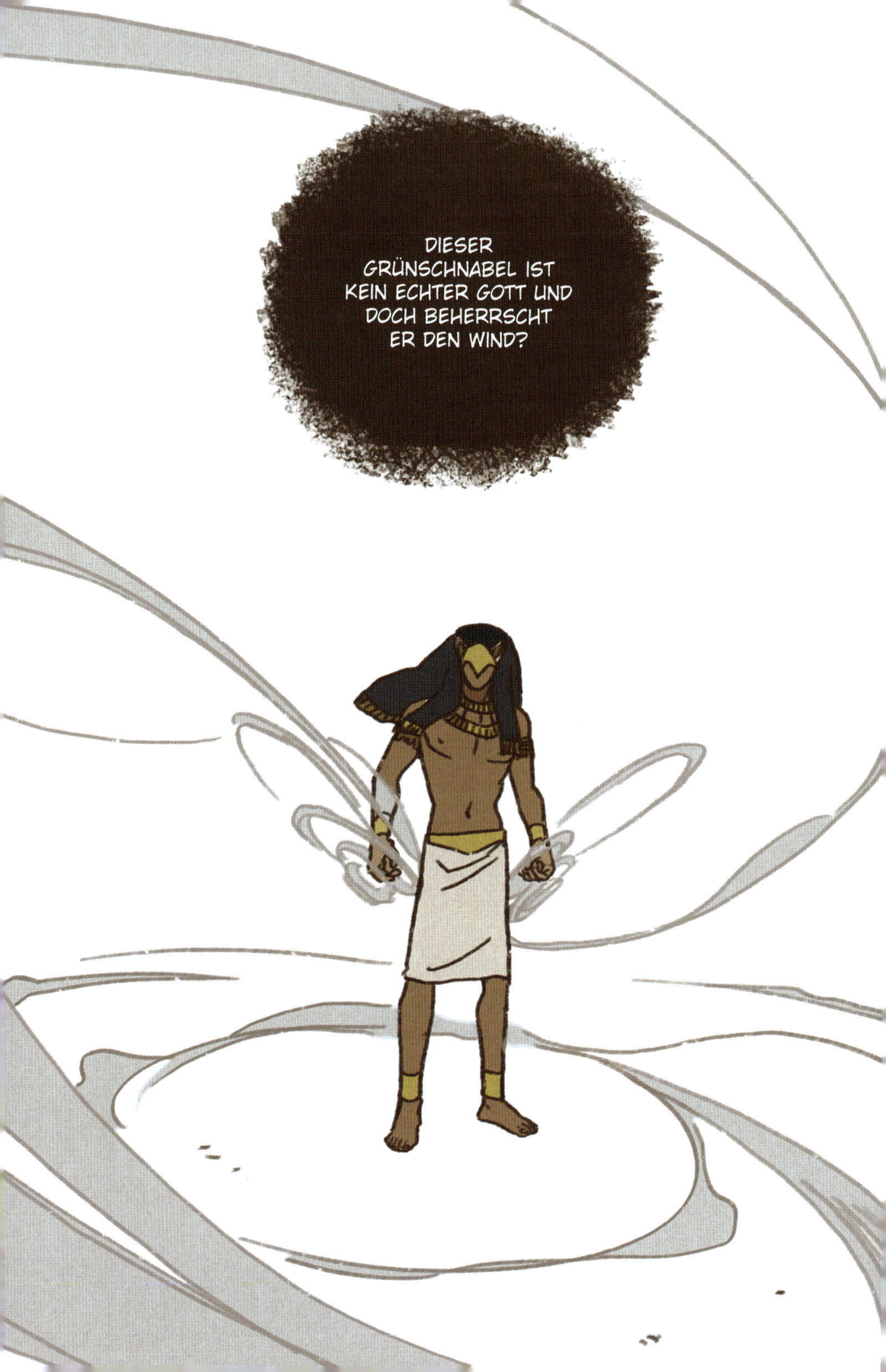
DIESER GRÜNSCHNABEL IST KEIN ECHTER GOTT UND DOCH BEHERRSCHT ER DEN WIND?

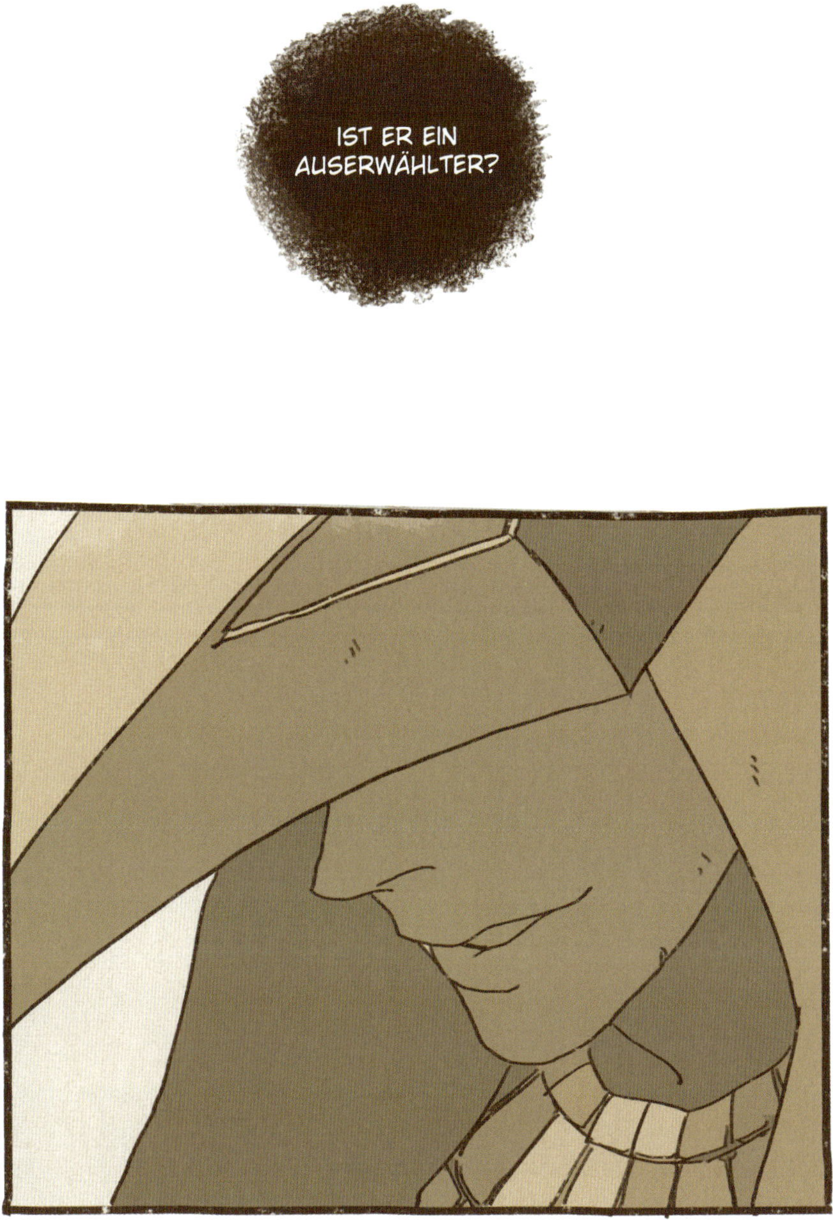

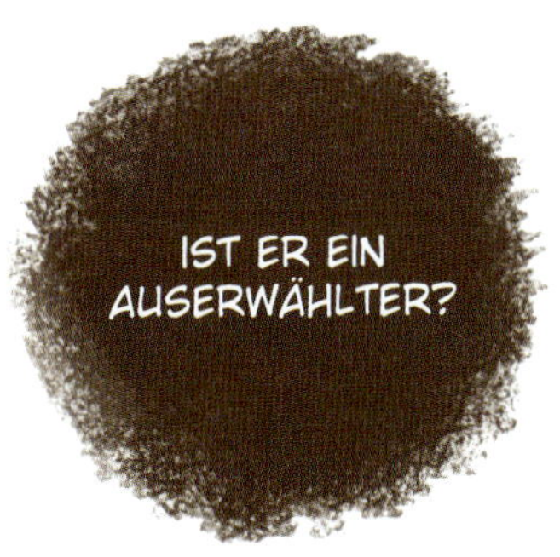
IST ER EIN
AUSERWÄHLTER?

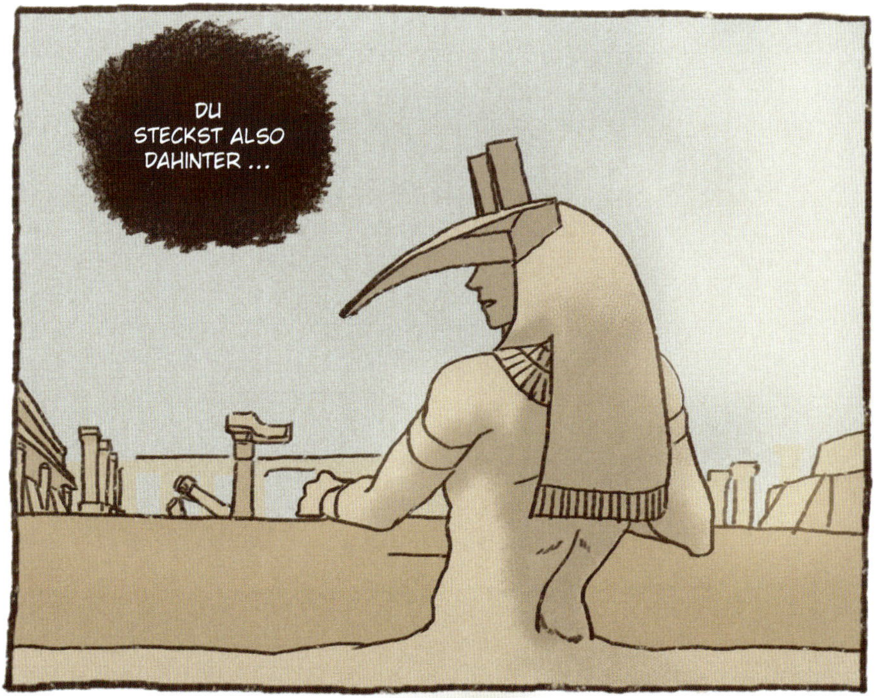

DU
STECKST ALSO
DAHINTER …
… GÖTTIN DES 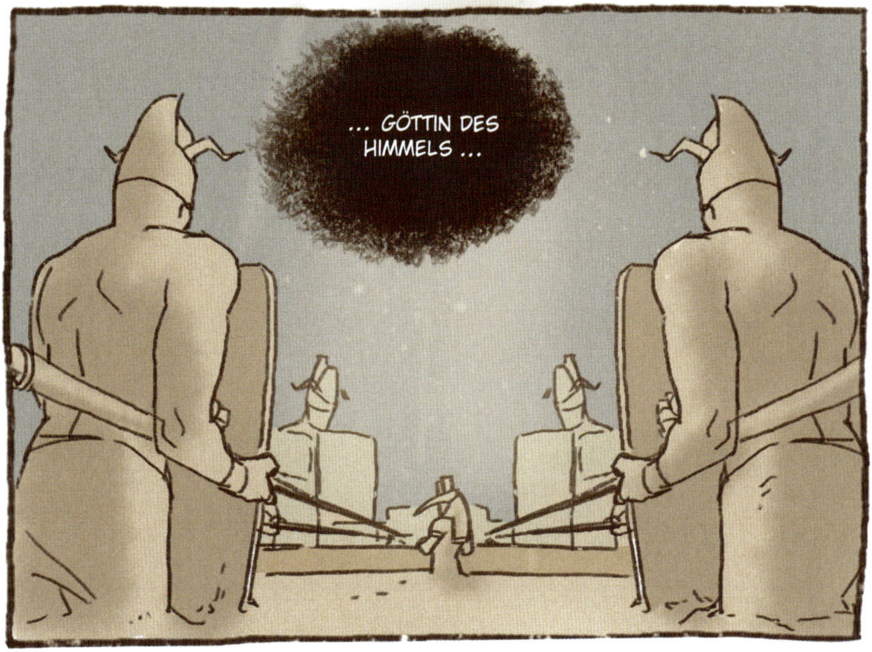
HIMMELS …

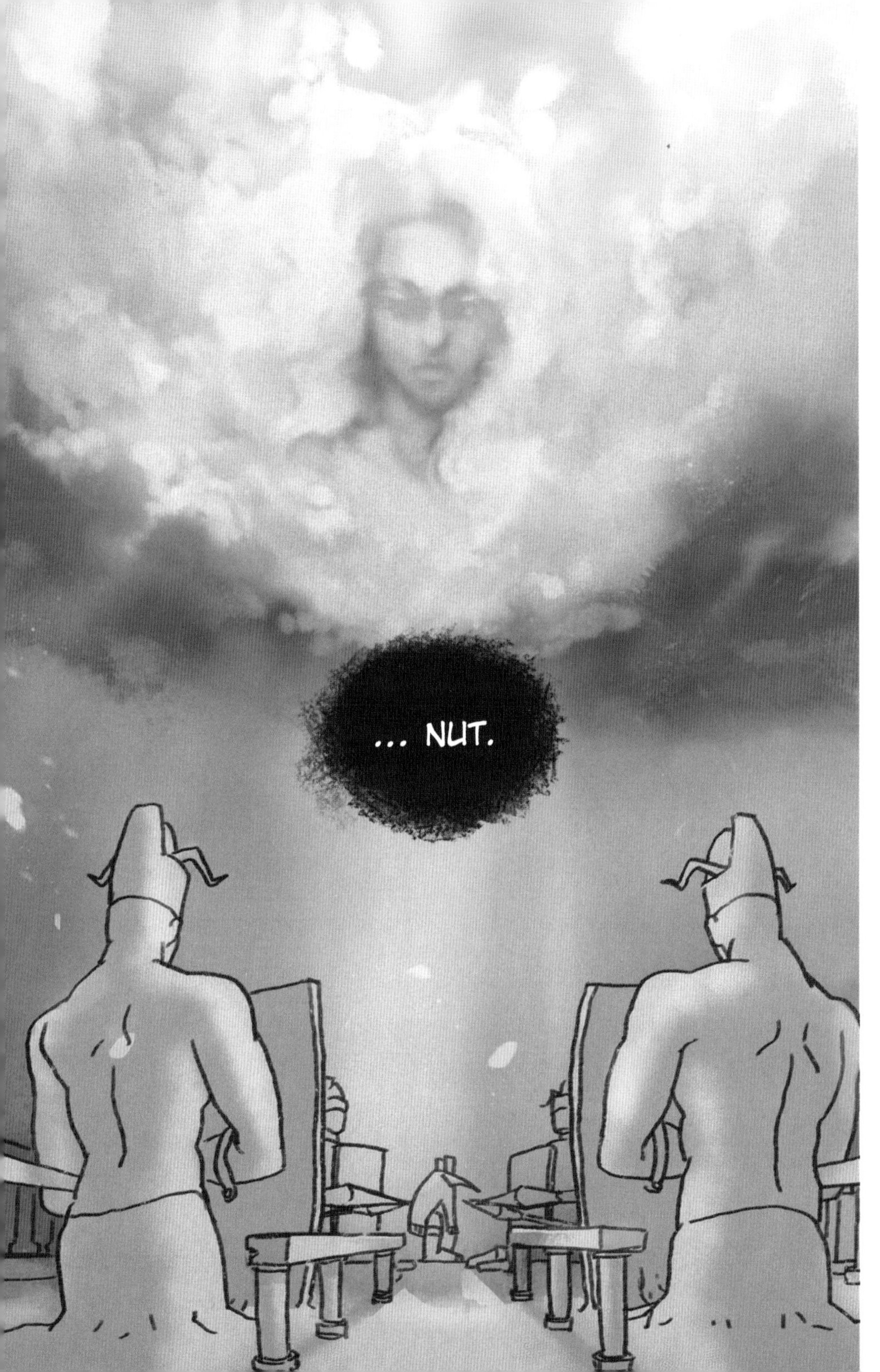
... NUT.

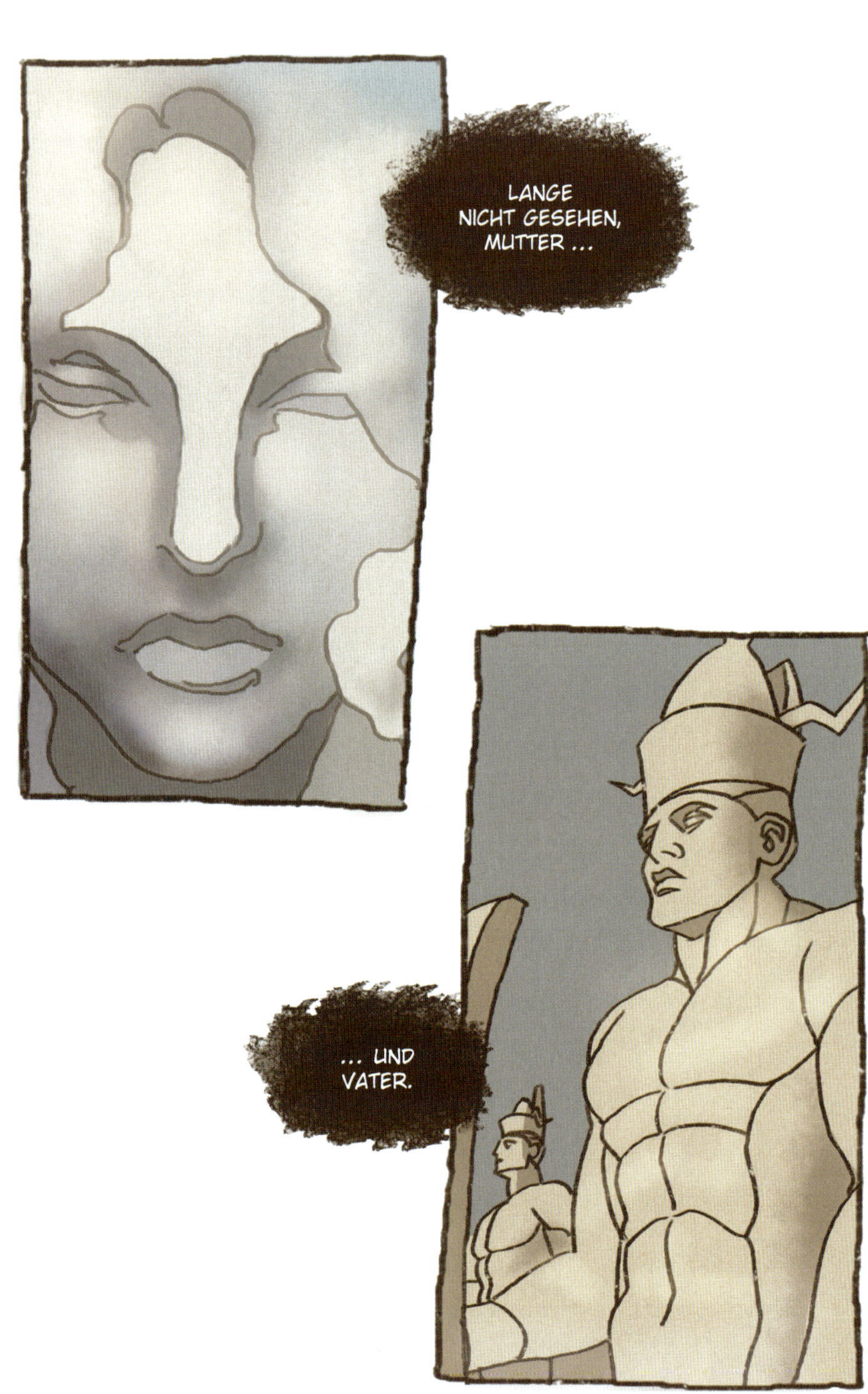
LANGE NICHT GESEHEN, MUTTER …
… UND VATER.

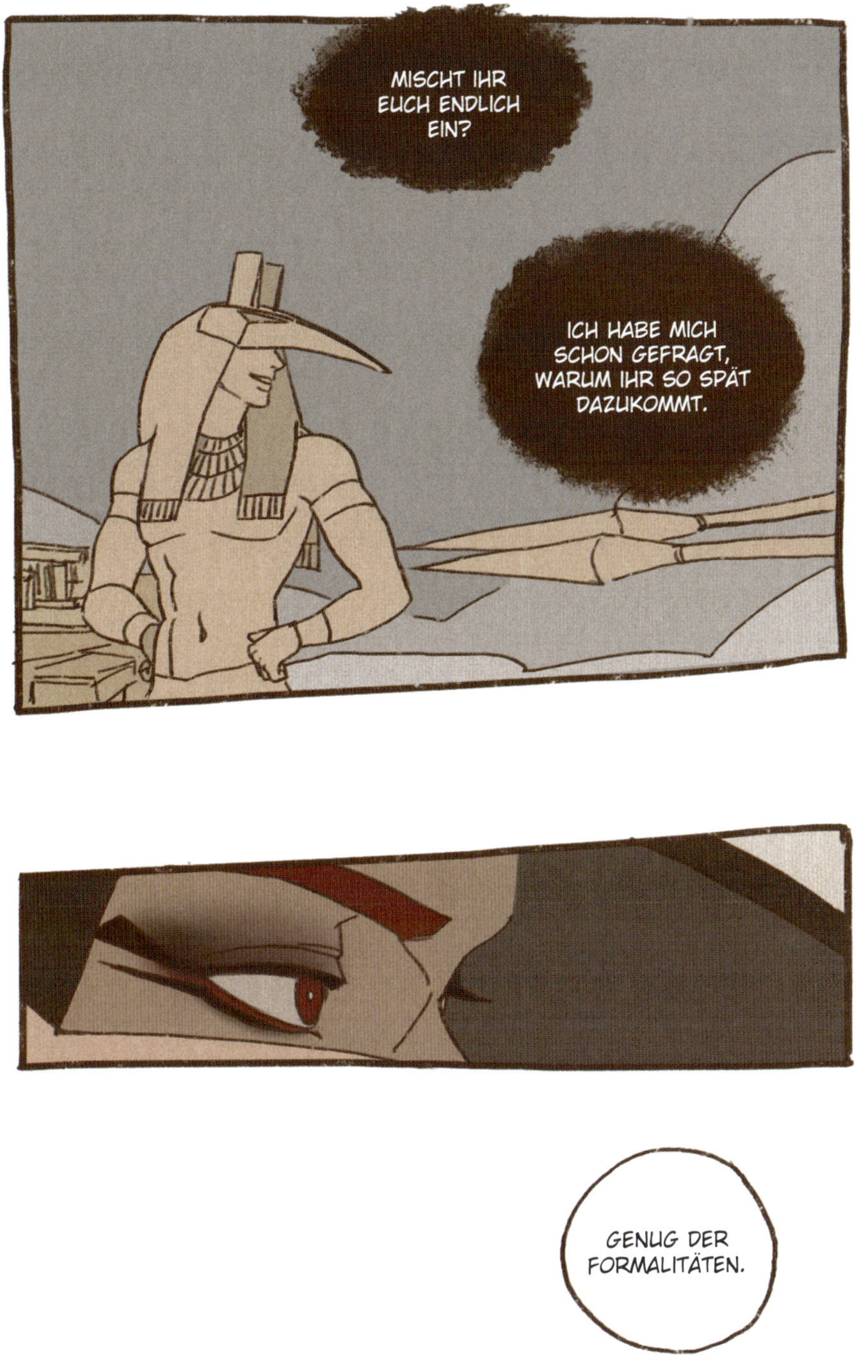

MISCHT IHR EUCH ENDLICH EIN?

ICH HABE MICH SCHON GEFRAGT, WARUM IHR SO SPÄT DAZUKOMMT.

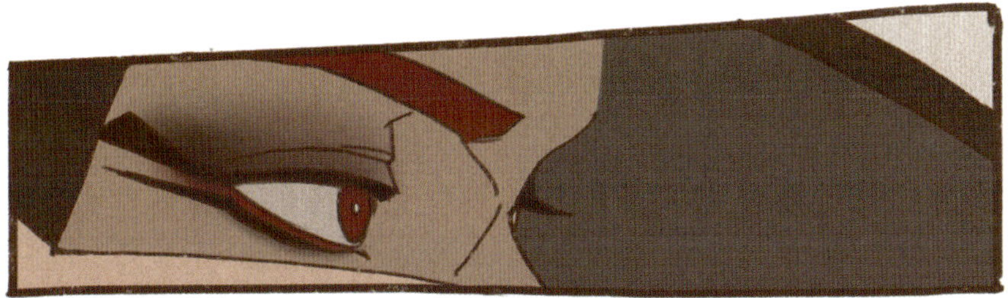

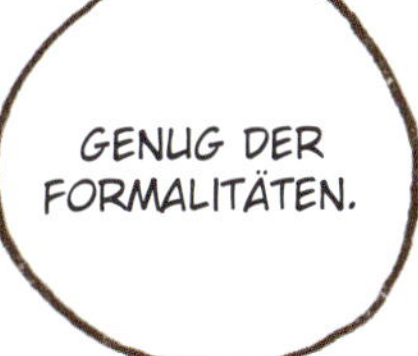

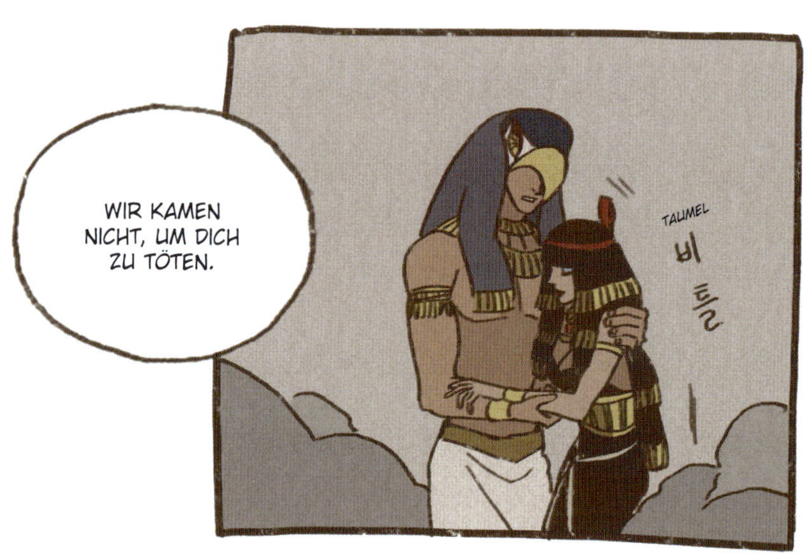

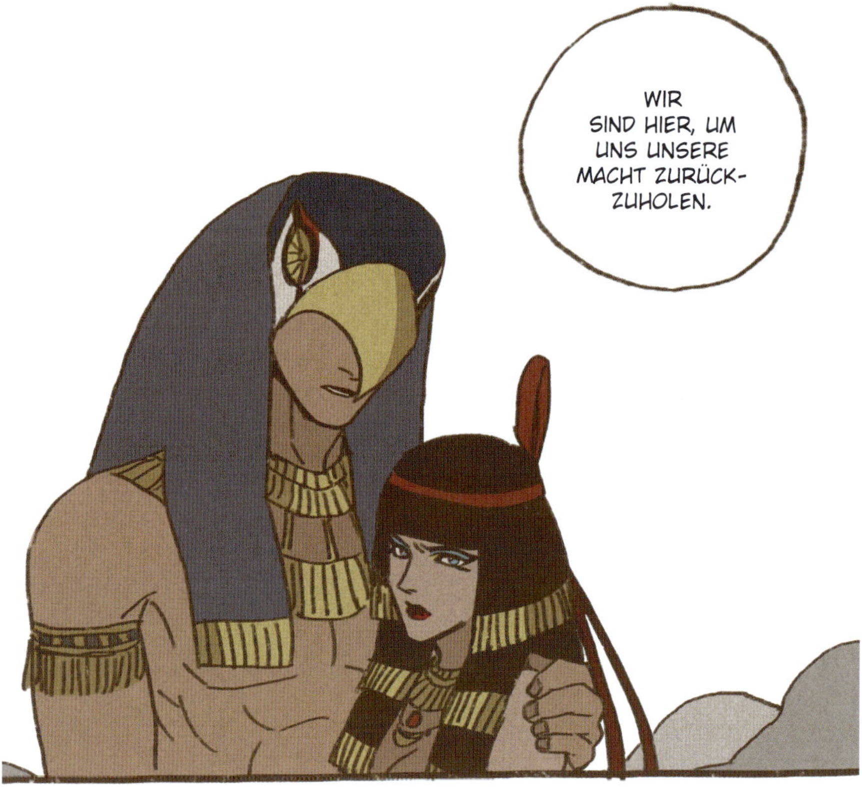

WIR SIND HIER, UM UNS UNSERE MACHT ZURÜCK-ZUHOLEN.

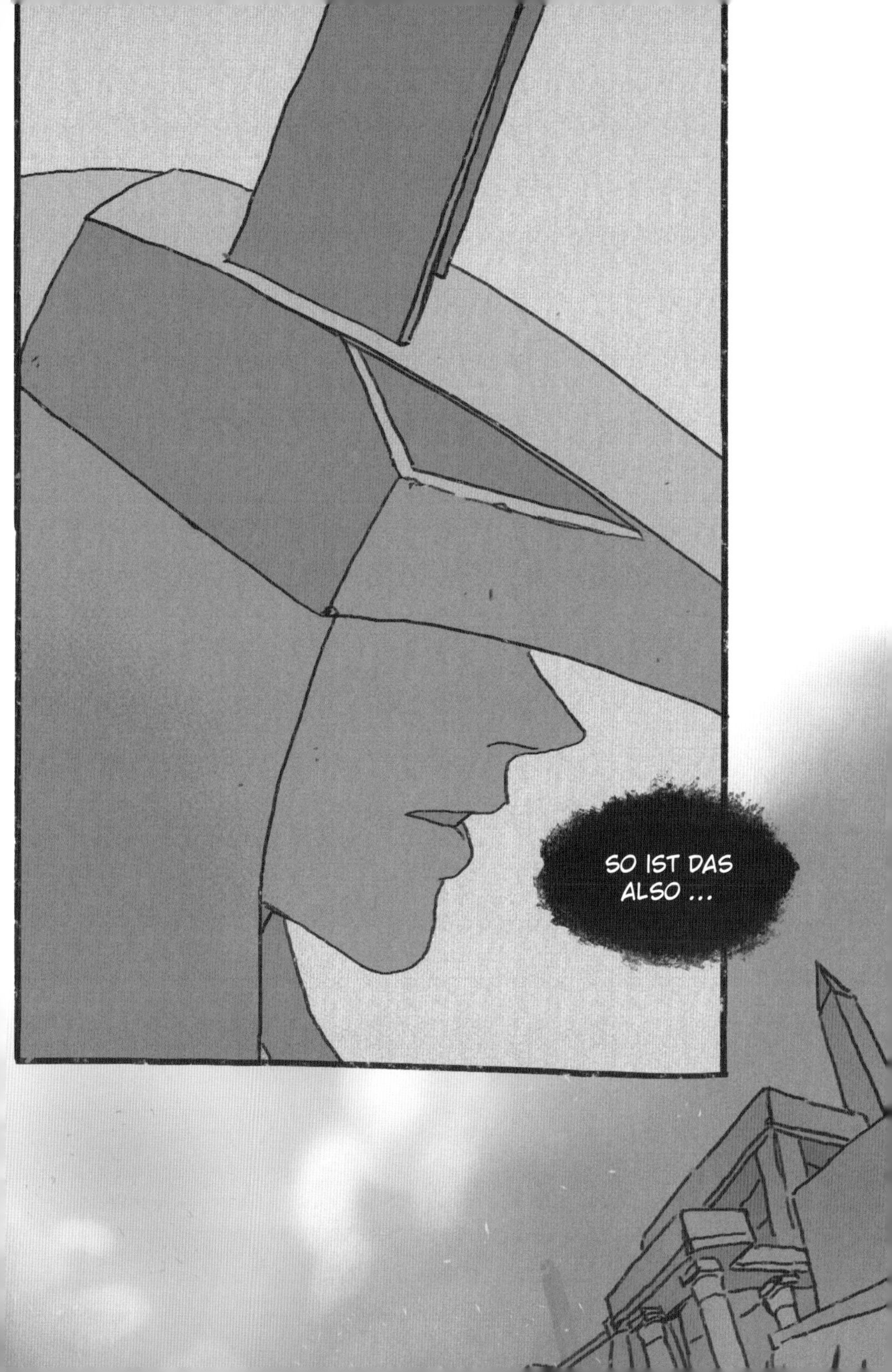
SO IST DAS
ALSO ...

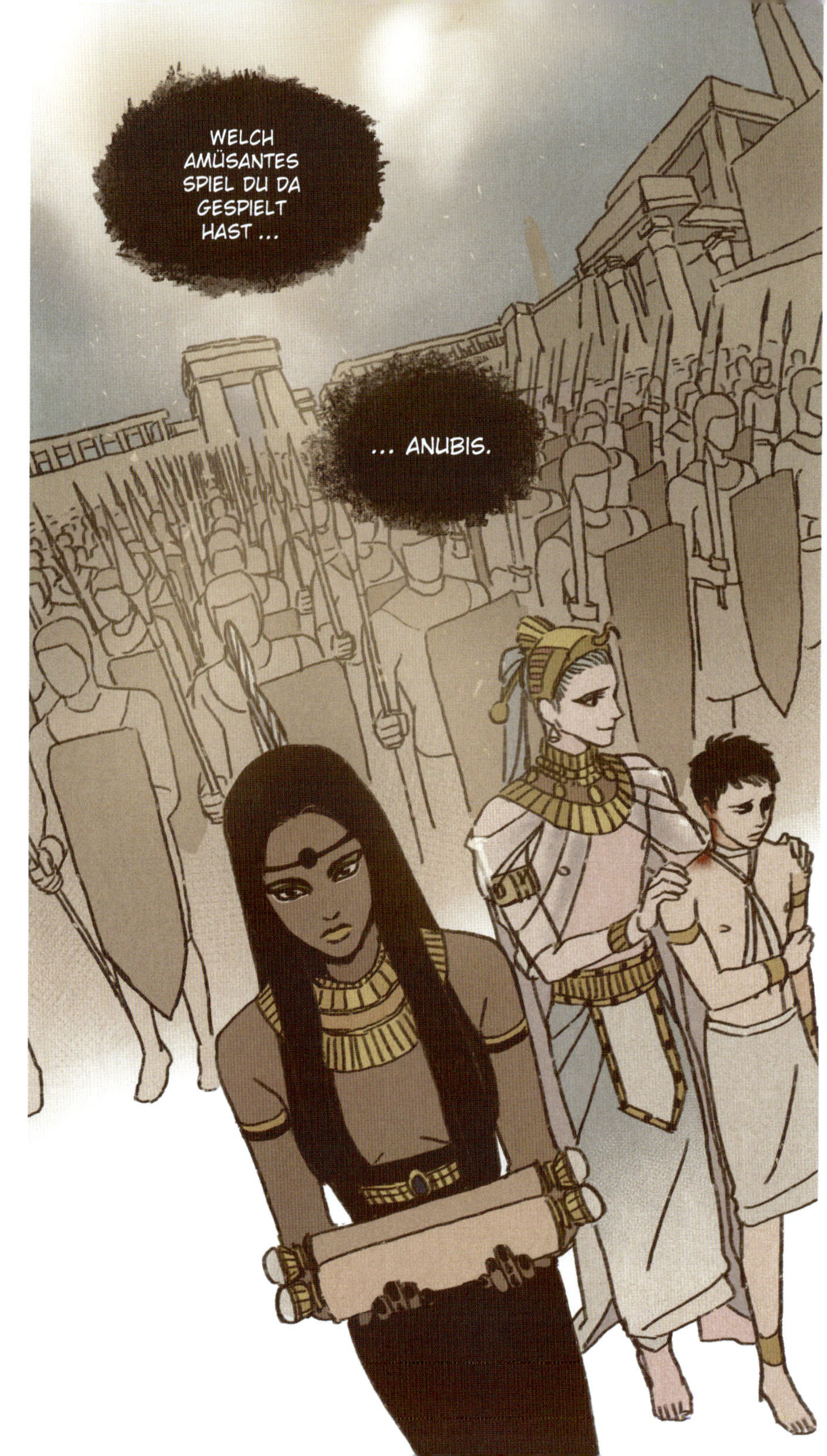
WELCH AMÜSANTES SPIEL DU DA GESPIELT HAST ...
... ANUBIS.

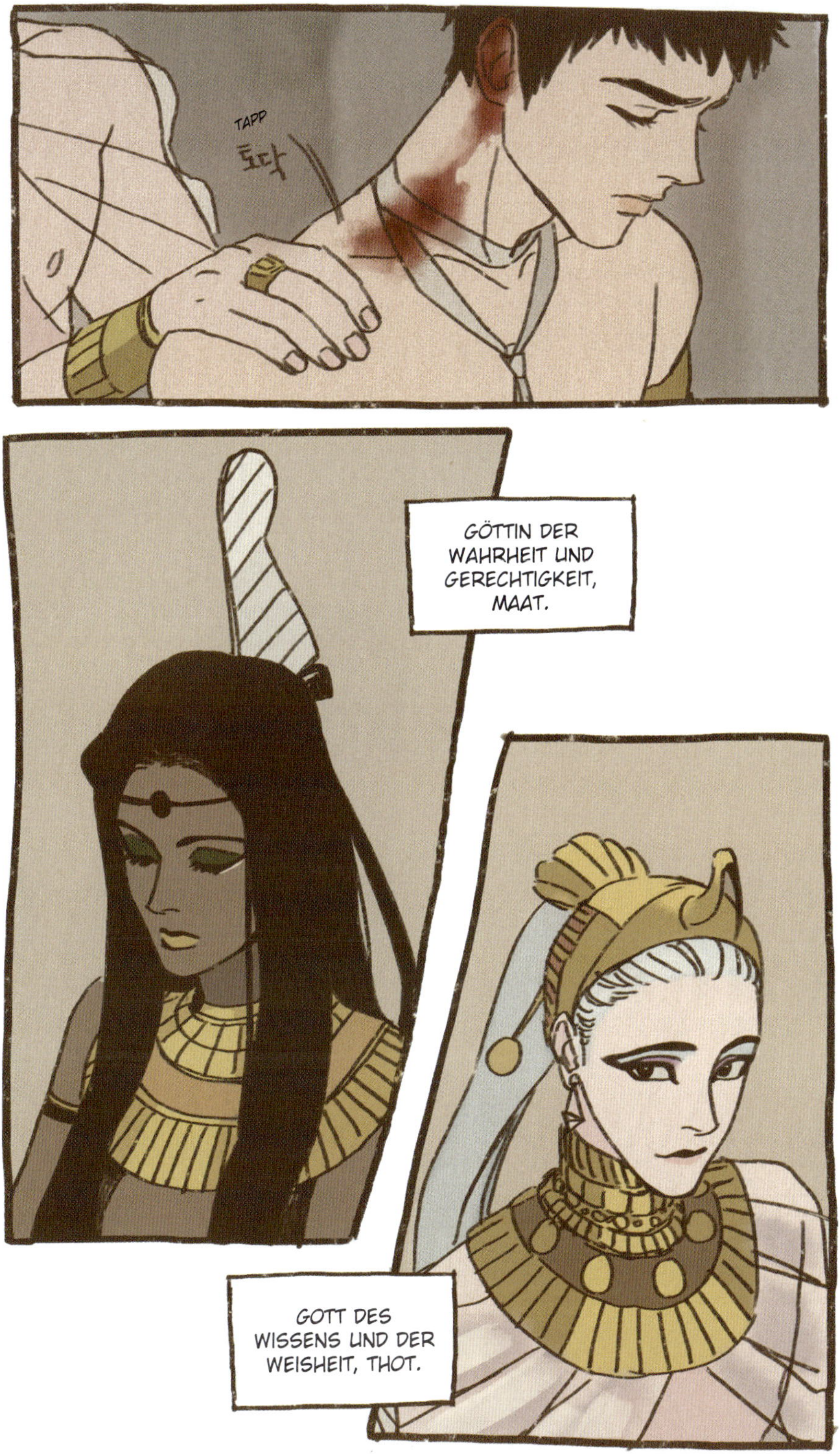

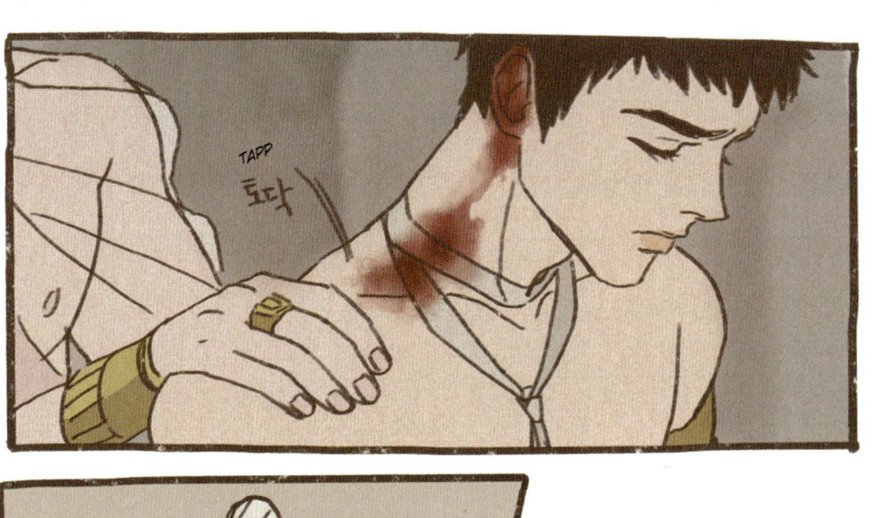

GÖTTIN DER WAHRHEIT UND GERECHTIGKEIT, MAAT.

GOTT DES WISSENS UND DER WEISHEIT, THOT.

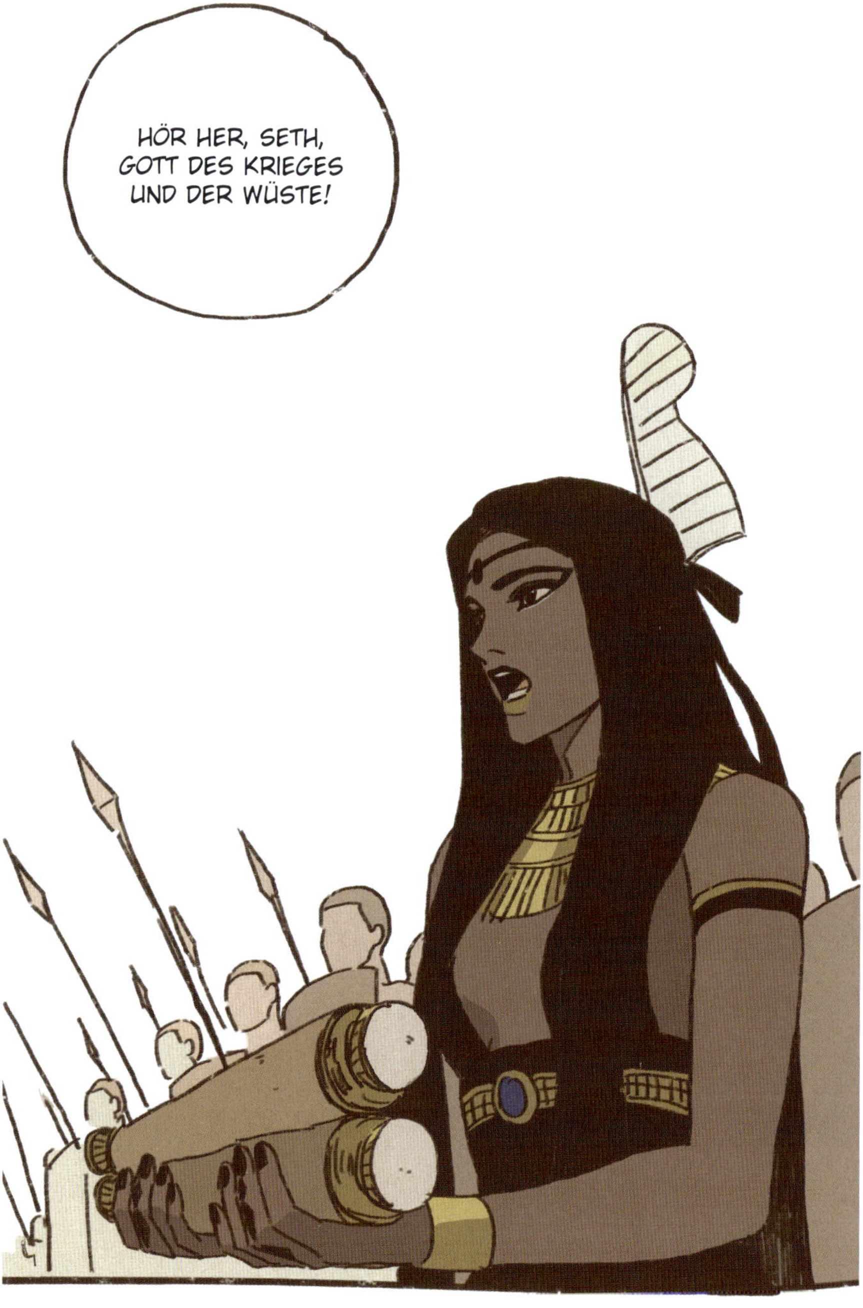

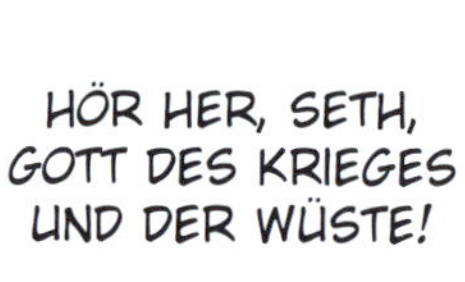
HÖR HER, SETH, GOTT DES KRIEGES UND DER WÜSTE!

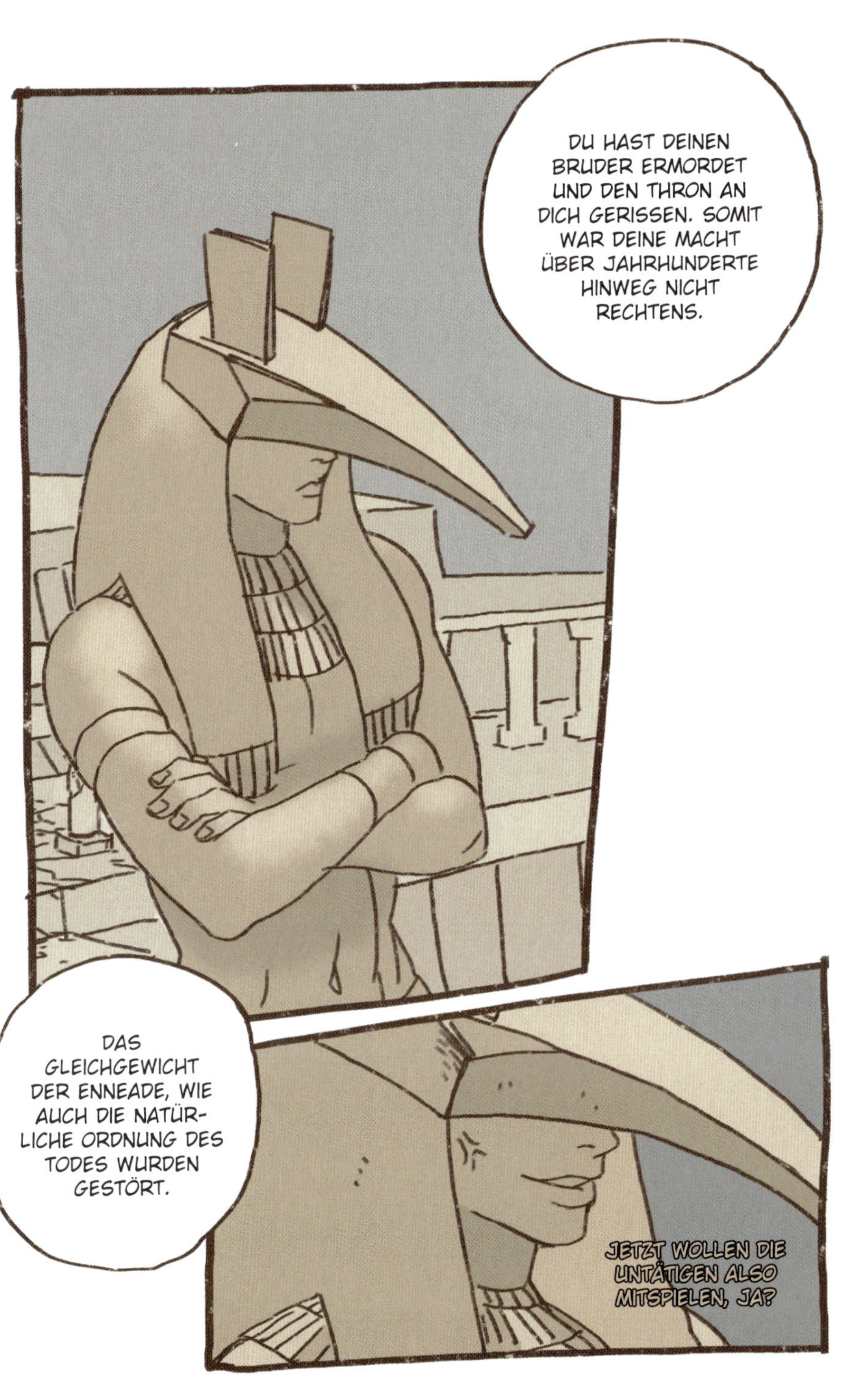
DU HAST DEINEN BRUDER ERMORDET UND DEN THRON AN DICH GERISSEN. SOMIT WAR DEINE MACHT ÜBER JAHRHUNDERTE HINWEG NICHT RECHTENS.
DAS GLEICHGEWICHT DER ENNEADE, WIE AUCH DIE NATÜR-LICHE ORDNUNG DES TODES WURDEN GESTÖRT.
JETZT WOLLEN DIE UNTÄTIGEN ALSO MITSPIELEN, JA?

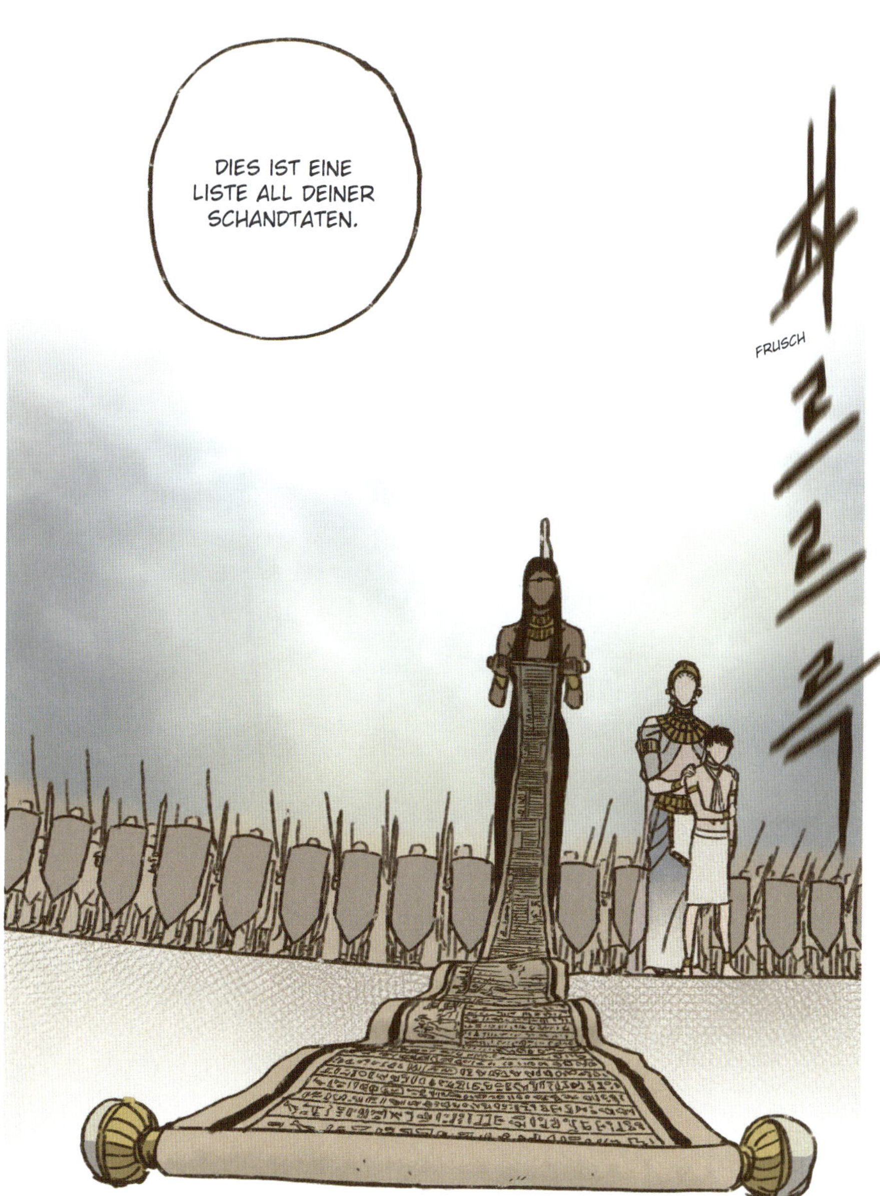
DIES IST EINE LISTE ALL DEINER SCHANDTATEN.
FRUSCH

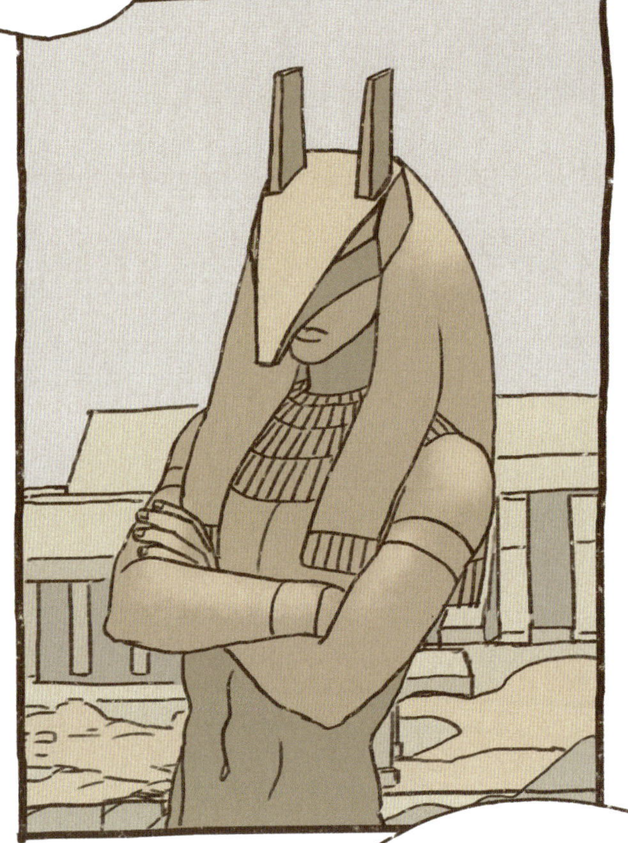
GOTT DES KRIEGES, SETH.
HIERMIT WIRST DU VOR DAS GERICHT DER ENNEADE GERUFEN!

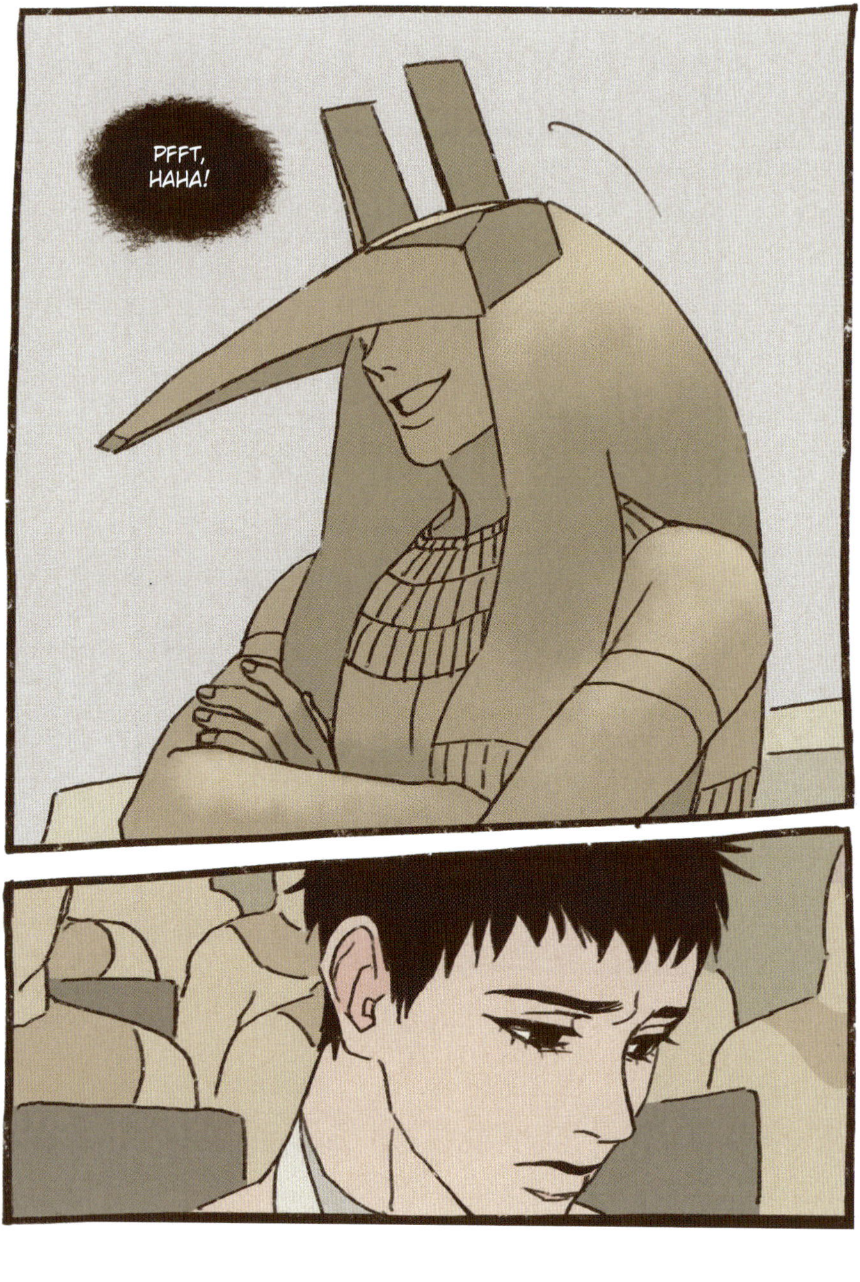

PFFT,
HAHA!

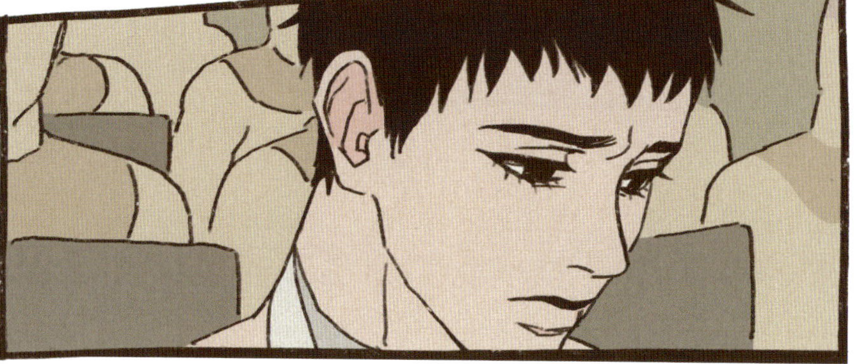

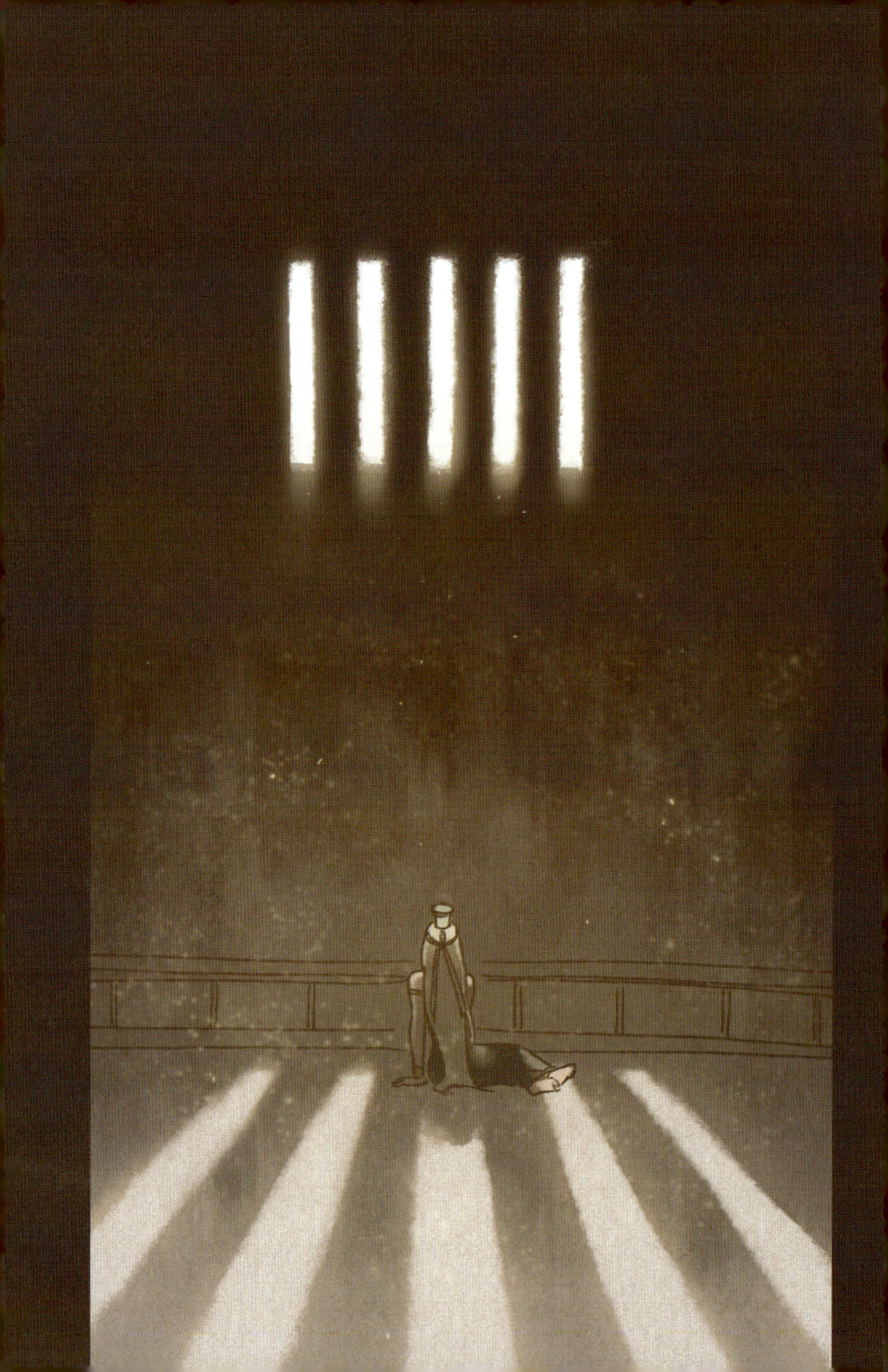

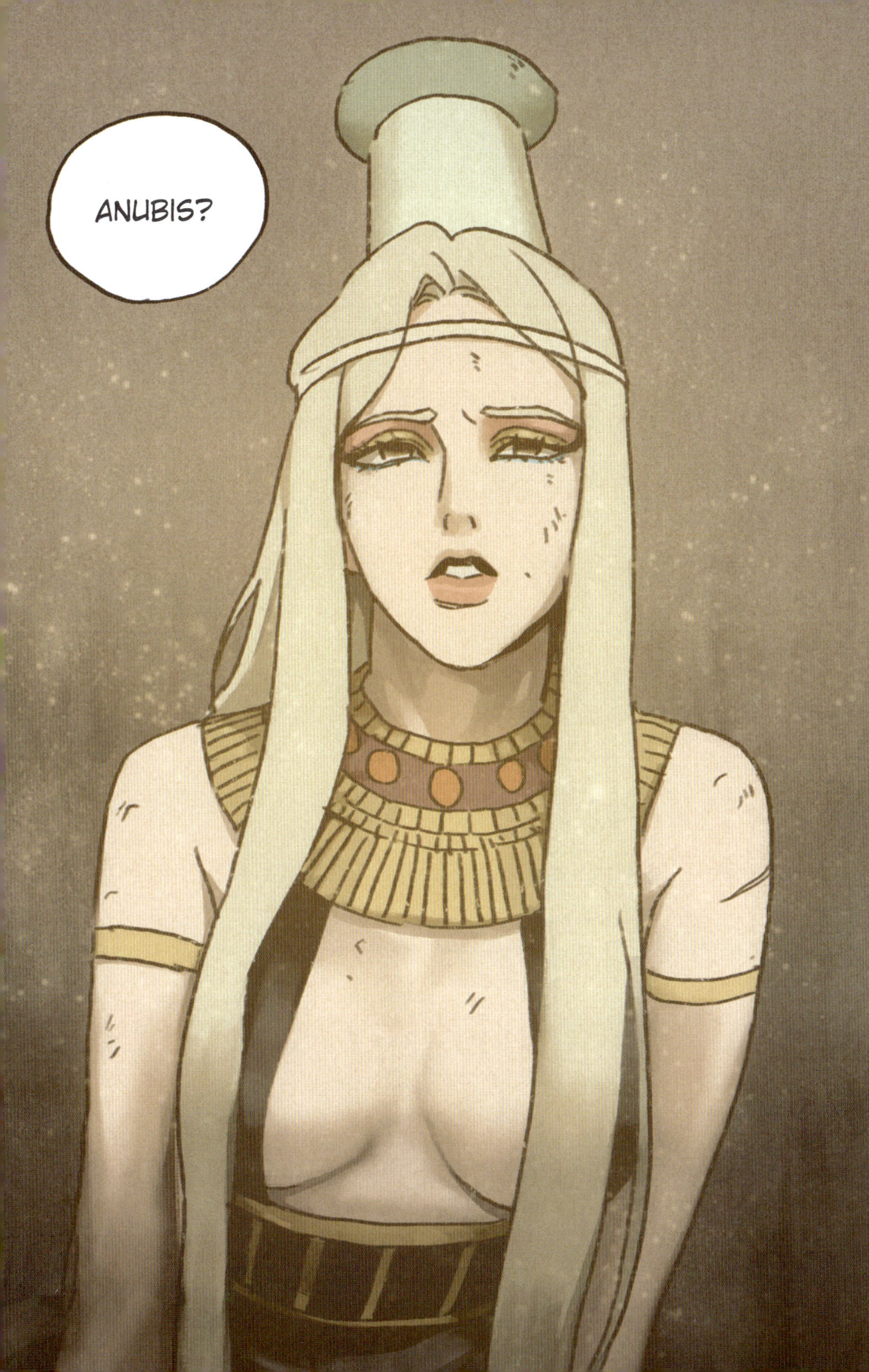
ANUBIS?

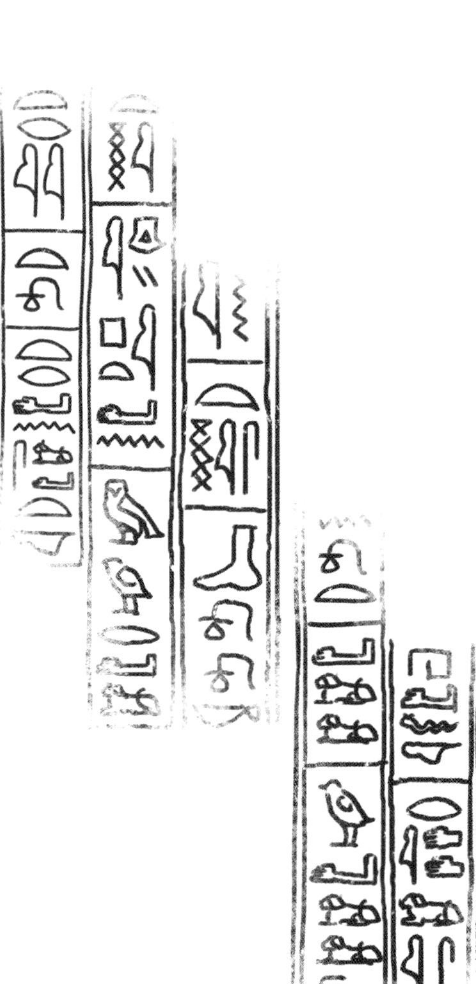

ENNEAD

STAMMBAUM

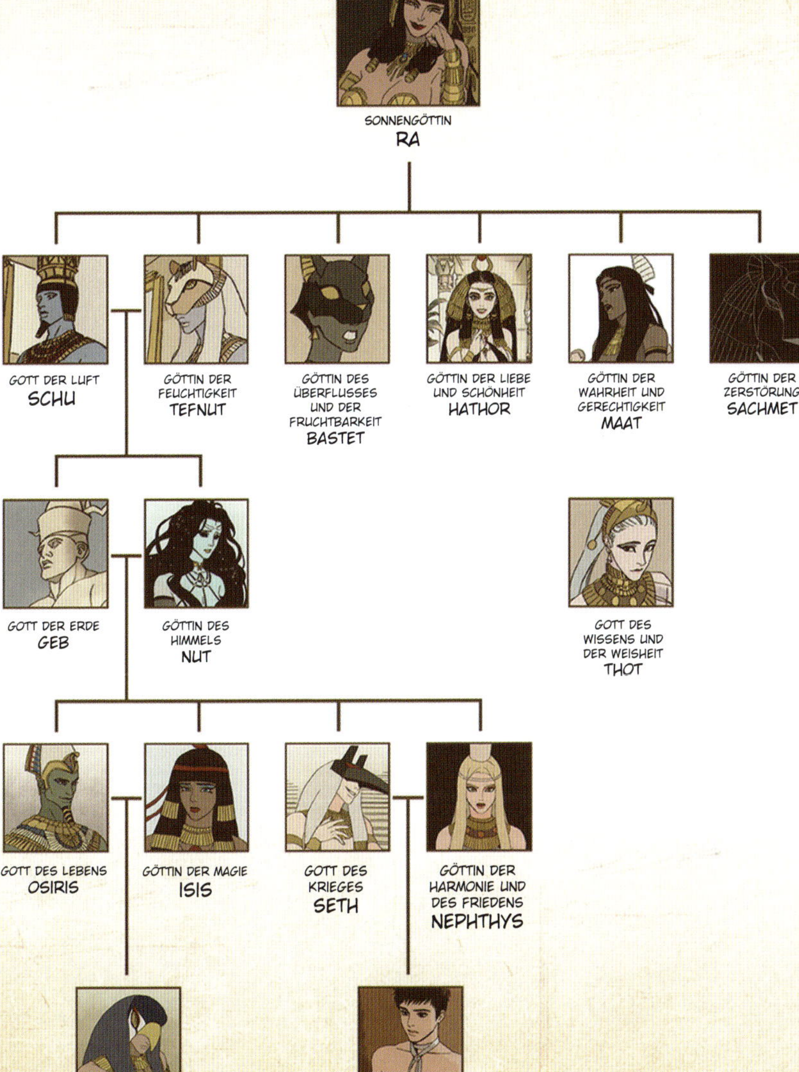

ISIS WAR
EINSAM.

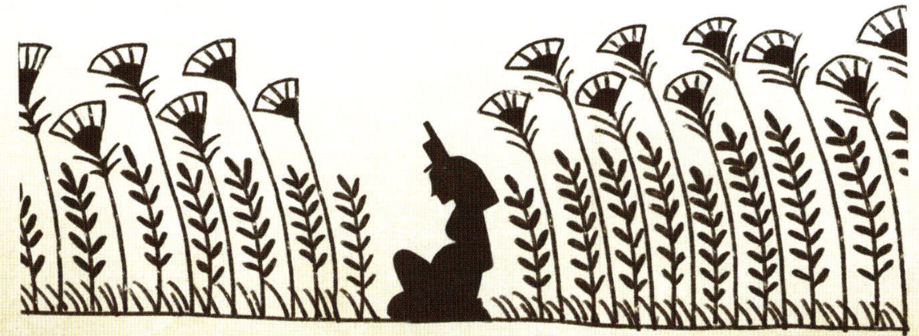

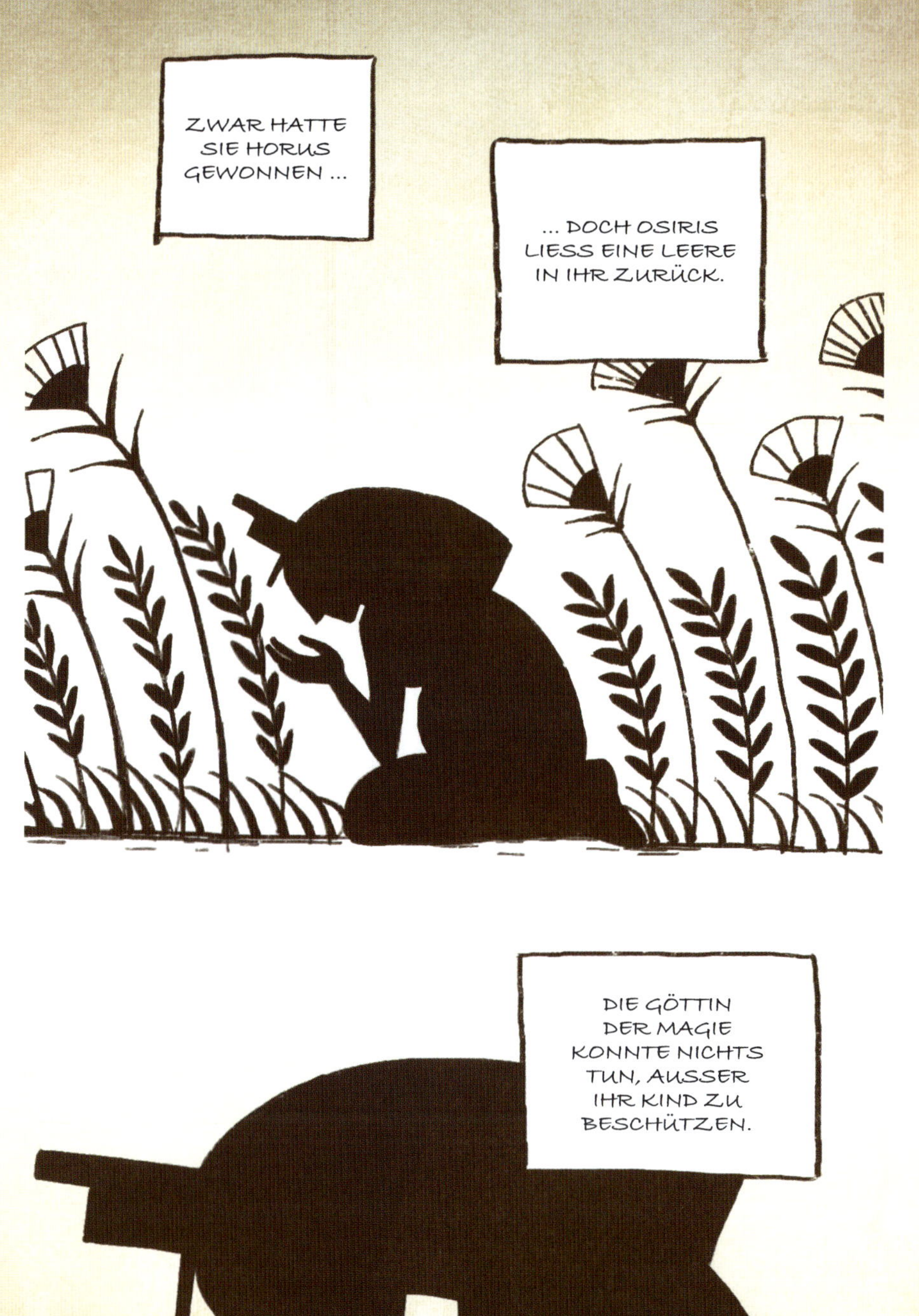
ZWAR HATTE SIE HORUS GEWONNEN ...
... DOCH OSIRIS LIESS EINE LEERE IN IHR ZURÜCK.
DIE GÖTTIN DER MAGIE KONNTE NICHTS TUN, AUSSER IHR KIND ZU BESCHÜTZEN.

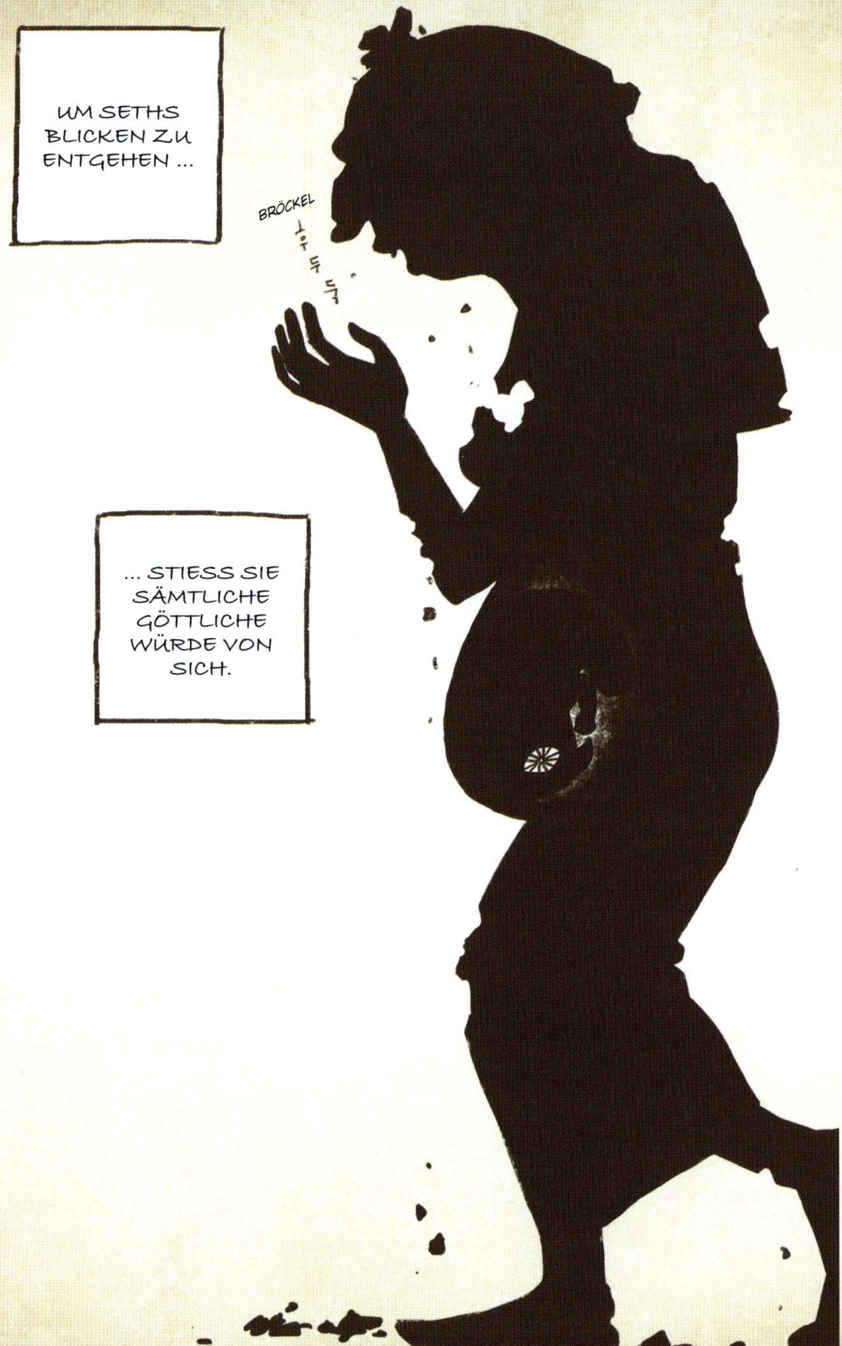

UM SETHS BLICKEN ZU ENTGEHEN ...

BRÖCKEL

... STIESS SIE SÄMTLICHE GÖTTLICHE WÜRDE VON SICH.

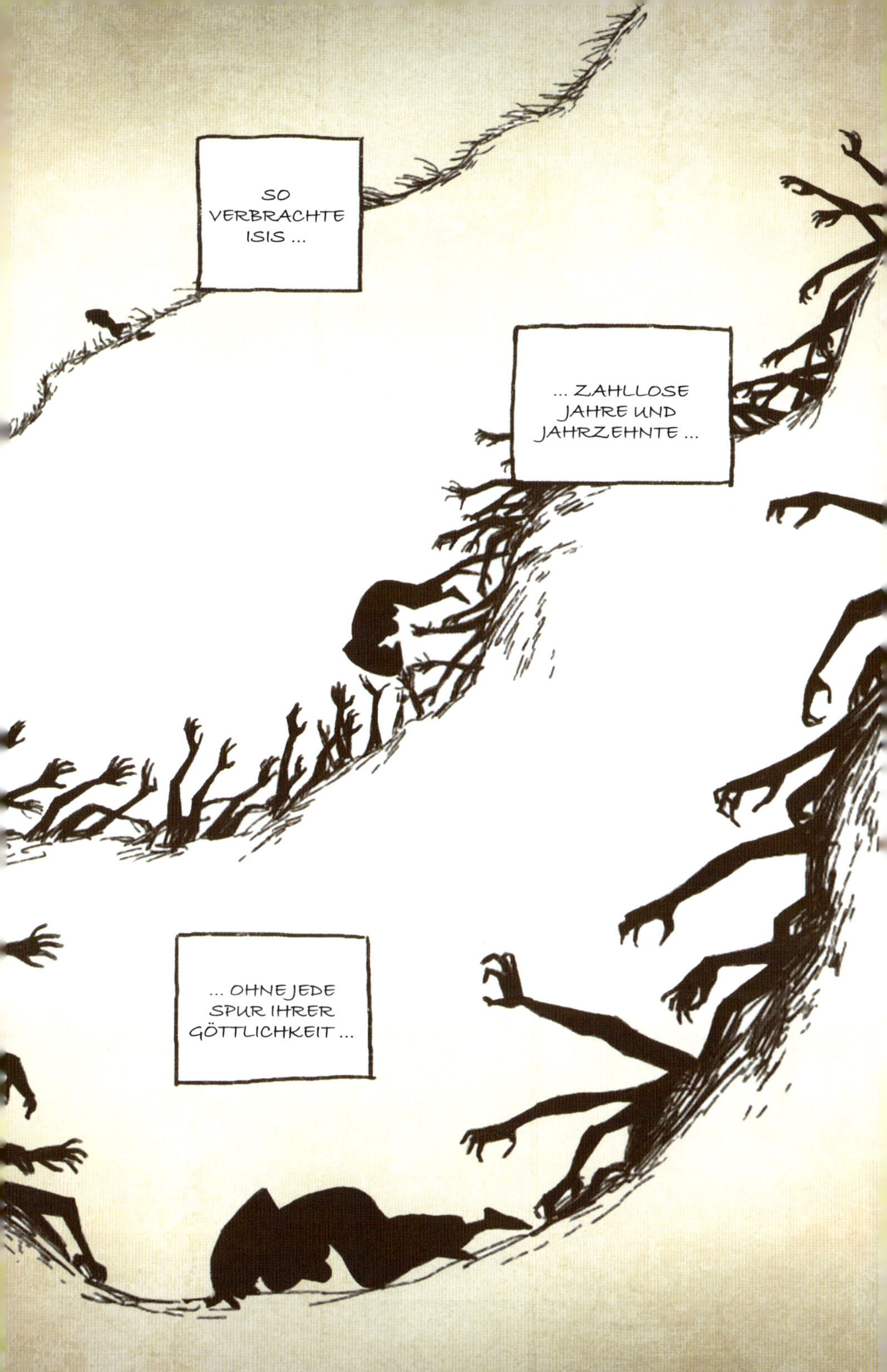
SO VERBRACHTE ISIS ...
... ZAHLLOSE JAHRE UND JAHRZEHNTE ...
... OHNE JEDE SPUR IHRER GÖTTLICHKEIT ...

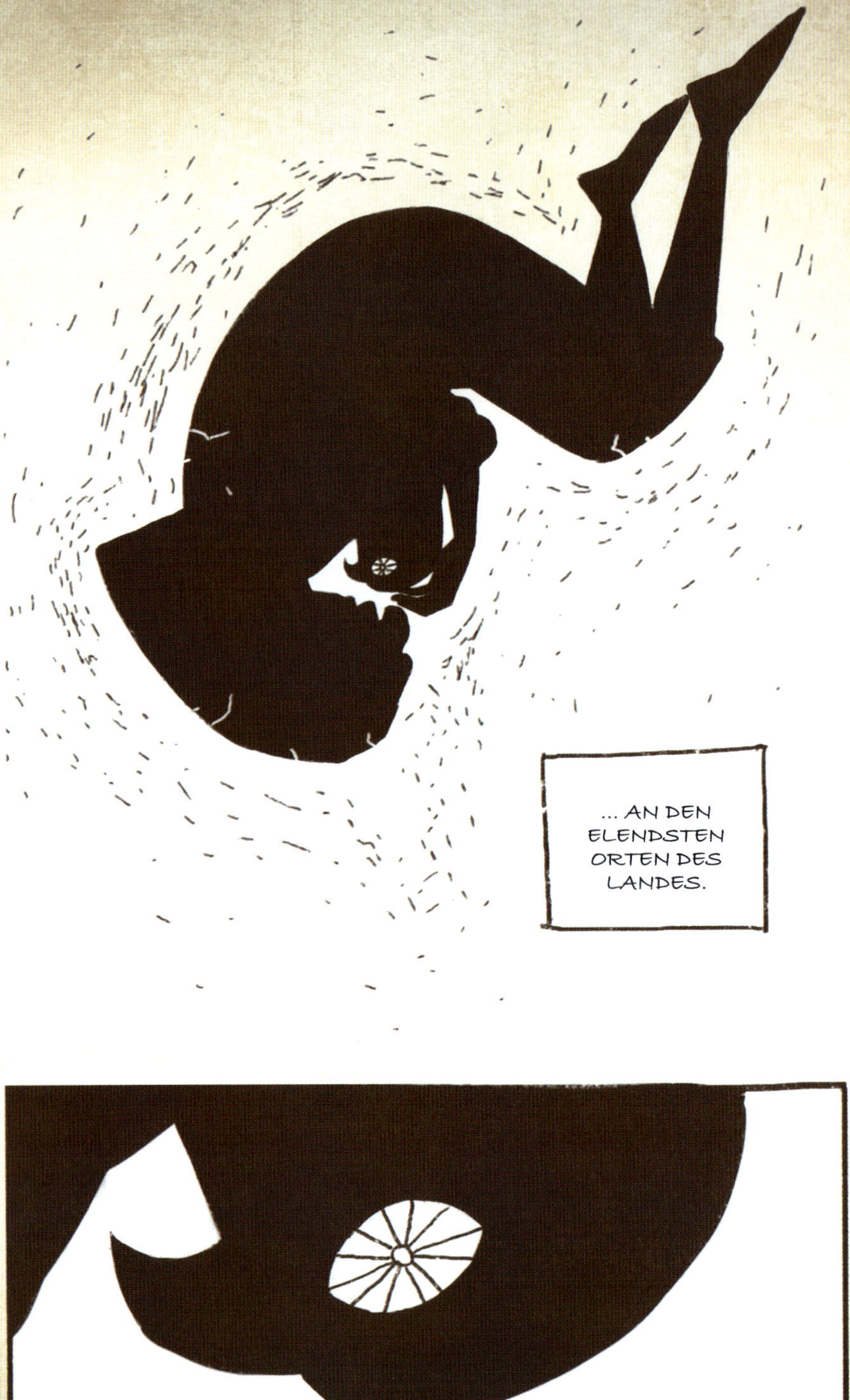

... AN DEN ELENDSTEN ORTEN DES LANDES.

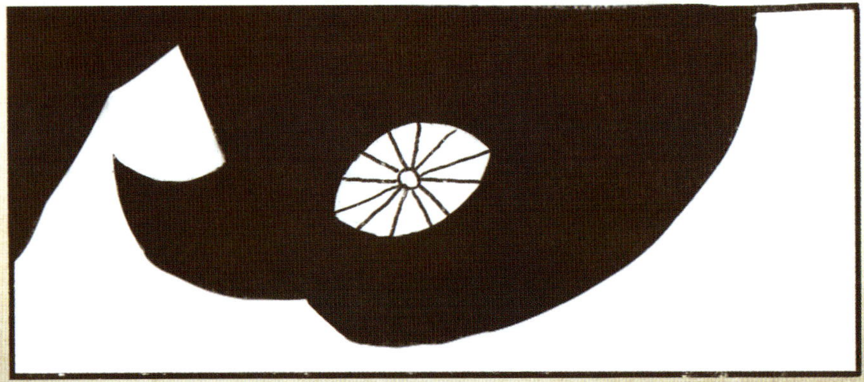

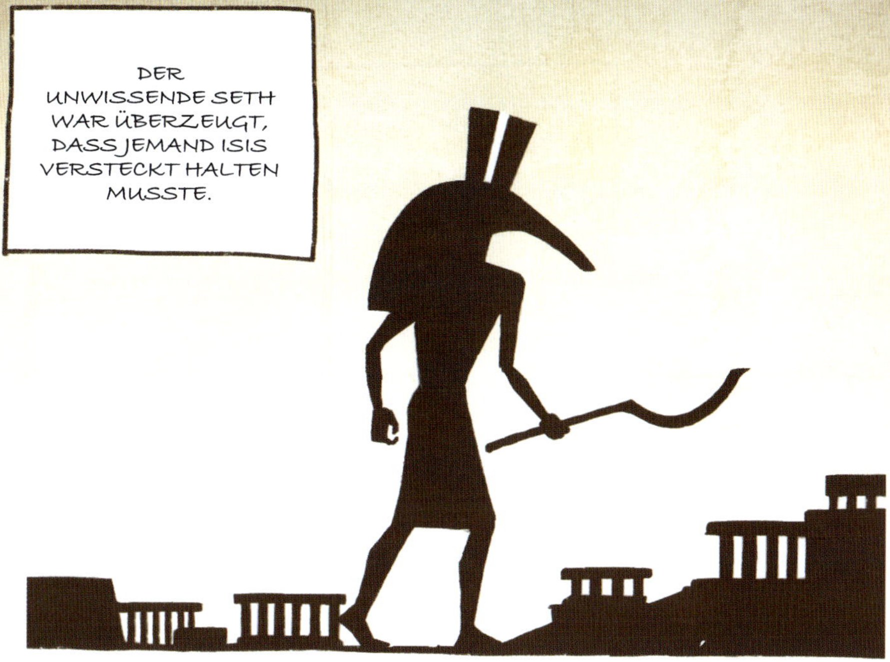

DER UNWISSENDE SETH WAR ÜBERZEUGT, DASS JEMAND ISIS VERSTECKT HALTEN MUSSTE.

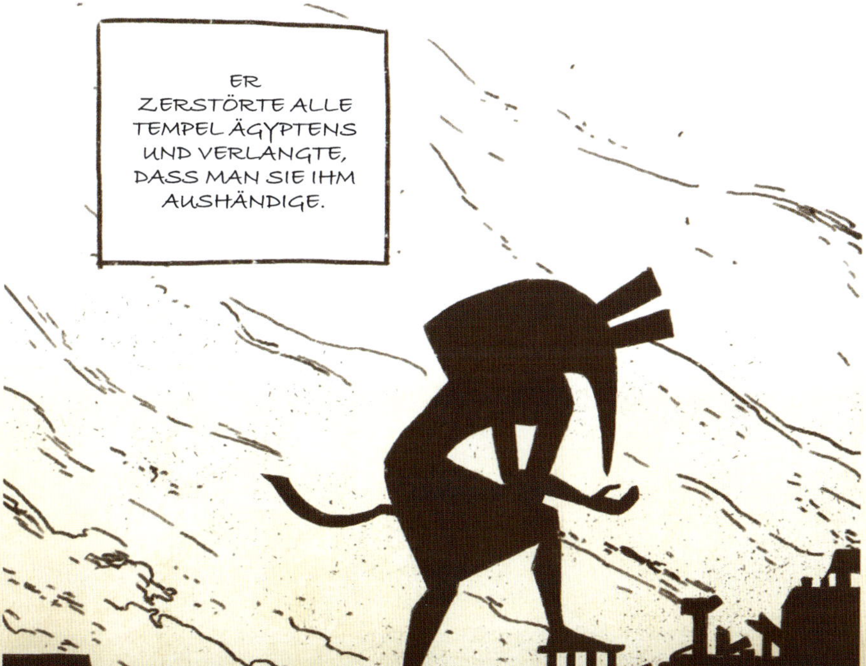

ER ZERSTÖRTE ALLE TEMPEL ÄGYPTENS UND VERLANGTE, DASS MAN SIE IHM AUSHÄNDIGE.

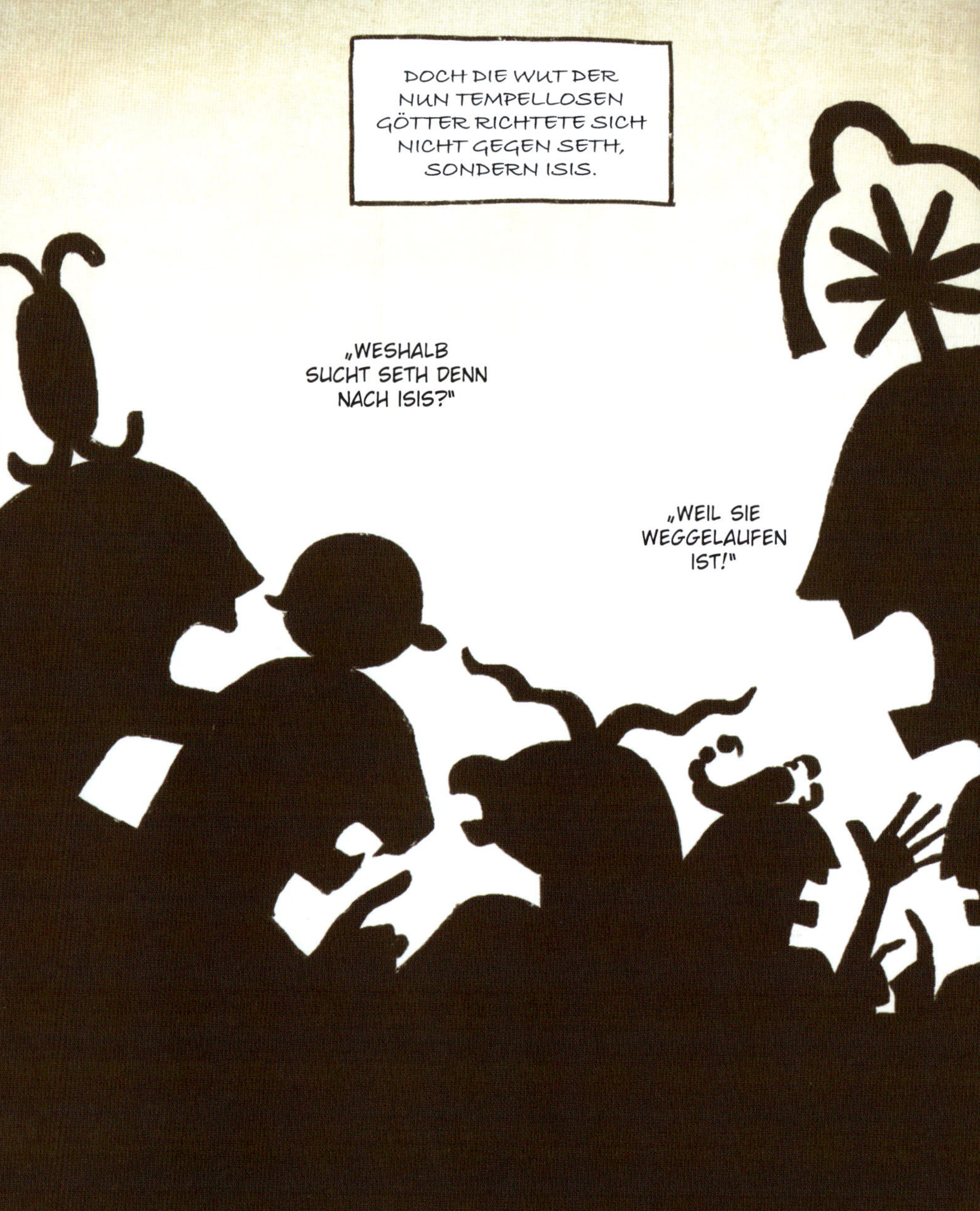
DOCH DIE WUT DER NUN TEMPELLOSEN GÖTTER RICHTETE SICH NICHT GEGEN SETH, SONDERN ISIS.
„WESHALB SUCHT SETH DENN NACH ISIS?"
„WEIL SIE WEGGELAUFEN IST!"
„WENN WIR SIE EINFANGEN, WIRD SETHS GEWALT AUFHÖREN."

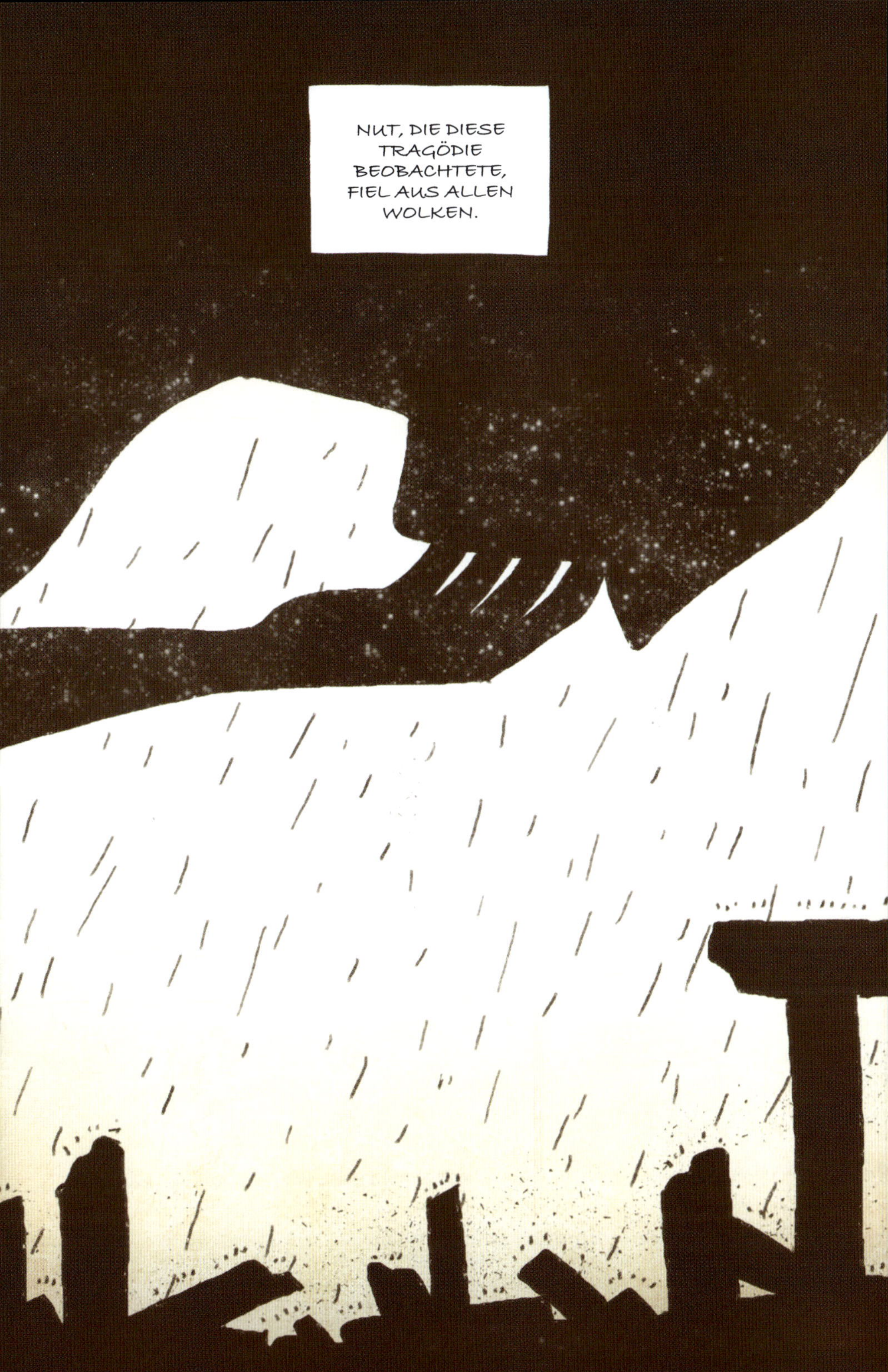

NUT, DIE DIESE TRAGÖDIE BEOBACHTETE, FIEL AUS ALLEN WOLKEN.

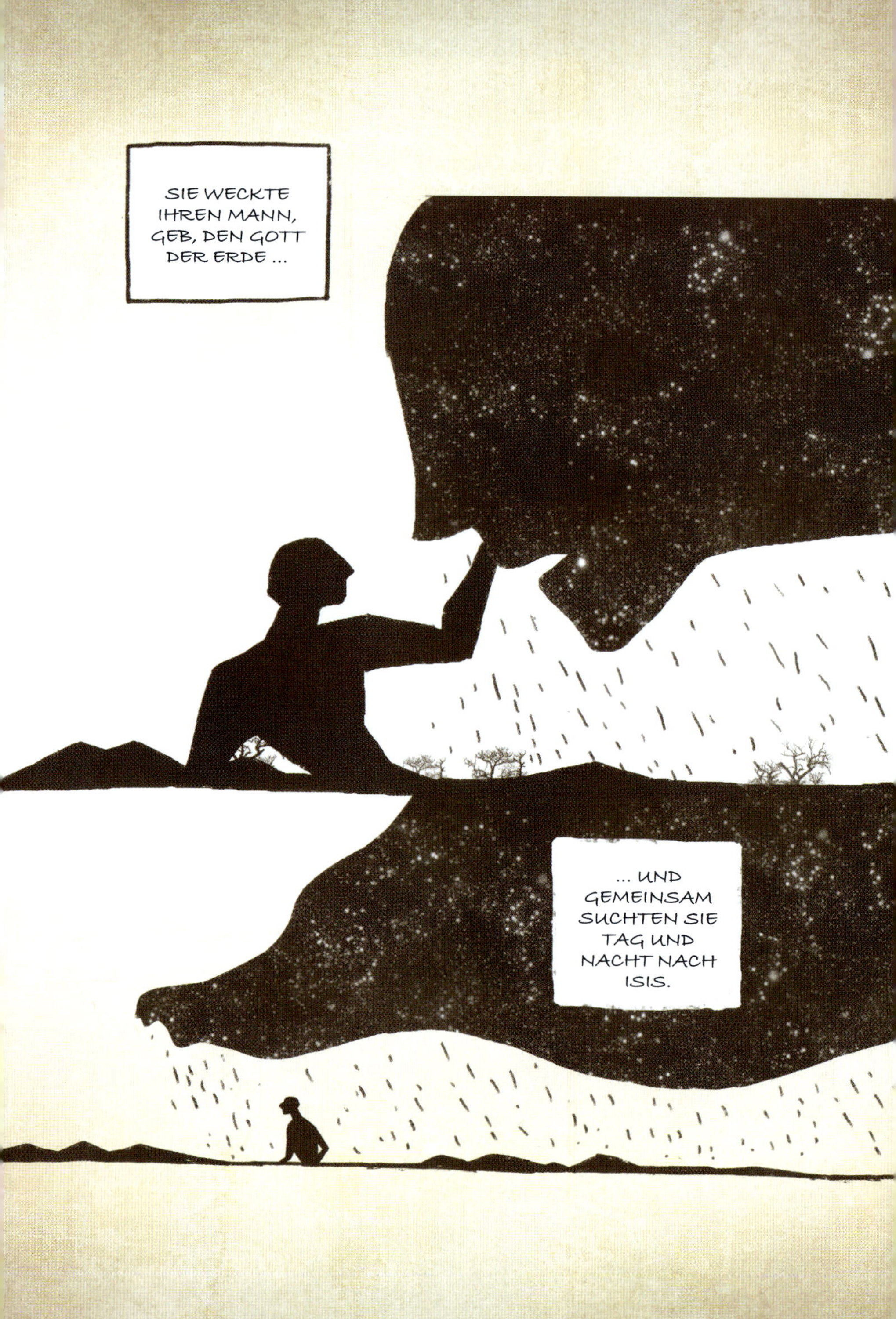
SIE WECKTE IHREN MANN, GEB, DEN GOTT DER ERDE ...
... UND GEMEINSAM SUCHTEN SIE TAG UND NACHT NACH ISIS.

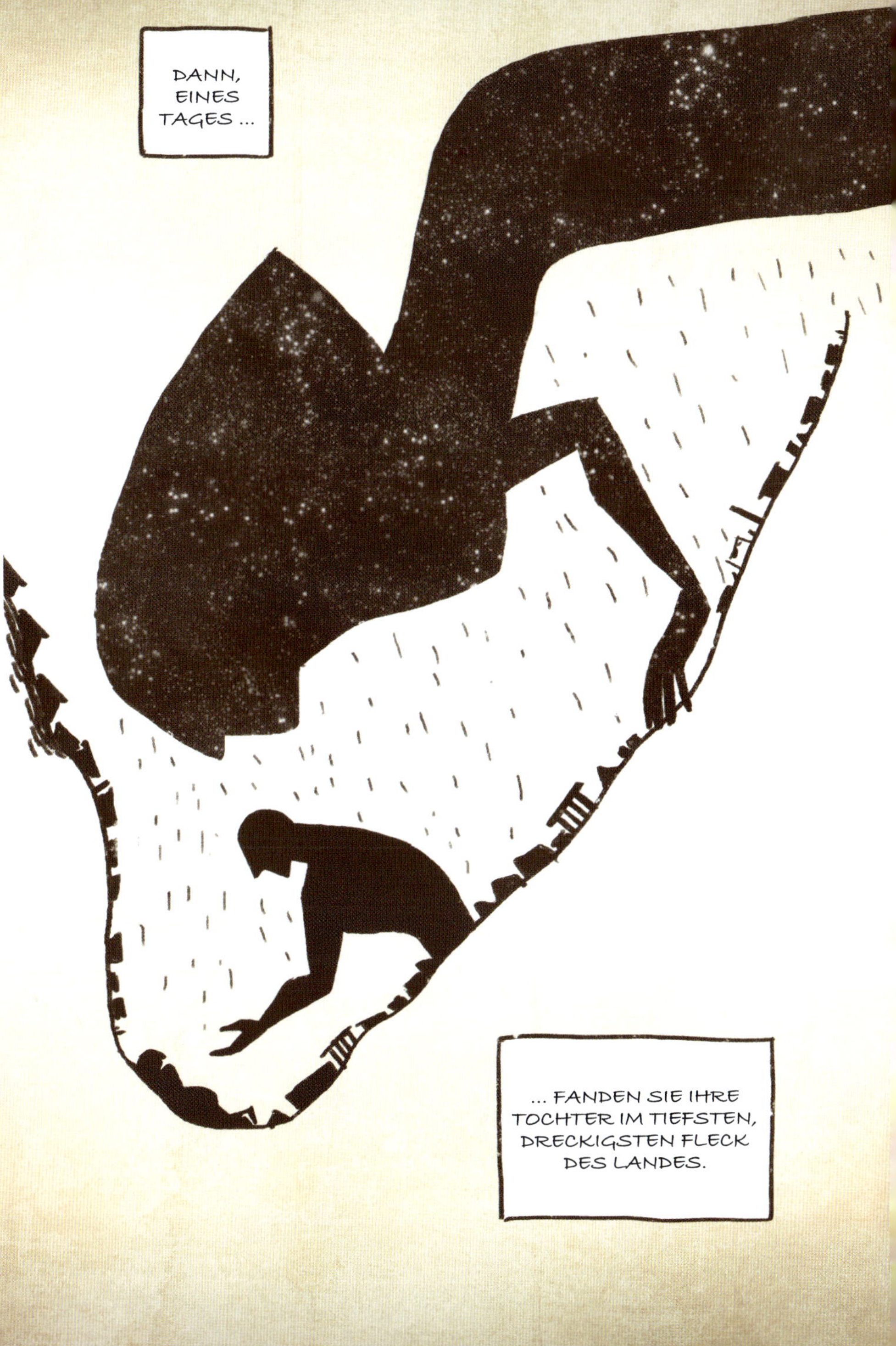

DANN,
EINES
TAGES ...

... FANDEN SIE IHRE
TOCHTER IM TIEFSTEN,
DRECKIGSTEN FLECK
DES LANDES.

SIE HATTE SICH
IHRER GÖTTLICHEN
ERSCHEINUNG
BIS ZUR
UNKENNTLICHKEIT
ENTLEDIGT.

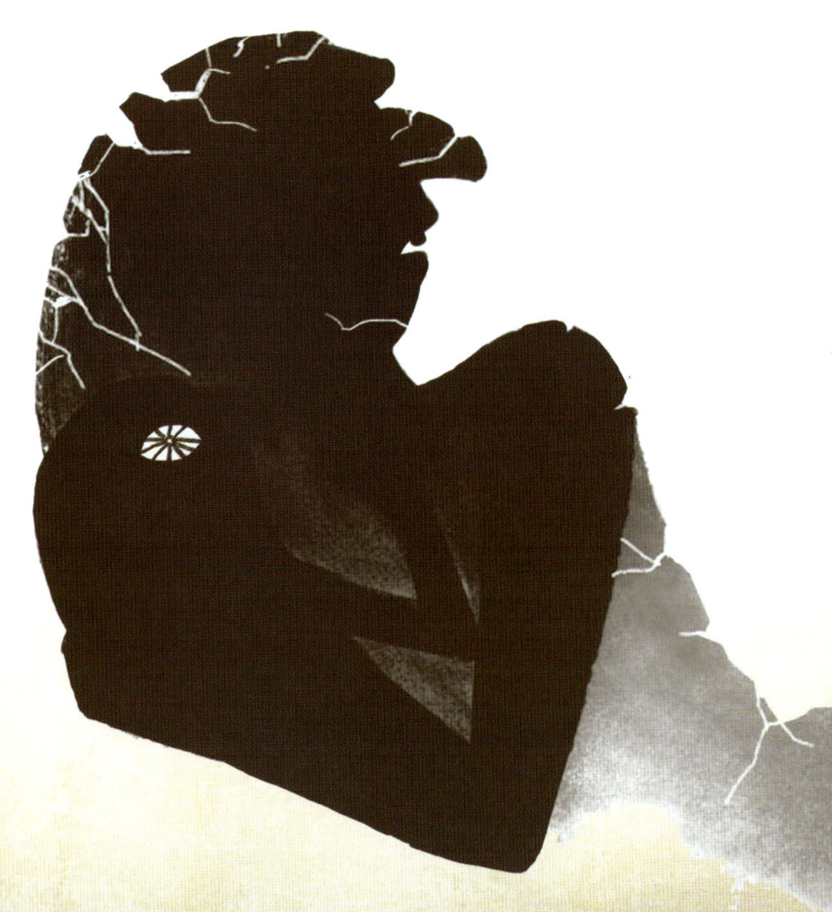

UND HORUS, DEN SIE VERZWEIFELT AN SICH DRÜCKTE ...

... WAR EIN SCHMÄCHTIGES KIND, DAS NIEMALS WUCHS, ALS WÄRE ES VERFLUCHT.

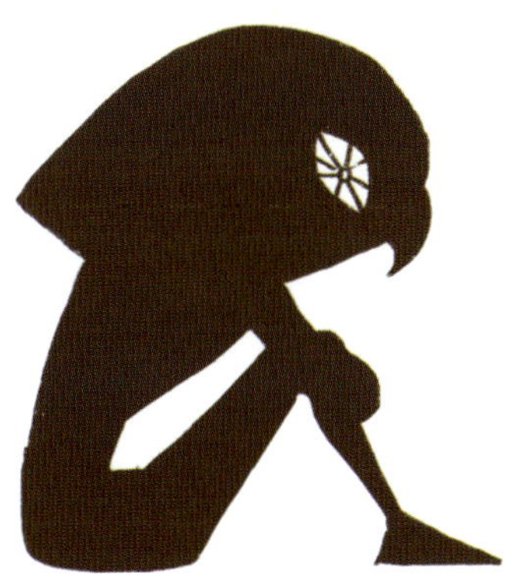

NUT NAHM SICH DER BEIDEN AN UND GING ZU THOT, UM DESSEN WEISHEIT ZU ERBITTEN.

„NENNT MIR EINEN WEG, UM DEN BEIDEN ZU HELFEN."

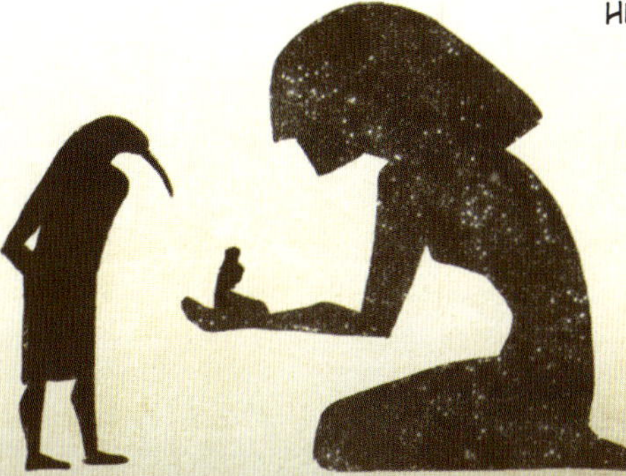

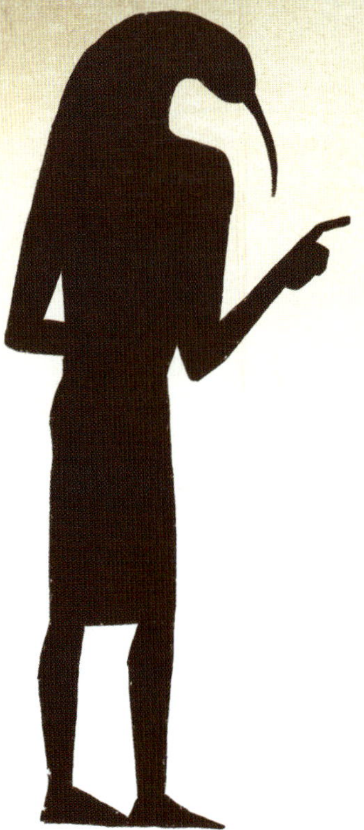

THOT ANTWORTETE, DASS DER UNVOLLKOMMENE HORUS JEMANDEN BRÄUCHTE, DER IHN UNTER-STÜTZT.

„VEREHRTER THOT, DIE GÖTTER, DIE SETH ANGRIFF, GEBEN MEINER TOCHTER DIE SCHULD AN ALLEM. BITTE SAGT MIR, WIE ICH IHREN ÄRGER BESÄNFTIGEN KANN."

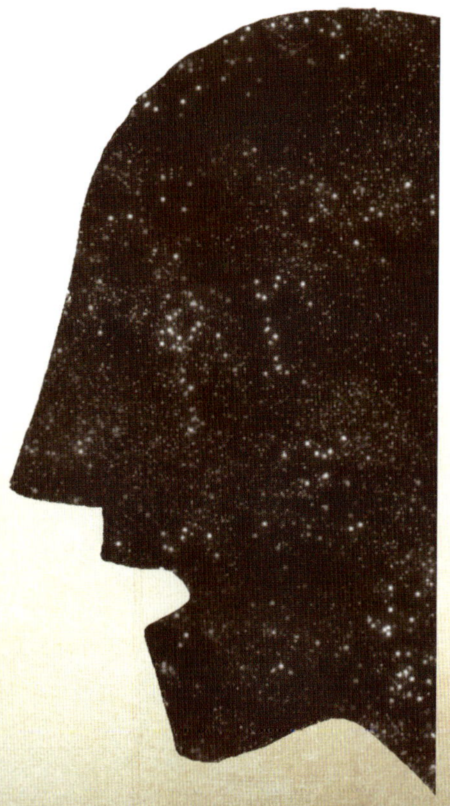

THOT DACHTE LANGE NACH ...

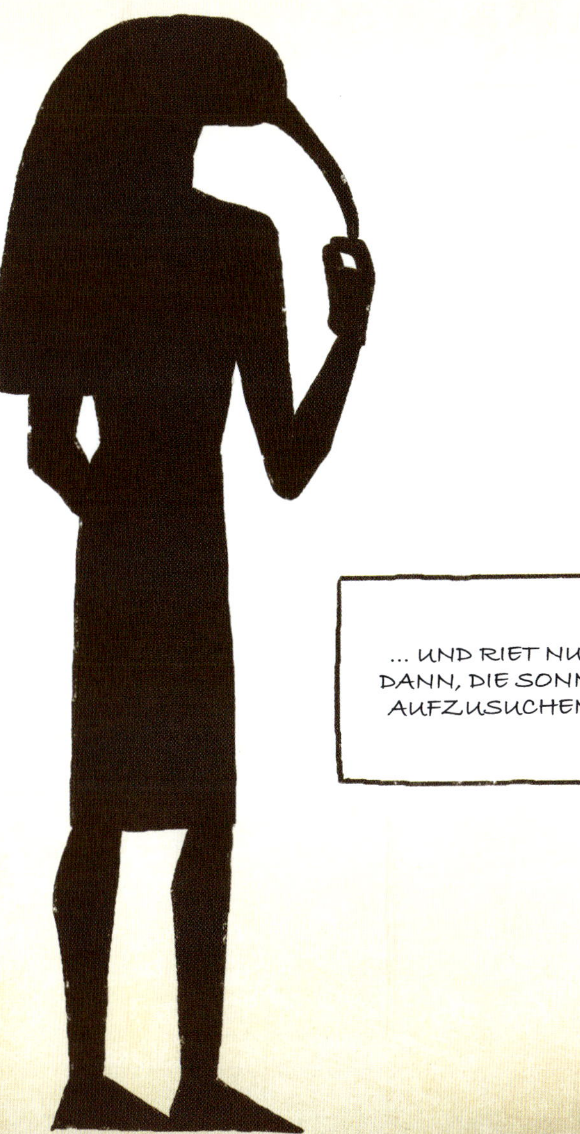

... UND RIET NUT DANN, DIE SONNE AUFZUSUCHEN.

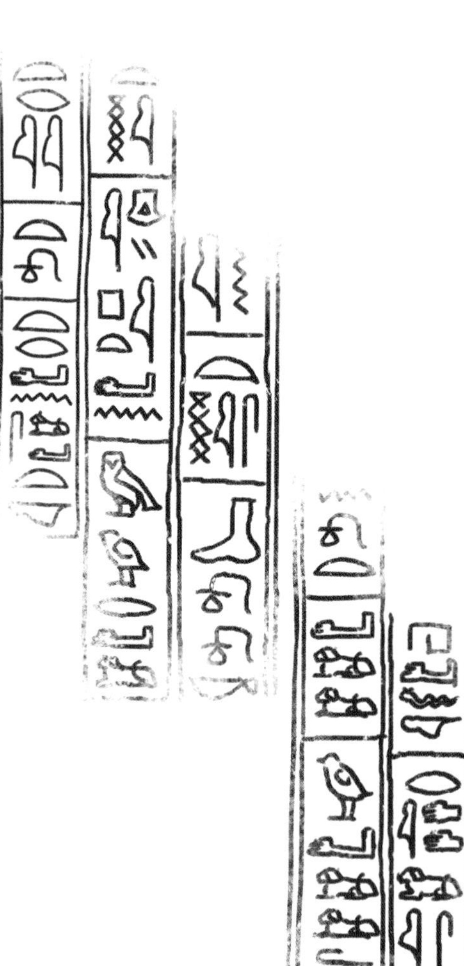

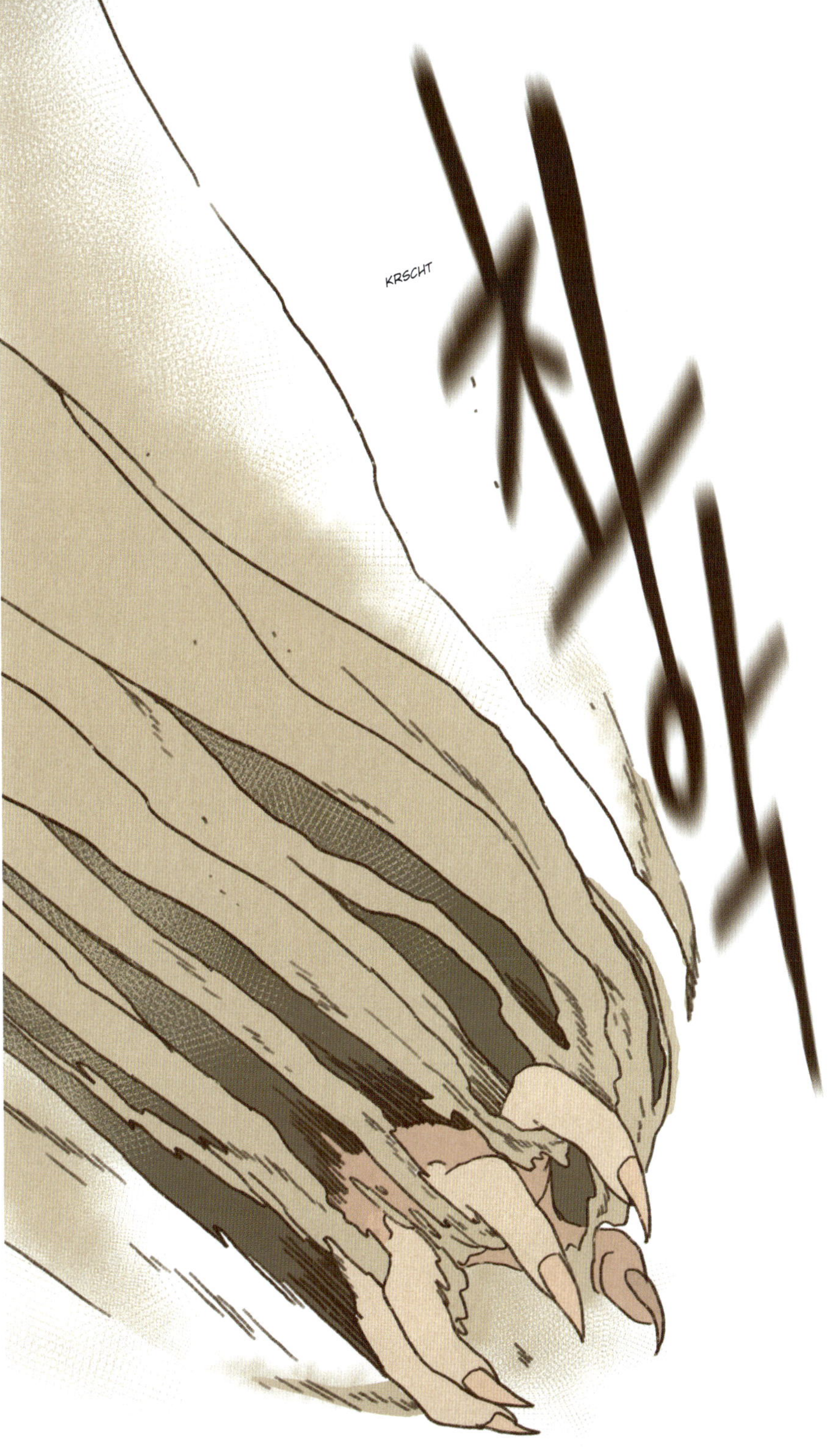
KRSCHT

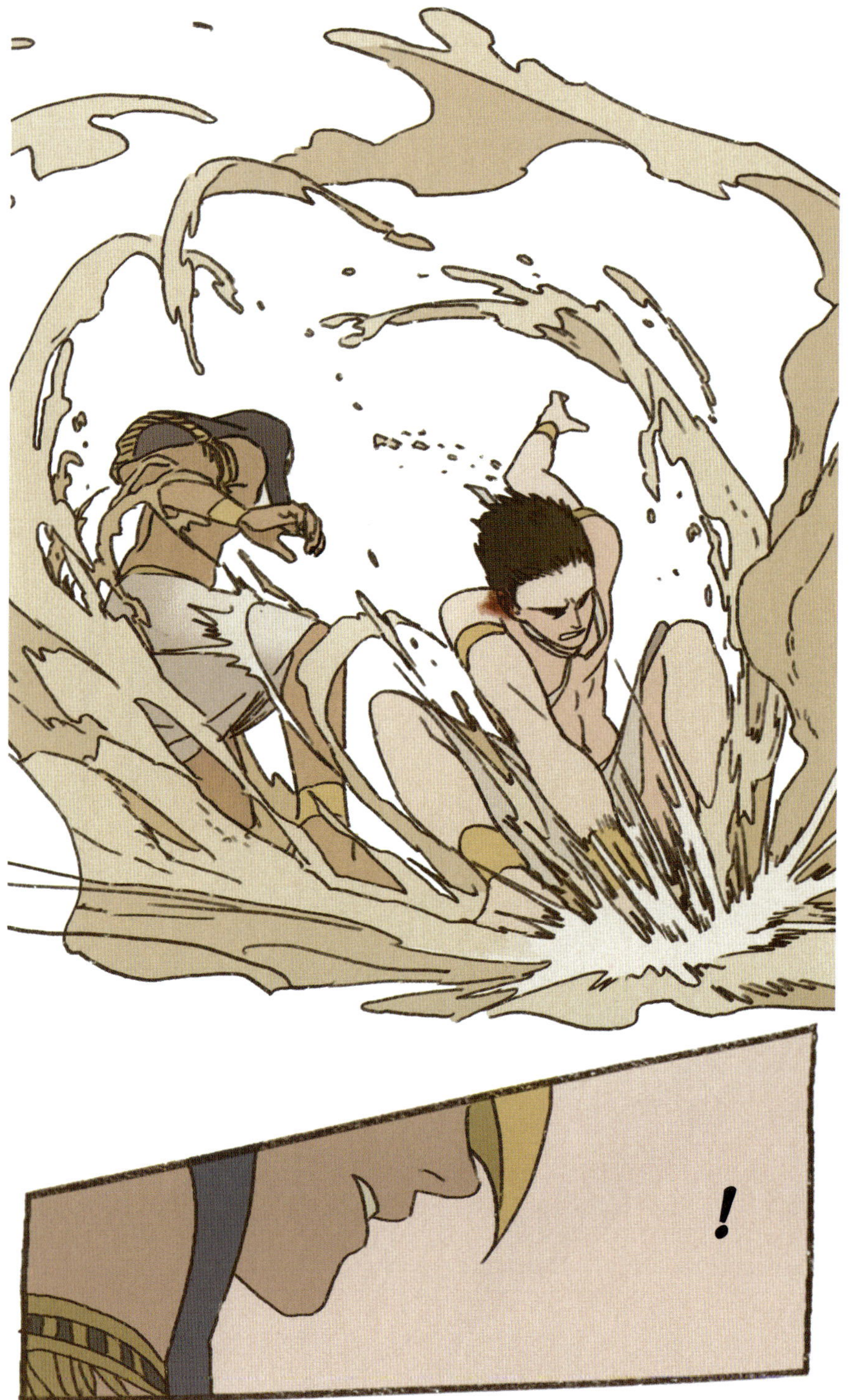

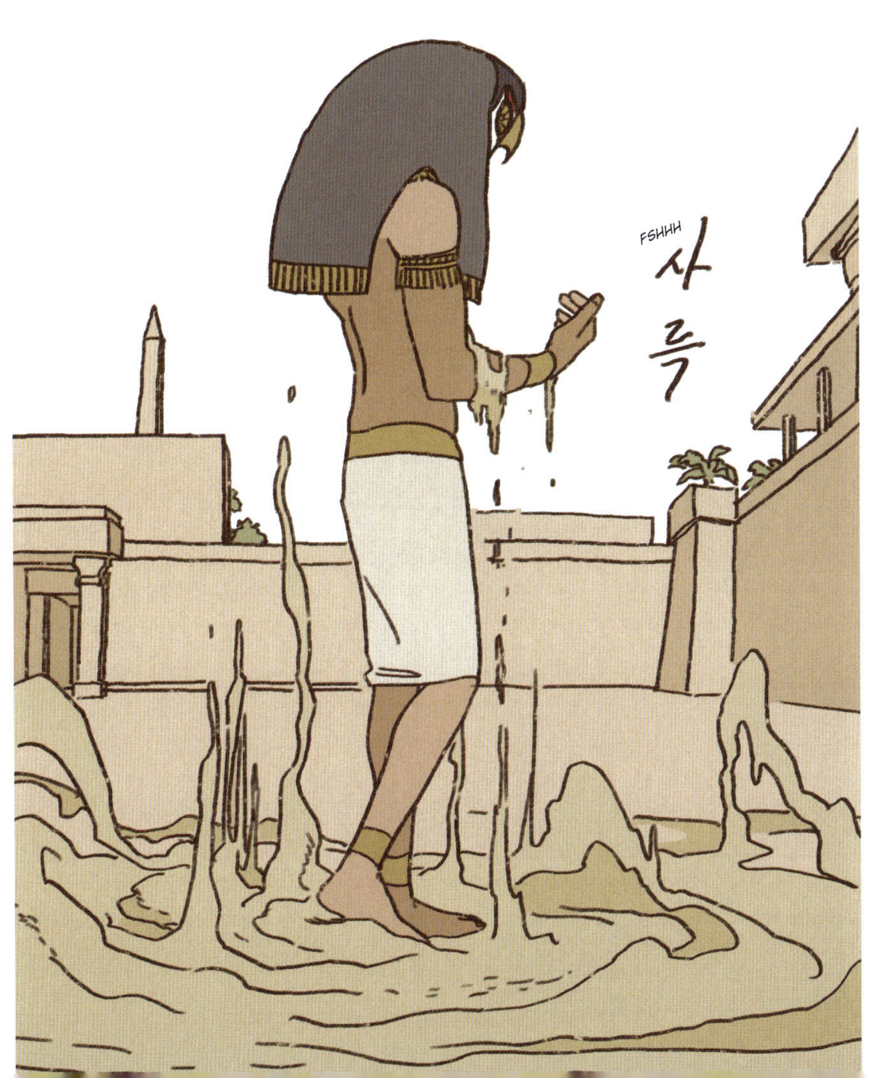
FSHHH
사륵

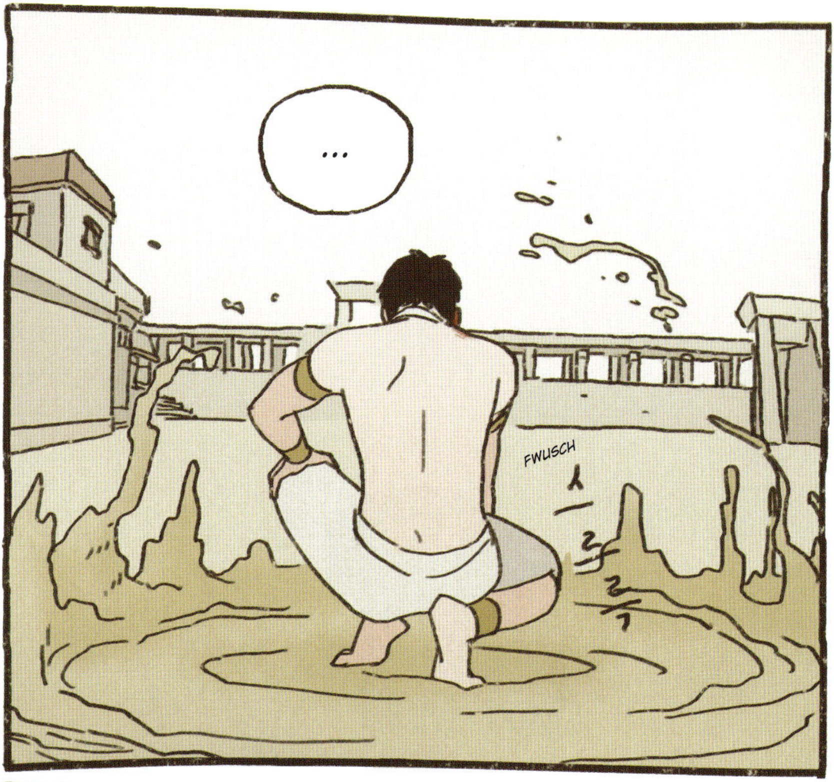

...
FWUSCH

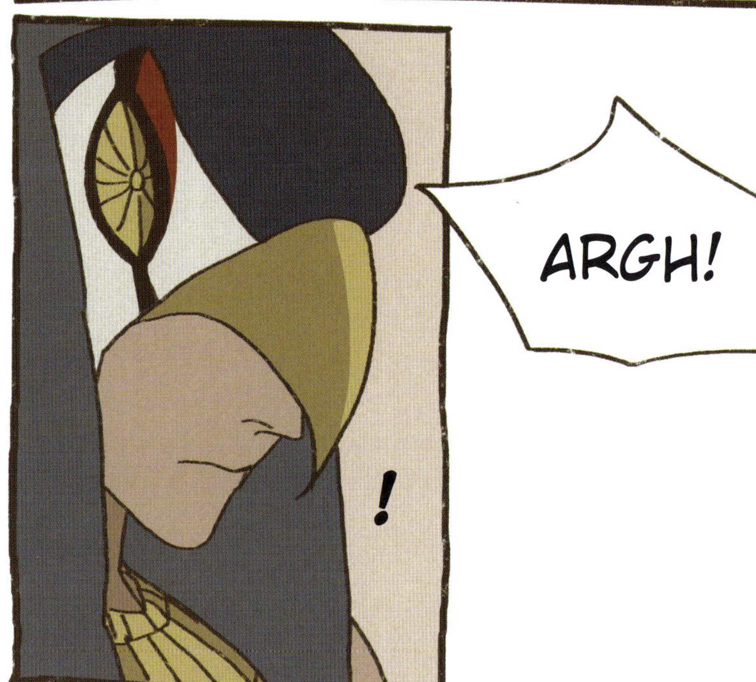

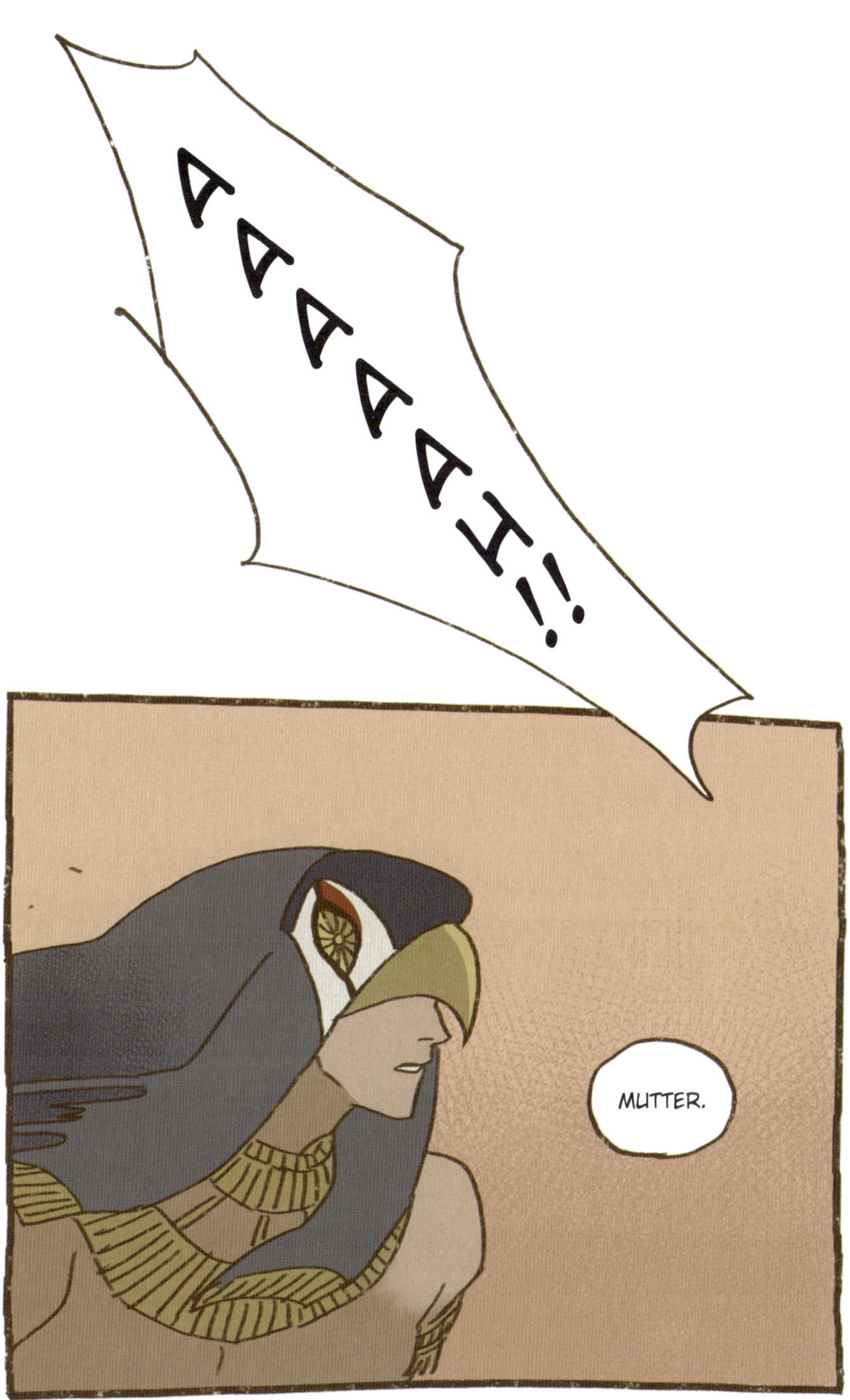

AAAAAH!!
MUTTER.

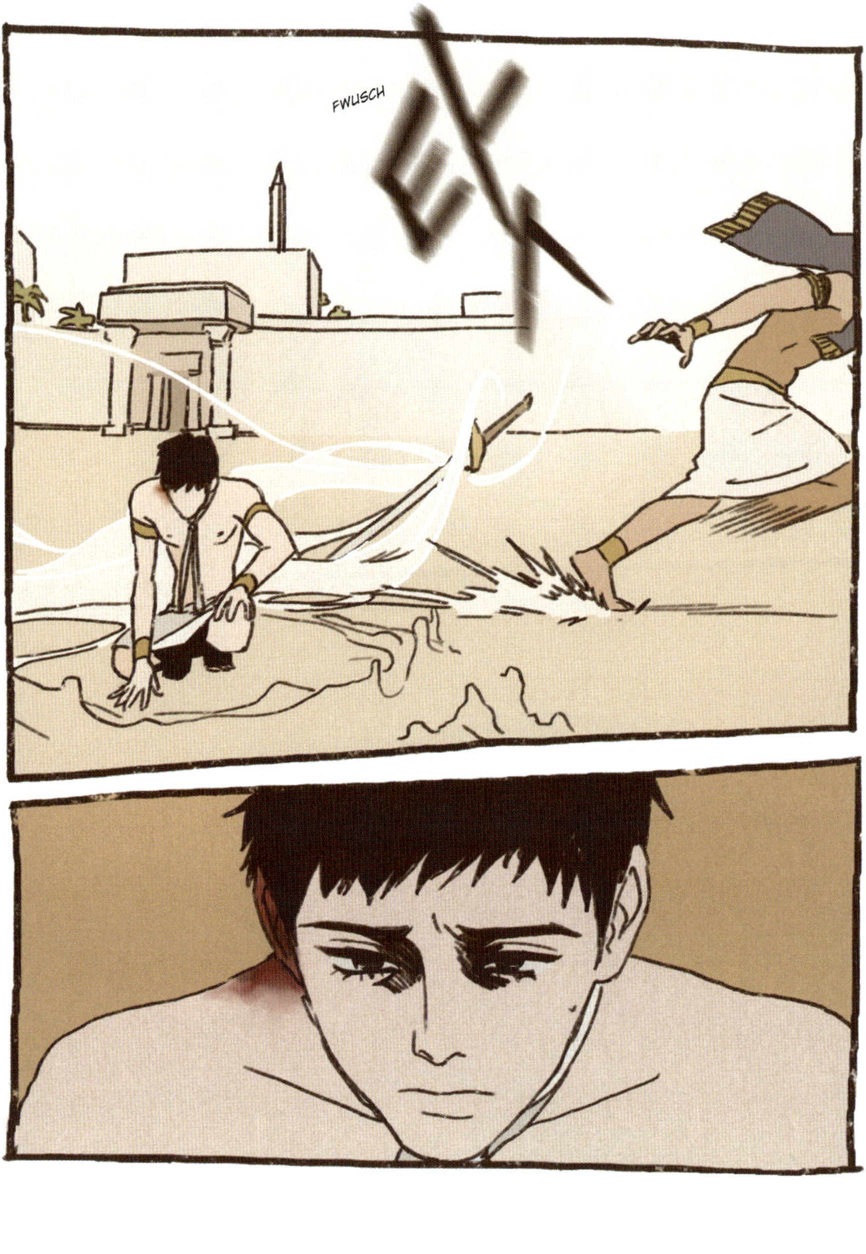

FWUSCH

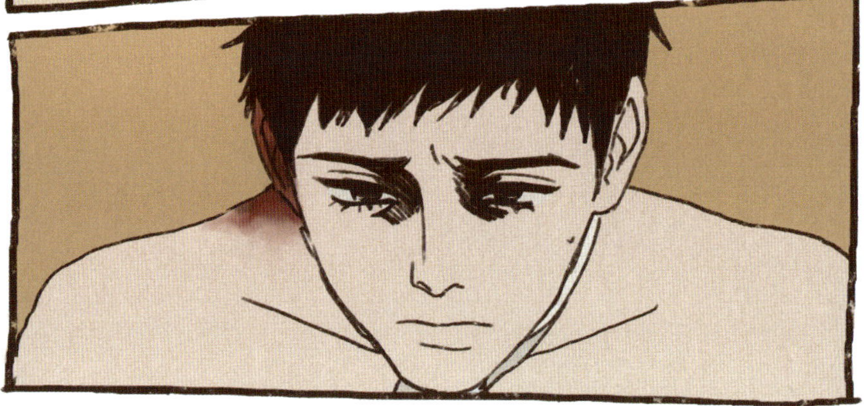

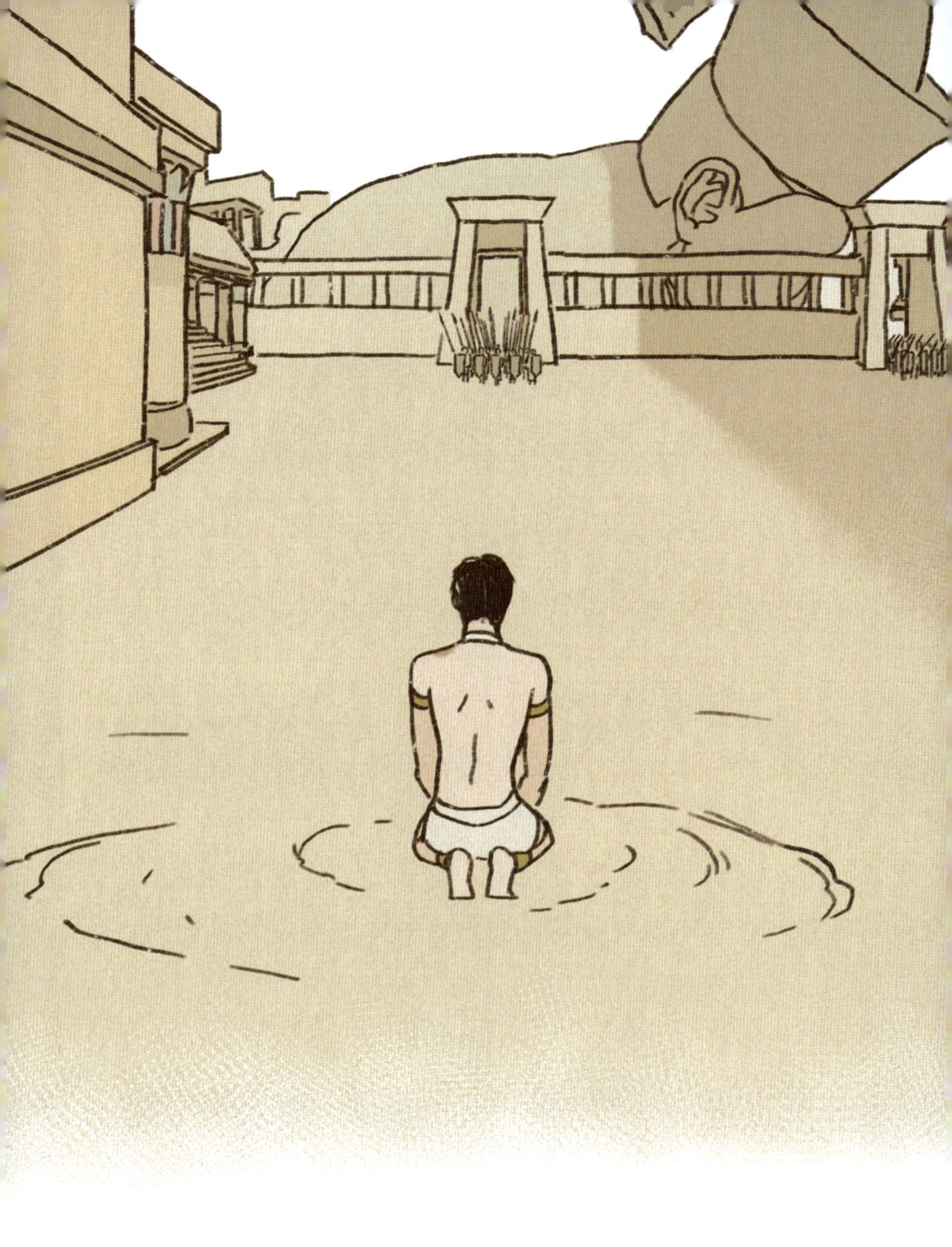

OB ER MIR WOHL VERZEIHEN KANN ...?

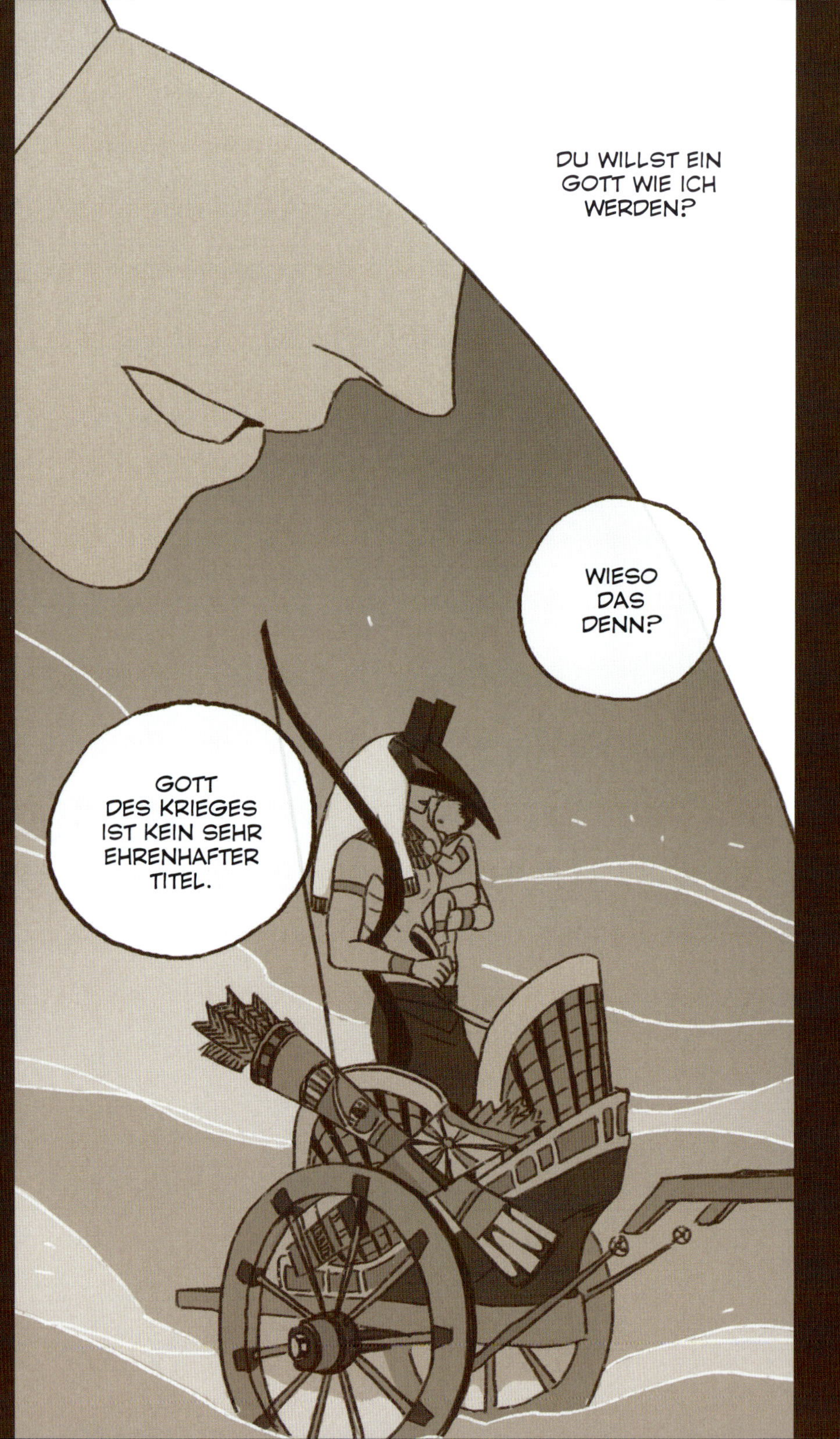
DU WILLST EIN GOTT WIE ICH WERDEN?
WIESO DAS DENN?
GOTT DES KRIEGES IST KEIN SEHR EHRENHAFTER TITEL.

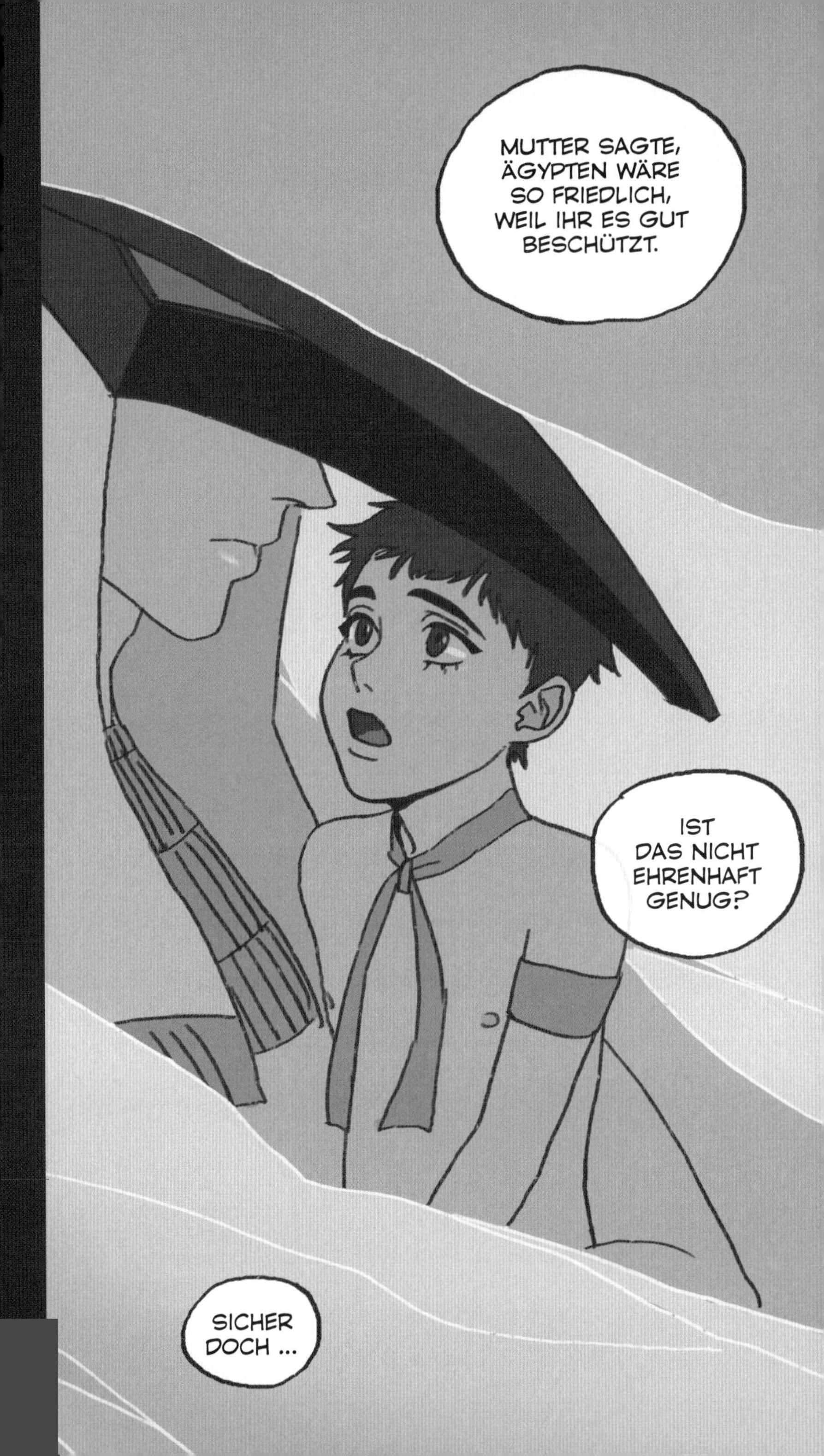
MUTTER SAGTE, ÄGYPTEN WÄRE SO FRIEDLICH, WEIL IHR ES GUT BESCHÜTZT.
IST DAS NICHT EHRENHAFT GENUG?
SICHER DOCH ...

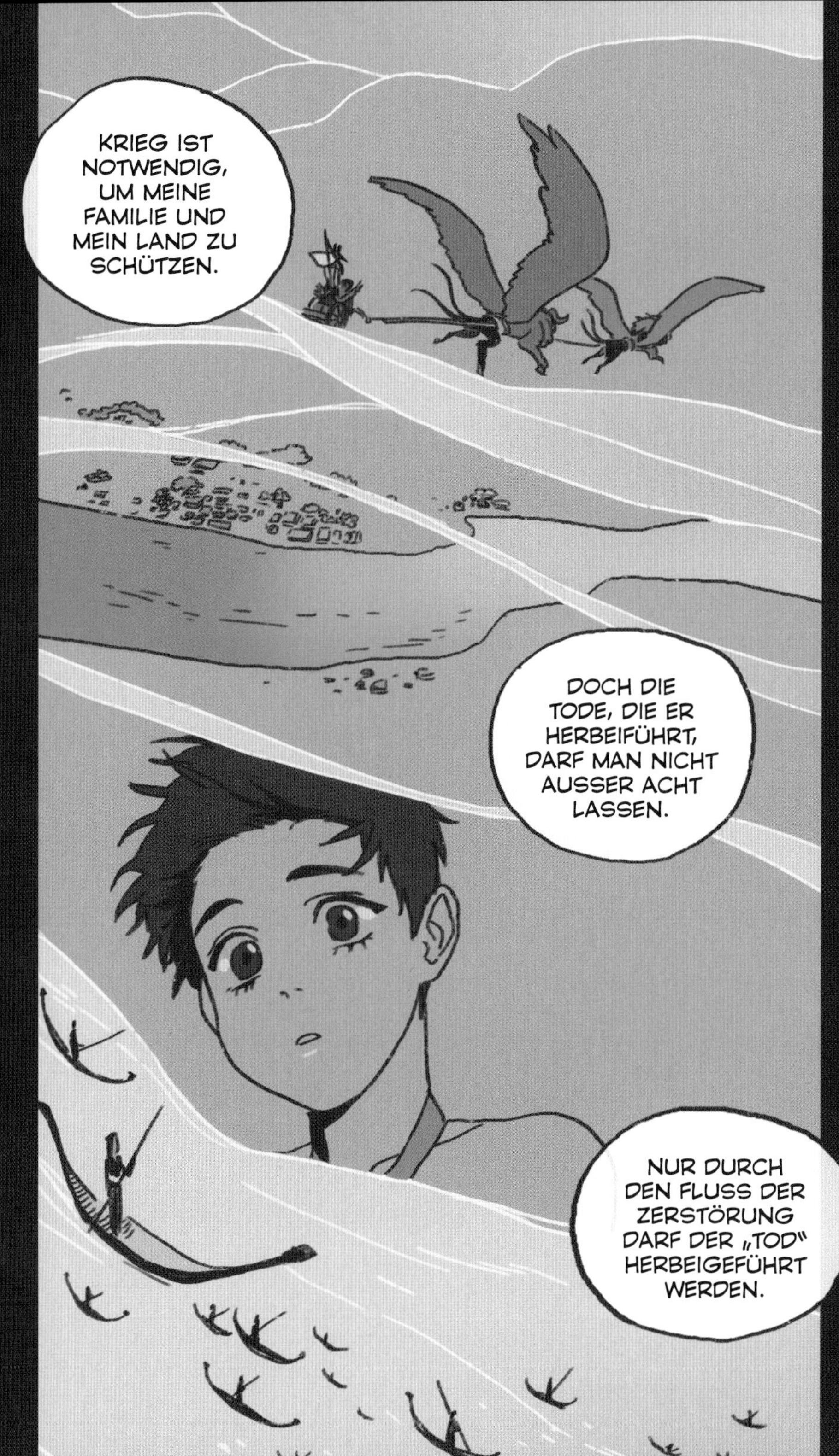
KRIEG IST NOTWENDIG, UM MEINE FAMILIE UND MEIN LAND ZU SCHÜTZEN.
DOCH DIE TODE, DIE ER HERBEIFÜHRT, DARF MAN NICHT AUSSER ACHT LASSEN.
NUR DURCH DEN FLUSS DER ZERSTÖRUNG DARF DER „TOD" HERBEIGEFÜHRT WERDEN.

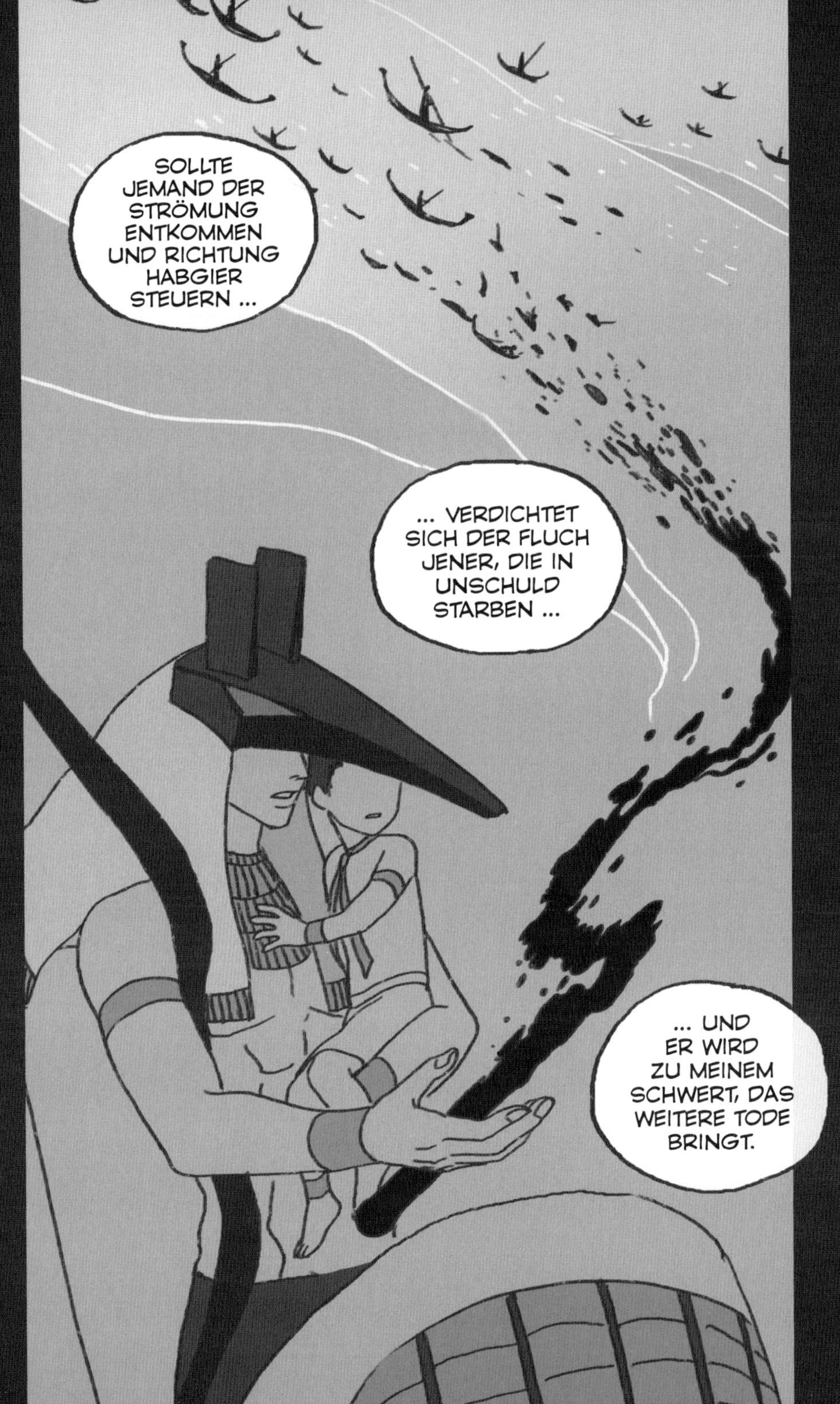
SOLLTE JEMAND DER STRÖMUNG ENTKOMMEN UND RICHTUNG HABGIER STEUERN ...
... VERDICHTET SICH DER FLUCH JENER, DIE IN UNSCHULD STARBEN ...
... UND ER WIRD ZU MEINEM SCHWERT, DAS WEITERE TODE BRINGT.

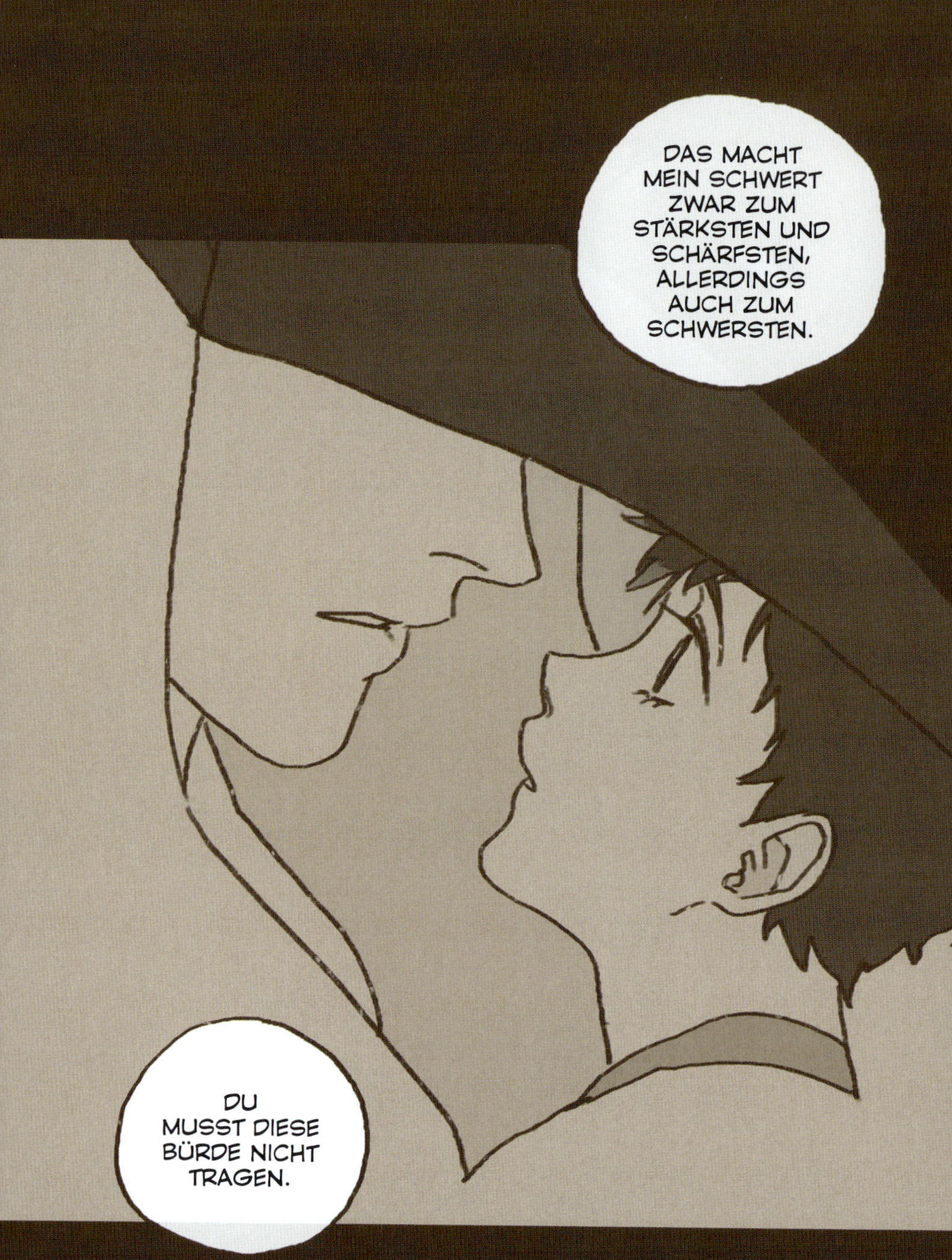
DAS MACHT MEIN SCHWERT ZWAR ZUM STÄRKSTEN UND SCHÄRFSTEN, ALLERDINGS AUCH ZUM SCHWERSTEN.
DU MUSST DIESE BÜRDE NICHT TRAGEN.

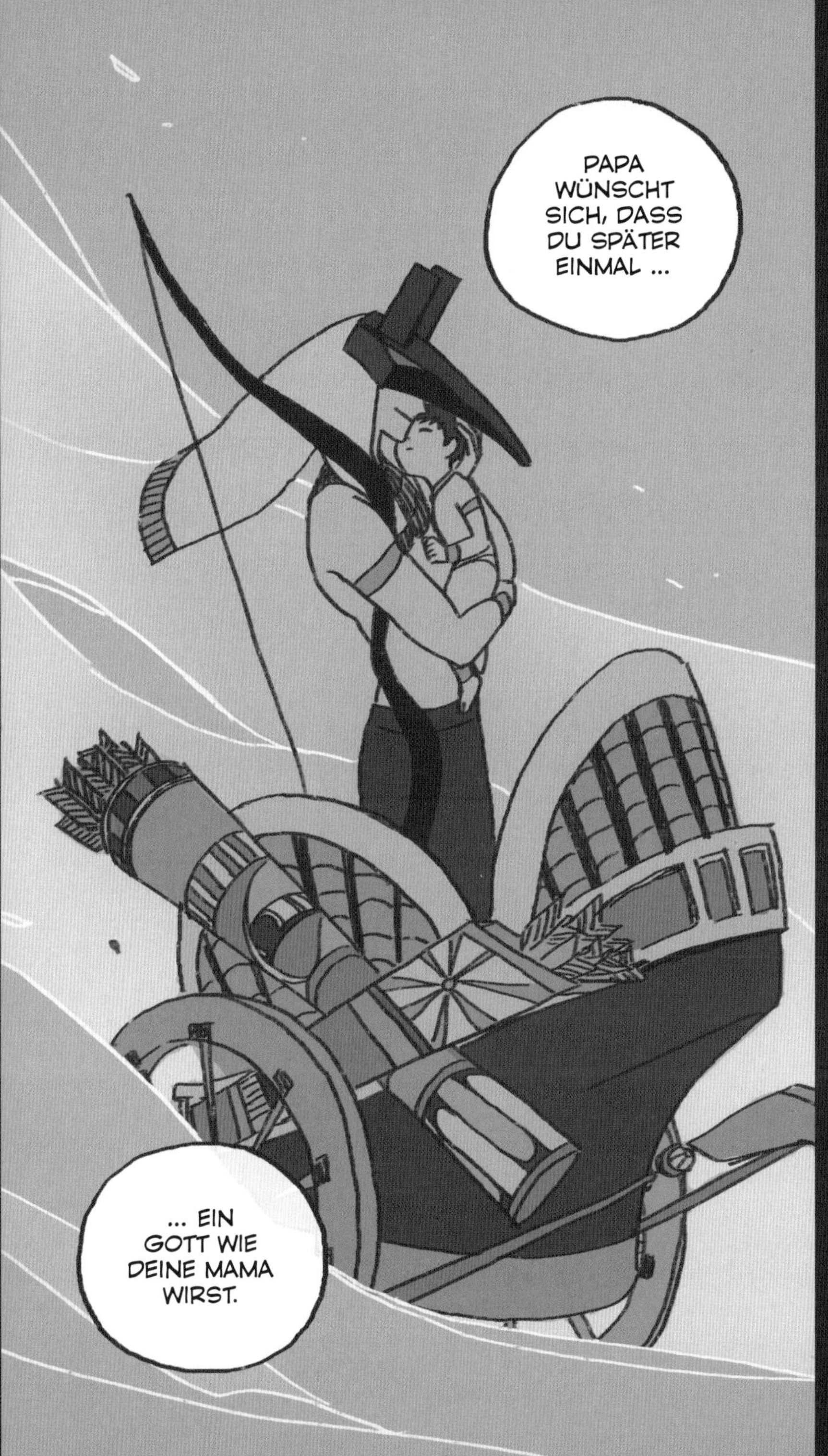
PAPA WÜNSCHT SICH, DASS DU SPÄTER EINMAL ...
... EIN GOTT WIE DEINE MAMA WIRST.

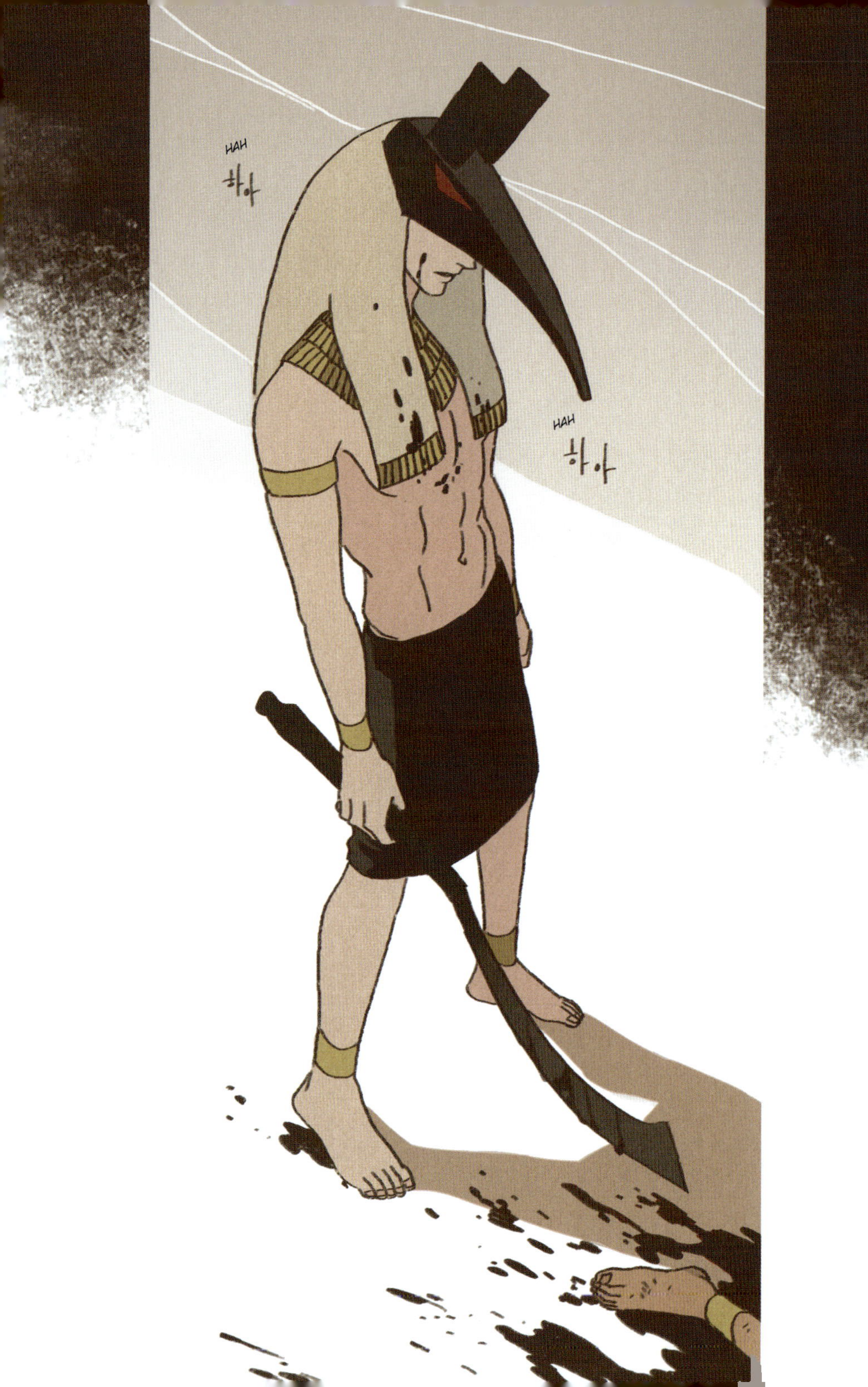
HAH
하아
HAH
하아

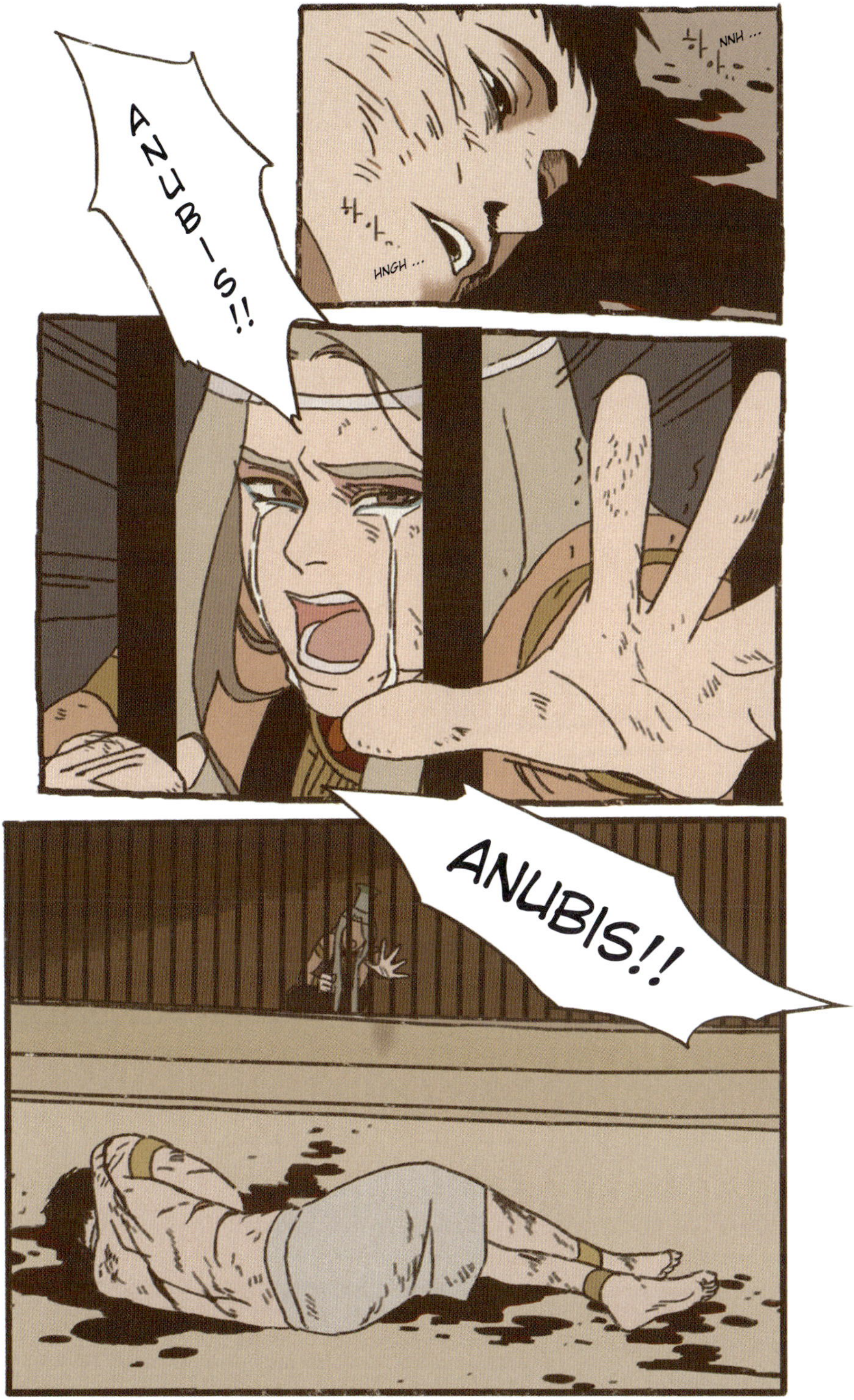

하..아..
NNH ...
하..아..
HNGH ...

ANUBIS!!

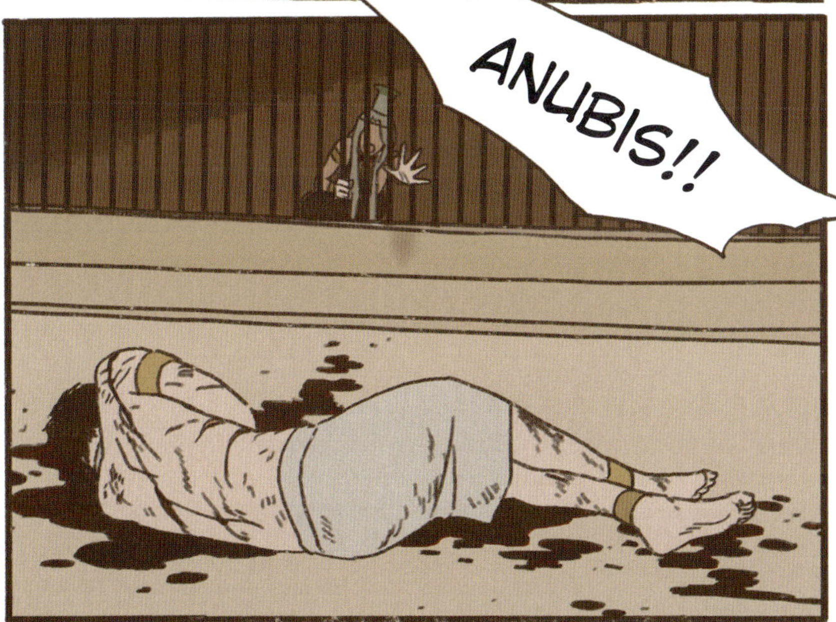

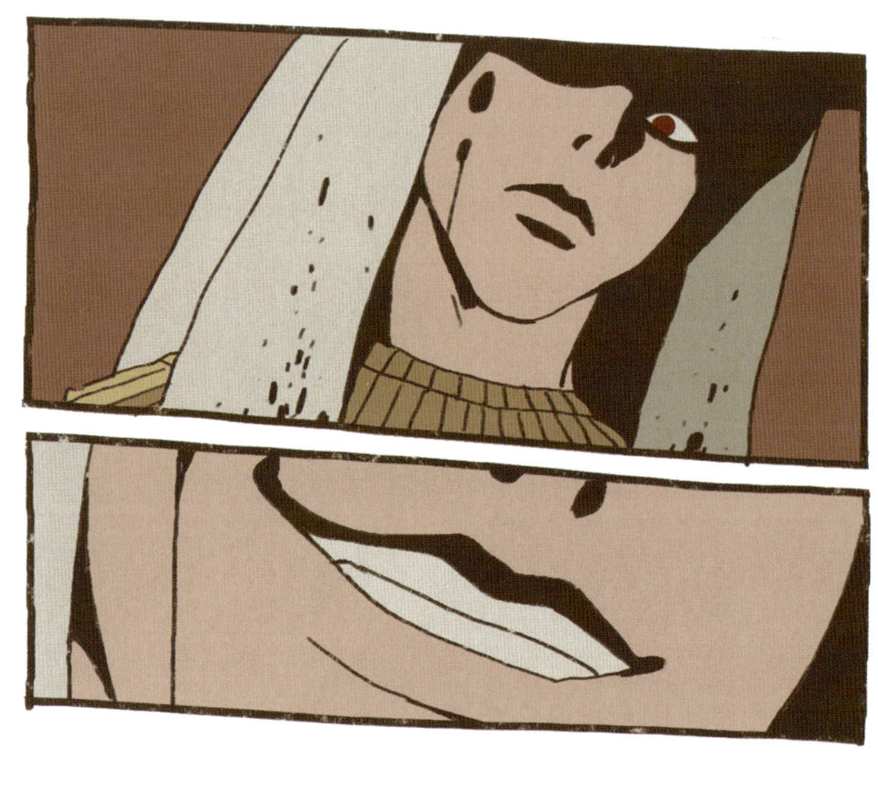

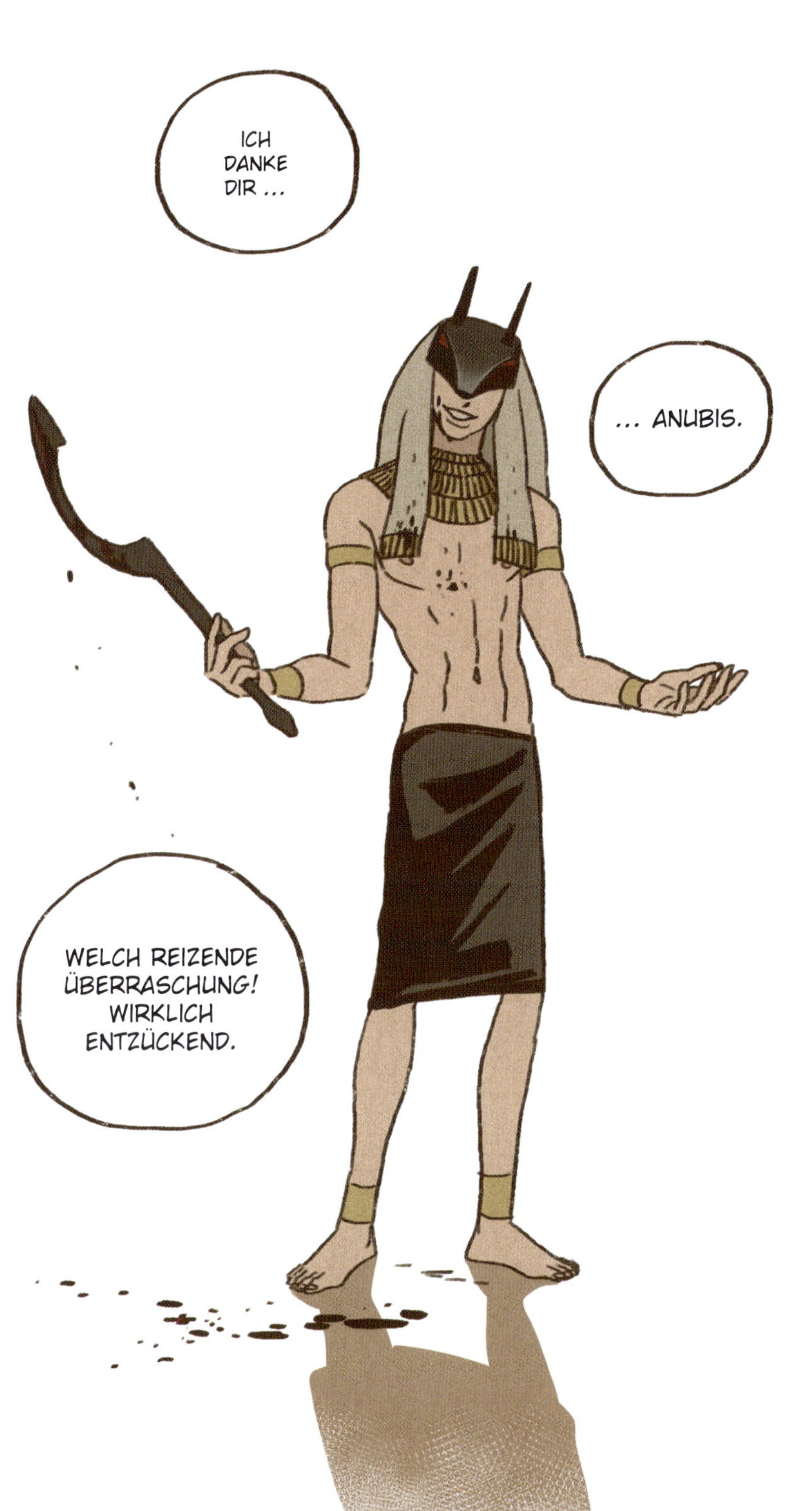
ICH DANKE DIR ...
... ANUBIS.
WELCH REIZENDE ÜBERRASCHUNG! WIRKLICH ENTZÜCKEND.

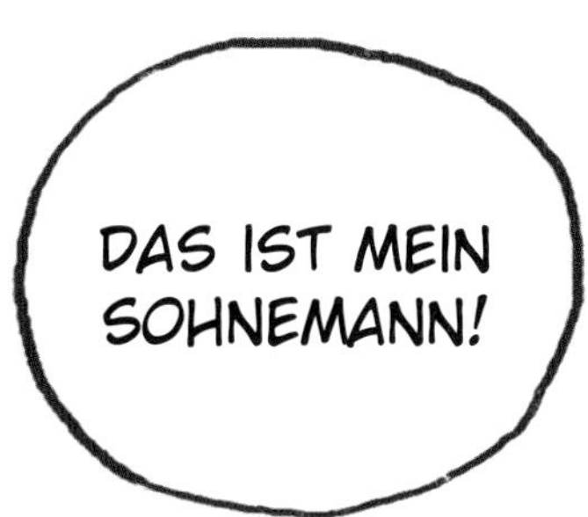
DAS IST MEIN SOHNEMANN!

Kapitel 2

Das Gericht der Enneade

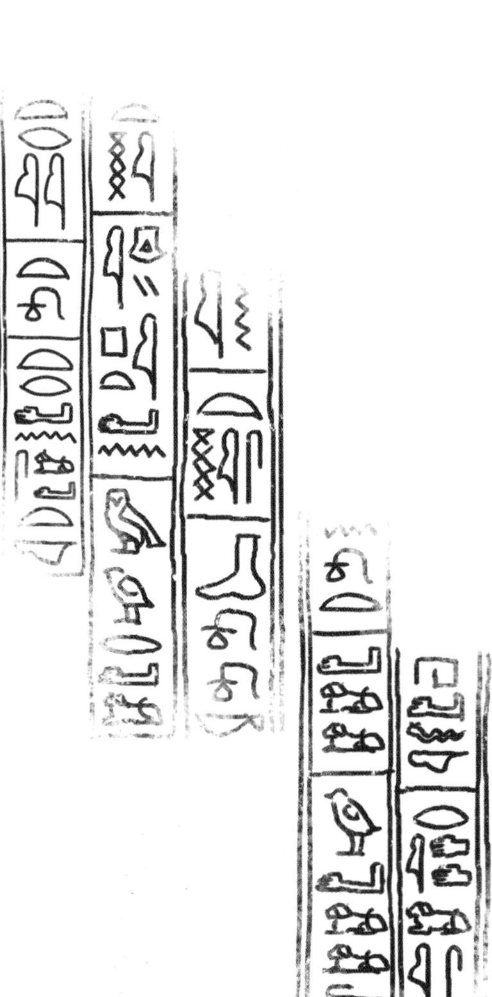

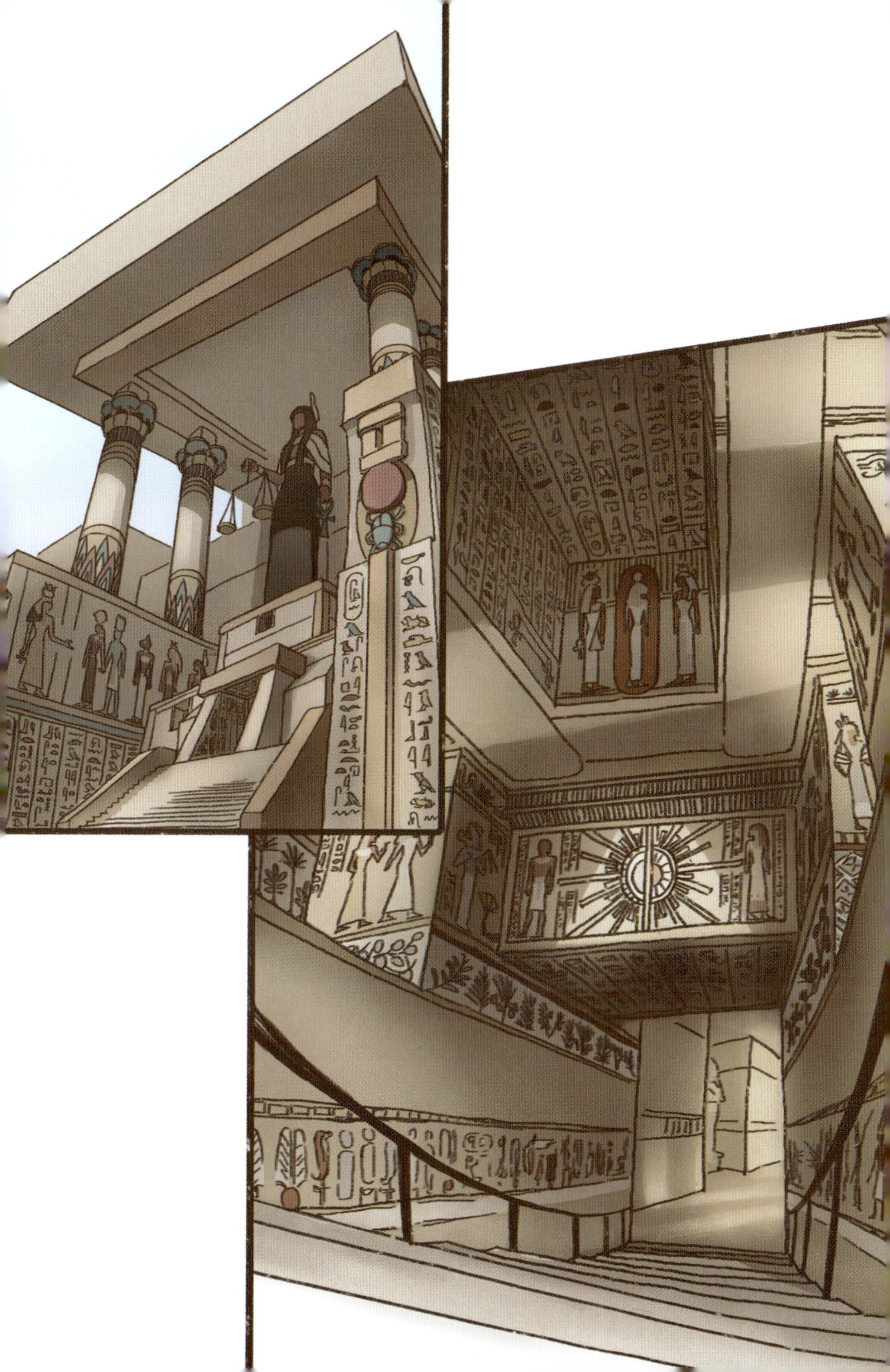

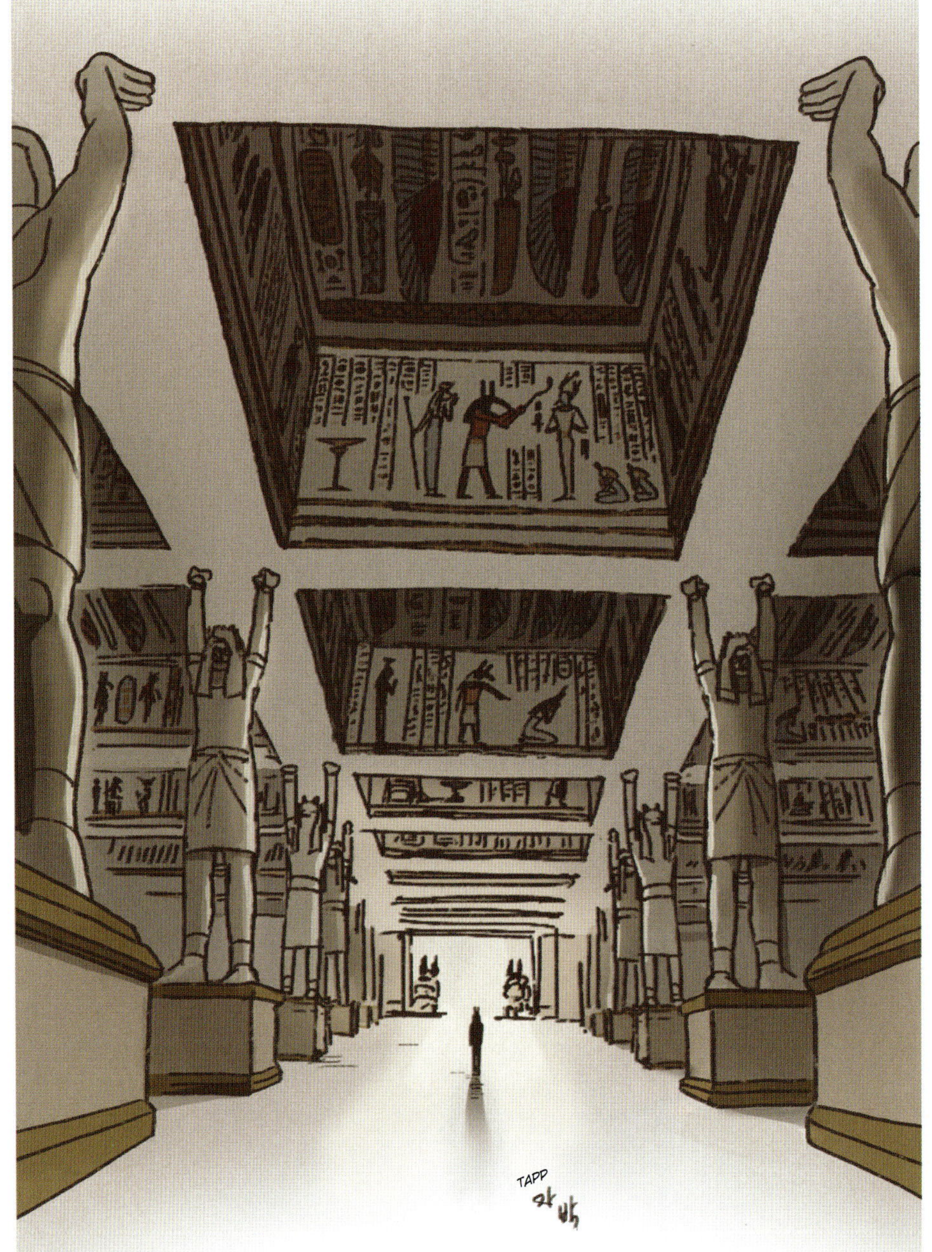
자박
TAPP
TAPP
자박

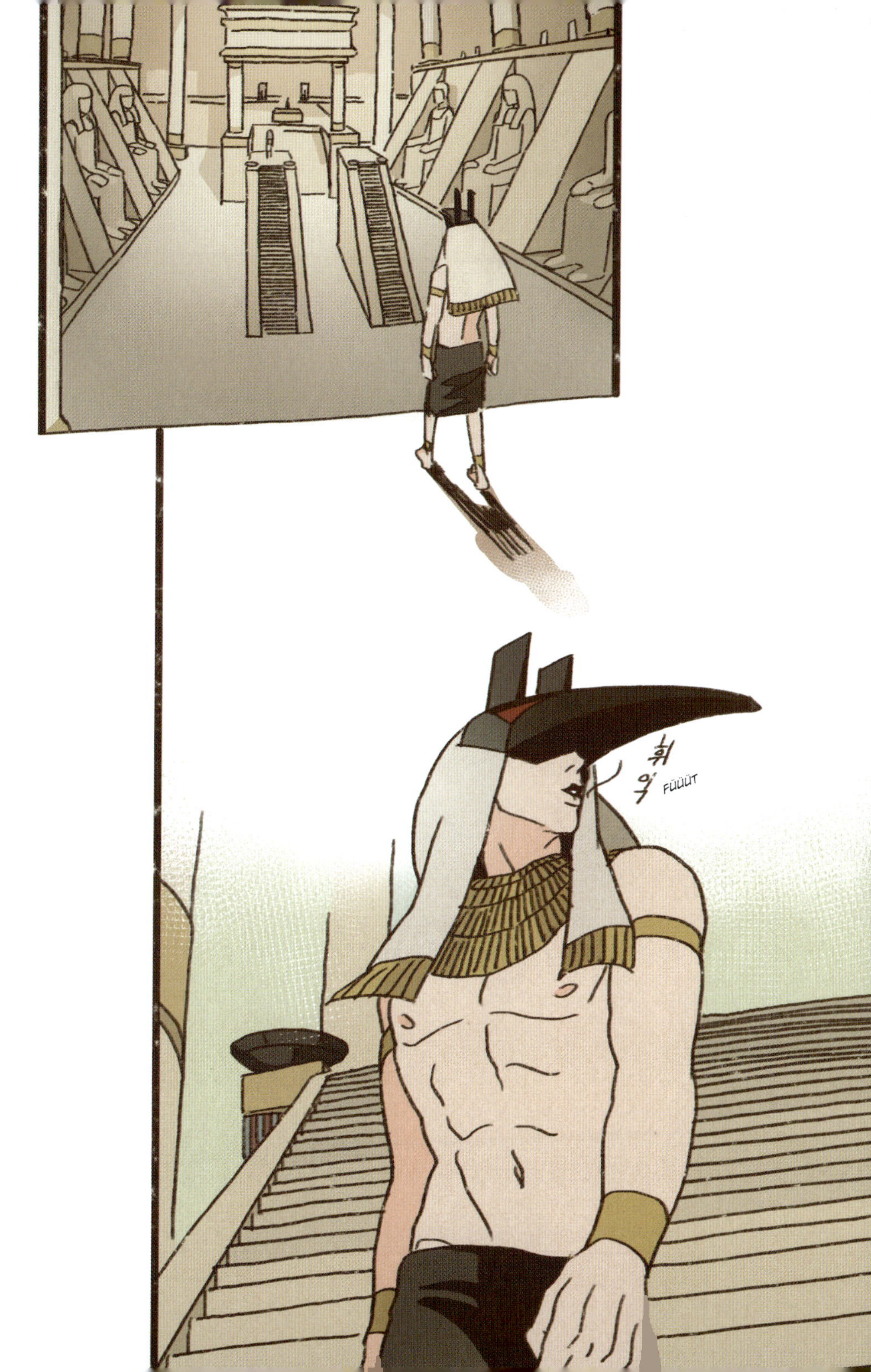
휘익
FÜÜÜT

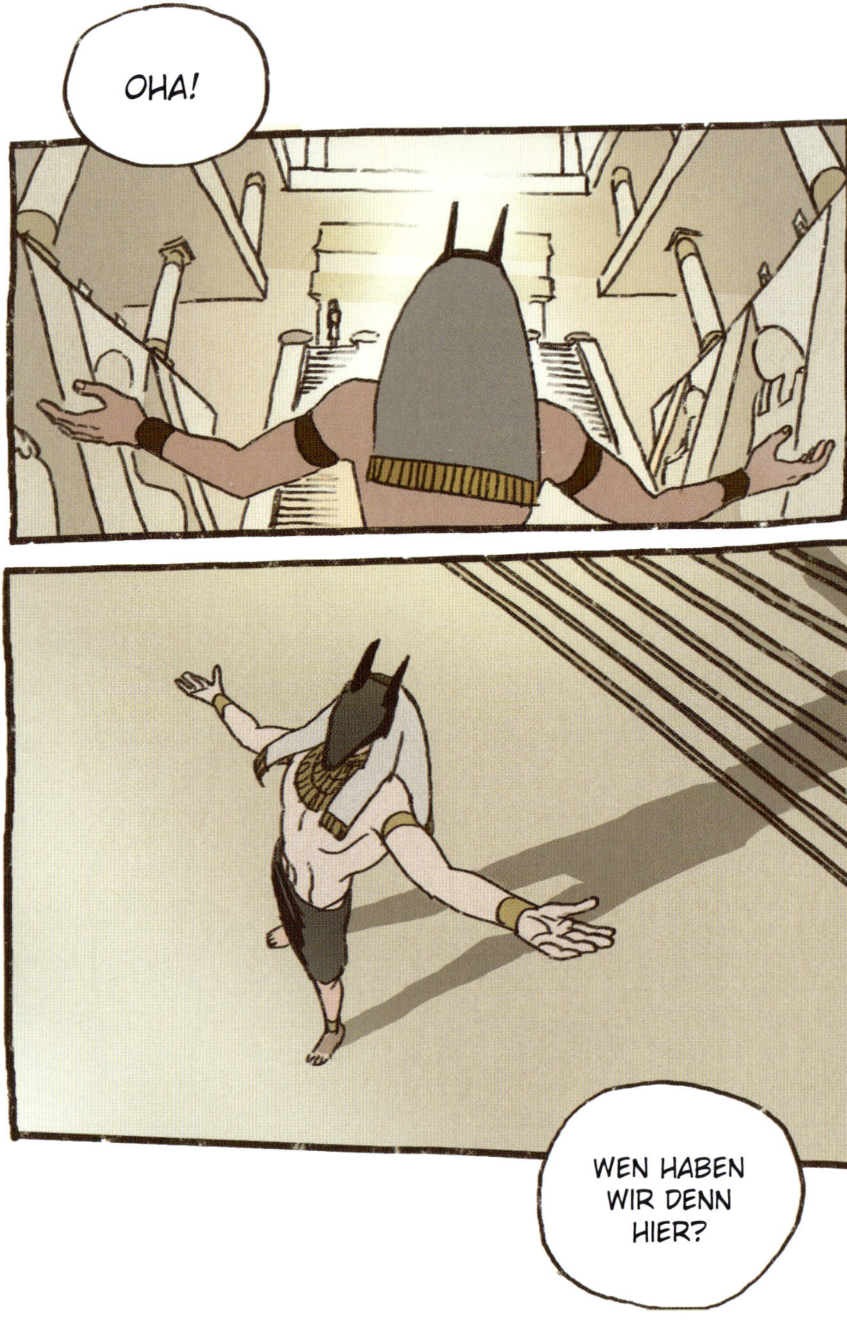

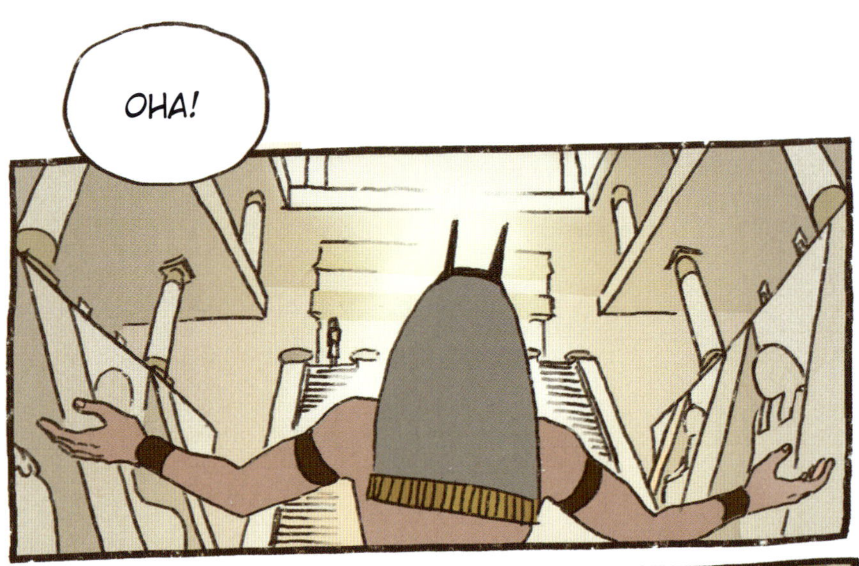
OHA!

WEN HABEN WIR DENN HIER?

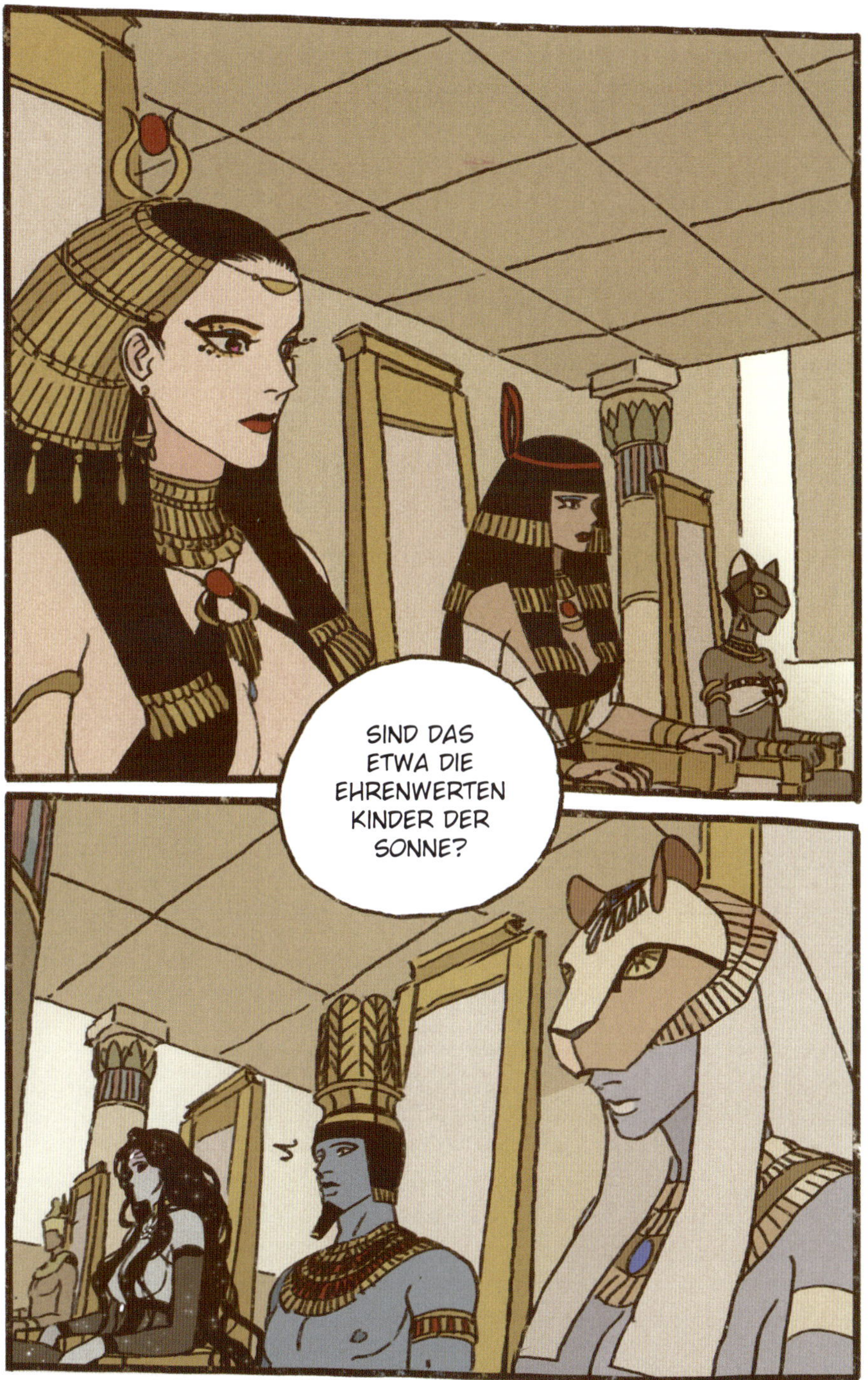
SIND DAS ETWA DIE EHRENWERTEN KINDER DER SONNE?

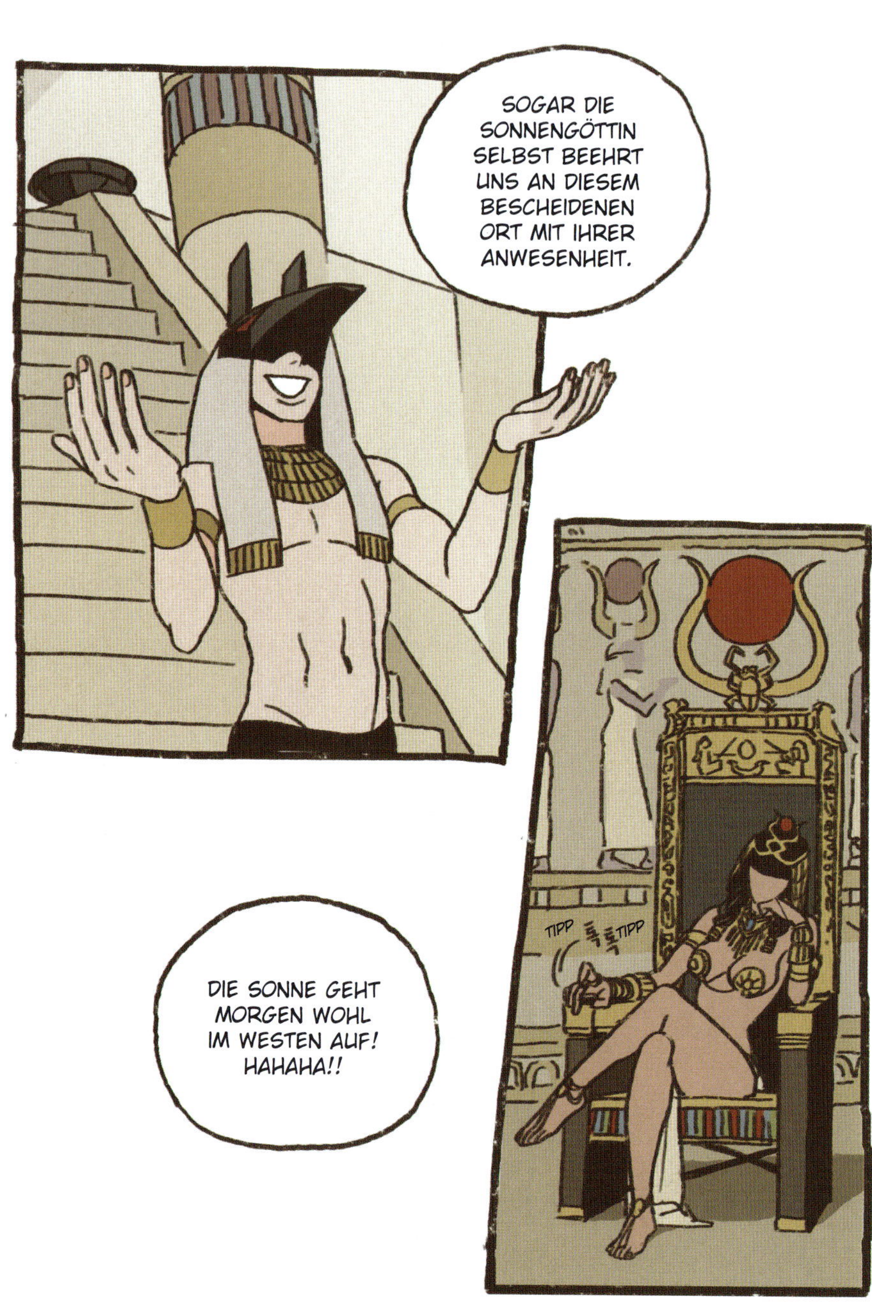
SOGAR DIE SONNENGÖTTIN SELBST BEEHRT UNS AN DIESEM BESCHEIDENEN ORT MIT IHRER ANWESENHEIT.
DIE SONNE GEHT MORGEN WOHL IM WESTEN AUF! HAHAHA!!
TIPP
TIPP

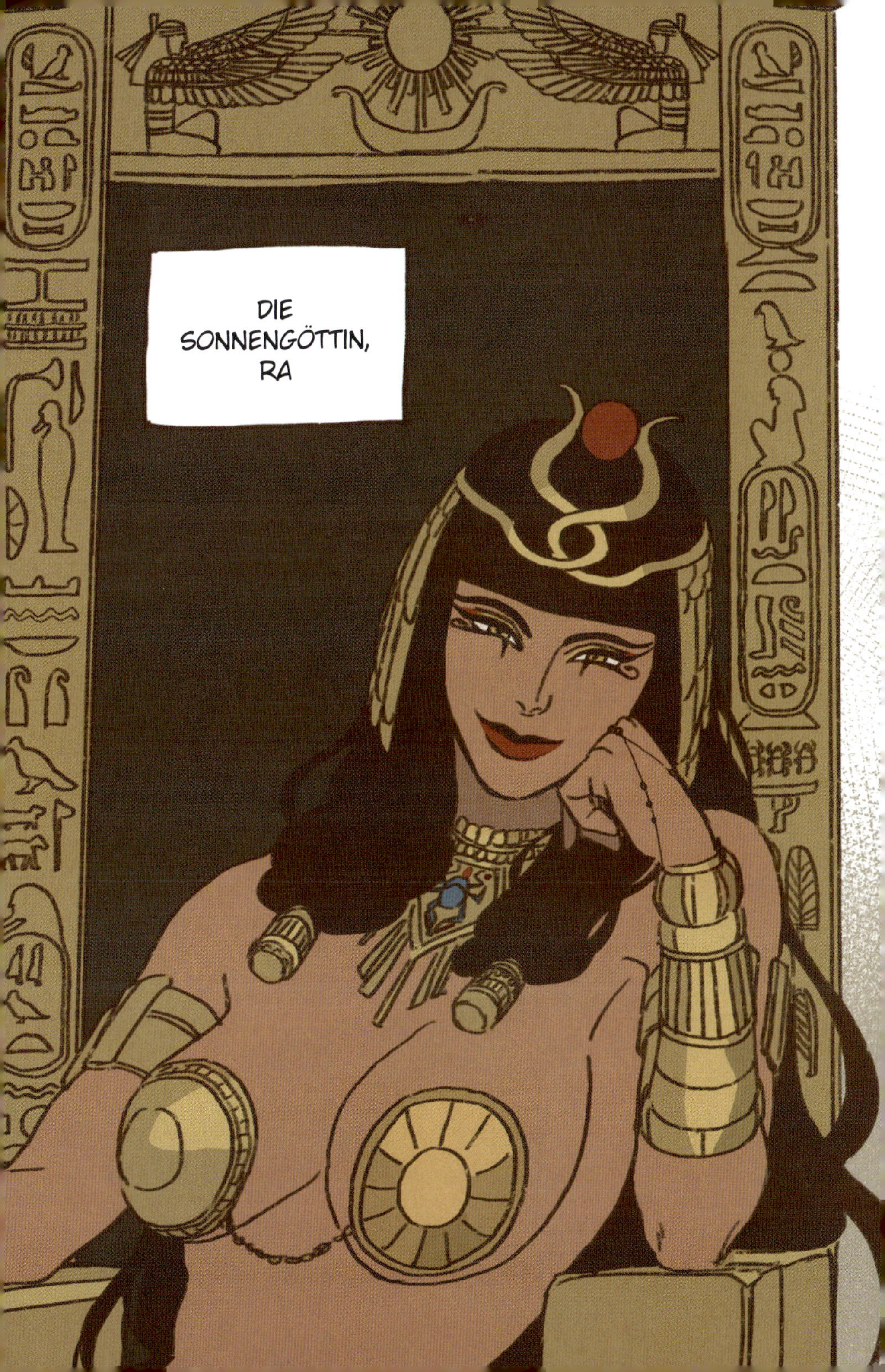
DIE SONNENGÖTTIN, RA

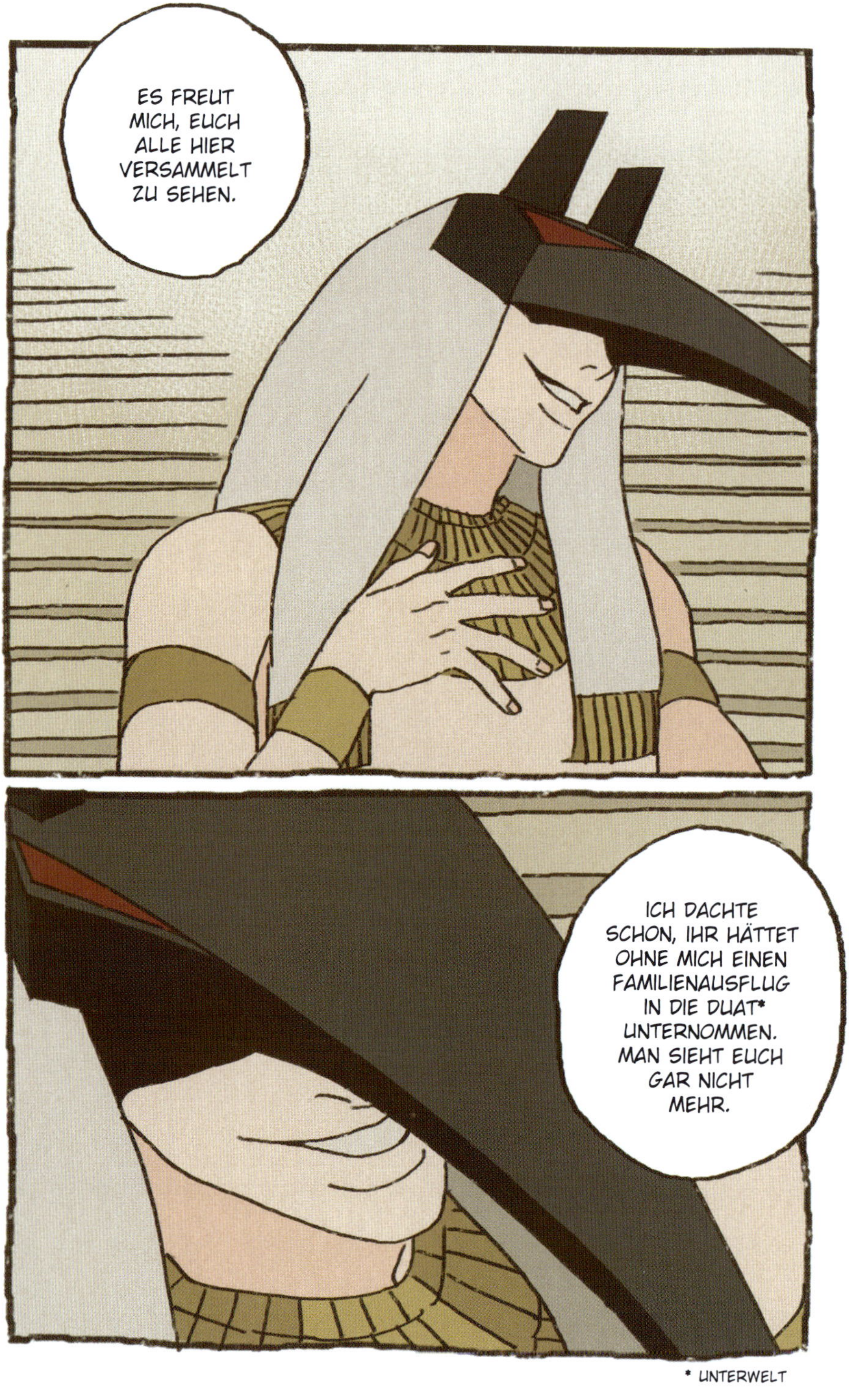

ES FREUT MICH, EUCH ALLE HIER VERSAMMELT ZU SEHEN.

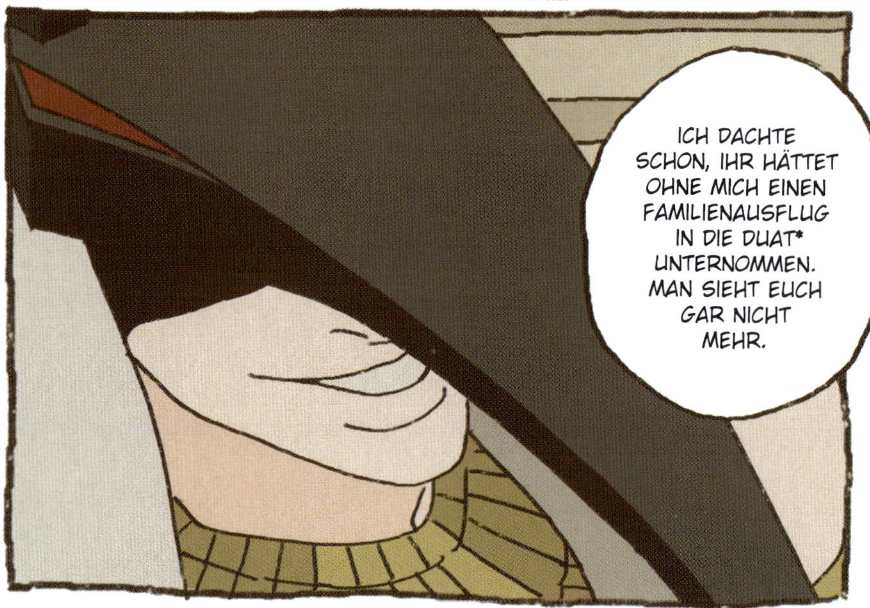

* UNTERWELT

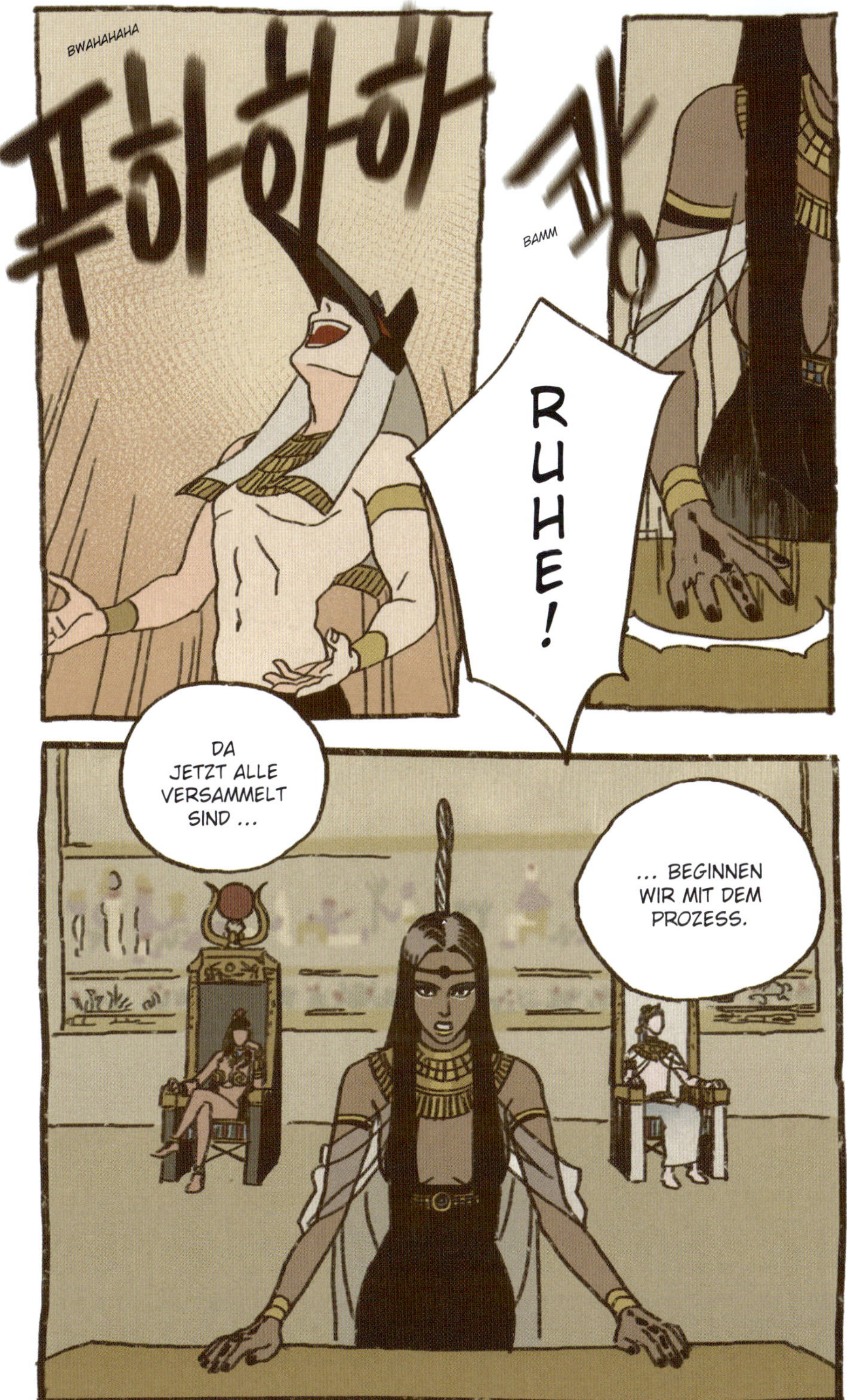
푸하하하
BWAHAHAHA
쾅
BAMM
RUHE!
DA JETZT ALLE VERSAMMELT SIND …
… BEGINNEN WIR MIT DEM PROZESS.

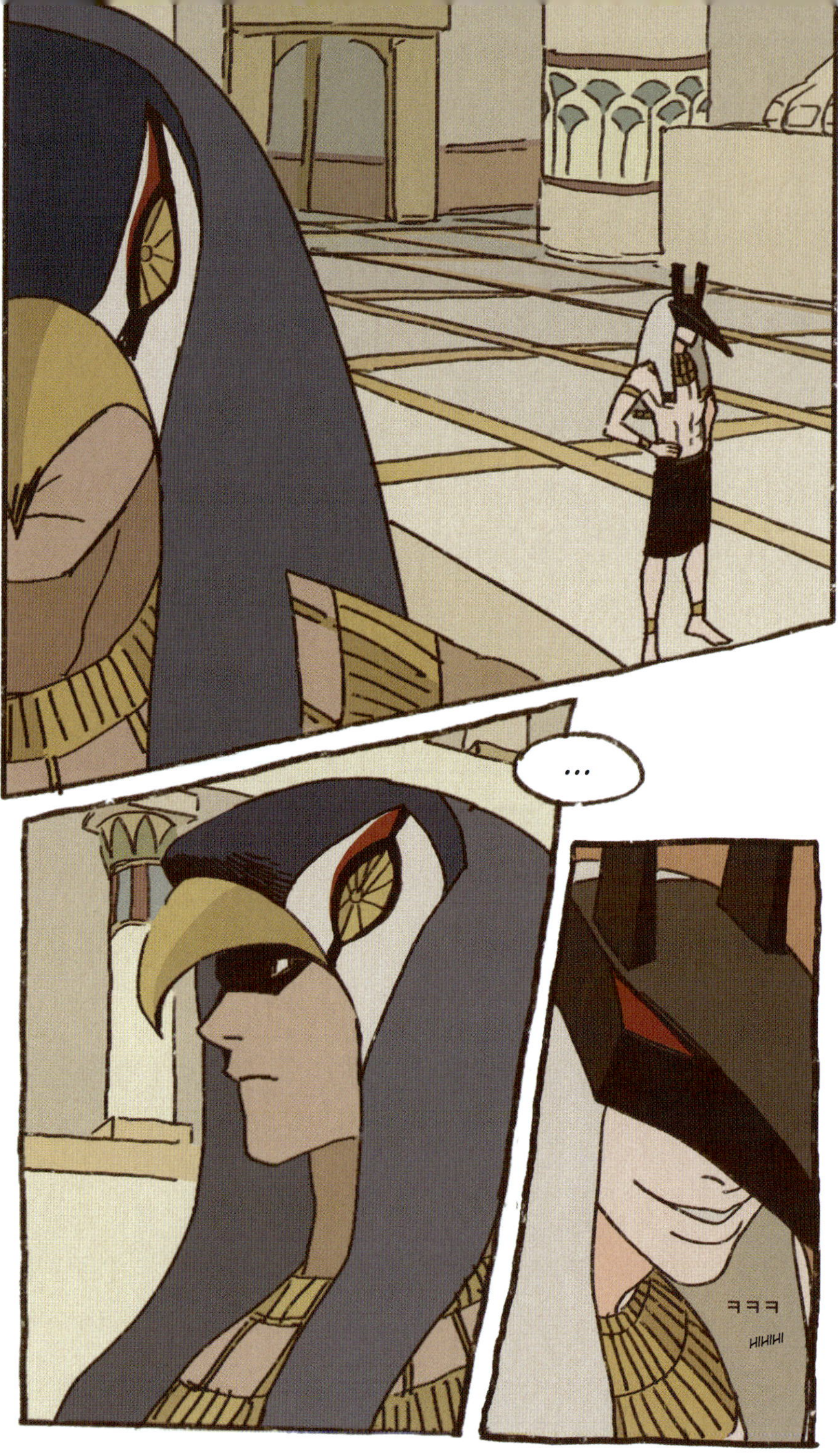
...
ㅋㅋㅋ
HIHIHI

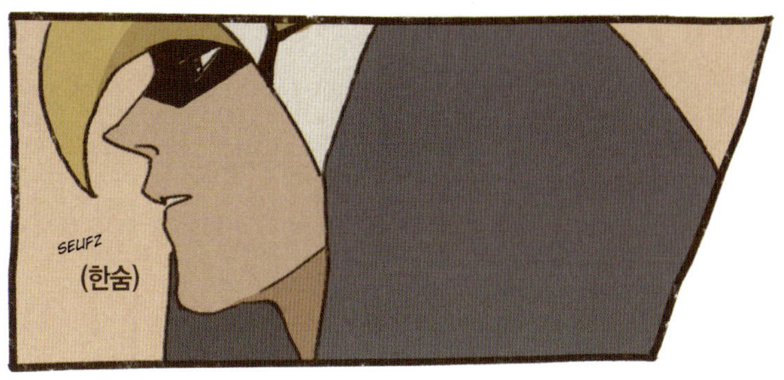

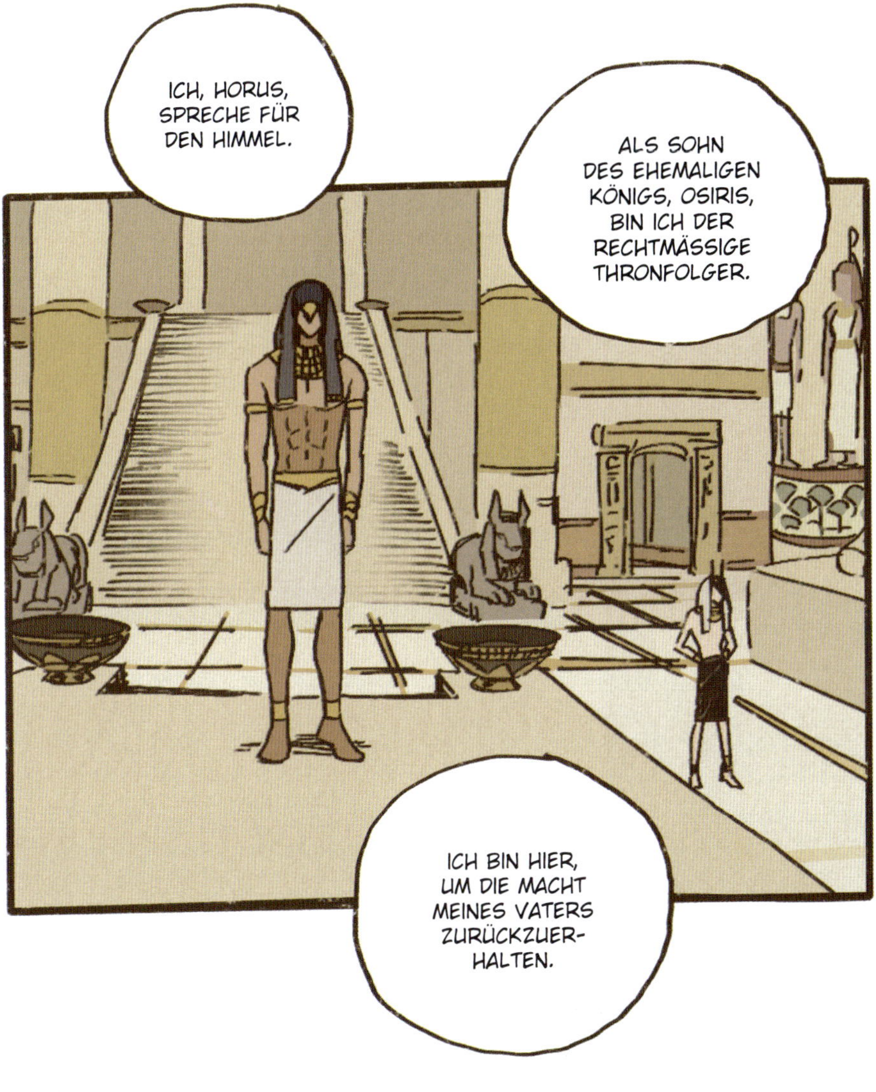

ICH, HORUS, SPRECHE FÜR DEN HIMMEL.

ALS SOHN DES EHEMALIGEN KÖNIGS, OSIRIS, BIN ICH DER RECHTMÄSSIGE THRONFOLGER.

ICH BIN HIER, UM DIE MACHT MEINES VATERS ZURÜCKZUER-HALTEN.

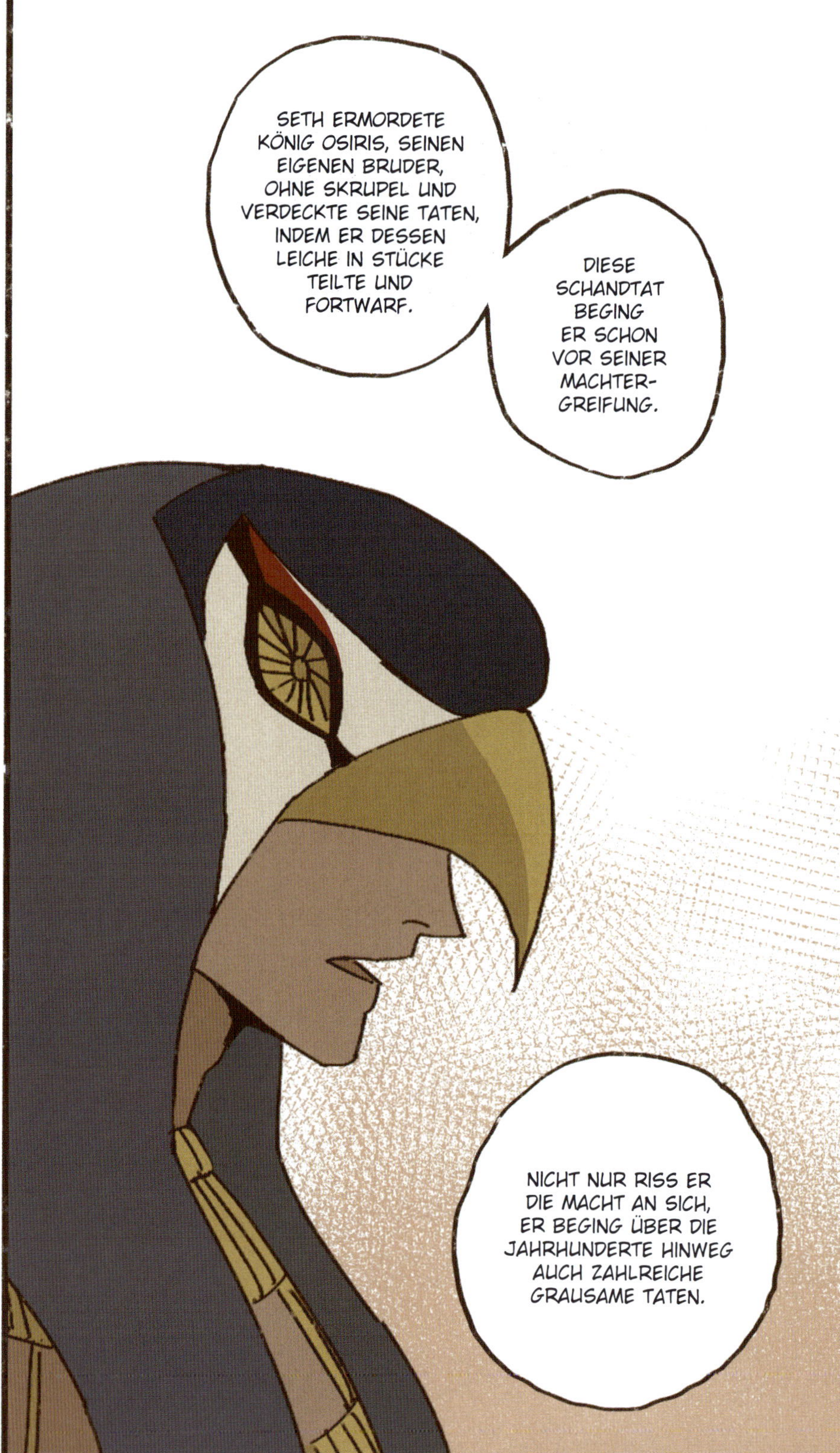
SETH ERMORDETE KÖNIG OSIRIS, SEINEN EIGENEN BRUDER, OHNE SKRUPEL UND VERDECKTE SEINE TATEN, INDEM ER DESSEN LEICHE IN STÜCKE TEILTE UND FORTWARF.
DIESE SCHANDTAT BEGING ER SCHON VOR SEINER MACHTER-GREIFUNG.
NICHT NUR RISS ER DIE MACHT AN SICH, ER BEGING ÜBER DIE JAHRHUNDERTE HINWEG AUCH ZAHLREICHE GRAUSAME TATEN.

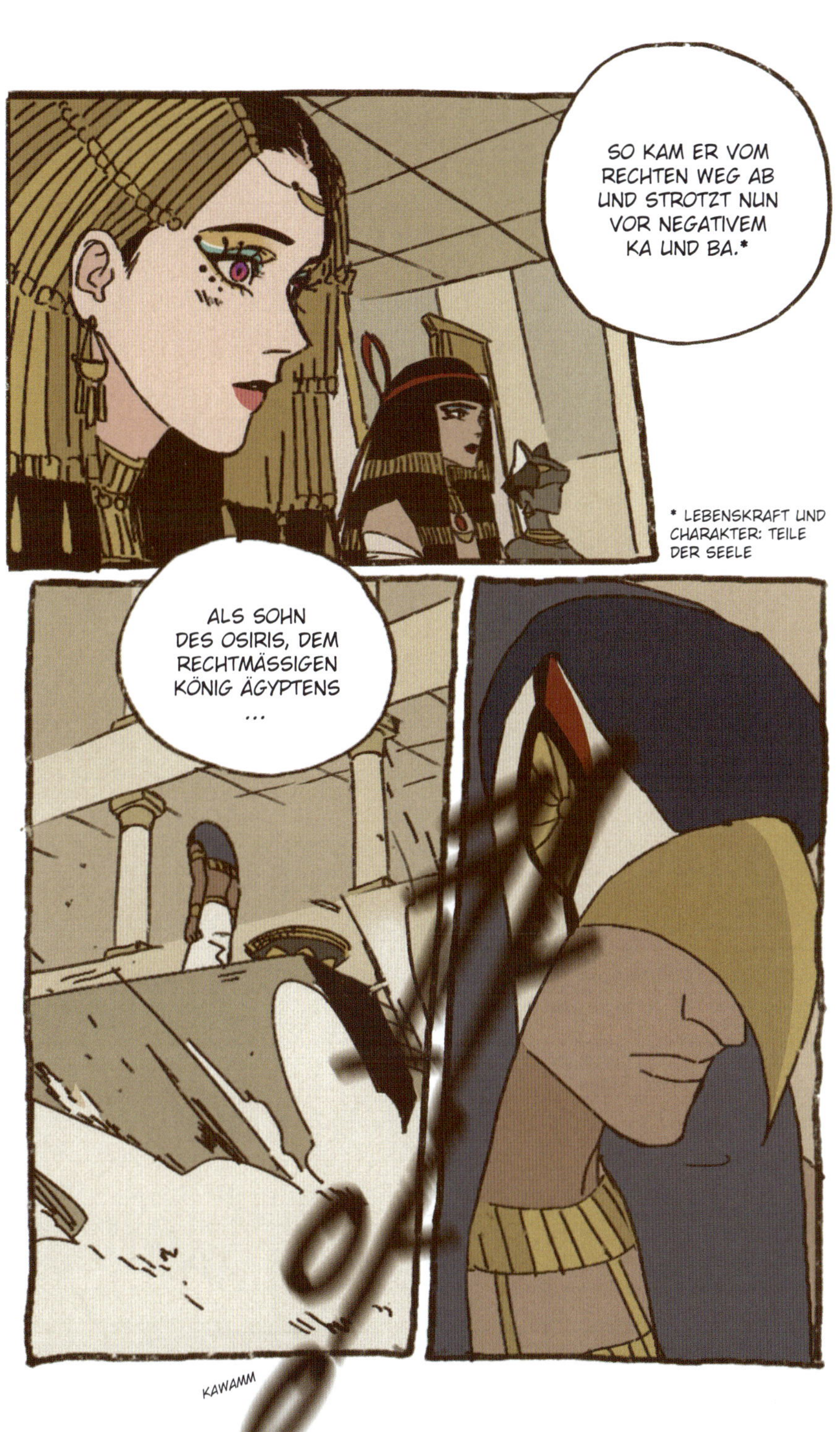
SO KAM ER VOM RECHTEN WEG AB UND STROTZT NUN VOR NEGATIVEM KA UND BA.*
* LEBENSKRAFT UND CHARAKTER: TEILE DER SEELE
ALS SOHN DES OSIRIS, DEM RECHTMÄSSIGEN KÖNIG ÄGYPTENS ...
KAWAMM

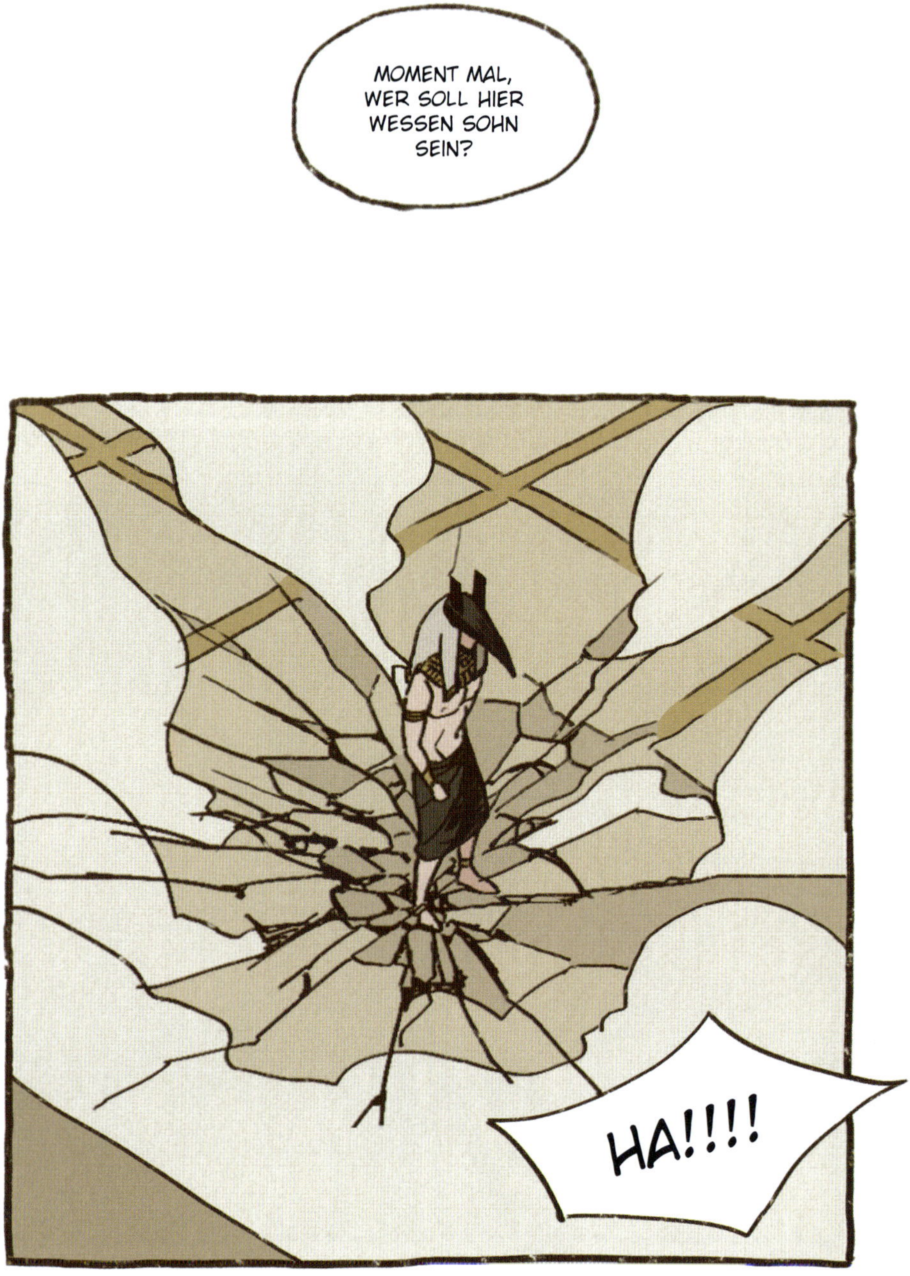

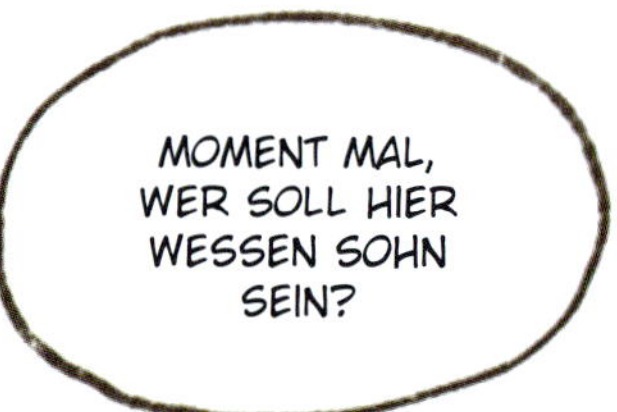

HA!!!!

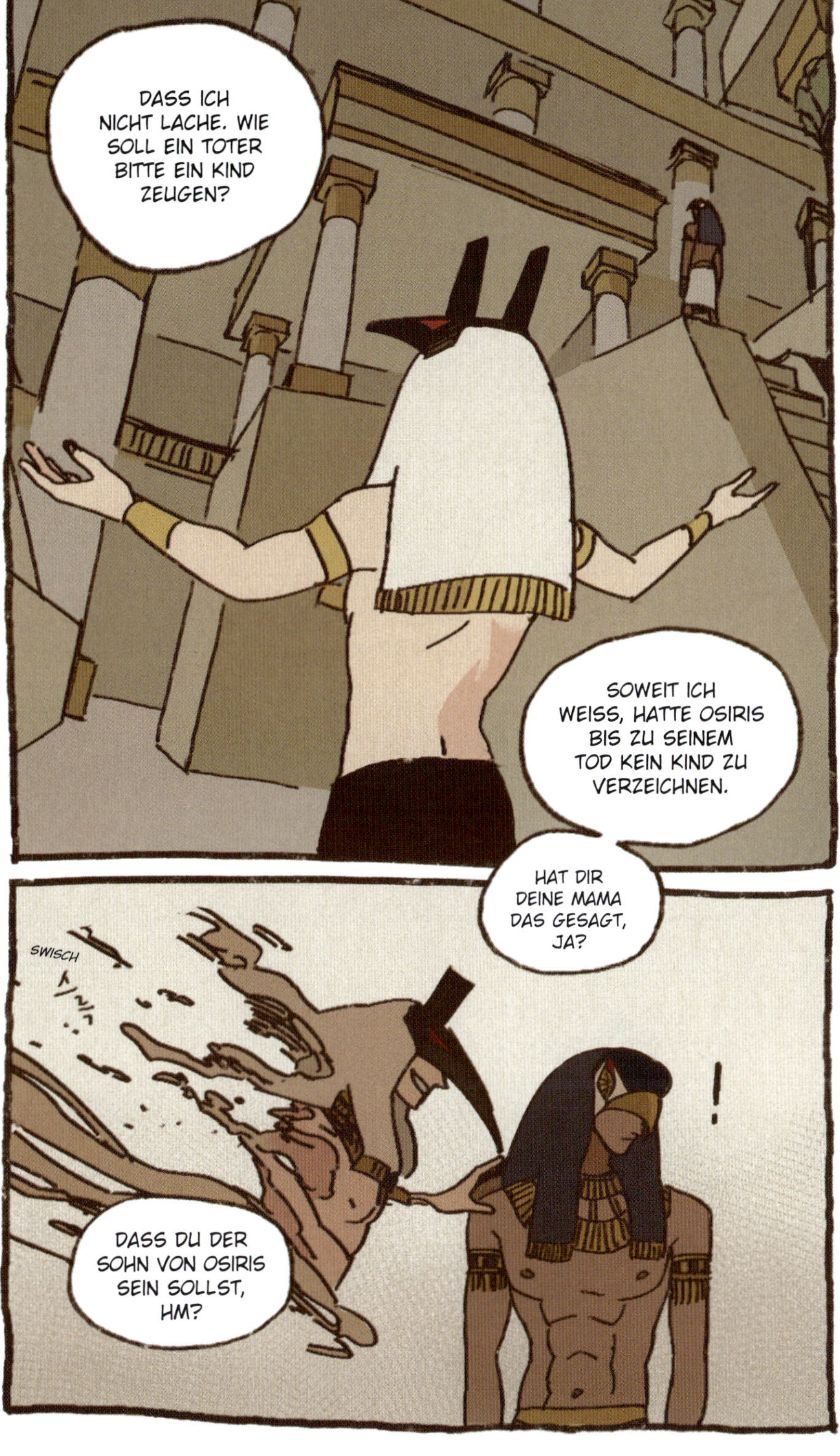
DASS ICH NICHT LACHE. WIE SOLL EIN TOTER BITTE EIN KIND ZEUGEN?
SOWEIT ICH WEISS, HATTE OSIRIS BIS ZU SEINEM TOD KEIN KIND ZU VERZEICHNEN.
HAT DIR DEINE MAMA DAS GESAGT, JA?
SWISCH
!
DASS DU DER SOHN VON OSIRIS SEIN SOLLST, HM?

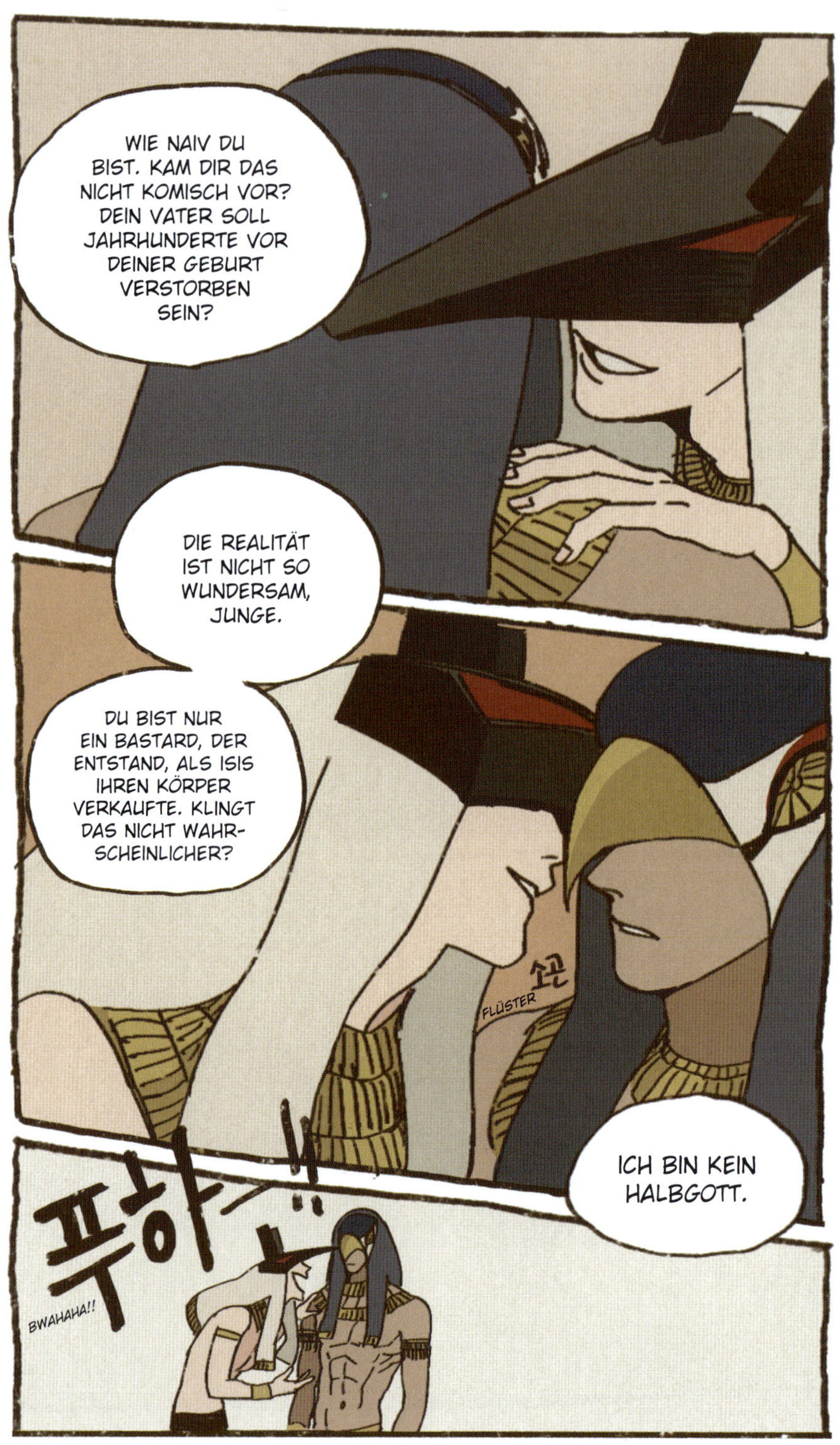
WIE NAIV DU BIST. KAM DIR DAS NICHT KOMISCH VOR? DEIN VATER SOLL JAHRHUNDERTE VOR DEINER GEBURT VERSTORBEN SEIN?
DIE REALITÄT IST NICHT SO WUNDERSAM, JUNGE.
DU BIST NUR EIN BASTARD, DER ENTSTAND, ALS ISIS IHREN KÖRPER VERKAUFTE. KLINGT DAS NICHT WAHR-SCHEINLICHER?
속곤
FLÜSTER
ICH BIN KEIN HALBGOTT.
푸하
BWAHAHA!!

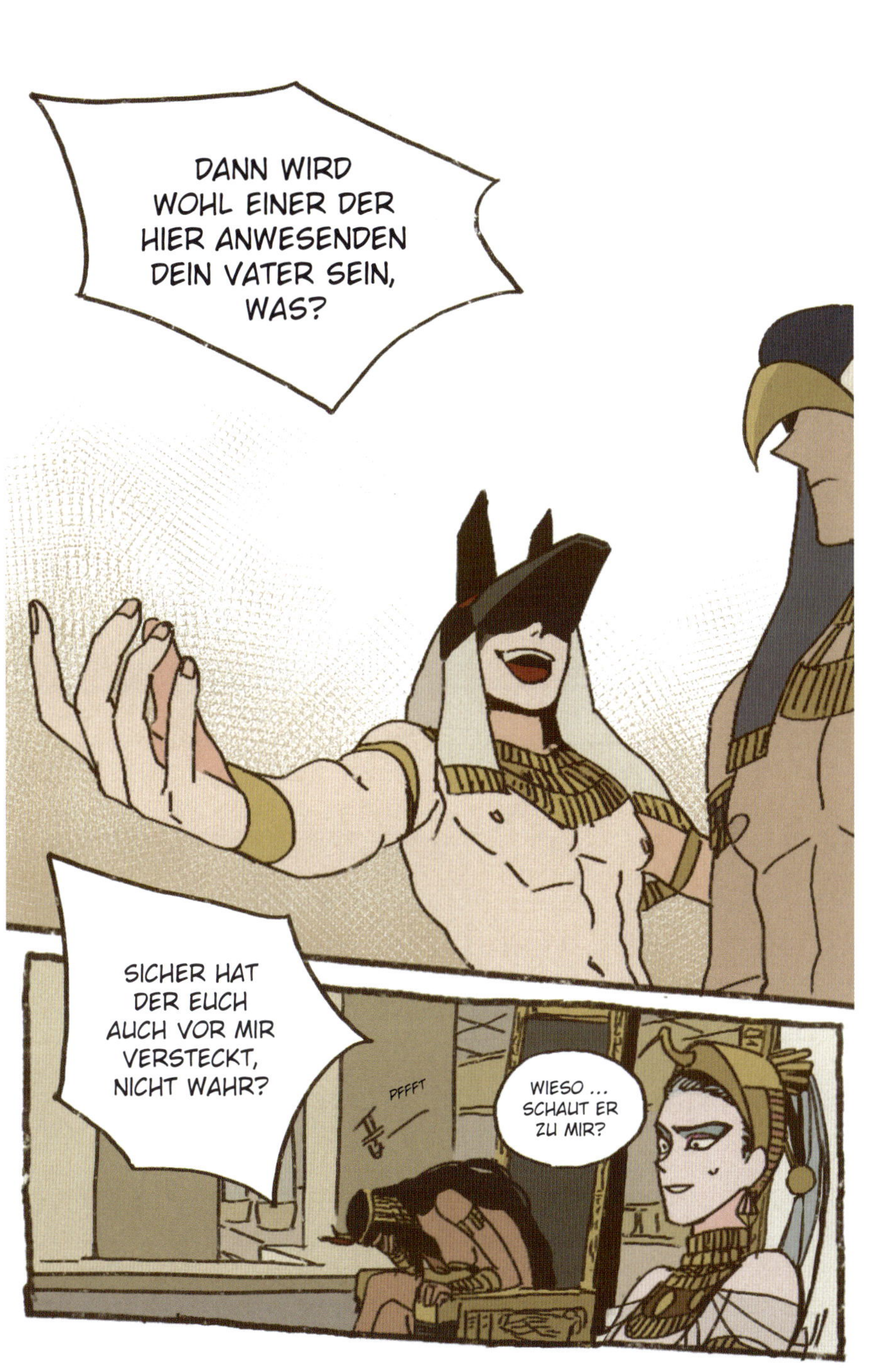
DANN WIRD WOHL EINER DER HIER ANWESENDEN DEIN VATER SEIN, WAS?
SICHER HAT DER EUCH AUCH VOR MIR VERSTECKT, NICHT WAHR?
PFFFT
WIESO … SCHAUT ER ZU MIR?

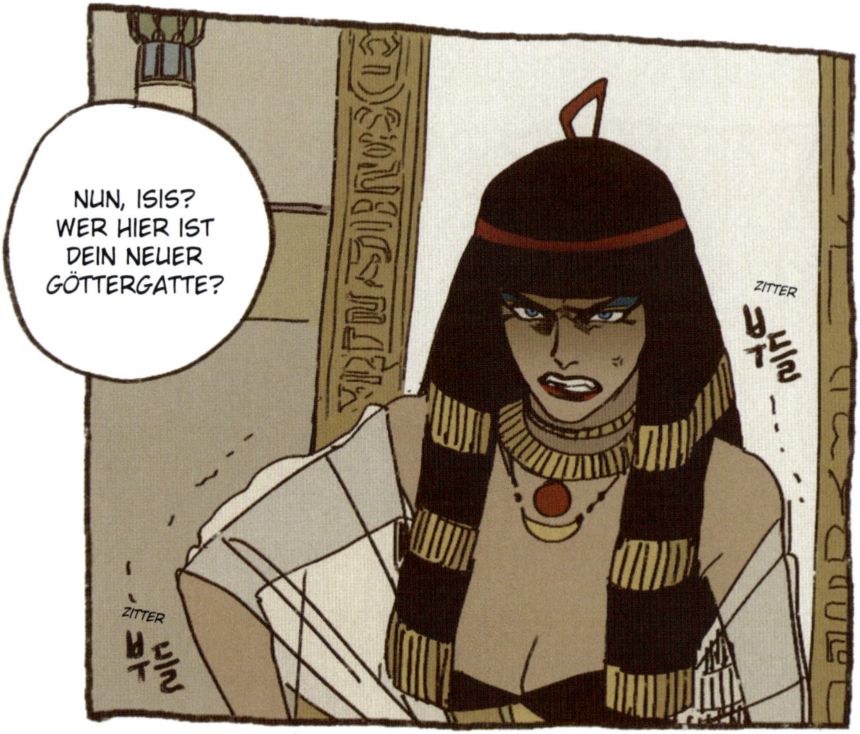

NUN, ISIS? WER HIER IST DEIN NEUER GÖTTERGATTE?

ZITTER

ZITTER

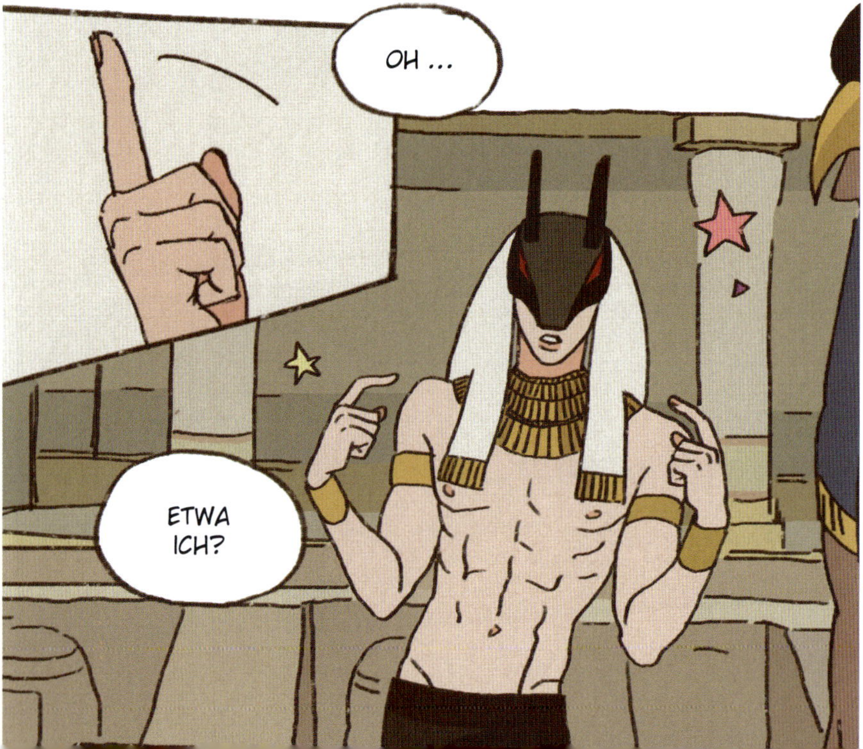

OH ...

ETWA ICH?

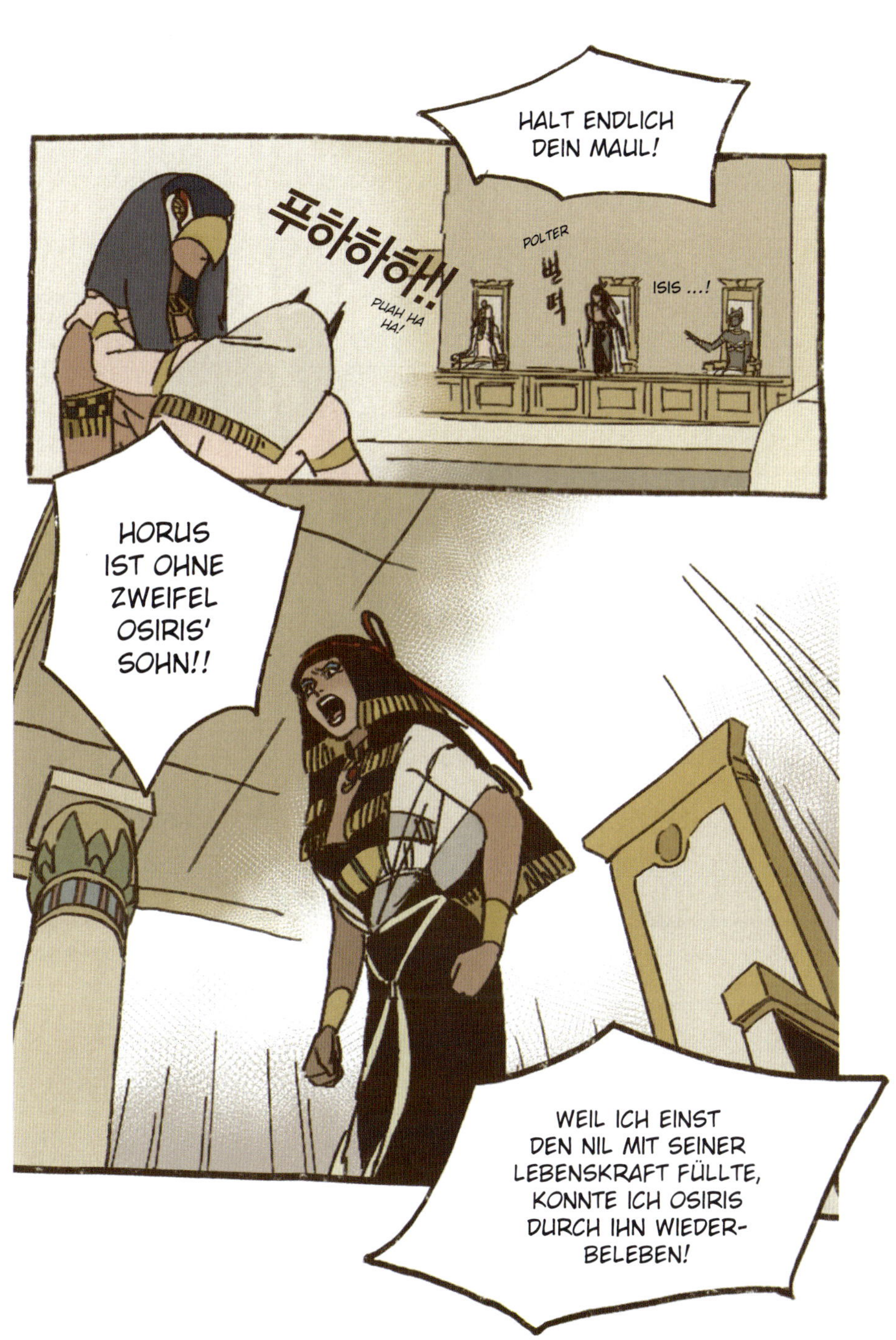
HALT ENDLICH DEIN MAUL!
푸하하하!!
PUAH HA HA!
POLTER
벌떡
ISIS ...!
HORUS IST OHNE ZWEIFEL OSIRIS' SOHN!!
WEIL ICH EINST DEN NIL MIT SEINER LEBENSKRAFT FÜLLTE, KONNTE ICH OSIRIS DURCH IHN WIEDER-BELEBEN!

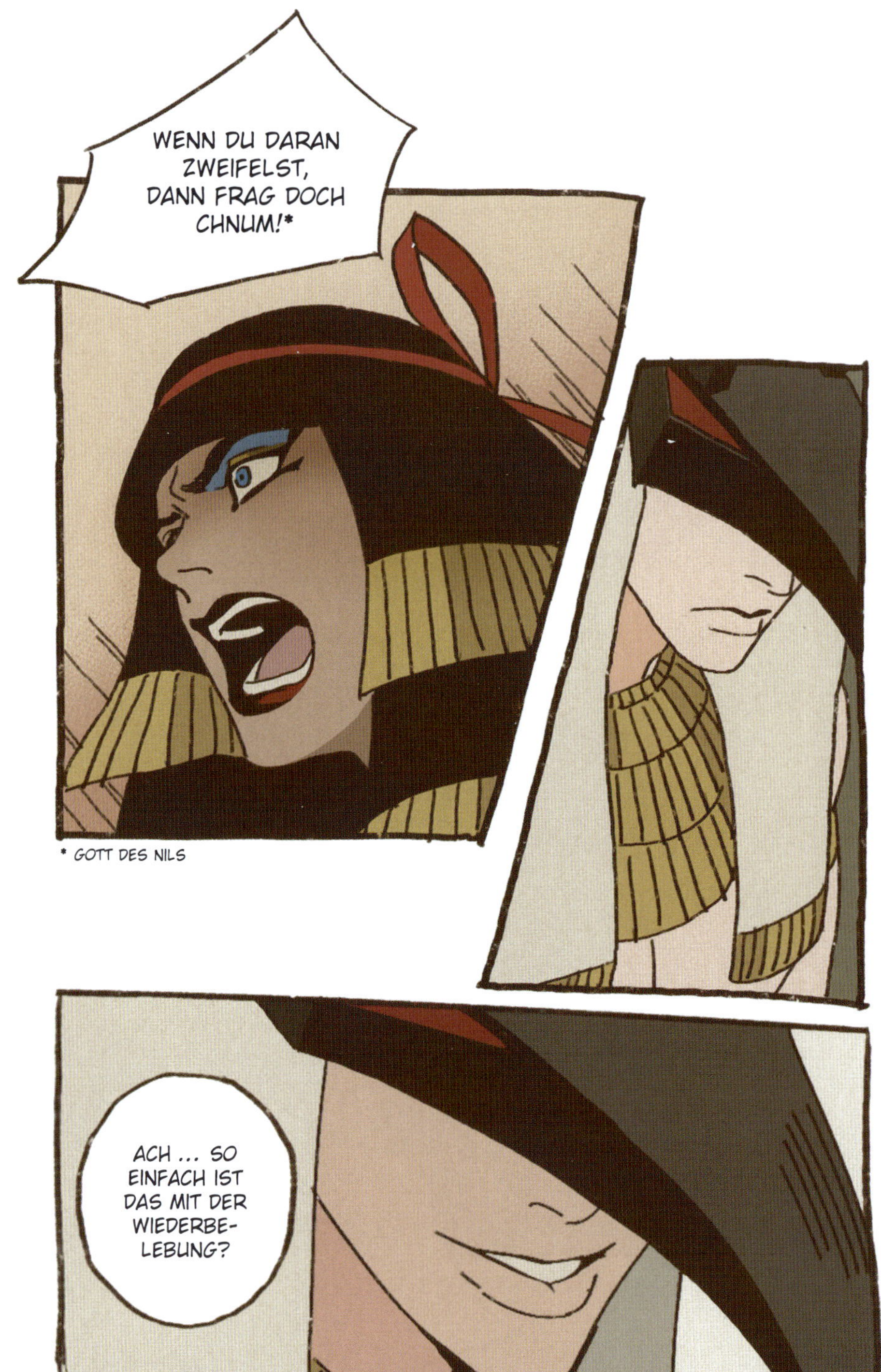

* GOTT DES NILS

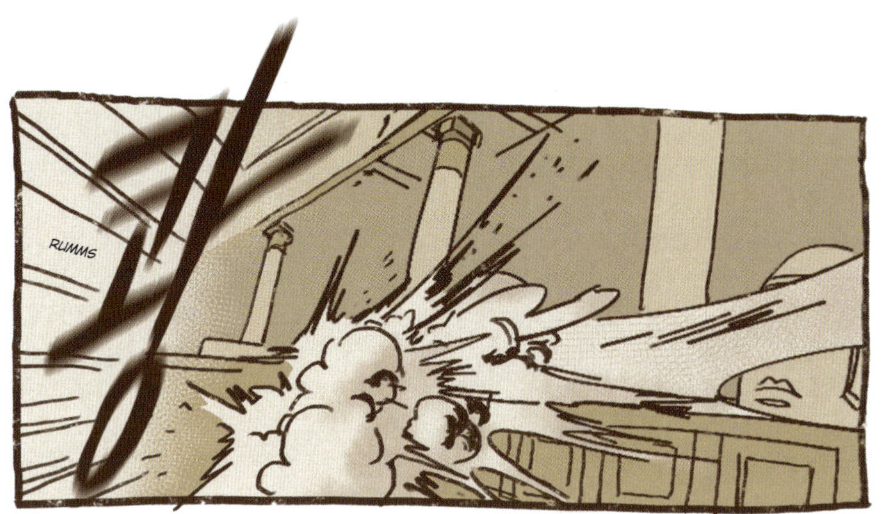

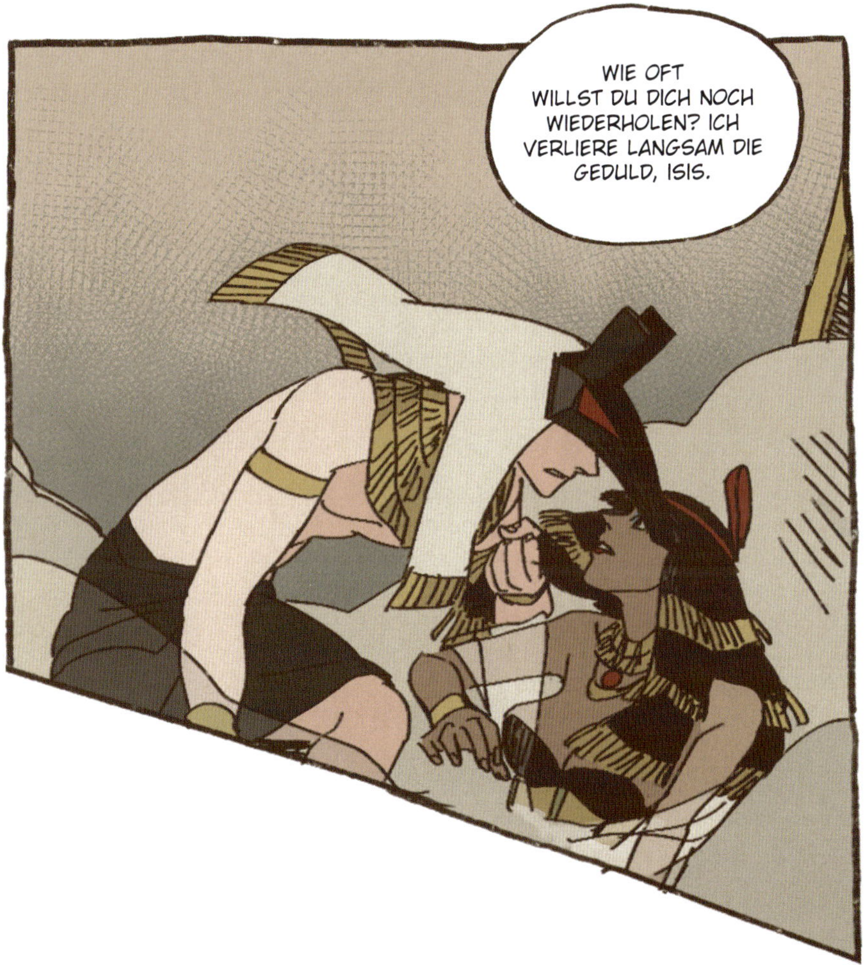

WIE OFT
WILLST DU DICH NOCH
WIEDERHOLEN? ICH
VERLIERE LANGSAM DIE
GEDULD, ISIS.

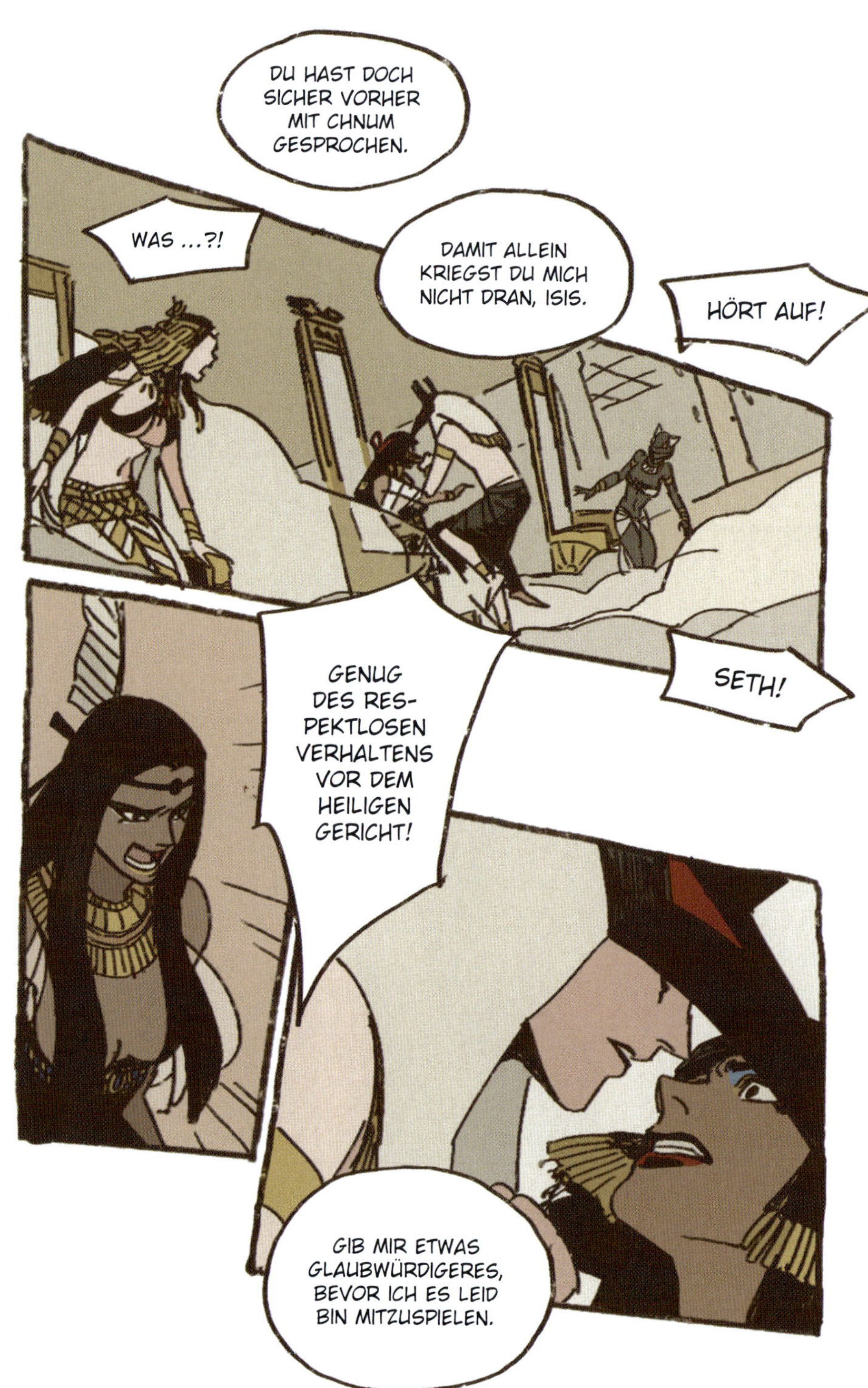
DU HAST DOCH SICHER VORHER MIT CHNUM GESPROCHEN.
WAS ...?!
DAMIT ALLEIN KRIEGST DU MICH NICHT DRAN, ISIS.
HÖRT AUF!
SETH!
GENUG DES RES-PEKTLOSEN VERHALTENS VOR DEM HEILIGEN GERICHT!
GIB MIR ETWAS GLAUBWÜRDIGERES, BEVOR ICH ES LEID BIN MITZUSPIELEN.

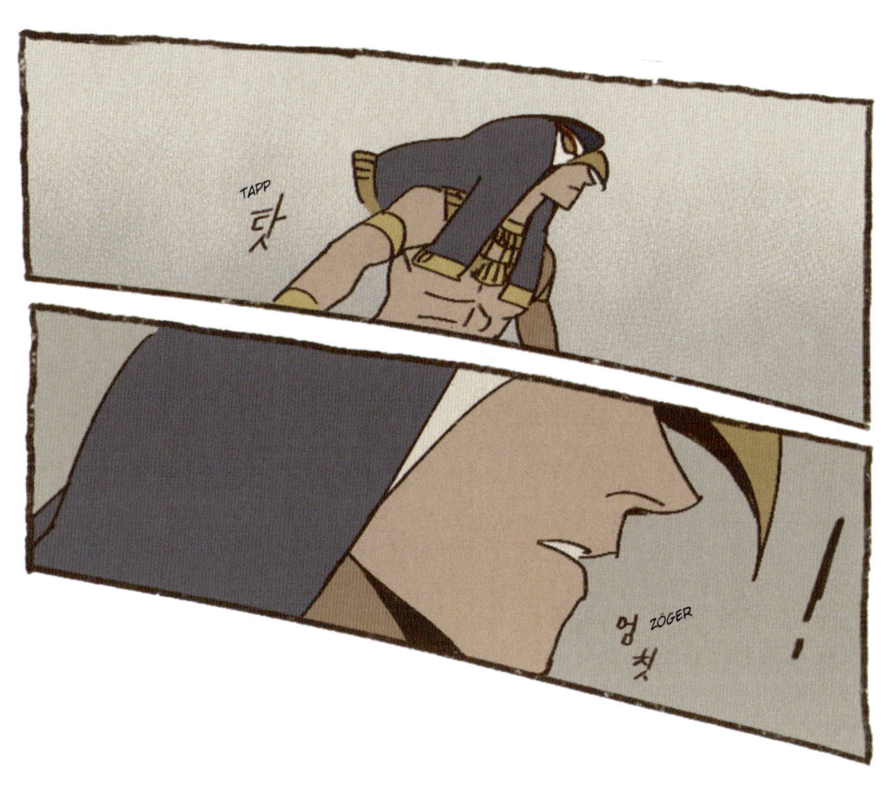
TAPP
탓
!
ZÖGER
엄칫

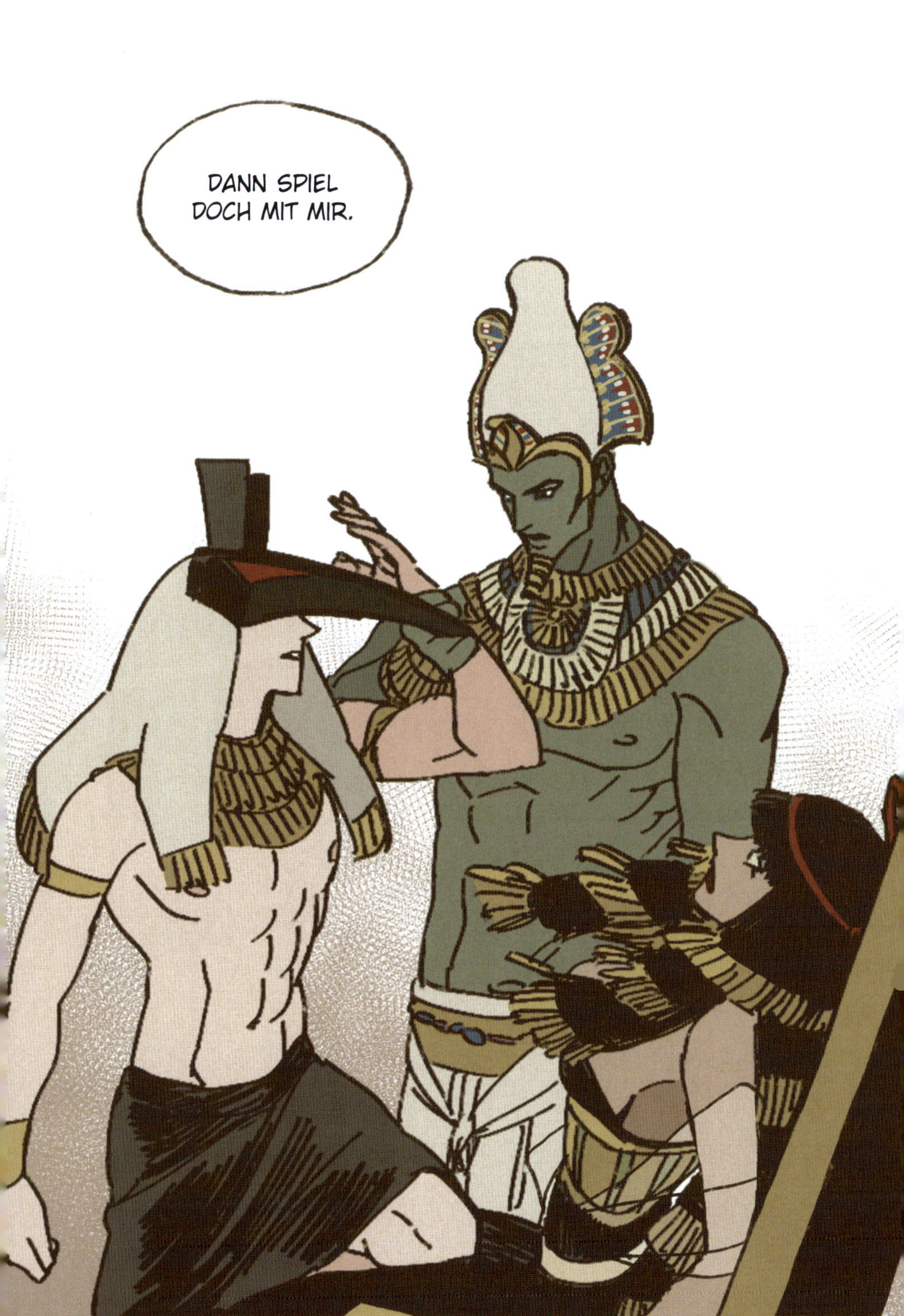
DANN SPIEL
DOCH MIT MIR.

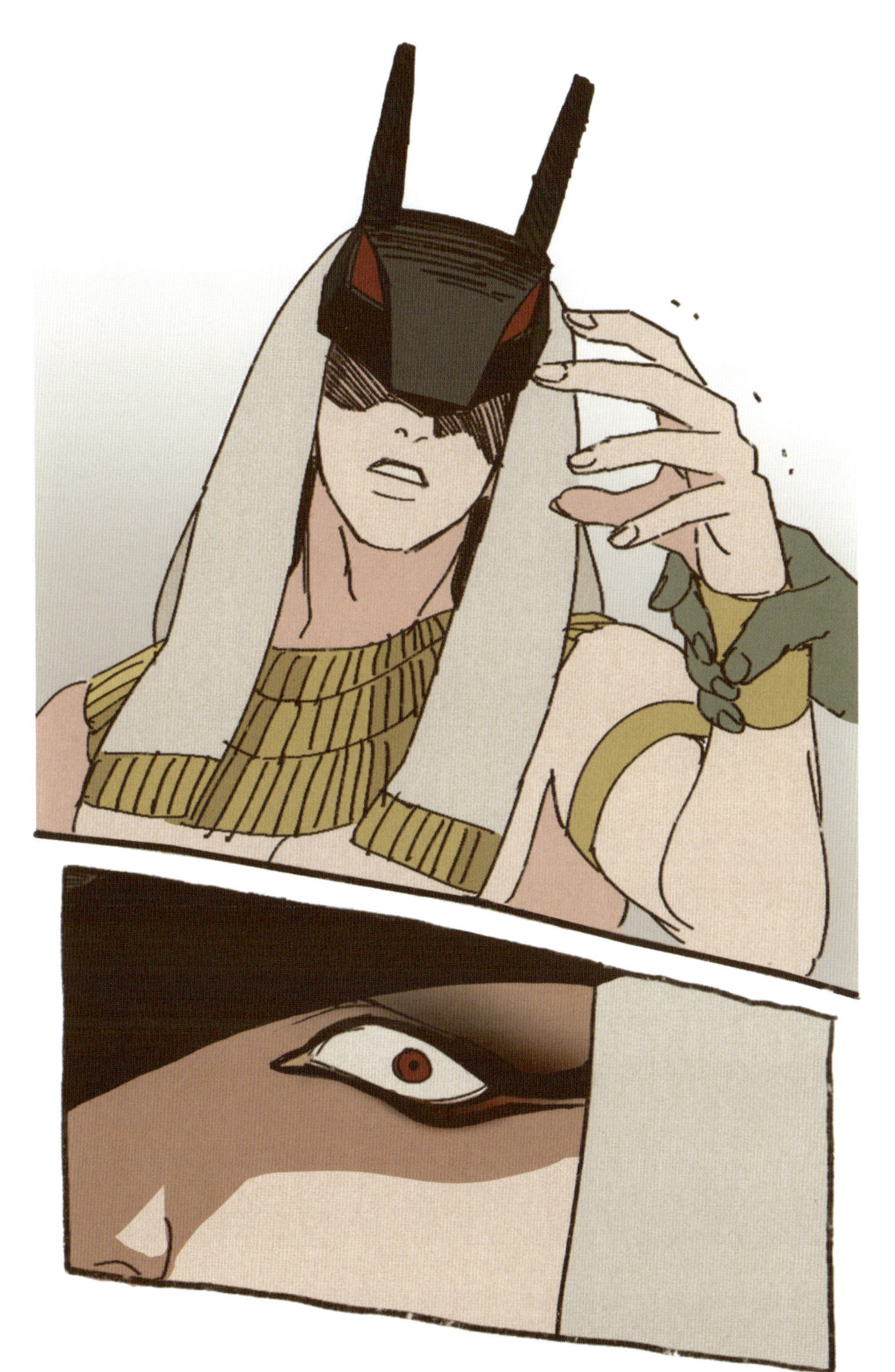

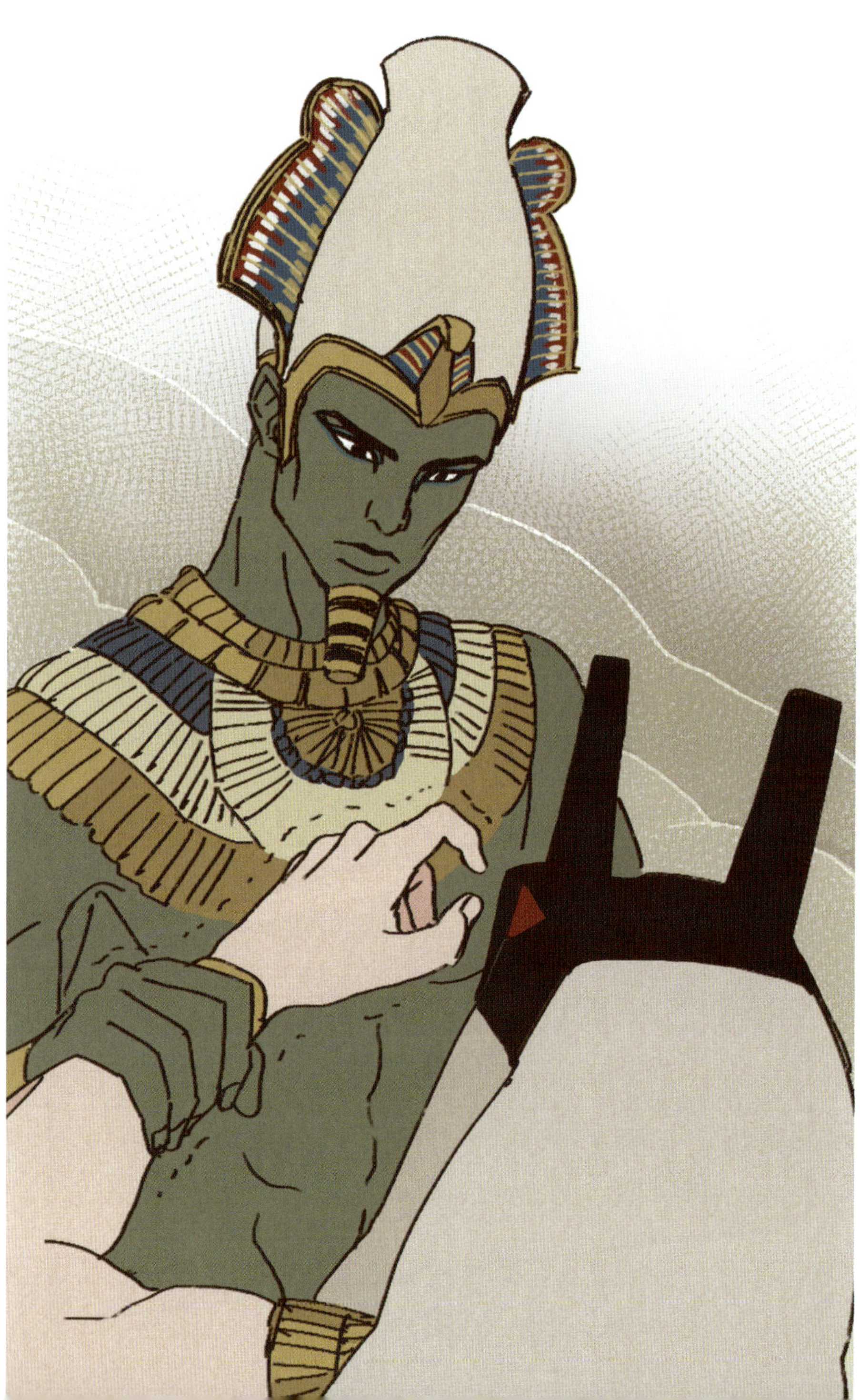

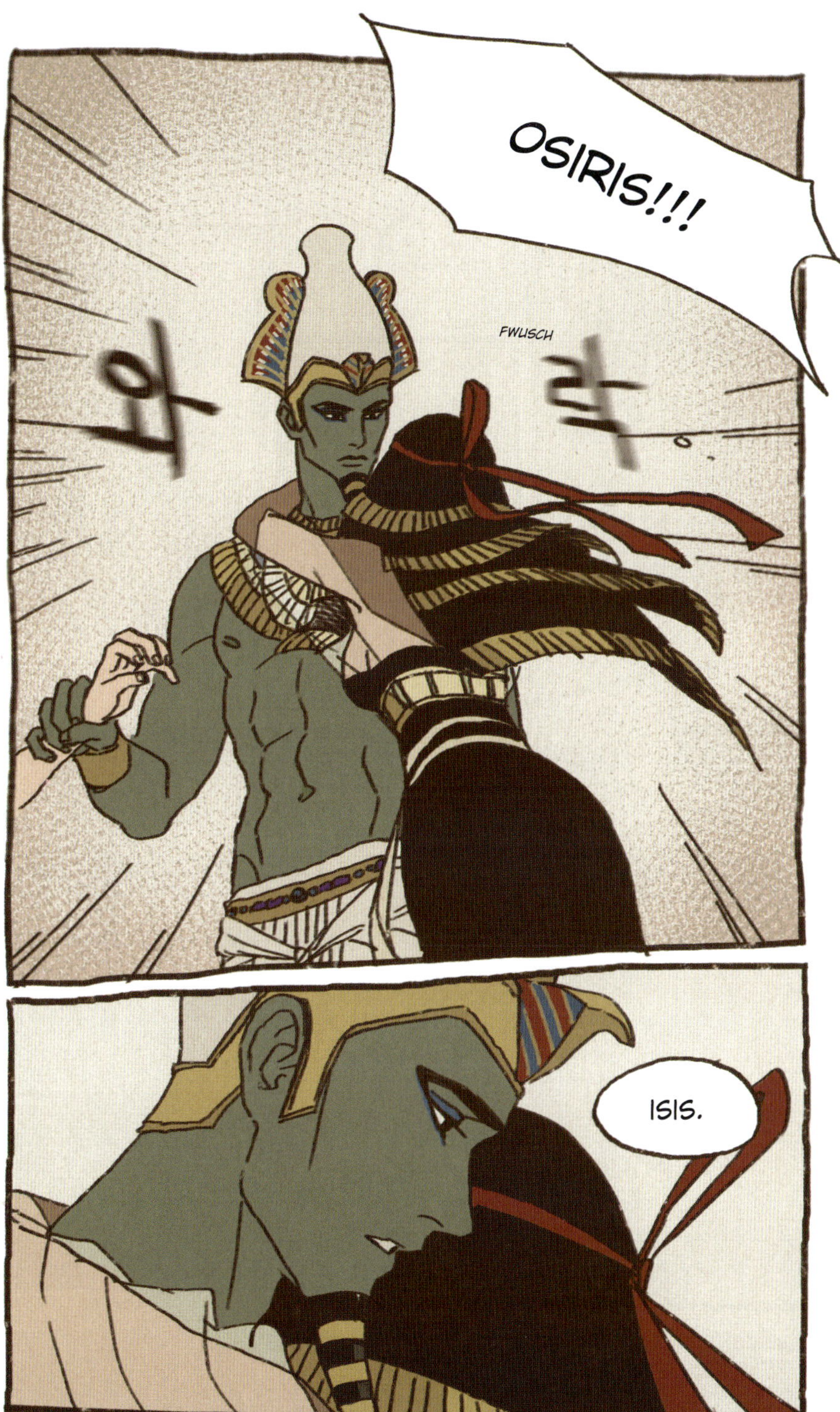
OSIRIS!!!
FWUSCH
ISIS.

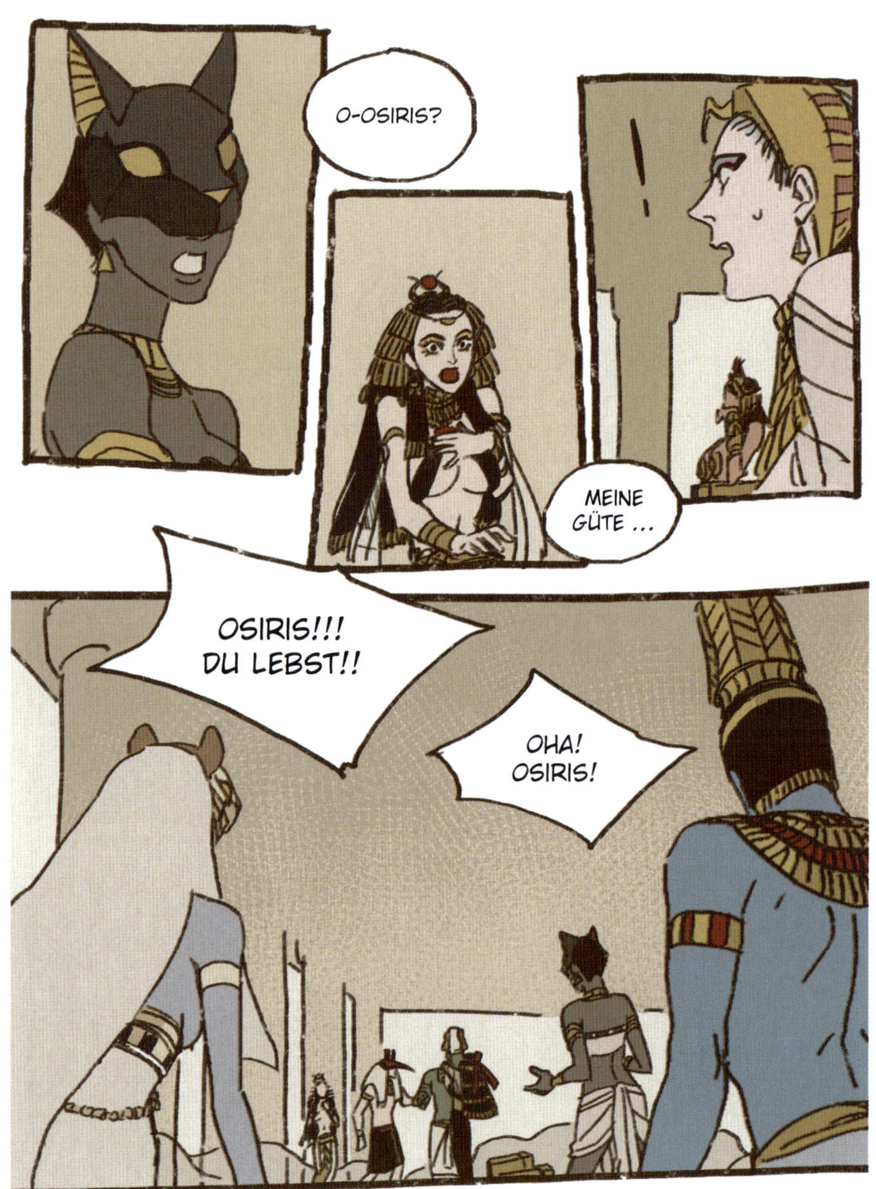
O-OSIRIS?
!
MEINE GÜTE …
OSIRIS!!! DU LEBST!!
OHA! OSIRIS!

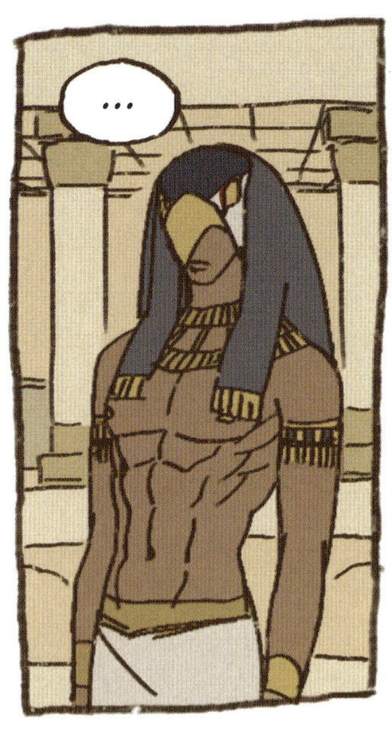
...

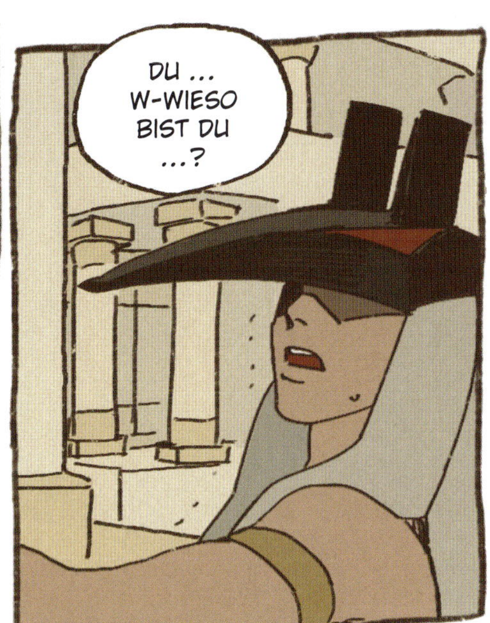
DU ... W-WIESO BIST DU ...?

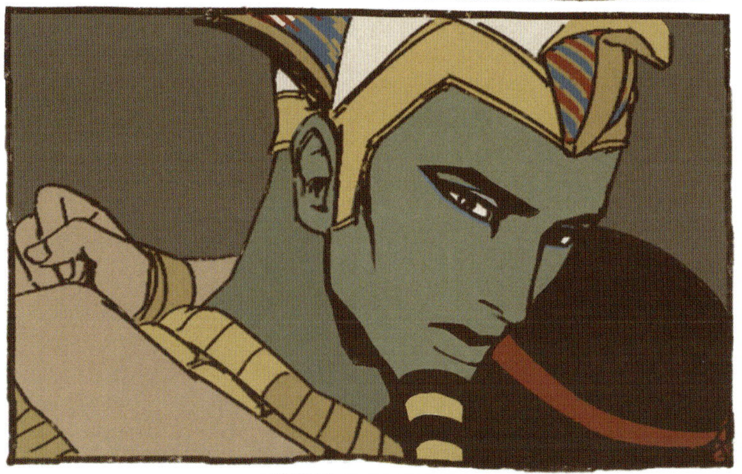

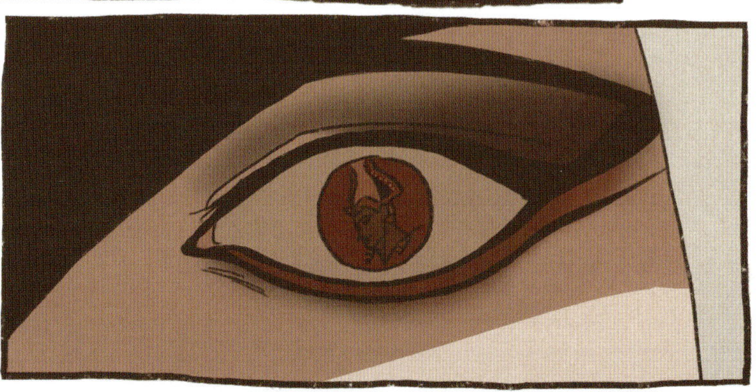

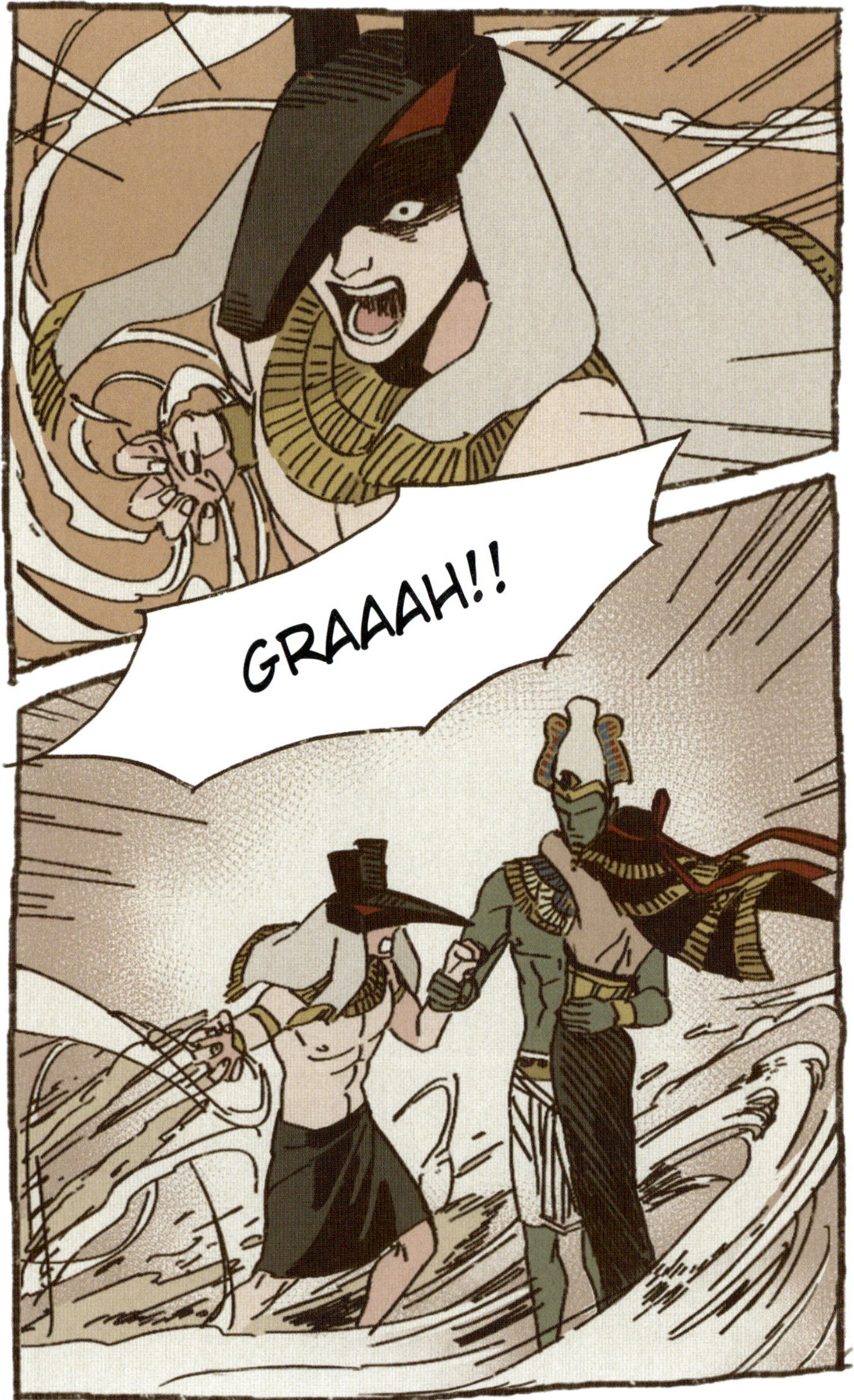
GRAAAH!!

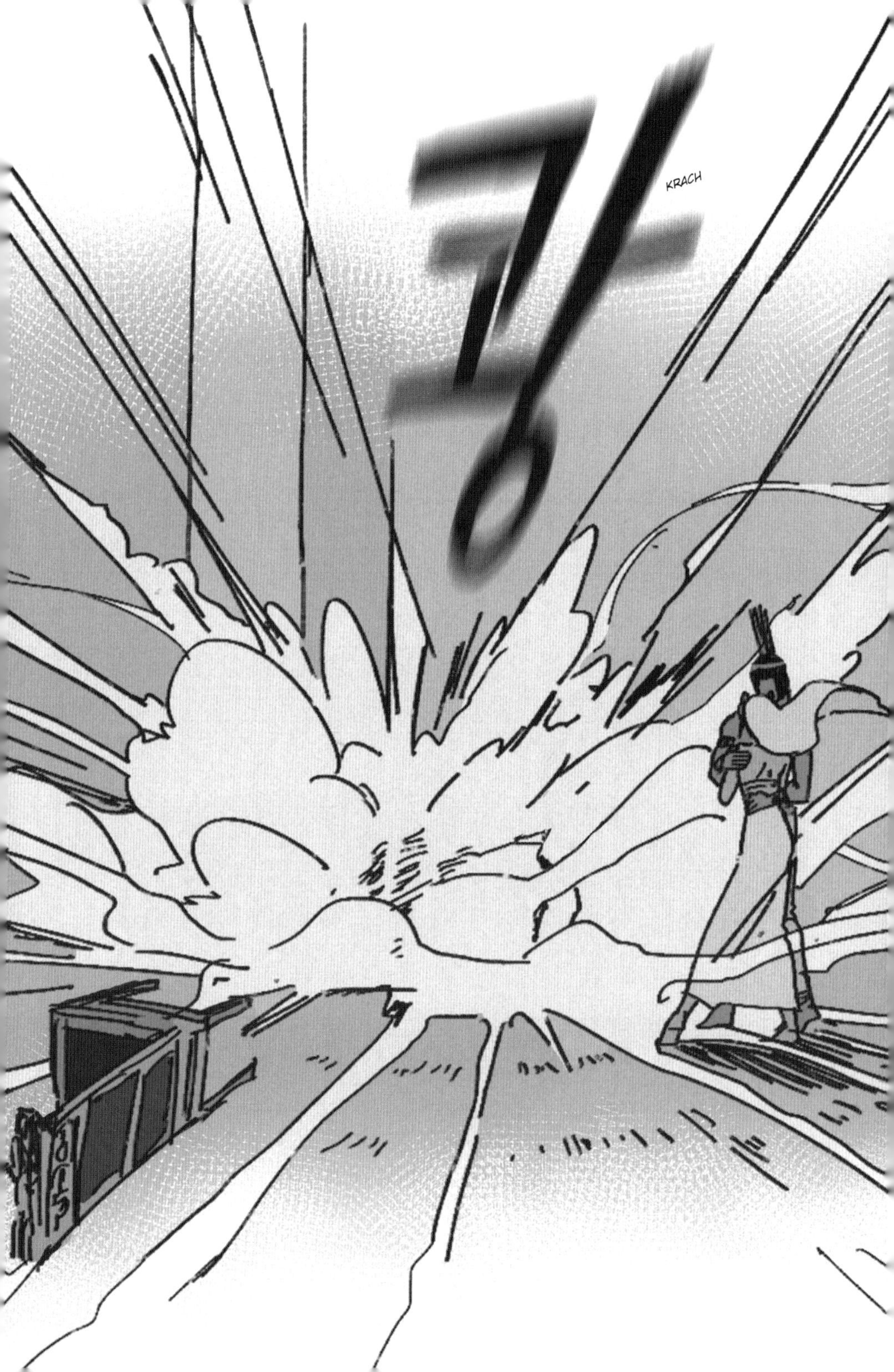
KRACH

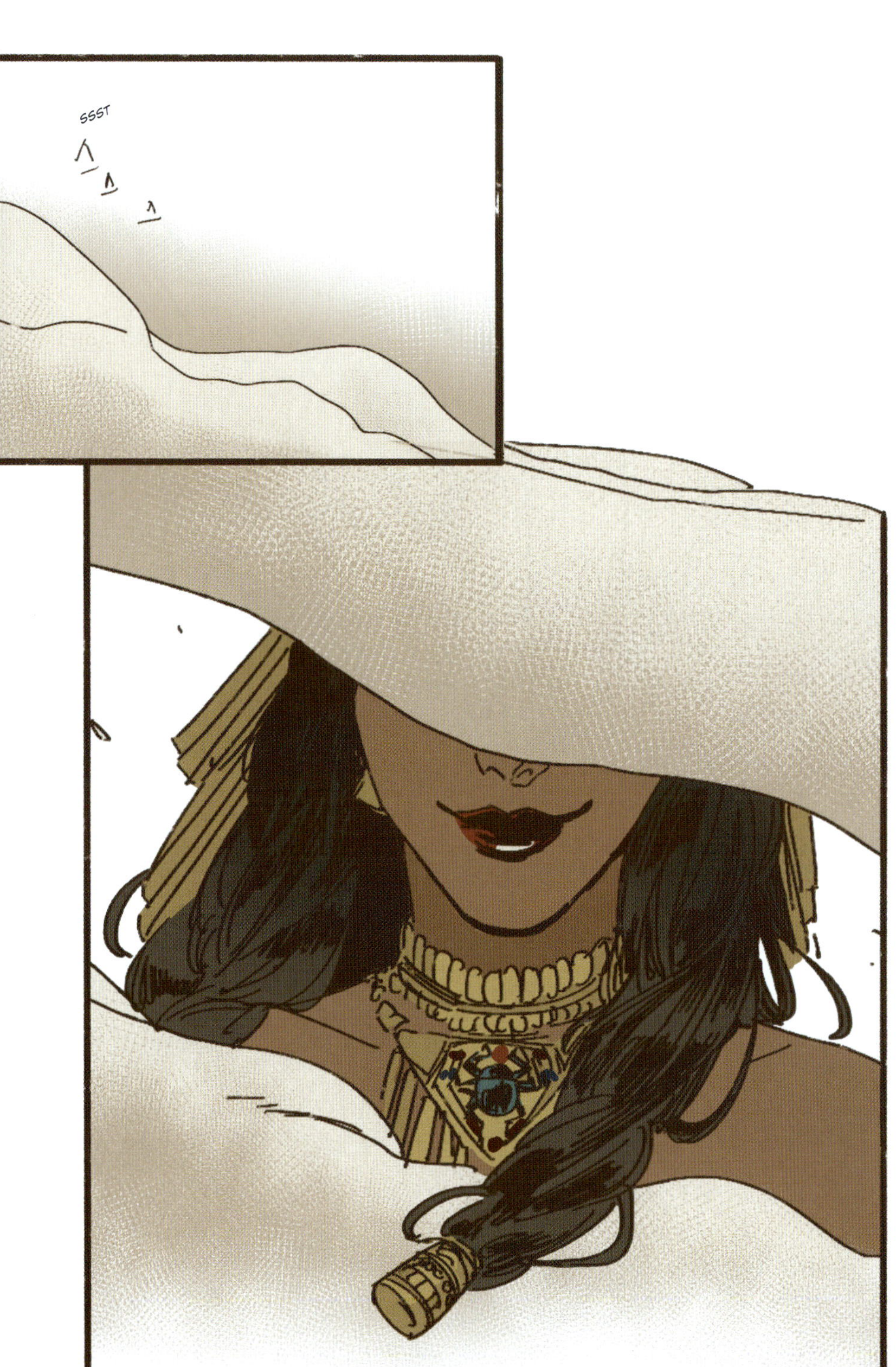
SSST

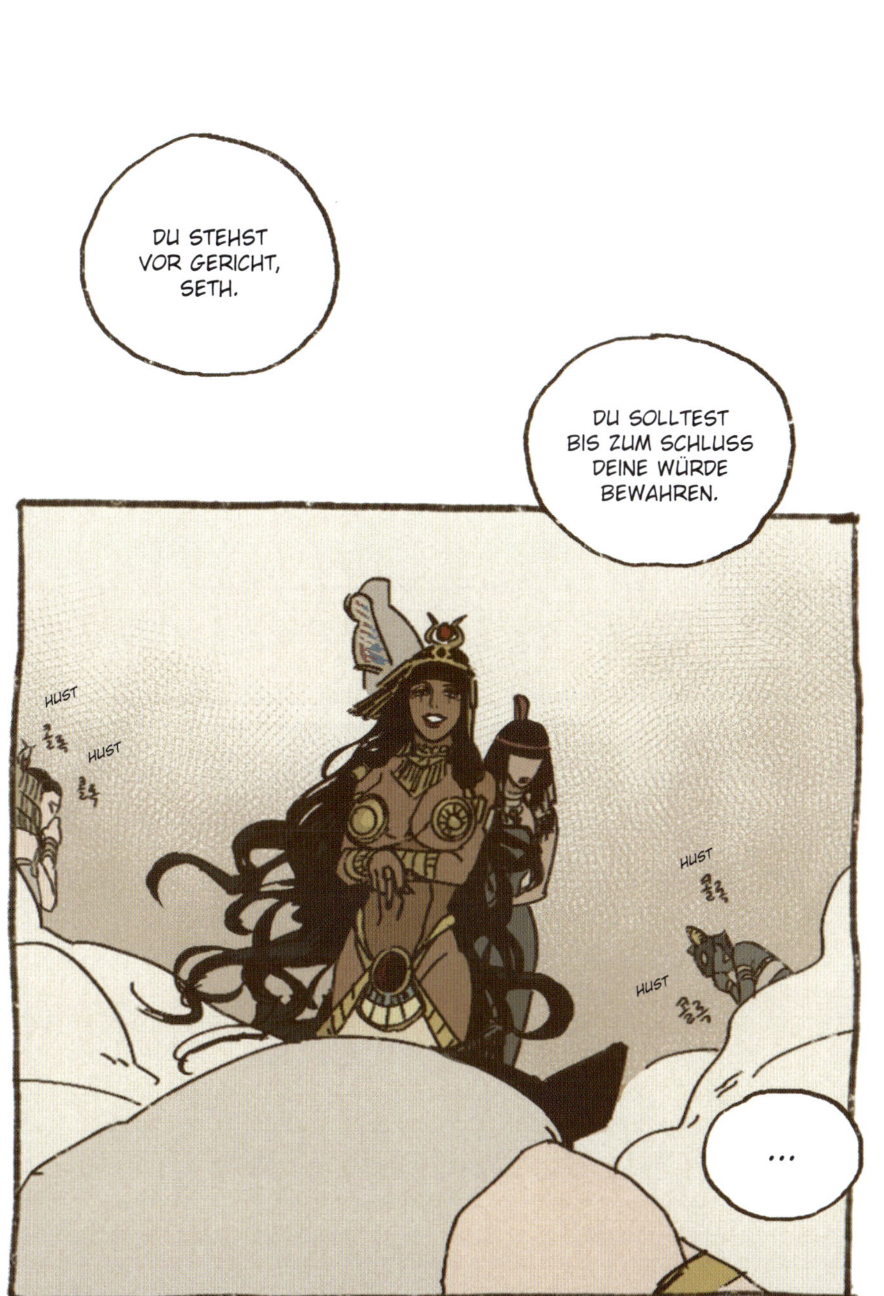

DU STEHST VOR GERICHT, SETH.
DU SOLLTEST BIS ZUM SCHLUSS DEINE WÜRDE BEWAHREN.
HUST
HUST
HUST
HUST
...

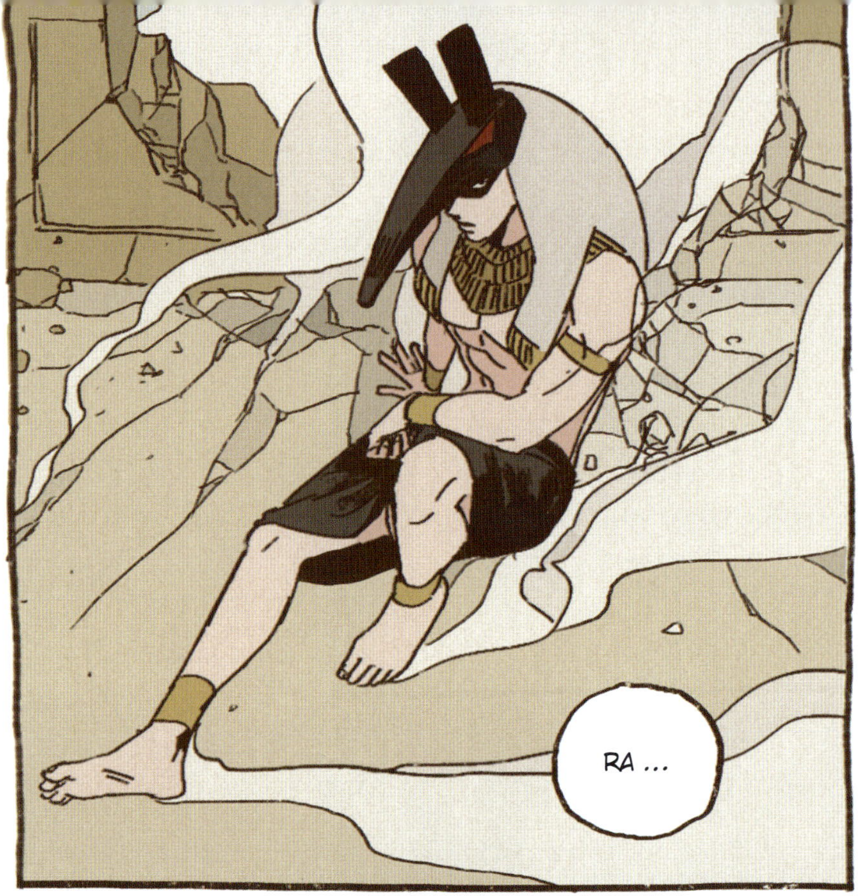

RA ...

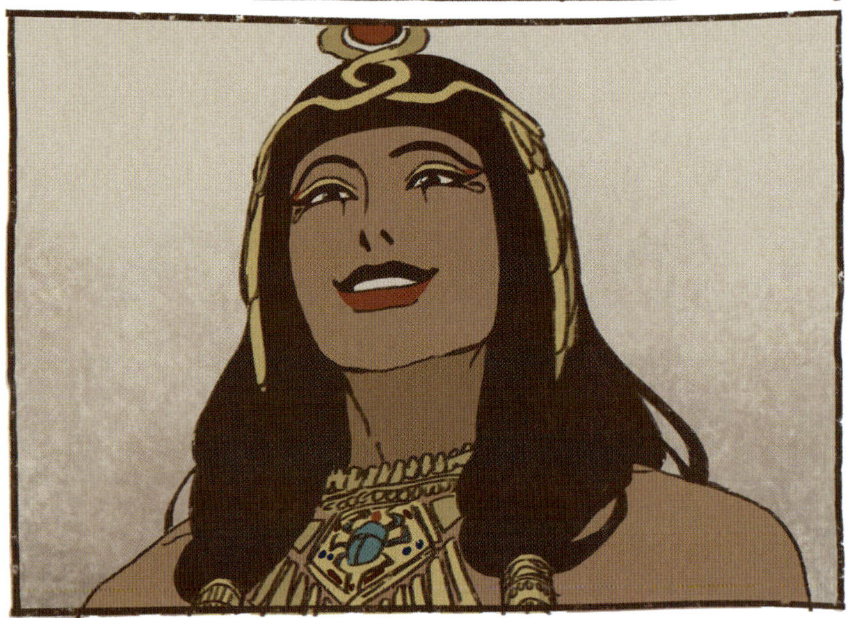

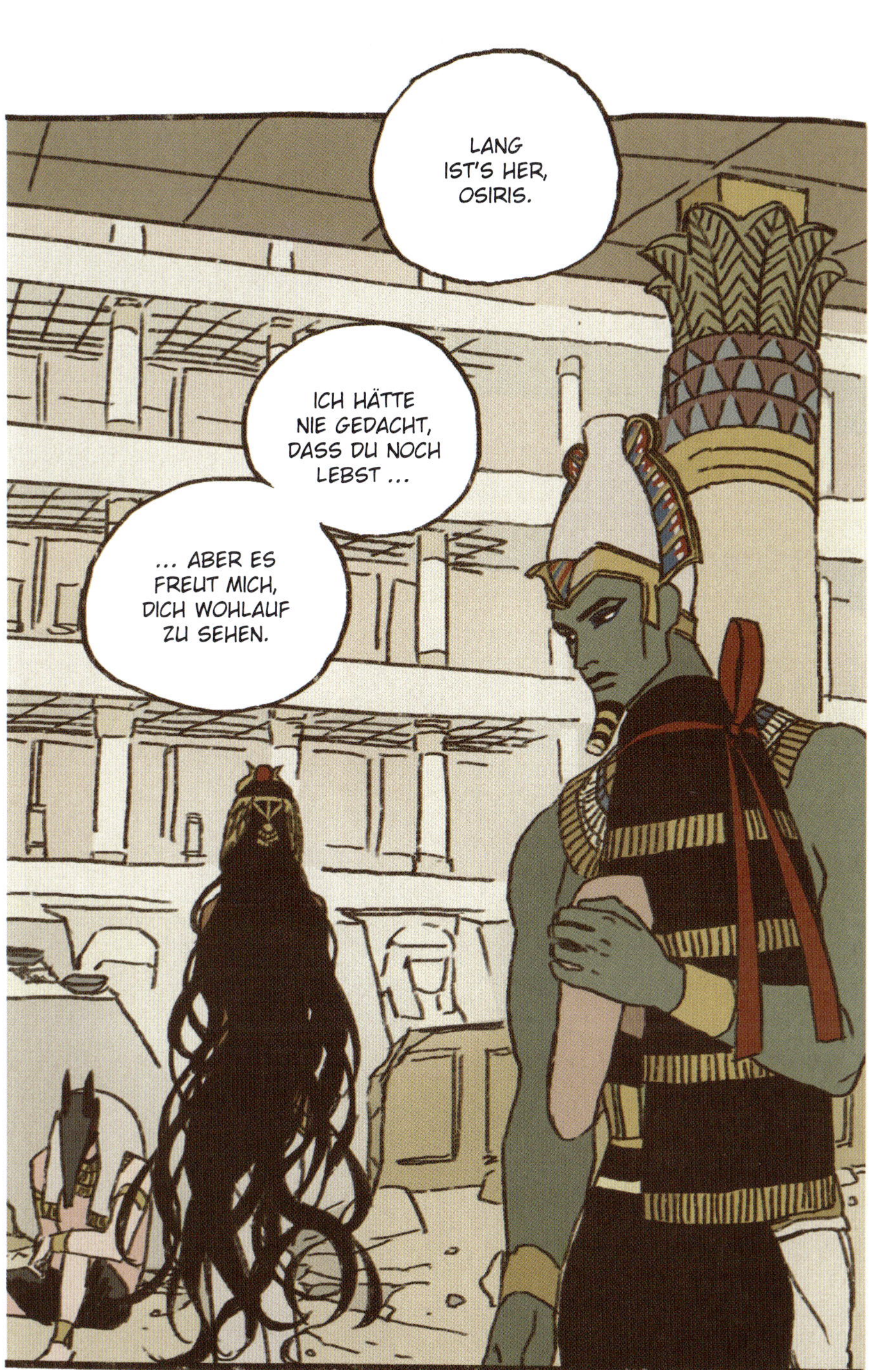
LANG IST'S HER, OSIRIS.
ICH HÄTTE NIE GEDACHT, DASS DU NOCH LEBST …
… ABER ES FREUT MICH, DICH WOHLAUF ZU SEHEN.

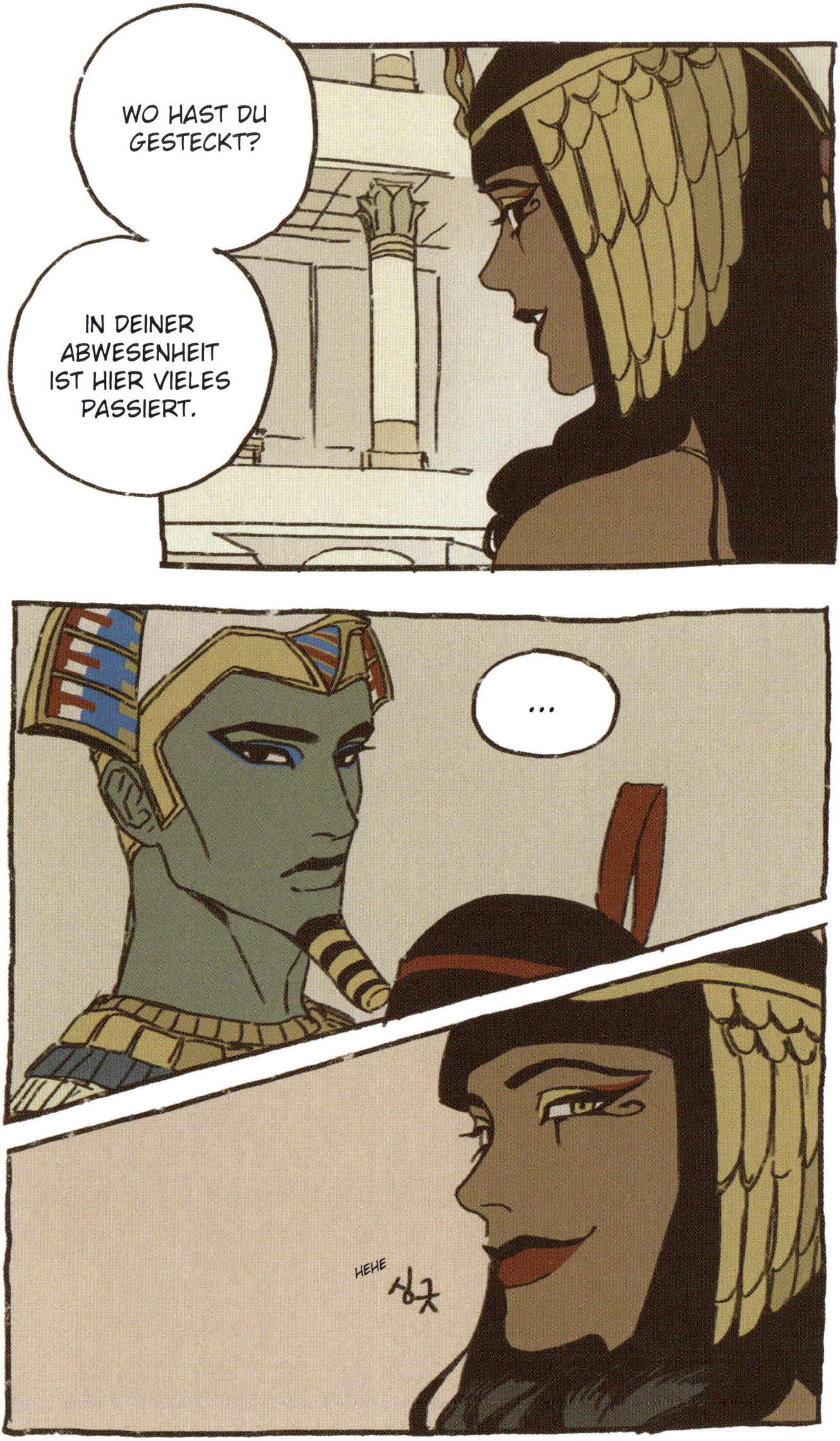

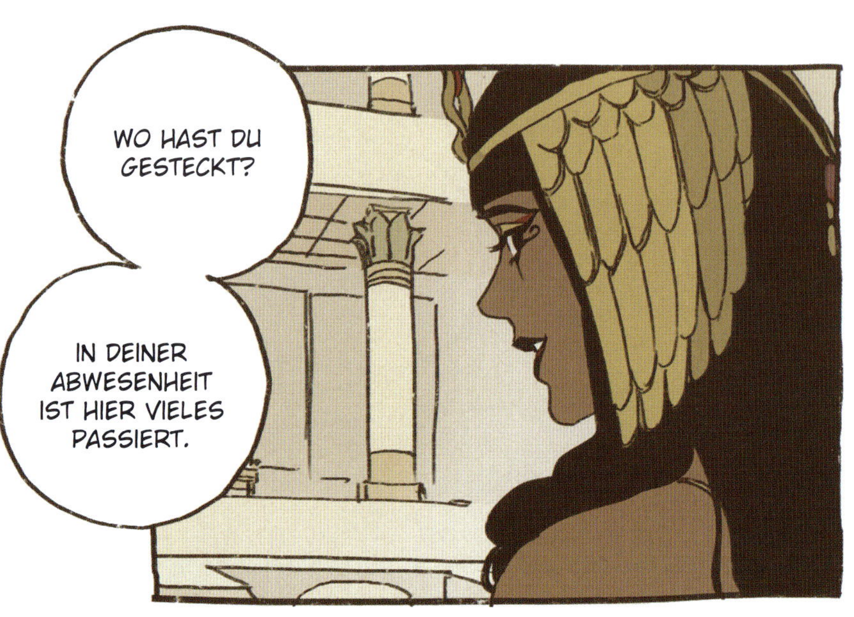
WO HAST DU GESTECKT?
IN DEINER ABWESENHEIT IST HIER VIELES PASSIERT.

...

HEHE
싱긋

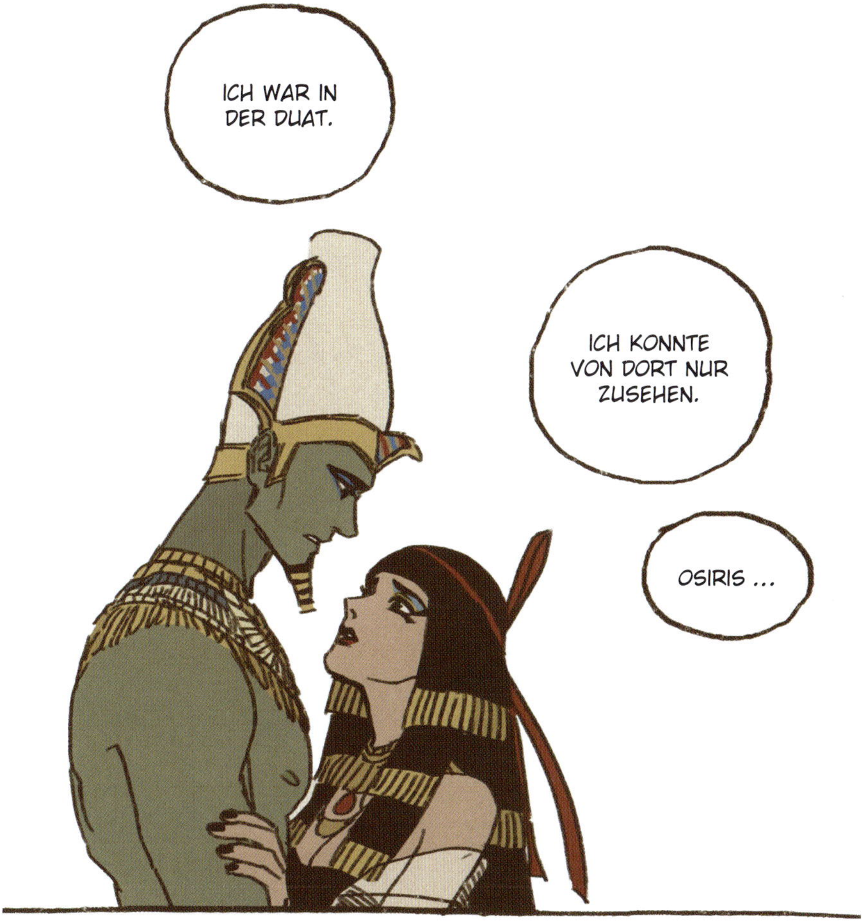

ICH WAR IN DER DUAT.

ICH KONNTE VON DORT NUR ZUSEHEN.

OSIRIS …

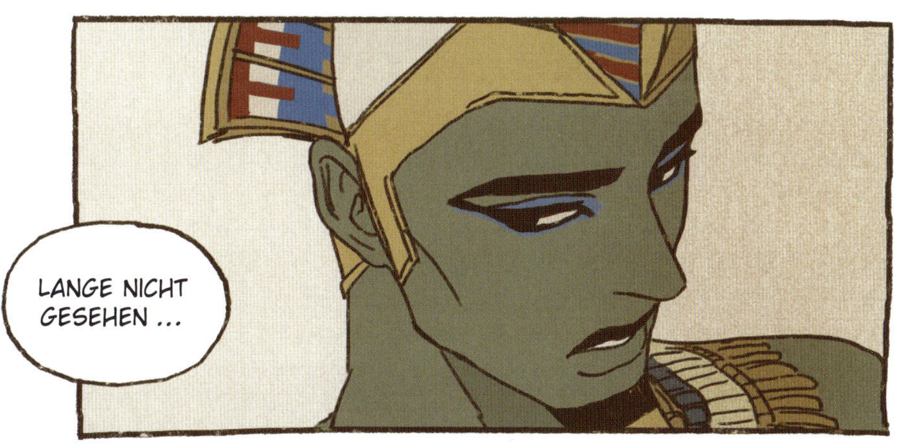

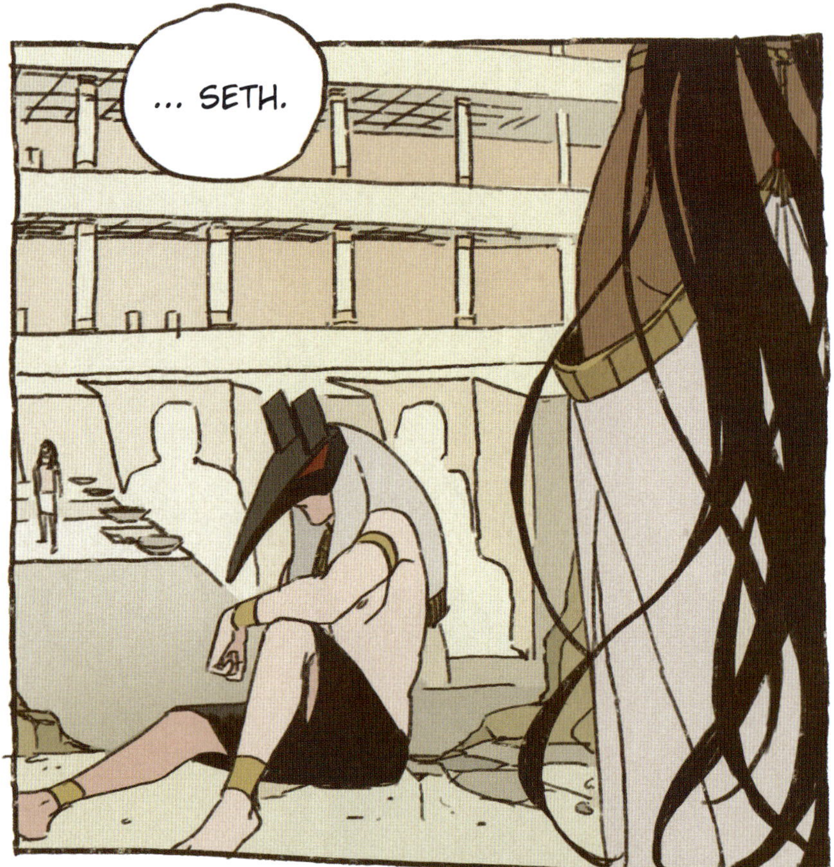

... SETH.

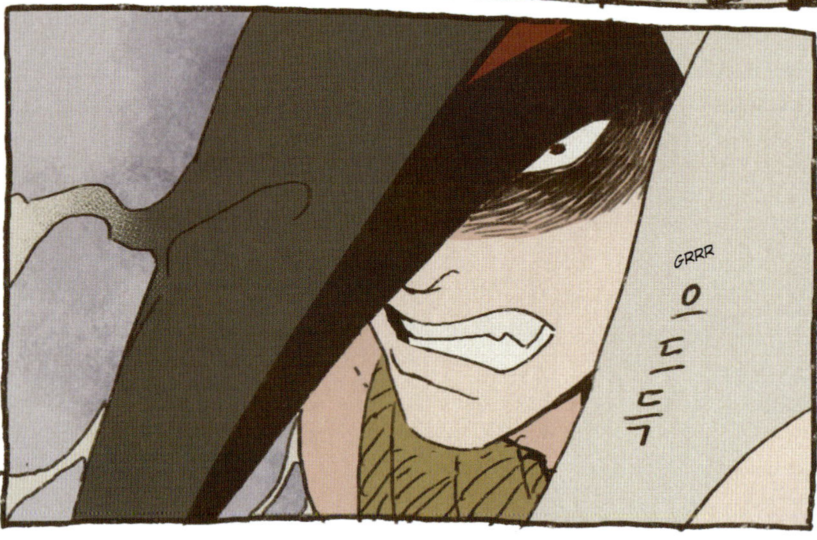

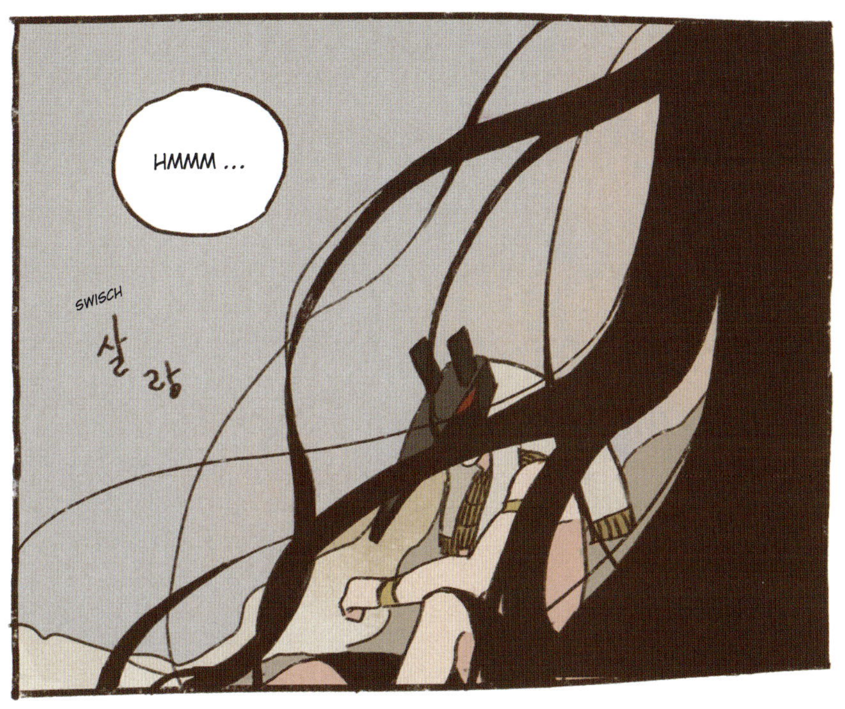

DU BIST AUS DER DUAT ZURÜCKGEKEHRT? DU MUSST ECHT DER GOTT DES LEBENS SEIN.

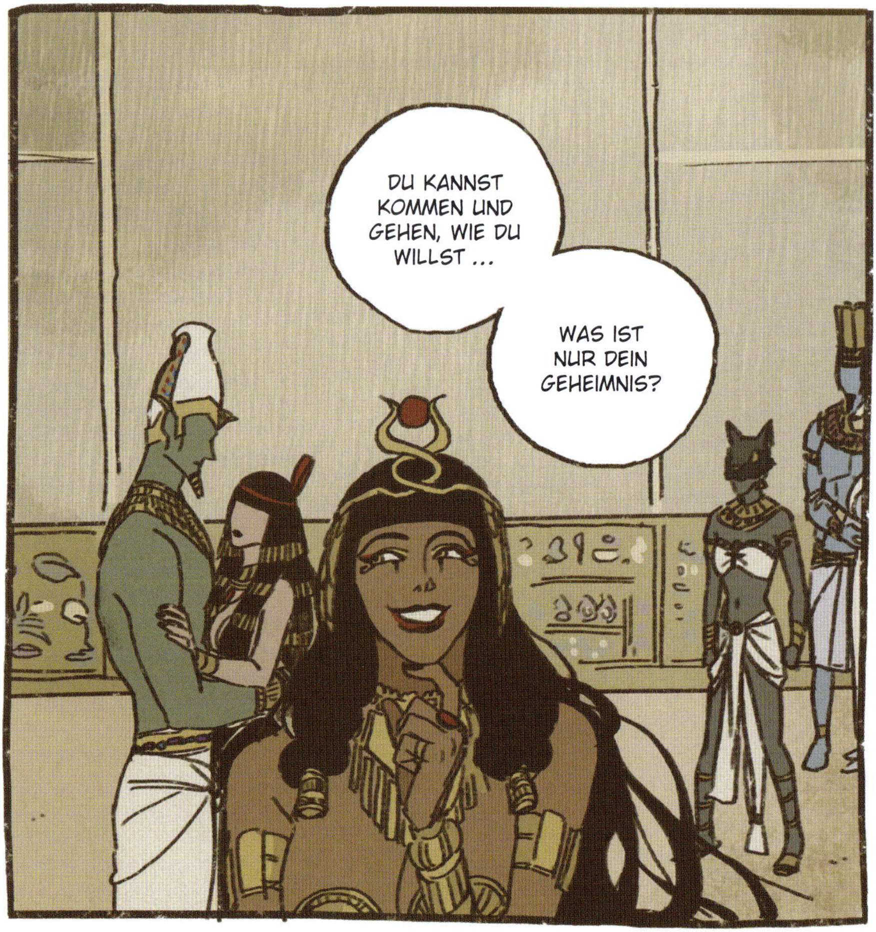

DU KANNST KOMMEN UND GEHEN, WIE DU WILLST …

WAS IST NUR DEIN GEHEIMNIS?

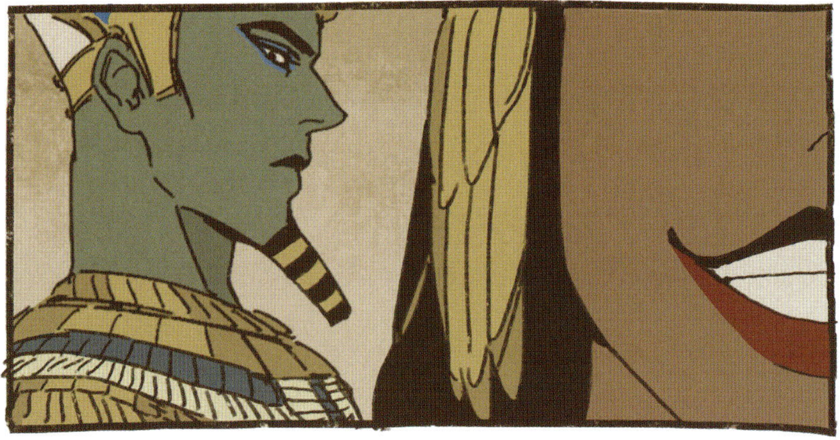

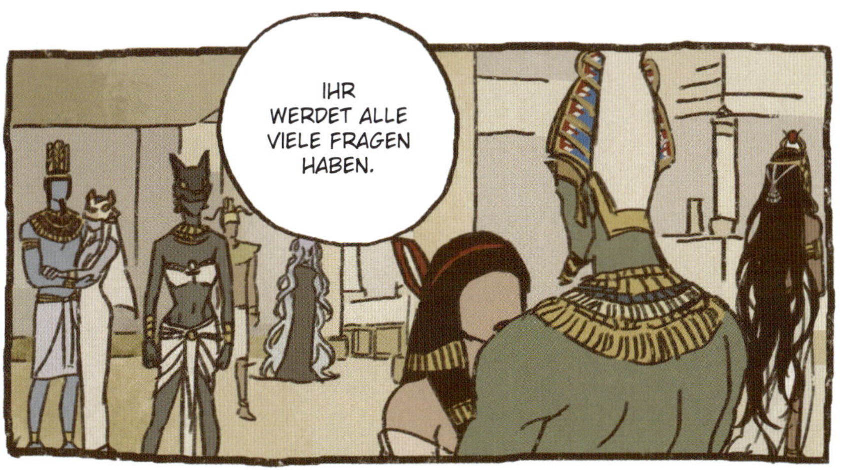
IHR
WERDET ALLE
VIELE FRAGEN
HABEN.

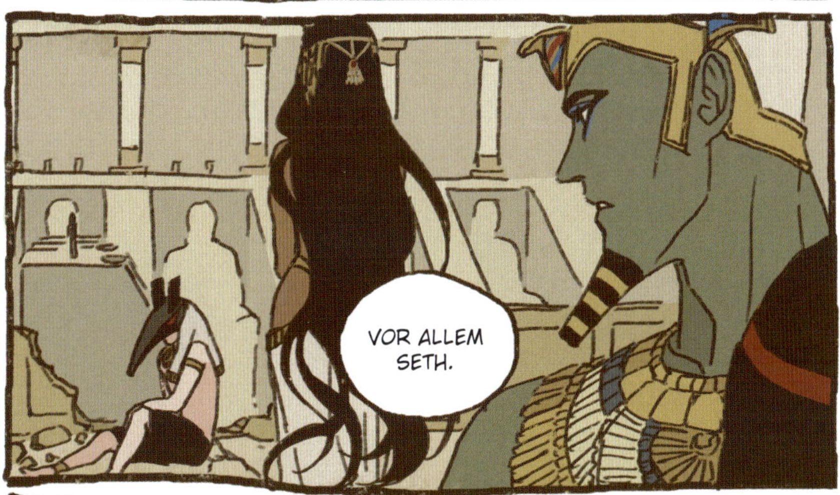
VOR ALLEM
SETH.

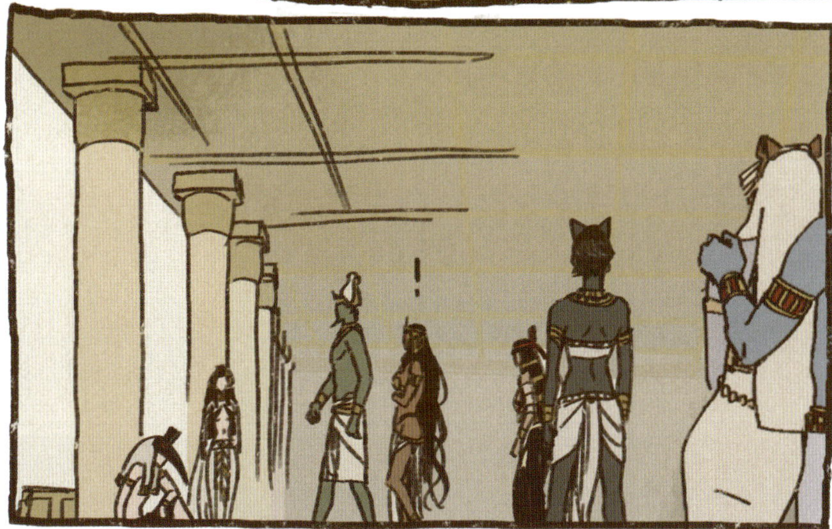
!

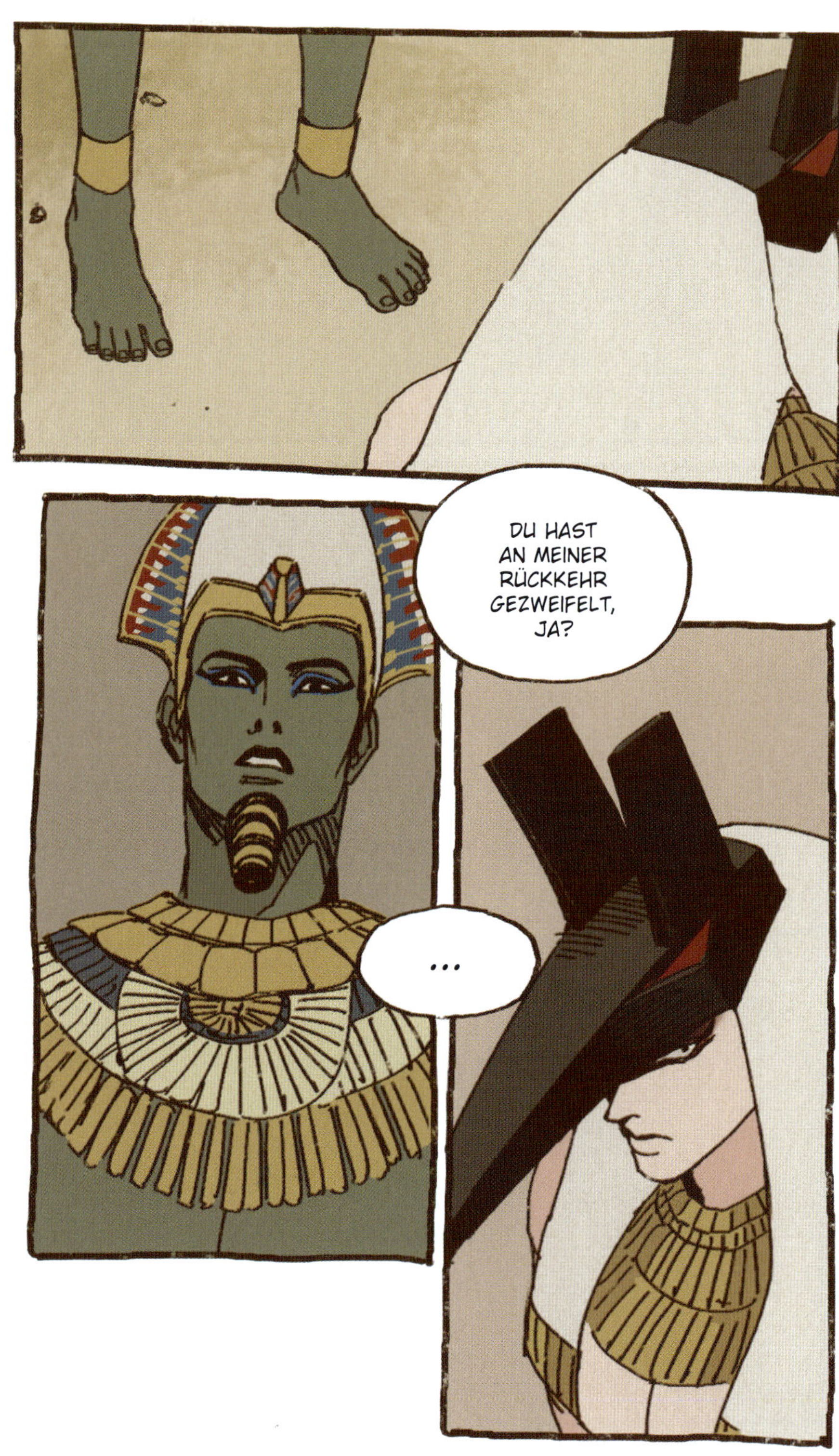
DU HAST AN MEINER RÜCKKEHR GEZWEIFELT, JA?
...

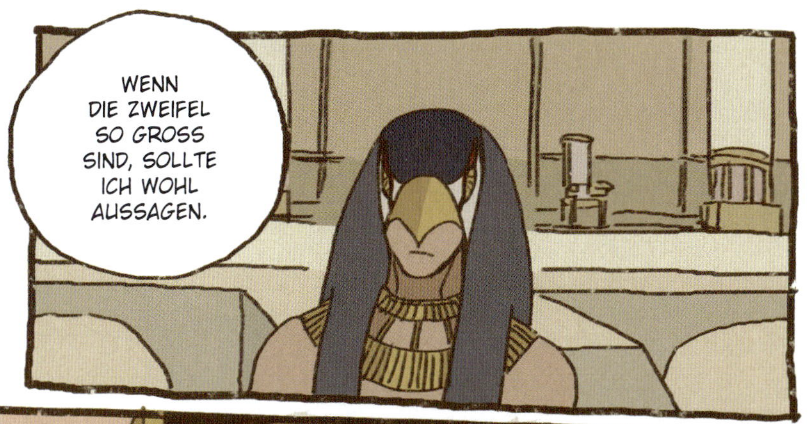
WENN DIE ZWEIFEL SO GROSS SIND, SOLLTE ICH WOHL AUSSAGEN.

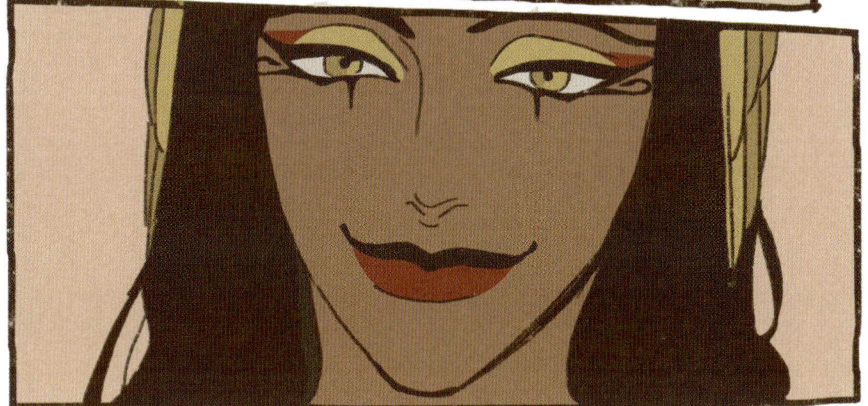

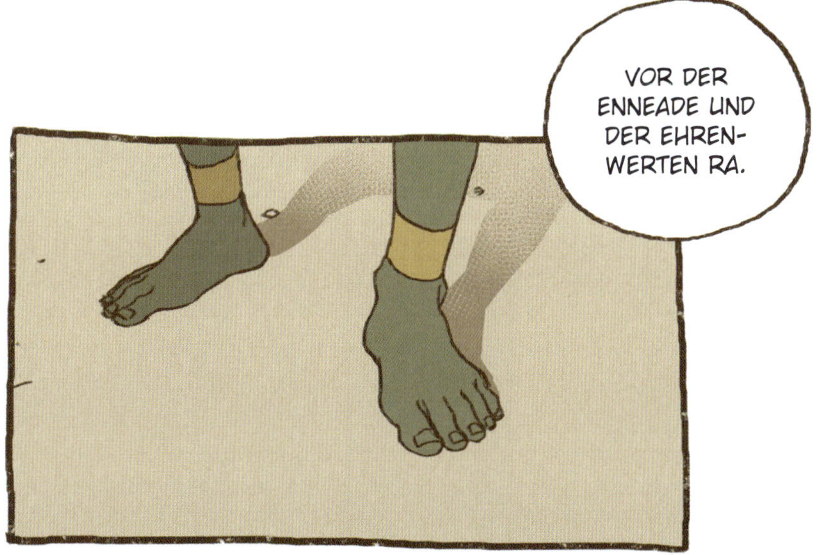
VOR DER ENNEADE UND DER EHREN-WERTEN RA.

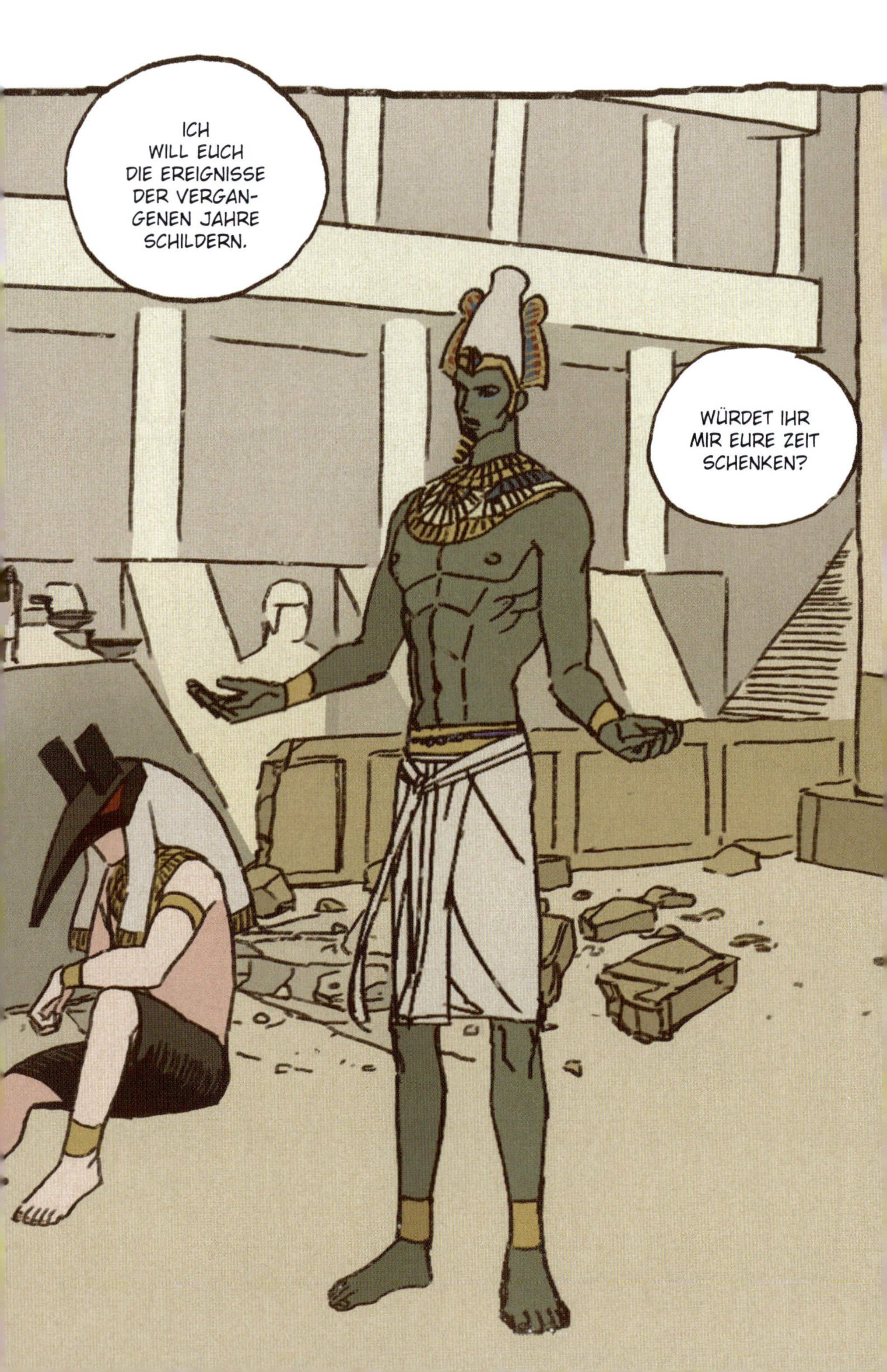
ICH WILL EUCH DIE EREIGNISSE DER VERGAN-GENEN JAHRE SCHILDERN.
WÜRDET IHR MIR EURE ZEIT SCHENKEN?

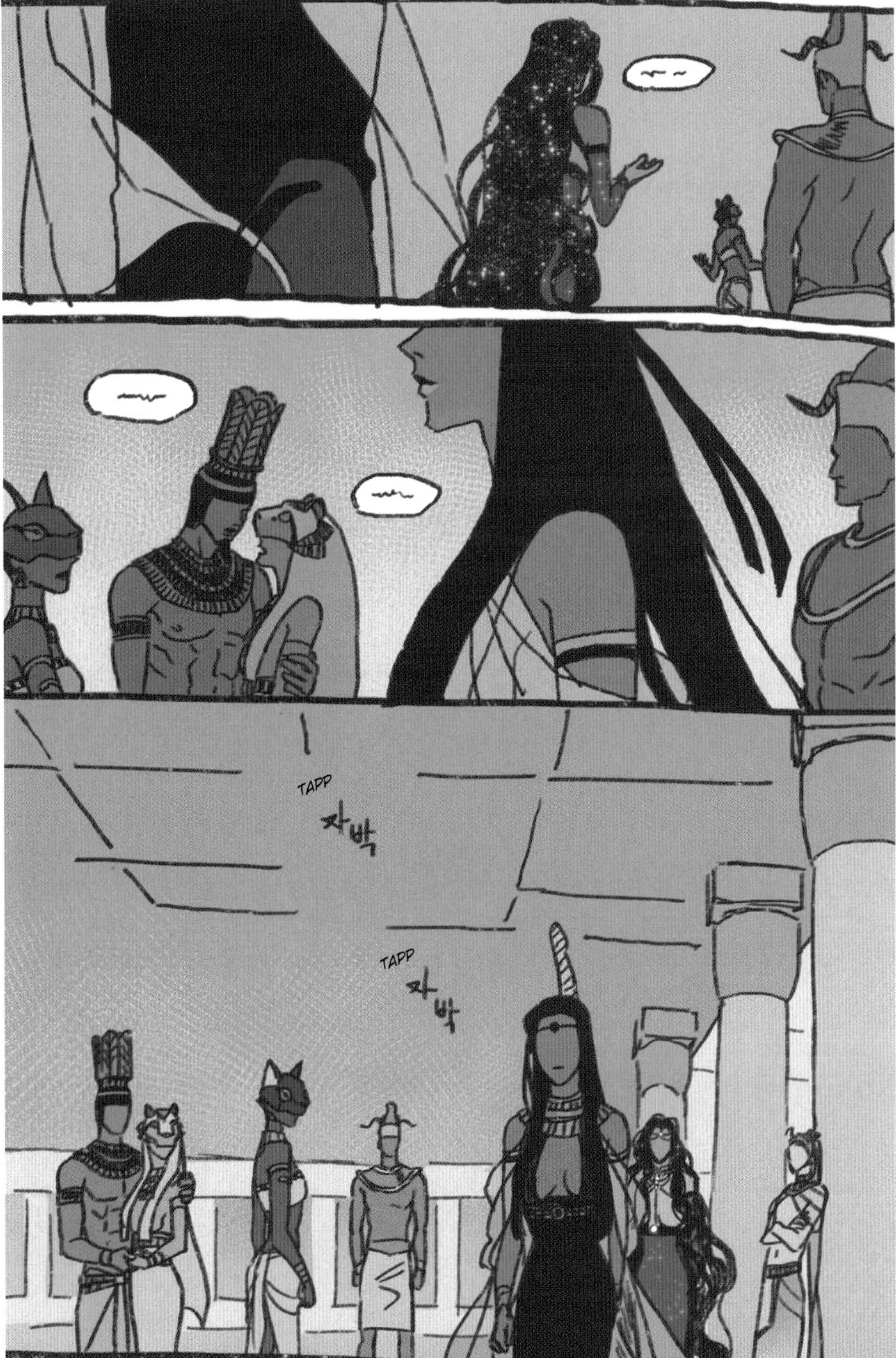
TAPP
자박
TAPP
자박

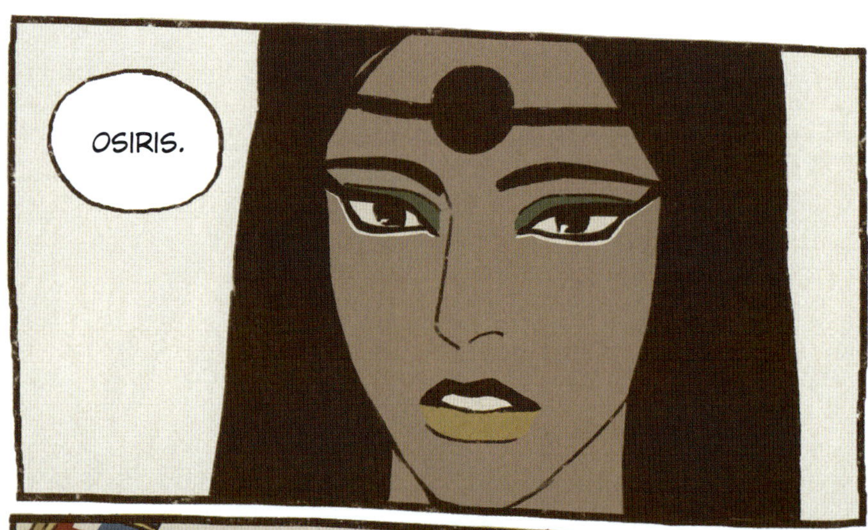
OSIRIS.

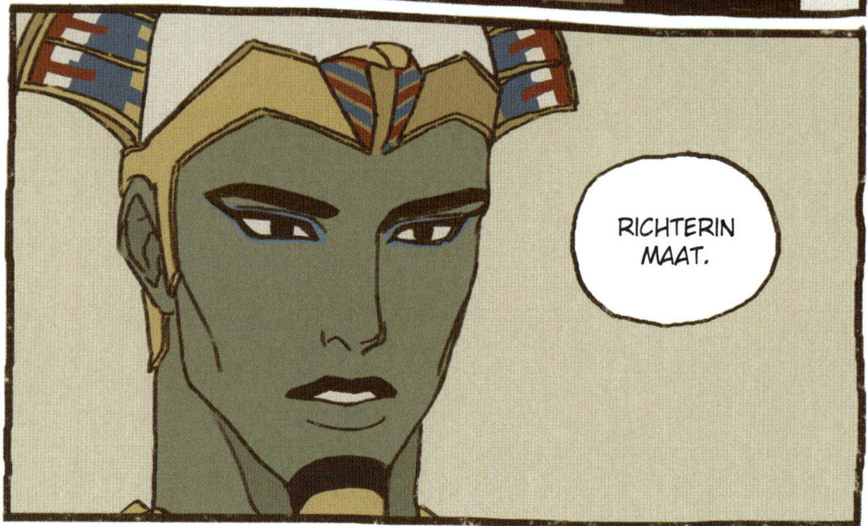
RICHTERIN
MAAT.

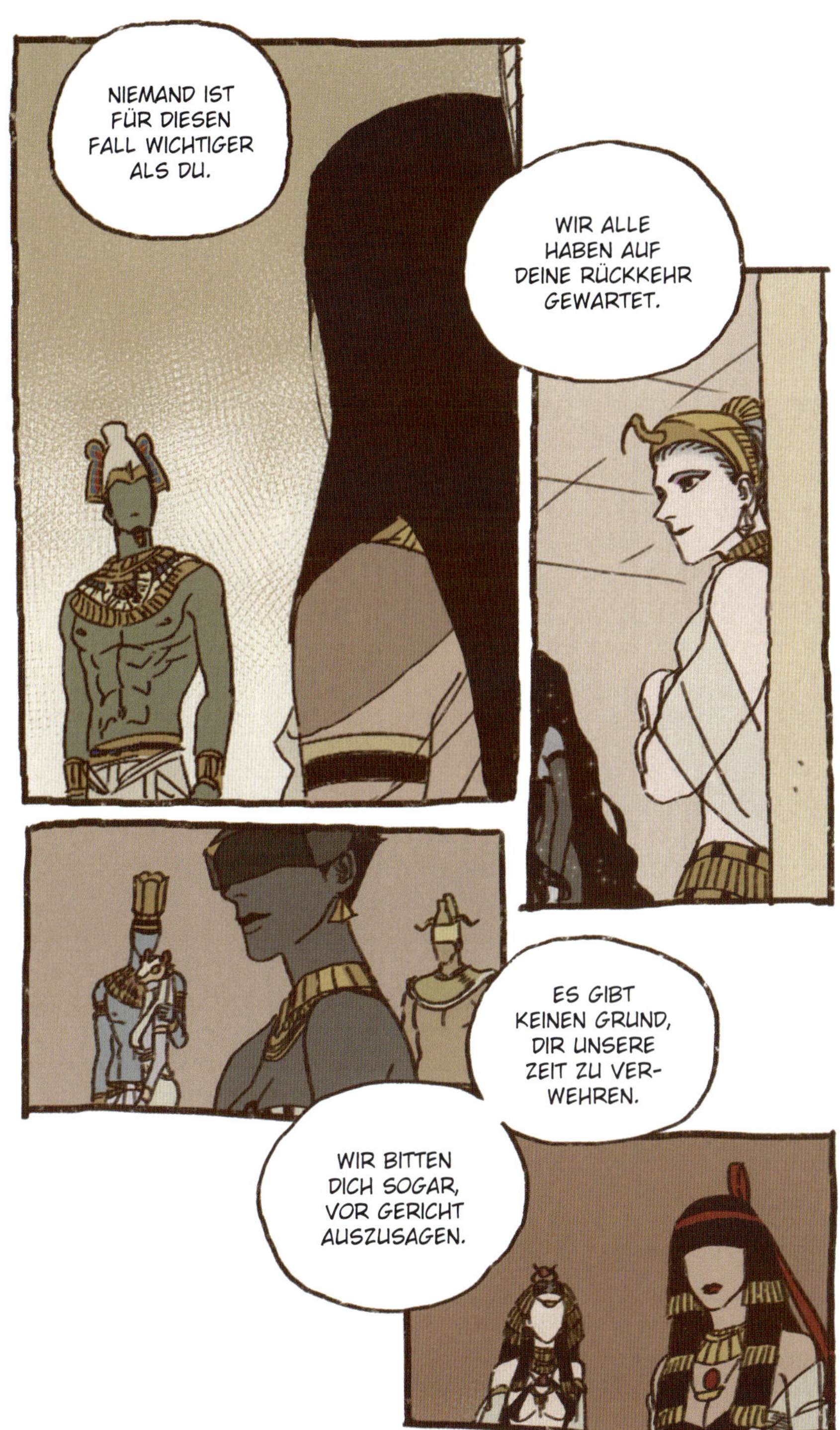
NIEMAND IST FÜR DIESEN FALL WICHTIGER ALS DU.
WIR ALLE HABEN AUF DEINE RÜCKKEHR GEWARTET.
ES GIBT KEINEN GRUND, DIR UNSERE ZEIT ZU VER-WEHREN.
WIR BITTEN DICH SOGAR, VOR GERICHT AUSZUSAGEN.

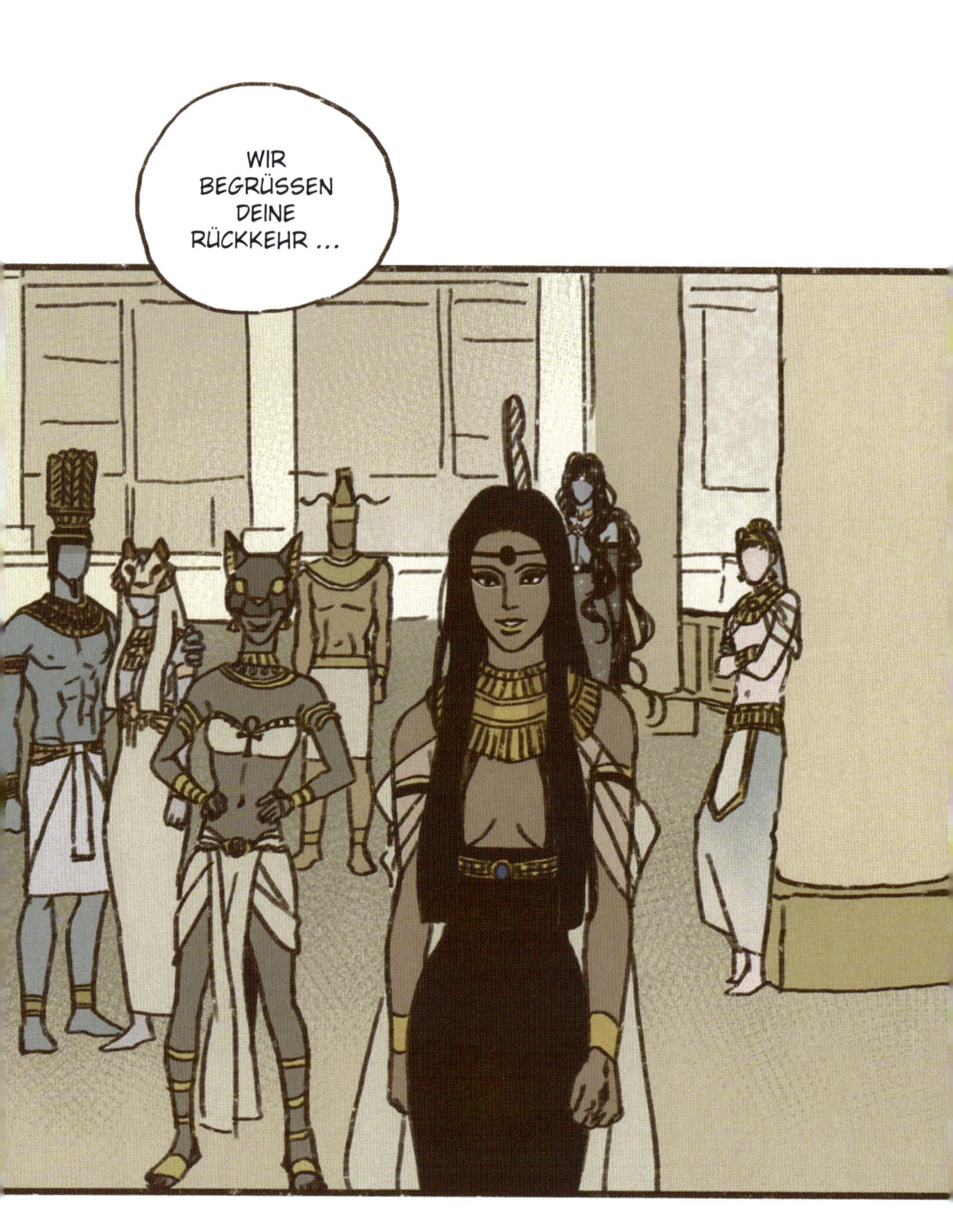
WIR BEGRÜSSEN DEINE RÜCKKEHR …

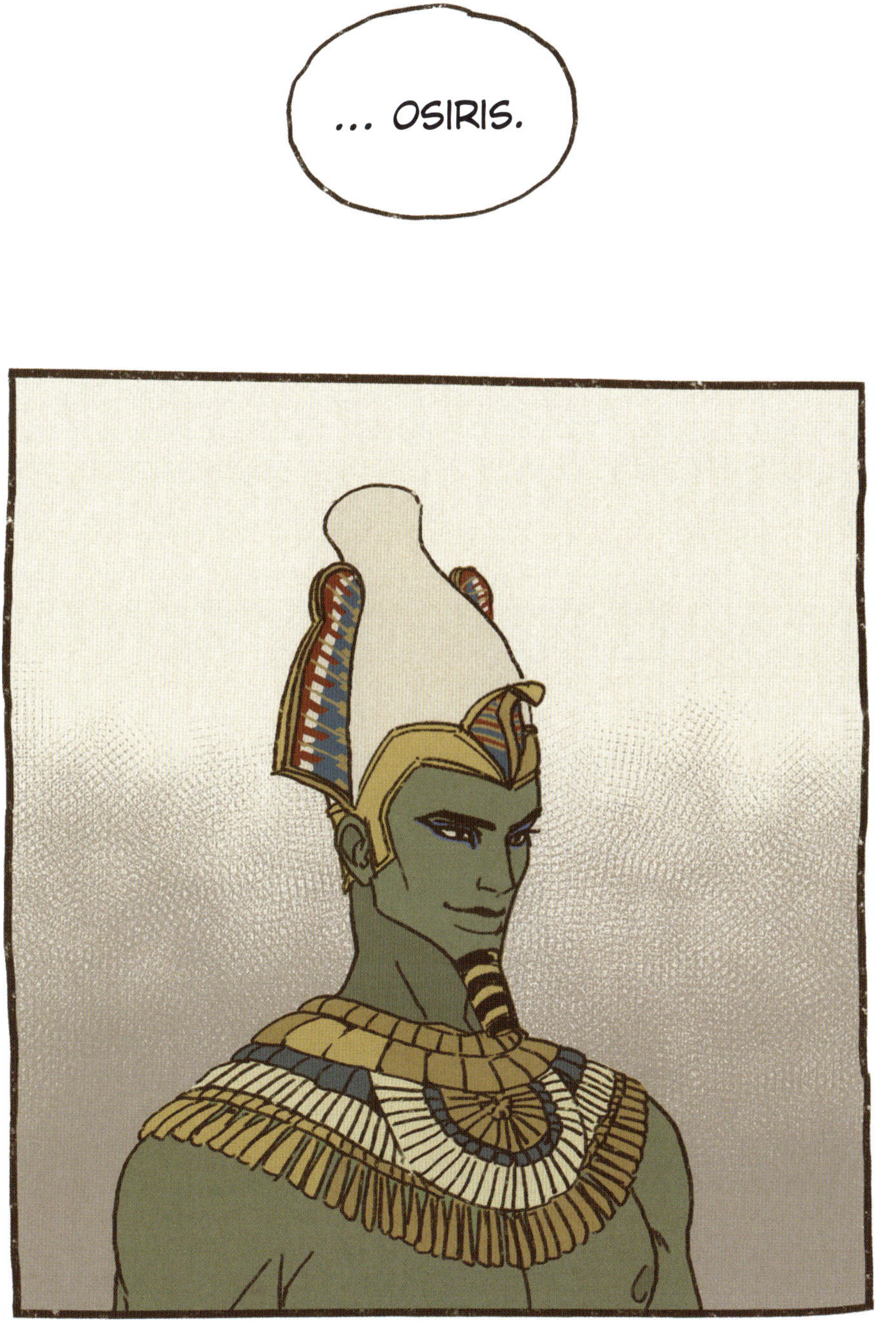

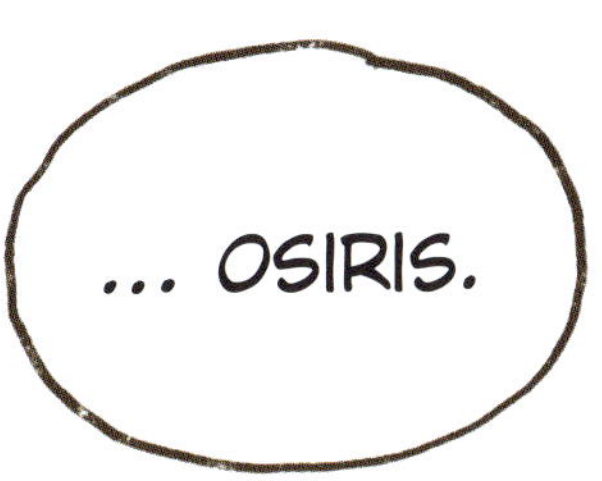
... OSIRIS.

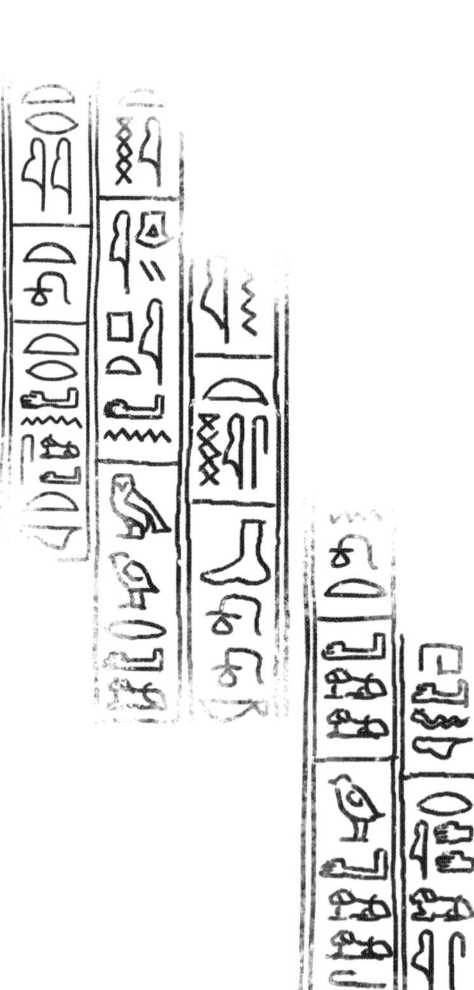

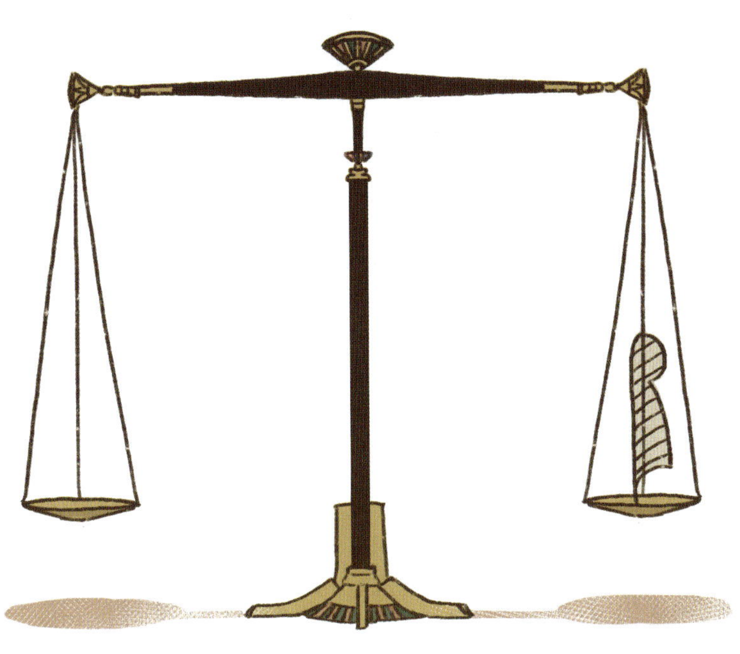

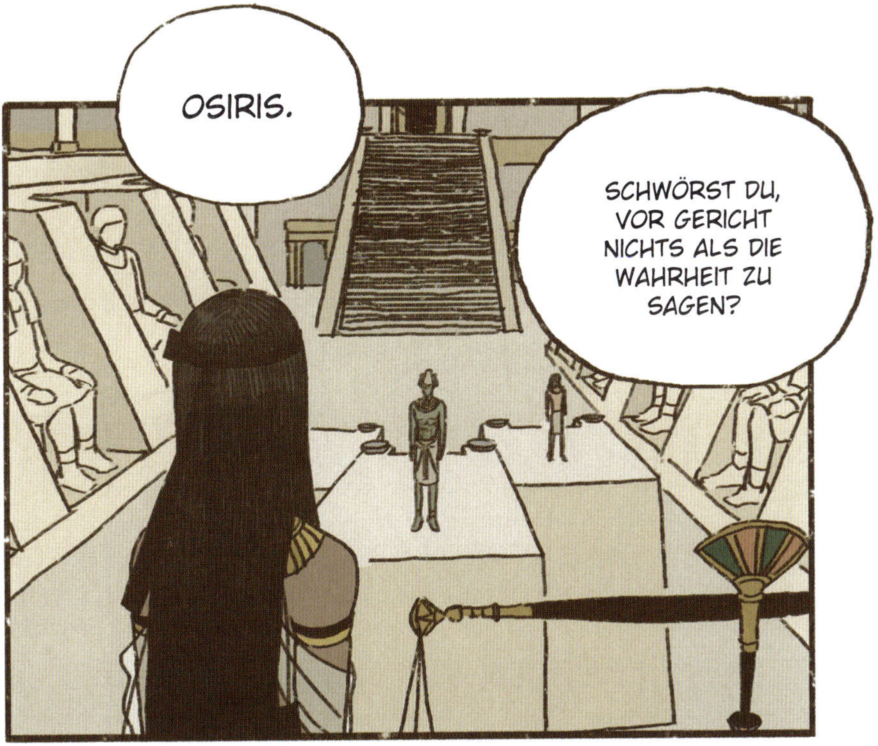

OSIRIS.

SCHWÖRST DU, VOR GERICHT NICHTS ALS DIE WAHRHEIT ZU SAGEN?

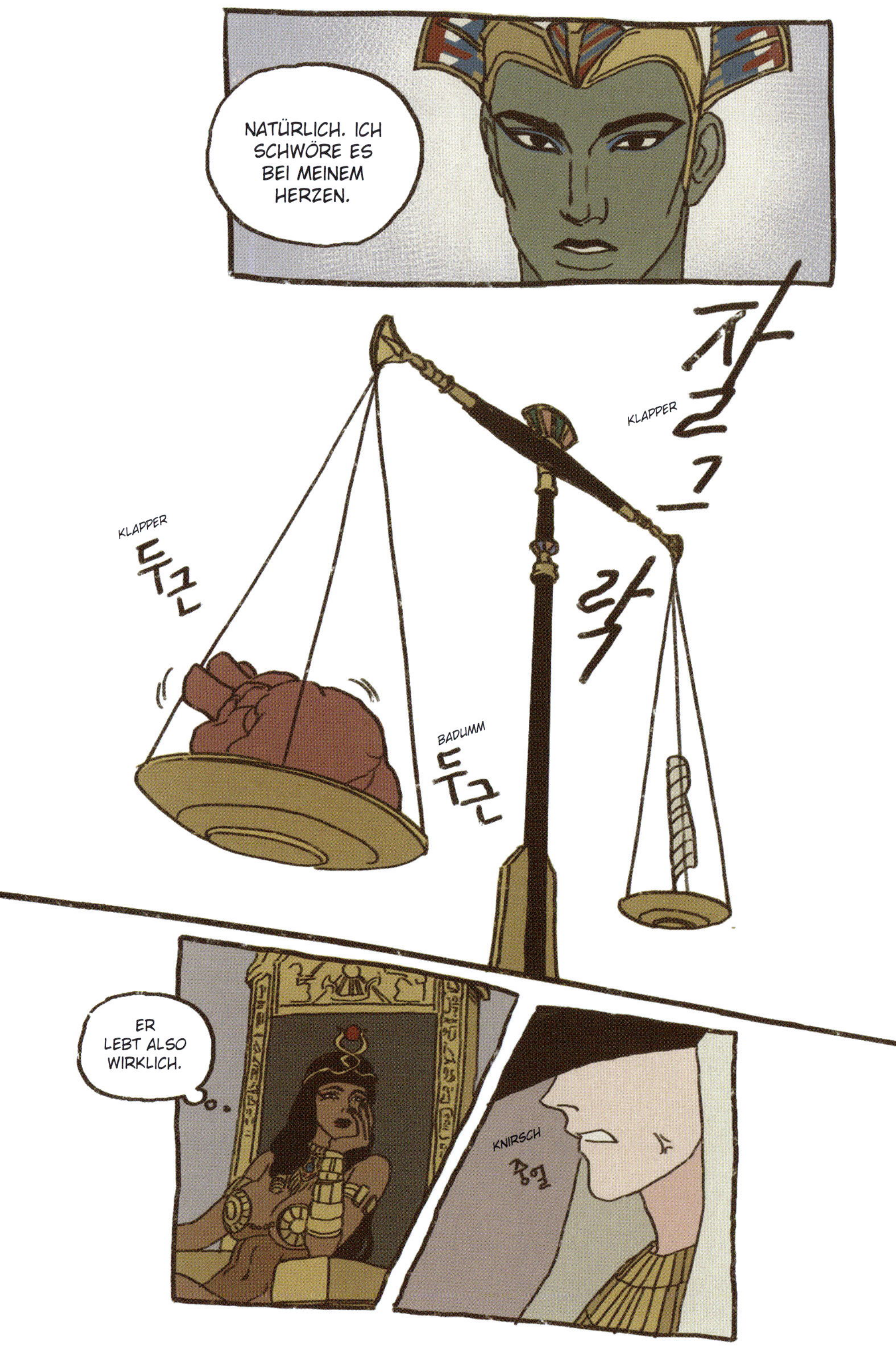

NATÜRLICH. ICH SCHWÖRE ES BEI MEINEM HERZEN.
KLAPPER
KLAPPER
BADUMM
ER LEBT ALSO WIRKLICH.
KNIRSCH

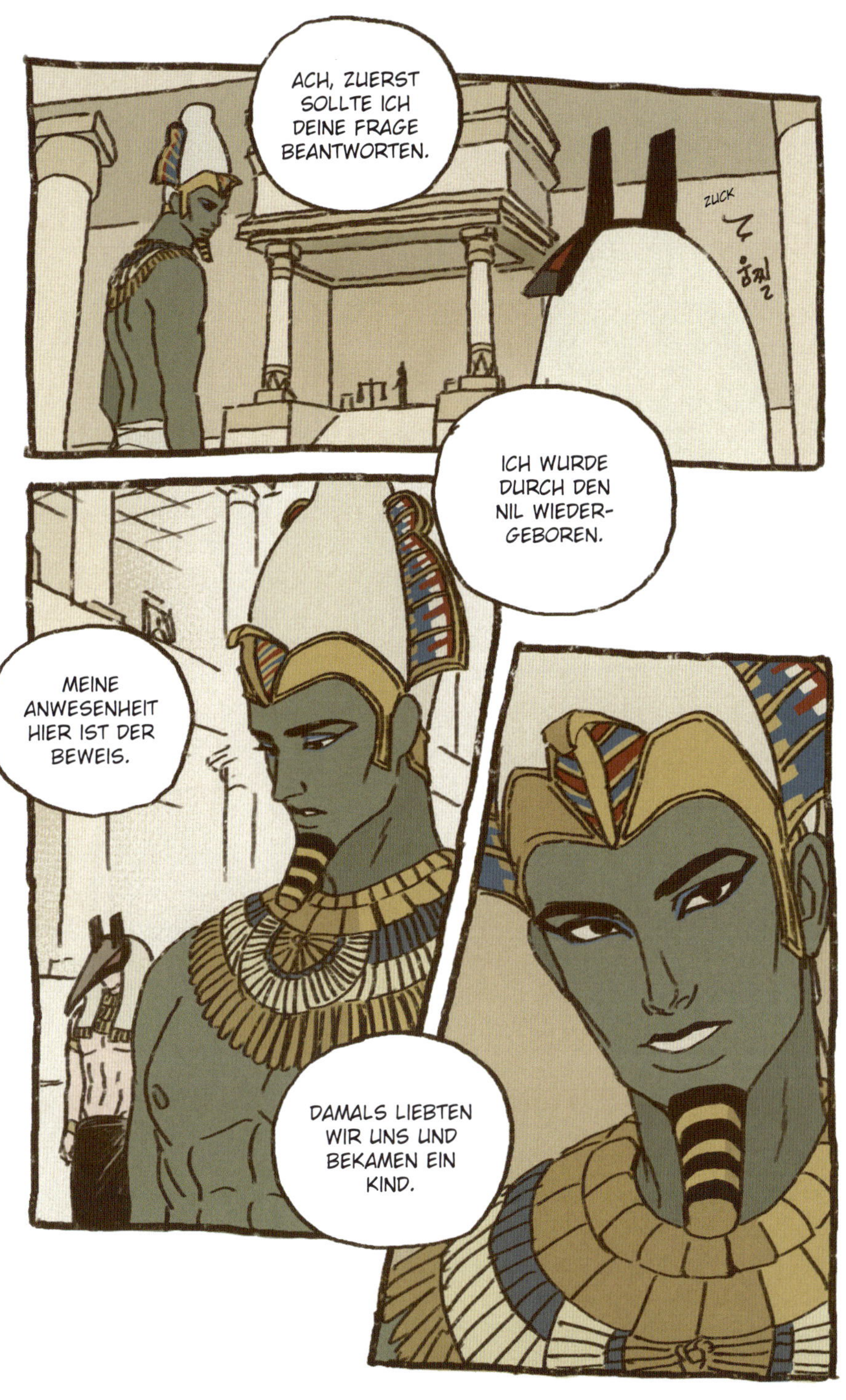
ACH, ZUERST SOLLTE ICH DEINE FRAGE BEANTWORTEN.
ZUCK
움찔
ICH WURDE DURCH DEN NIL WIEDER-GEBOREN.
MEINE ANWESENHEIT HIER IST DER BEWEIS.
DAMALS LIEBTEN WIR UNS UND BEKAMEN EIN KIND.

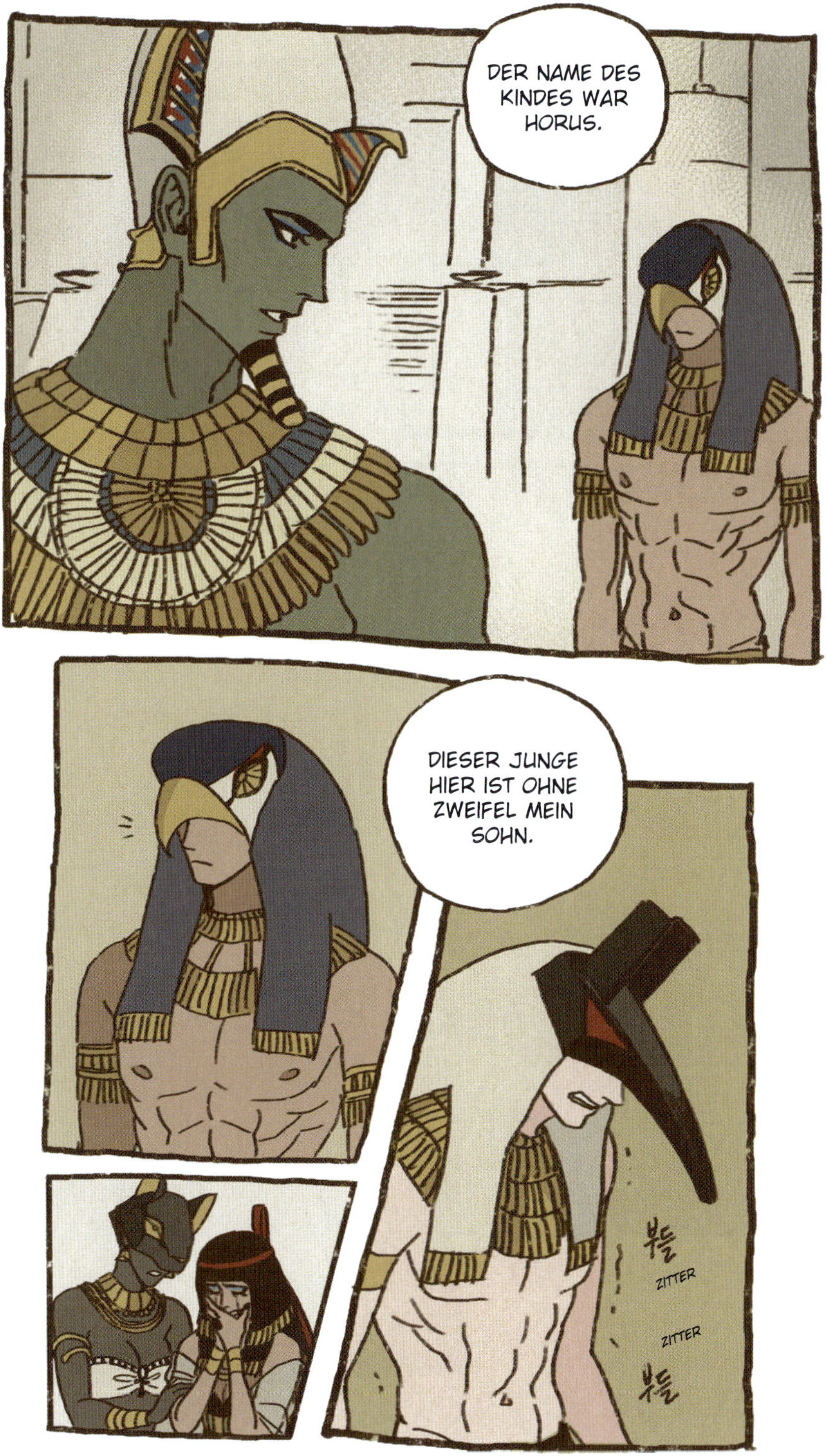

DER NAME DES KINDES WAR HORUS.

DIESER JUNGE HIER IST OHNE ZWEIFEL MEIN SOHN.

부들

ZITTER

ZITTER

부들

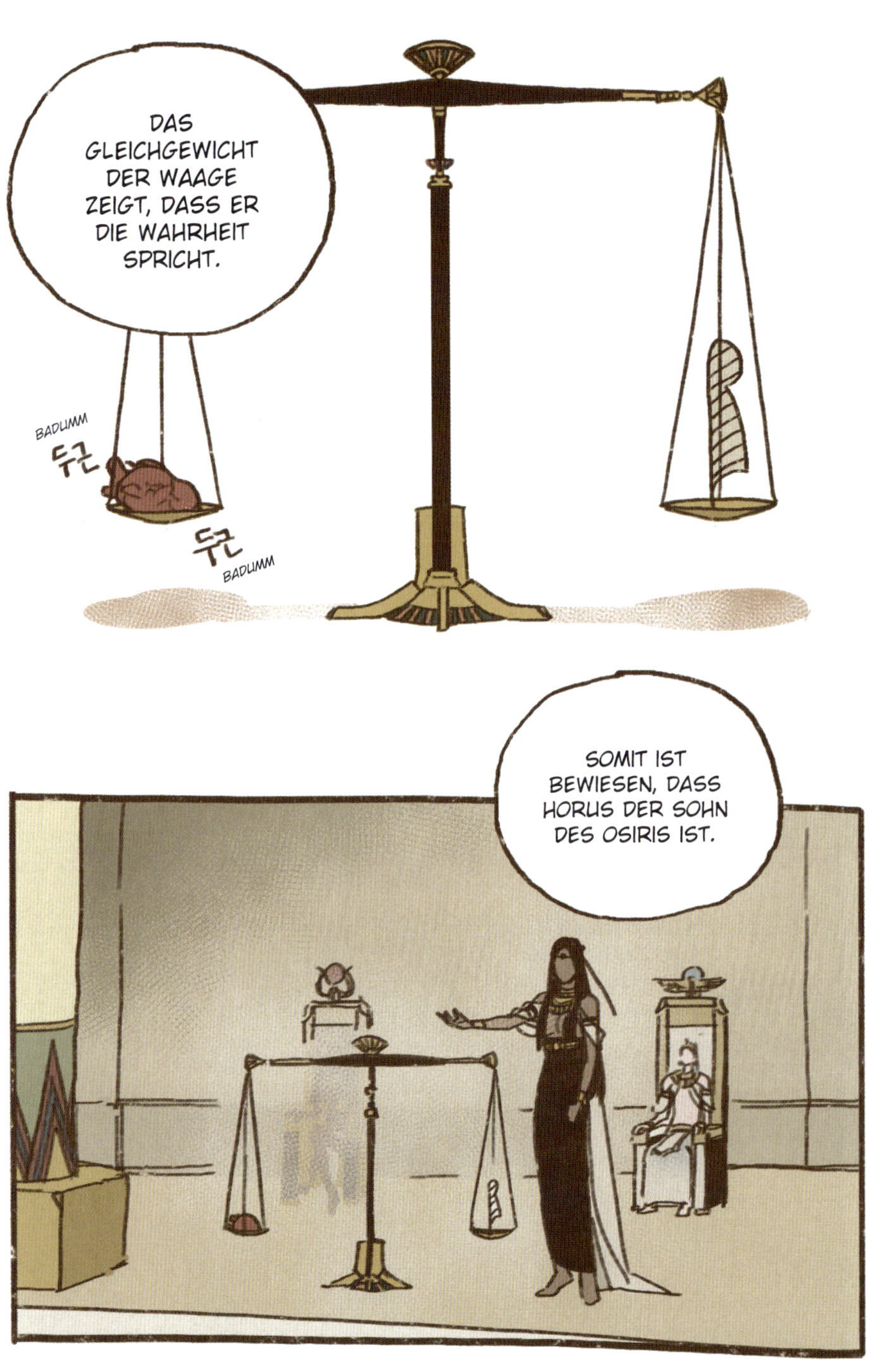
DAS GLEICHGEWICHT DER WAAGE ZEIGT, DASS ER DIE WAHRHEIT SPRICHT.
BADUMM
두근
두근
BADUMM
SOMIT IST BEWIESEN, DASS HORUS DER SOHN DES OSIRIS IST.

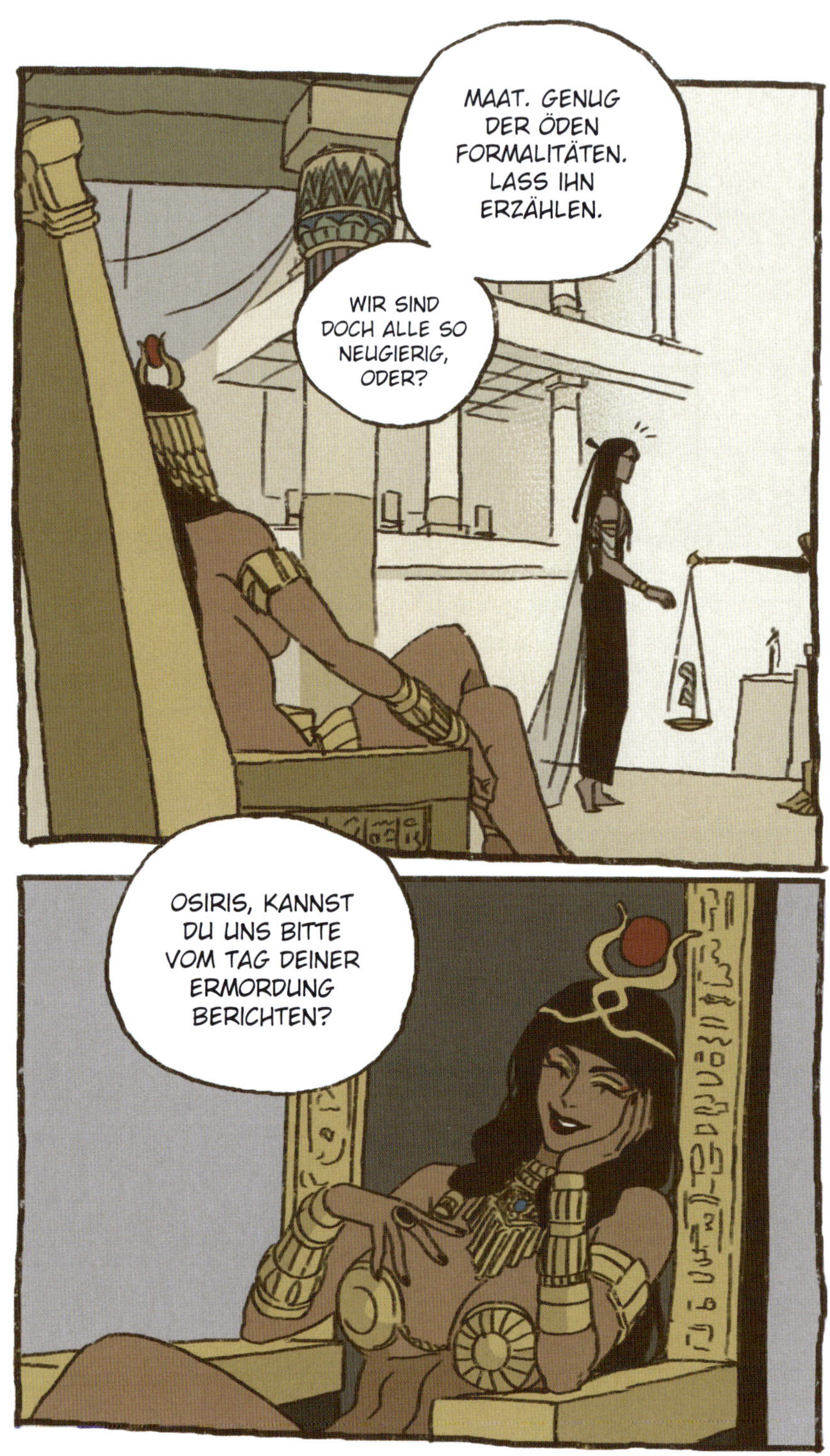
MAAT. GENUG DER ÖDEN FORMALITÄTEN. LASS IHN ERZÄHLEN.
WIR SIND DOCH ALLE SO NEUGIERIG, ODER?
OSIRIS, KANNST DU UNS BITTE VOM TAG DEINER ERMORDUNG BERICHTEN?

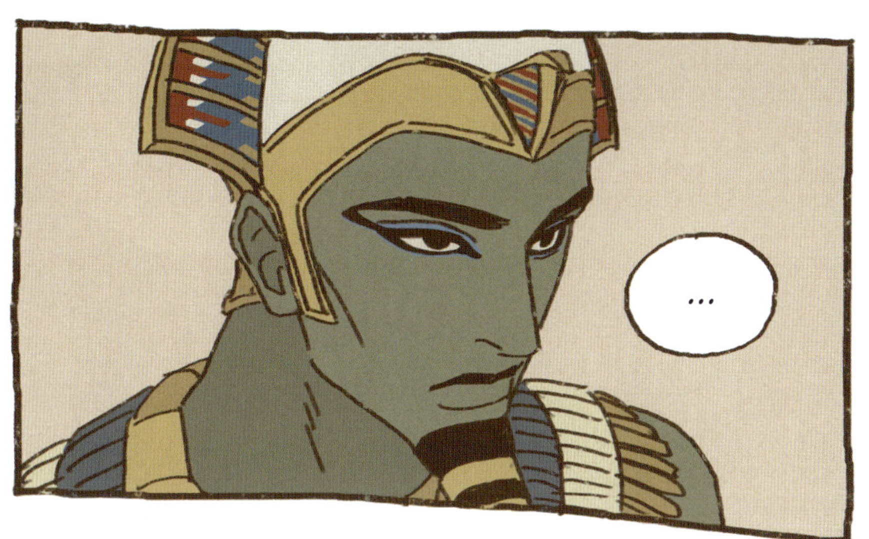

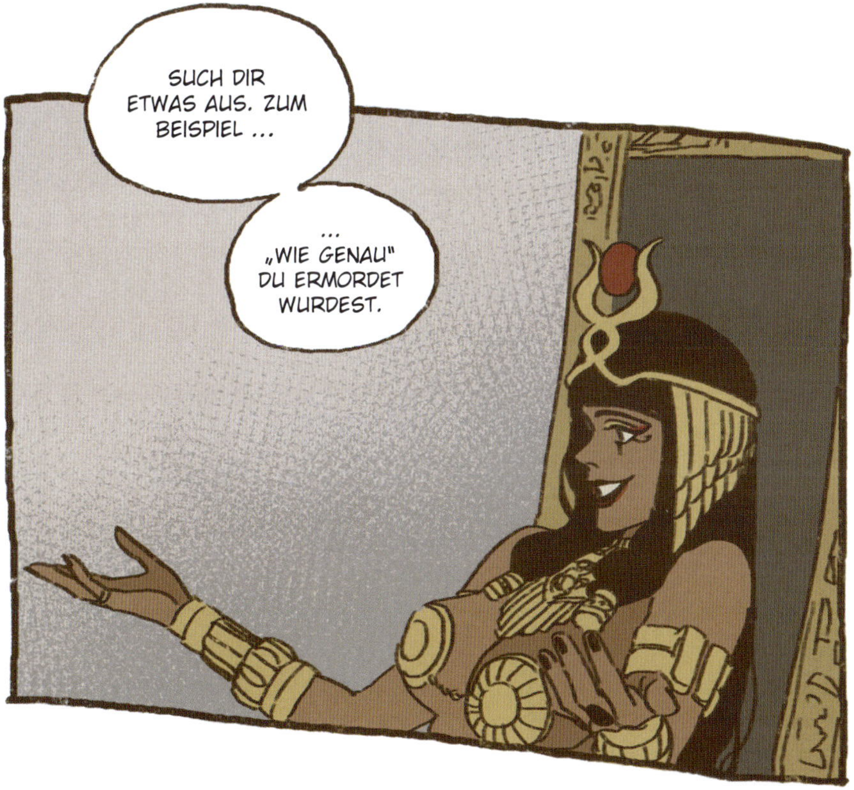

SUCH DIR ETWAS AUS. ZUM BEISPIEL …

… „WIE GENAU“ DU ERMORDET WURDEST.

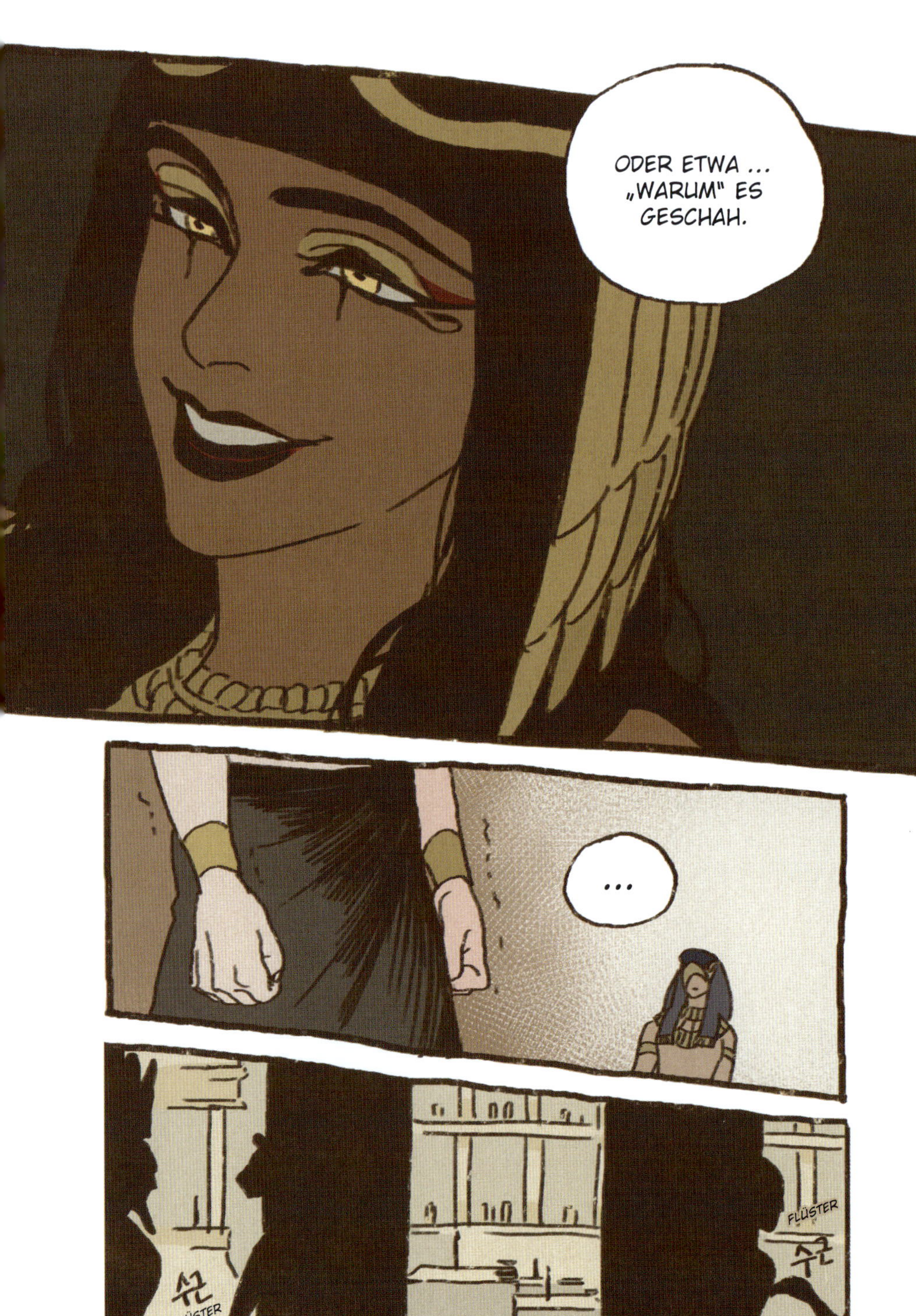
ODER ETWA ...
„WARUM" ES
GESCHAH.
...
FLÜSTER
FLÜSTER

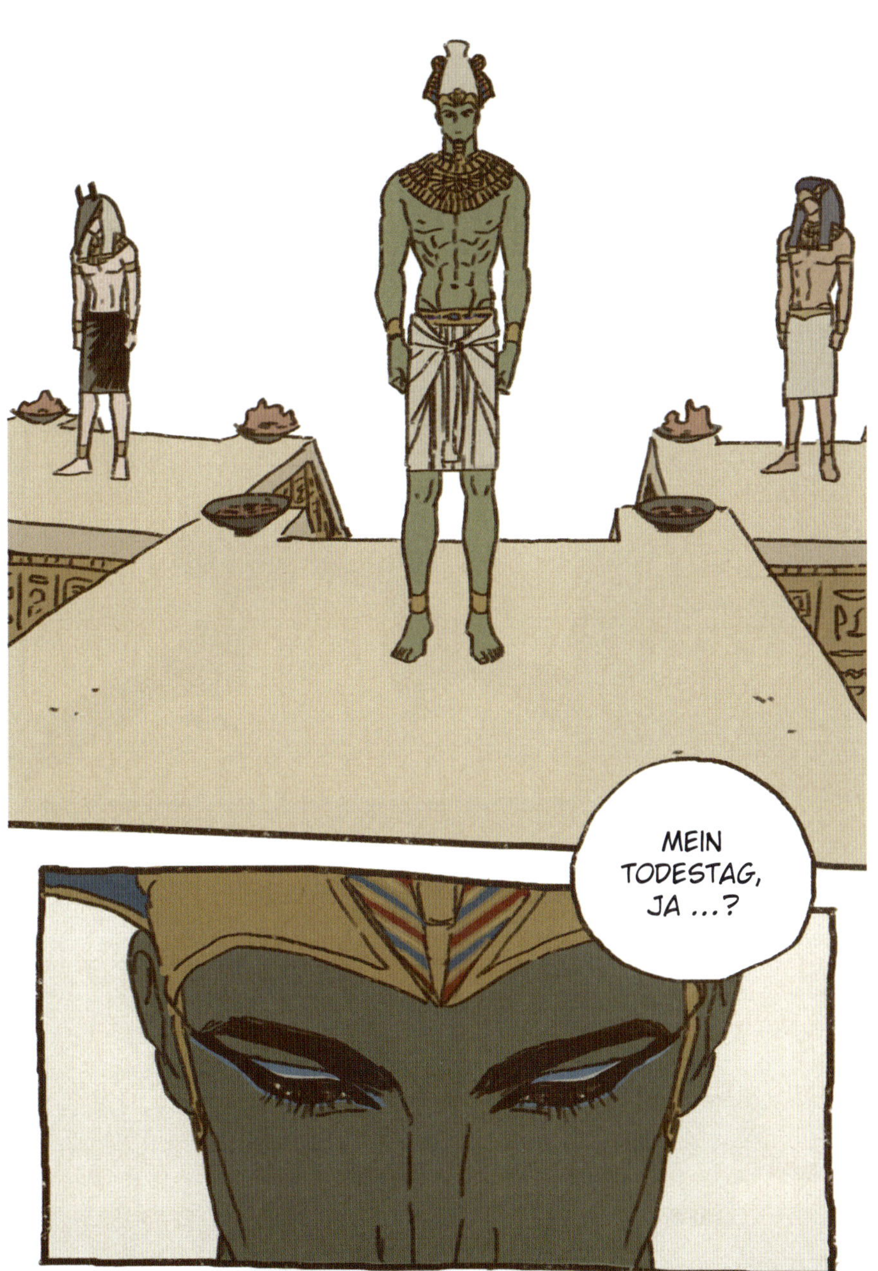
MEIN TODESTAG, JA ...?

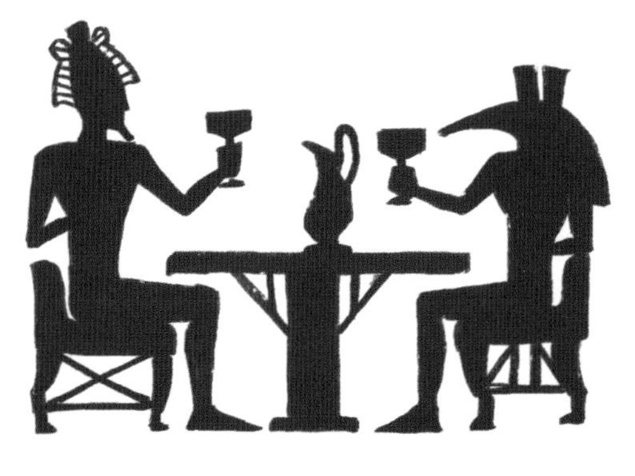

ES WAR DAS ERSTE MAL, DASS ICH MIT SETH TRANK.

WIR REDETEN VIEL UND VOM ALKOHOL BESCHWINGT, ÖFFNETEN WIR UNSERE HERZEN.

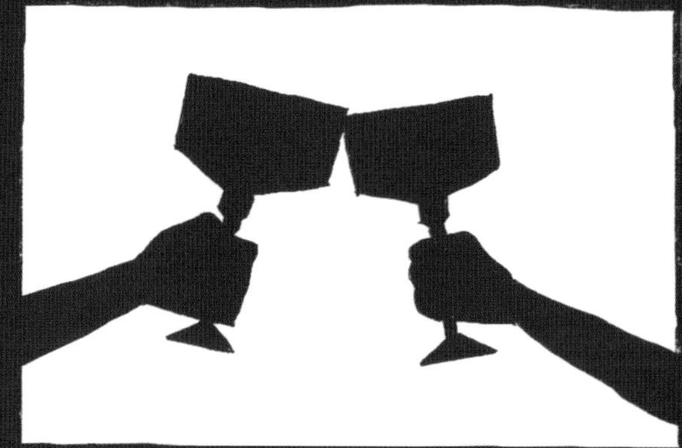

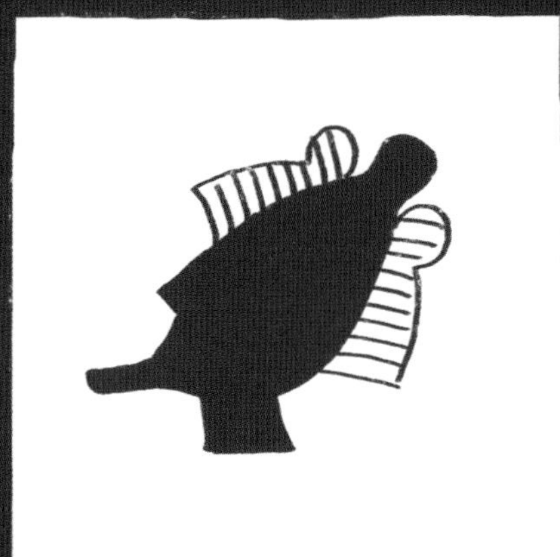

DOCH DANN ...

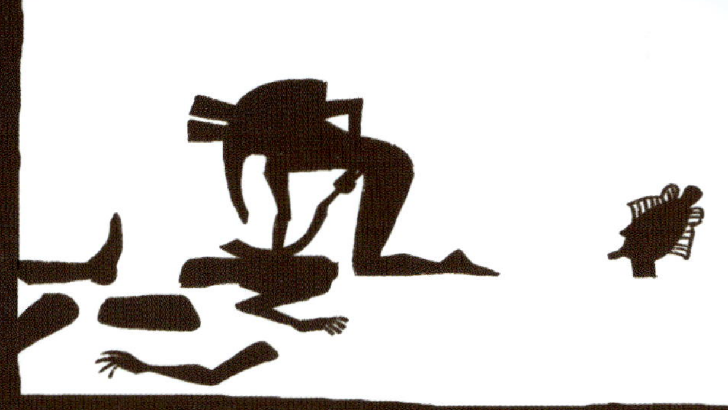
… ALS ICH DIE AUGEN ÖFFNETE, ZERTEILTE SETH MEINEN KÖRPER.

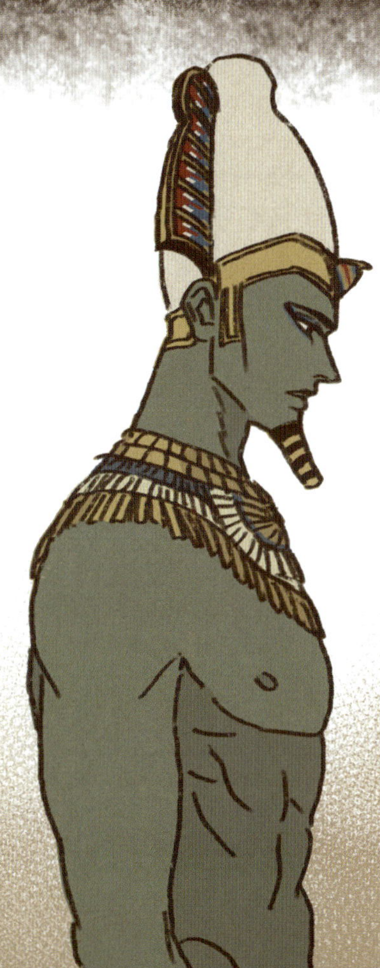
ICH KONNTE NUR ZUSEHEN, WÄHREND ER ES TAT.
SO TRIEB ICH DEN FLUSS DER DUAT ENTLANG.

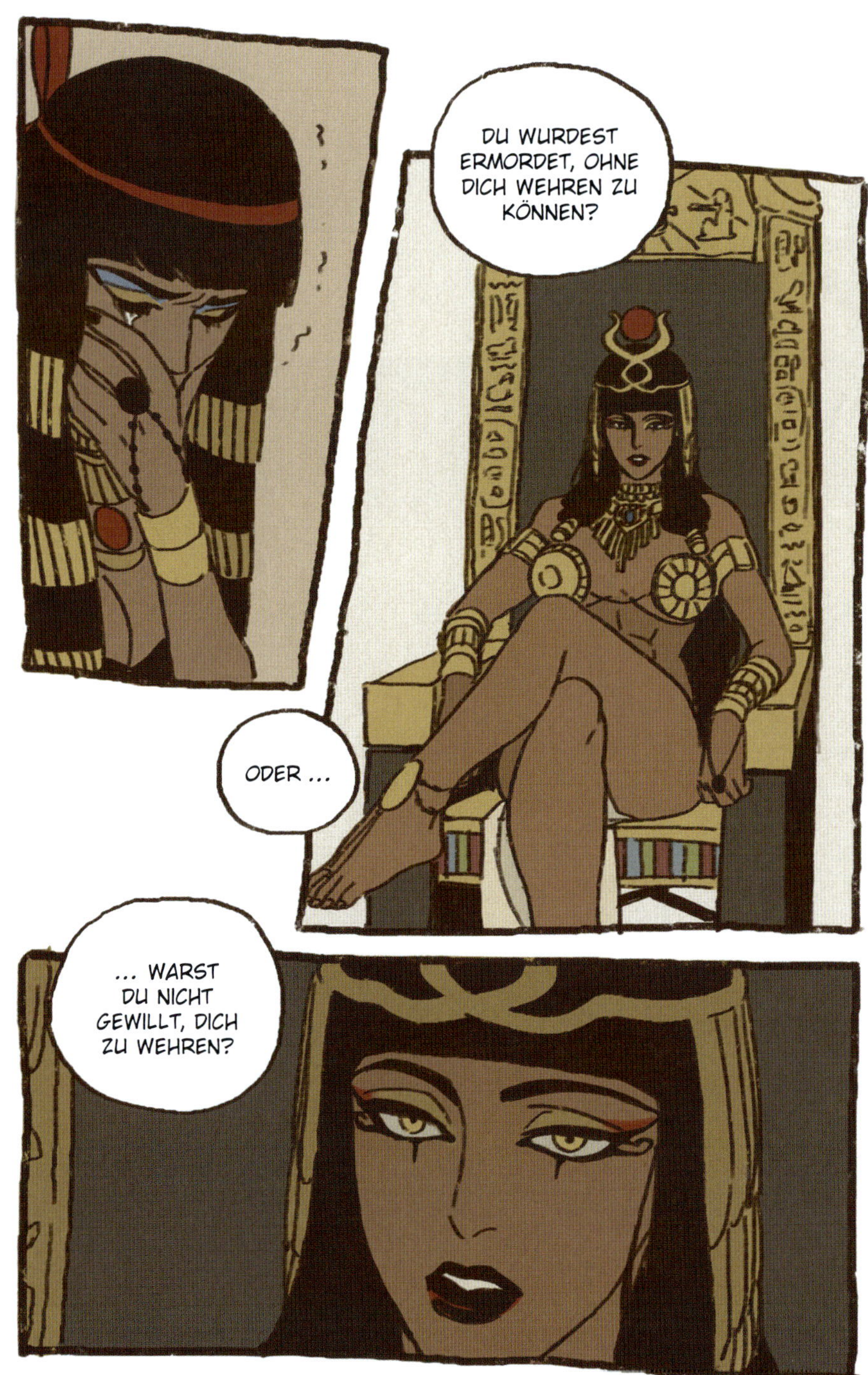
DU WURDEST ERMORDET, OHNE DICH WEHREN ZU KÖNNEN?
ODER ...
... WARST DU NICHT GEWILLT, DICH ZU WEHREN?

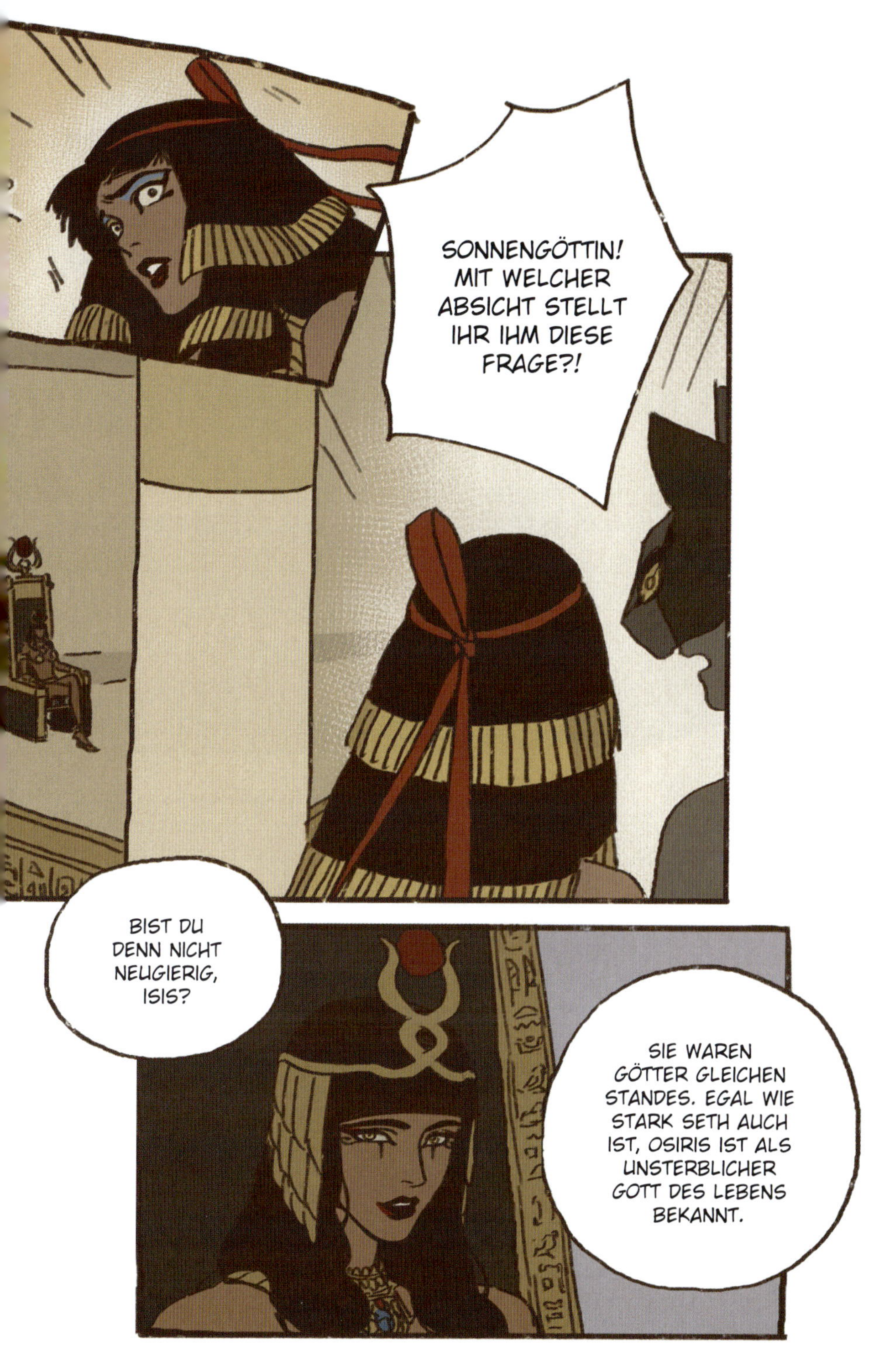
SONNENGÖTTIN! MIT WELCHER ABSICHT STELLT IHR IHM DIESE FRAGE?!
BIST DU DENN NICHT NEUGIERIG, ISIS?
SIE WAREN GÖTTER GLEICHEN STANDES. EGAL WIE STARK SETH AUCH IST, OSIRIS IST ALS UNSTERBLICHER GOTT DES LEBENS BEKANNT.

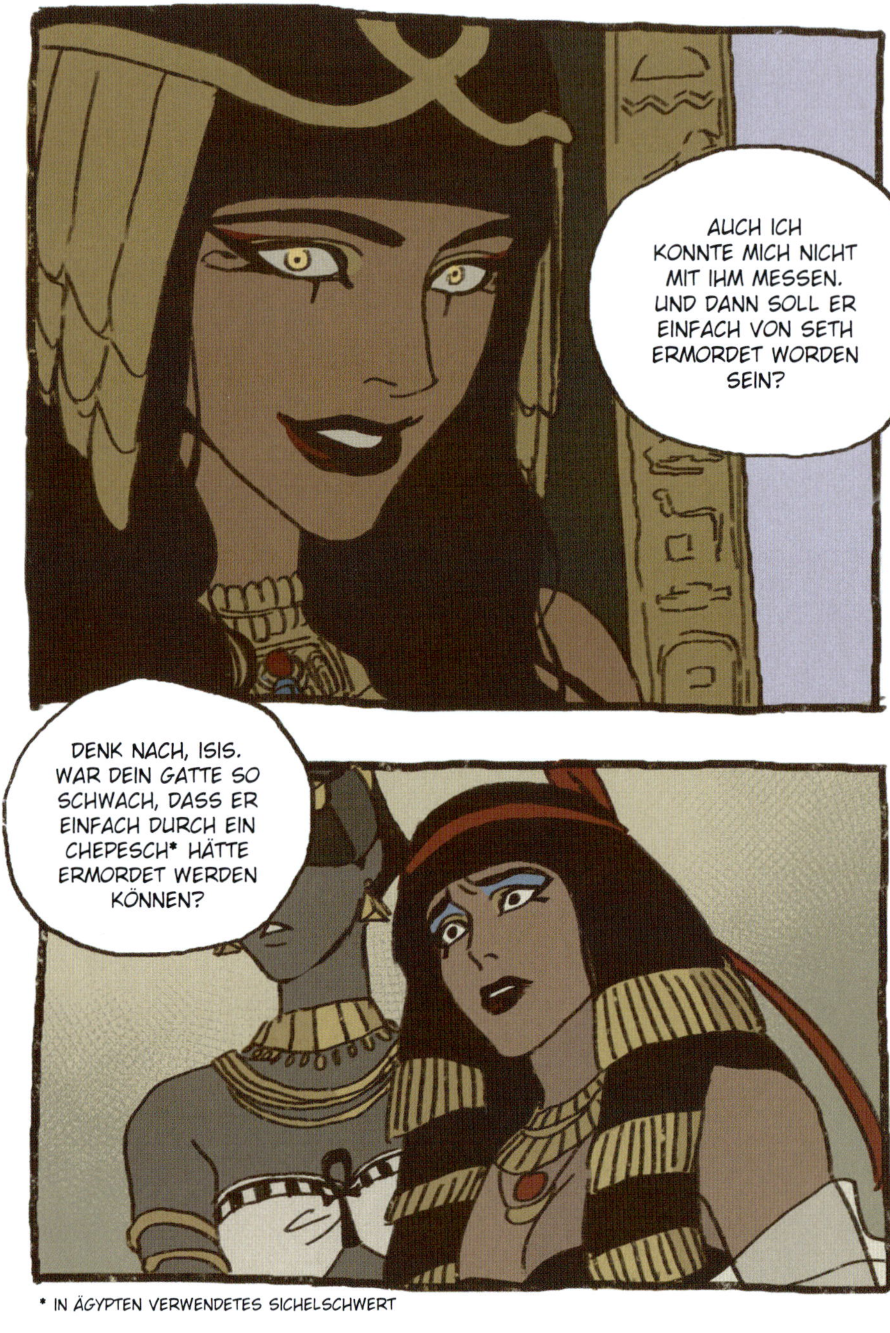

AUCH ICH KONNTE MICH NICHT MIT IHM MESSEN. UND DANN SOLL ER EINFACH VON SETH ERMORDET WORDEN SEIN?

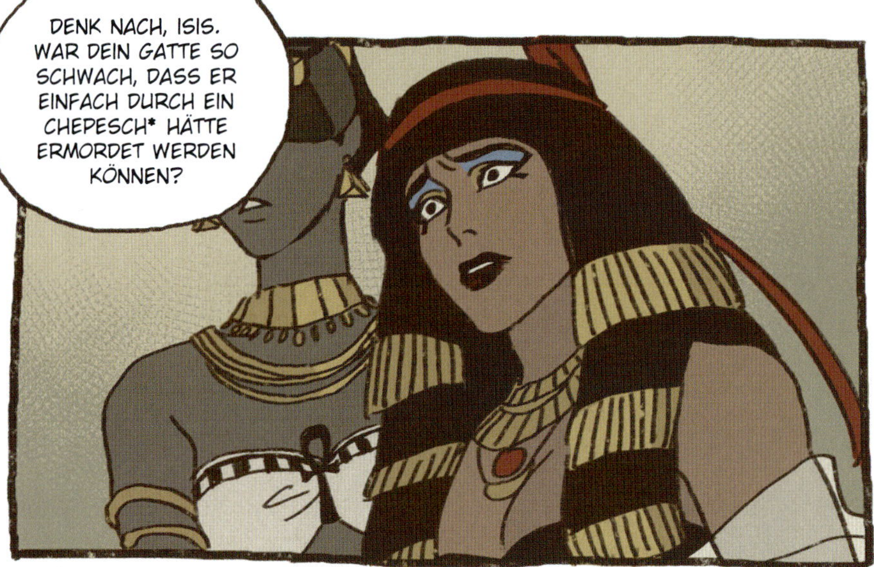

* IN ÄGYPTEN VERWENDETES SICHELSCHWERT

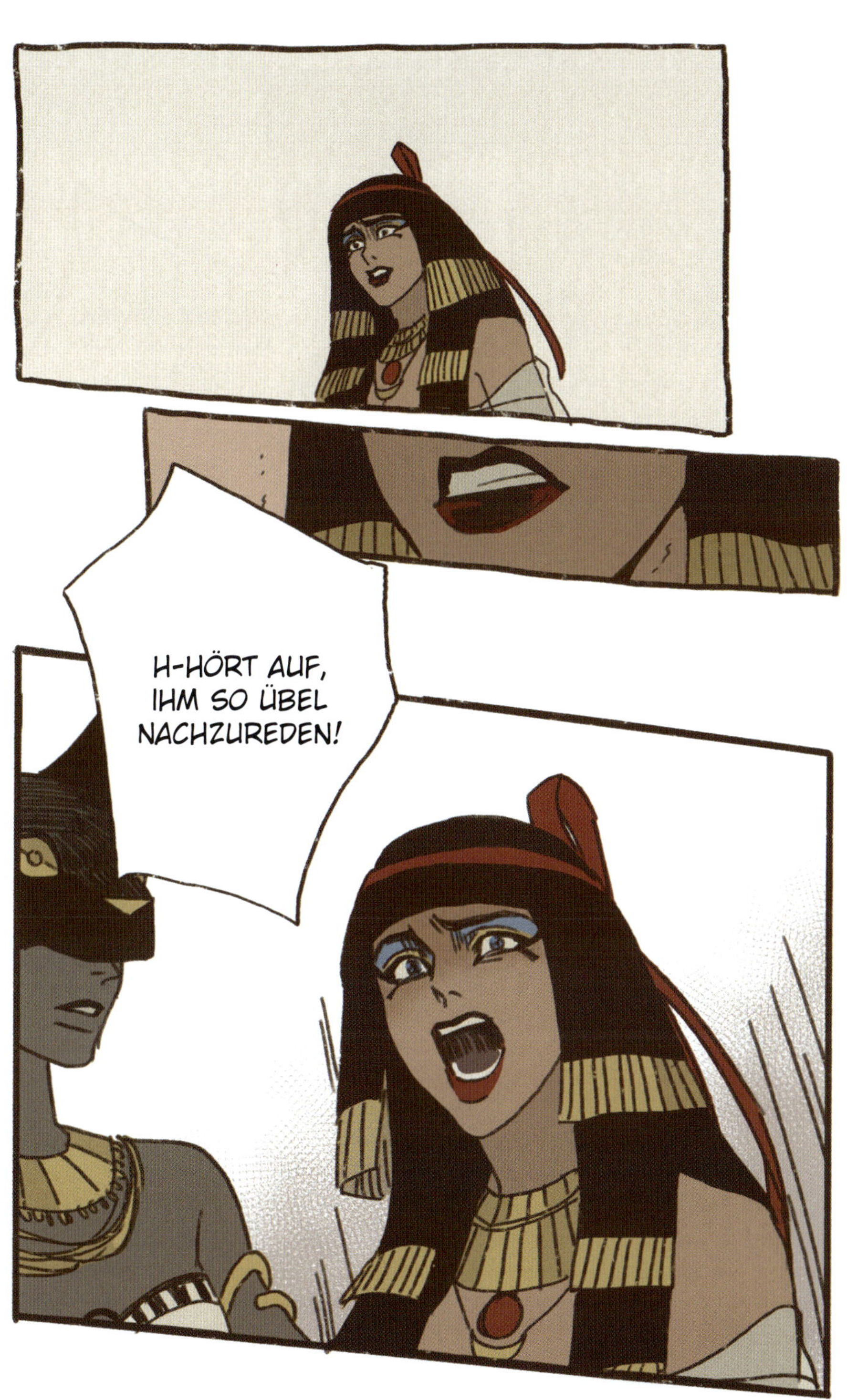
H-HÖRT AUF,
IHM SO ÜBEL
NACHZUREDEN!

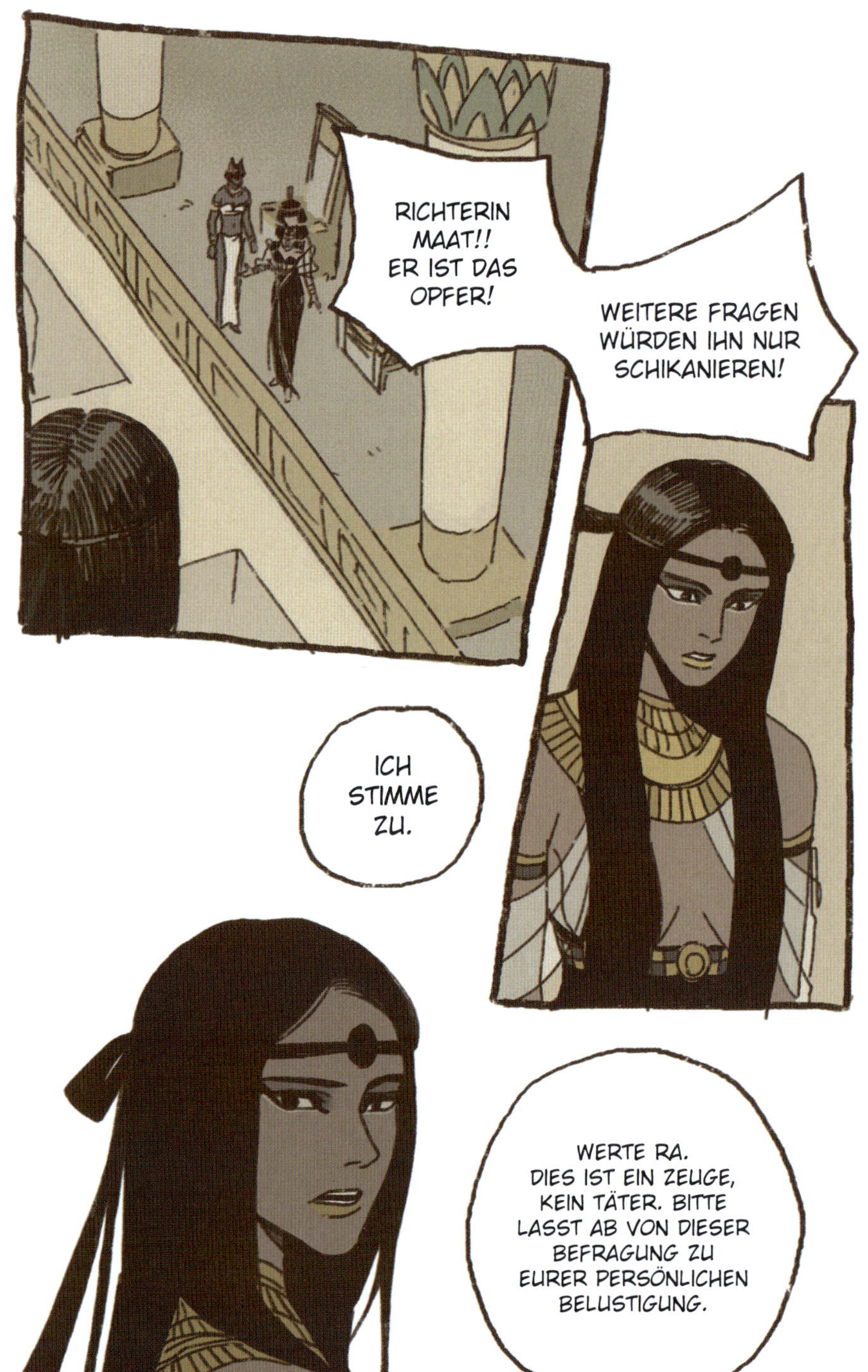
RICHTERIN MAAT!! ER IST DAS OPFER!
WEITERE FRAGEN WÜRDEN IHN NUR SCHIKANIEREN!
ICH STIMME ZU.
WERTE RA. DIES IST EIN ZEUGE, KEIN TÄTER. BITTE LASST AB VON DIESER BEFRAGUNG ZU EURER PERSÖNLICHEN BELUSTIGUNG.

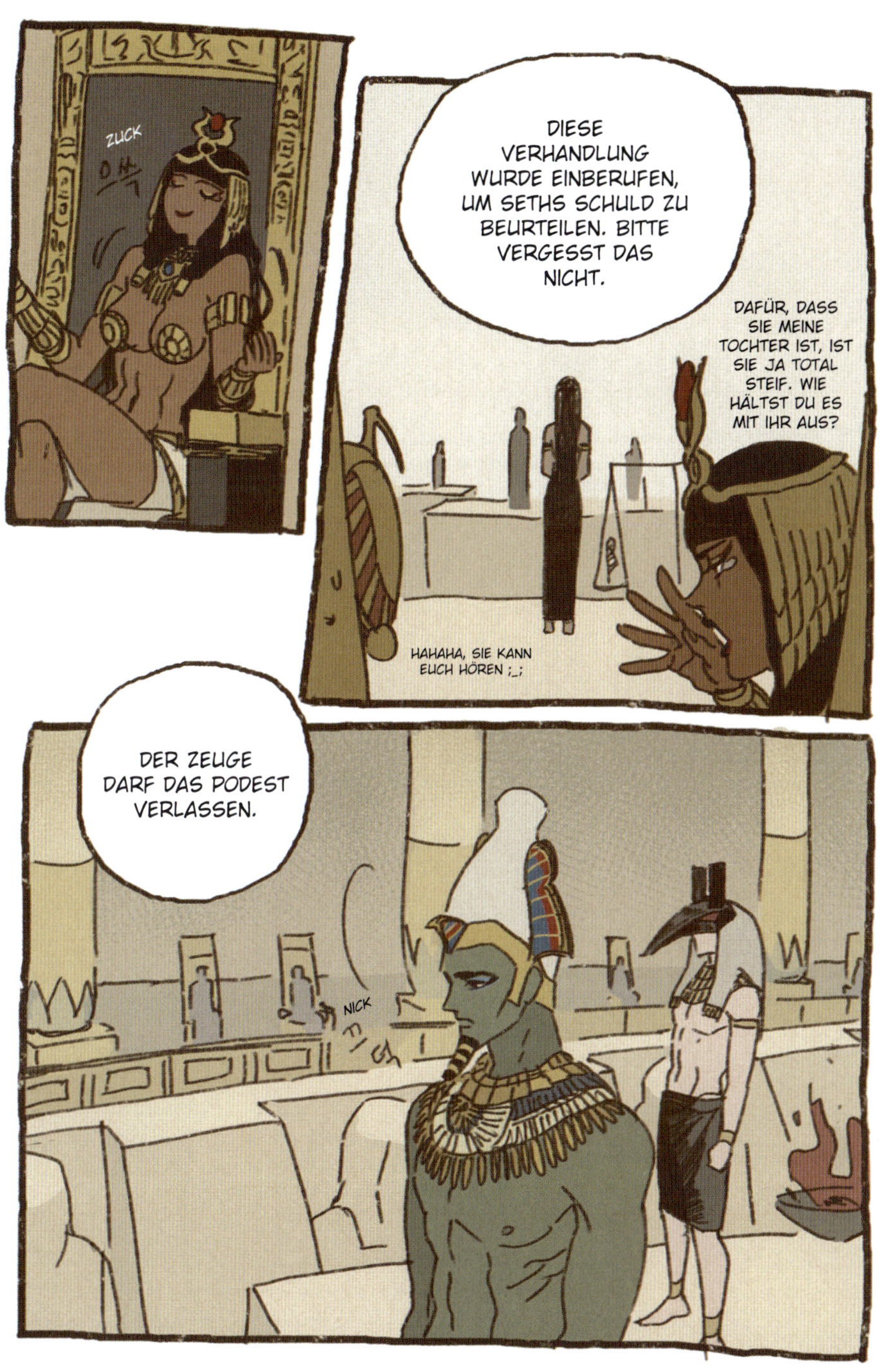
ZUCK
DIESE VERHANDLUNG WURDE EINBERUFEN, UM SETHS SCHULD ZU BEURTEILEN. BITTE VERGESST DAS NICHT.
DAFÜR, DASS SIE MEINE TOCHTER IST, IST SIE JA TOTAL STEIF. WIE HÄLTST DU ES MIT IHR AUS?
HAHAHA, SIE KANN EUCH HÖREN ;_;
DER ZEUGE DARF DAS PODEST VERLASSEN.
NICK

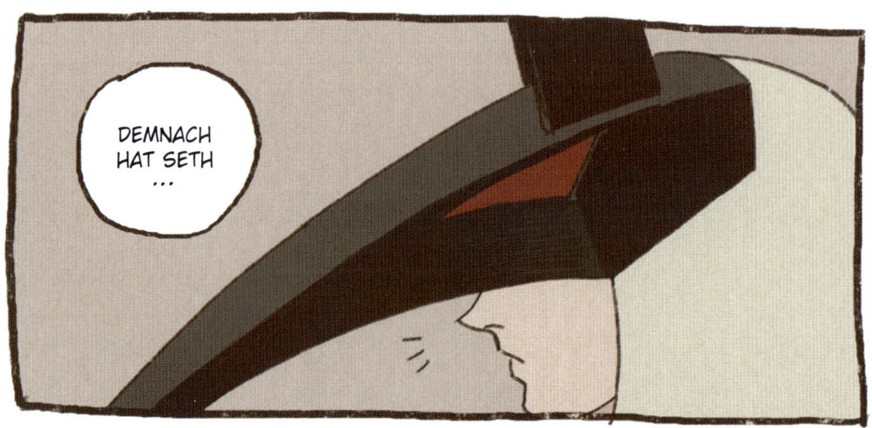

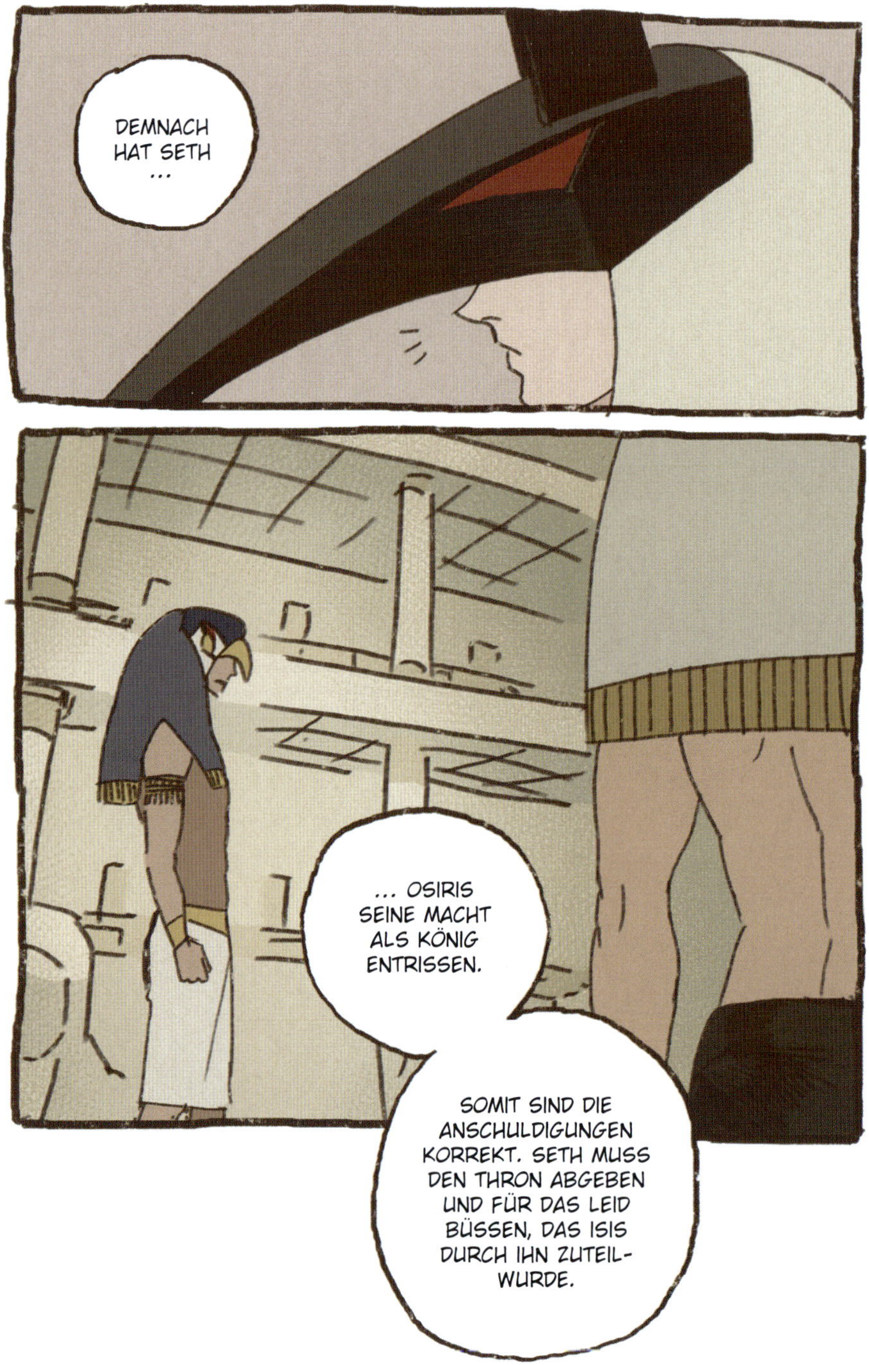

… OSIRIS SEINE MACHT ALS KÖNIG ENTRISSEN.

SOMIT SIND DIE ANSCHULDIGUNGEN KORREKT. SETH MUSS DEN THRON ABGEBEN UND FÜR DAS LEID BÜSSEN, DAS ISIS DURCH IHN ZUTEIL-WURDE.

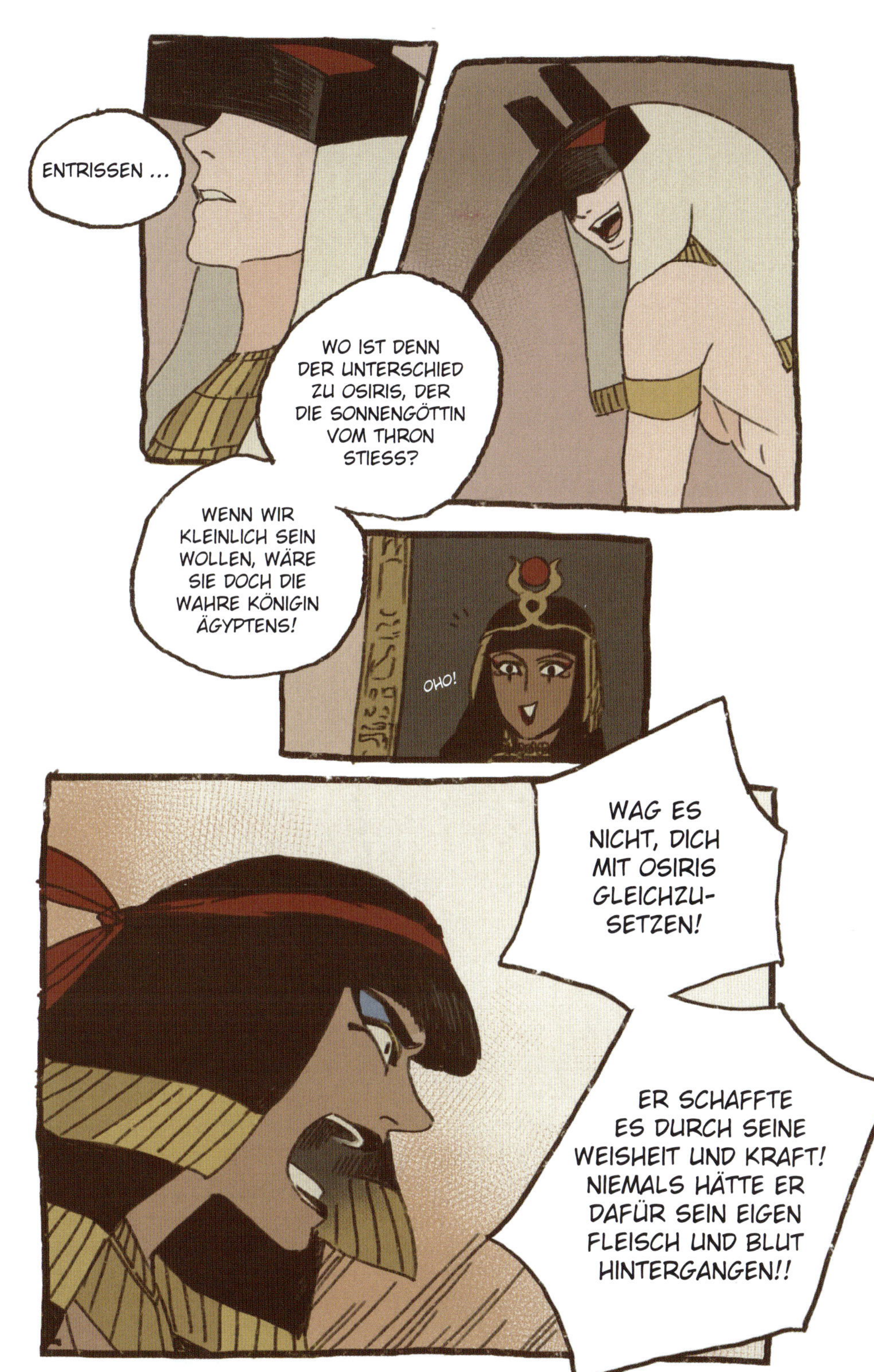
ENTRISSEN ...
WO IST DENN DER UNTERSCHIED ZU OSIRIS, DER DIE SONNENGÖTTIN VOM THRON STIESS?
WENN WIR KLEINLICH SEIN WOLLEN, WÄRE SIE DOCH DIE WAHRE KÖNIGIN ÄGYPTENS!
OHO!
WAG ES NICHT, DICH MIT OSIRIS GLEICHZU-SETZEN!
ER SCHAFFTE ES DURCH SEINE WEISHEIT UND KRAFT! NIEMALS HÄTTE ER DAFÜR SEIN EIGEN FLEISCH UND BLUT HINTERGANGEN!!

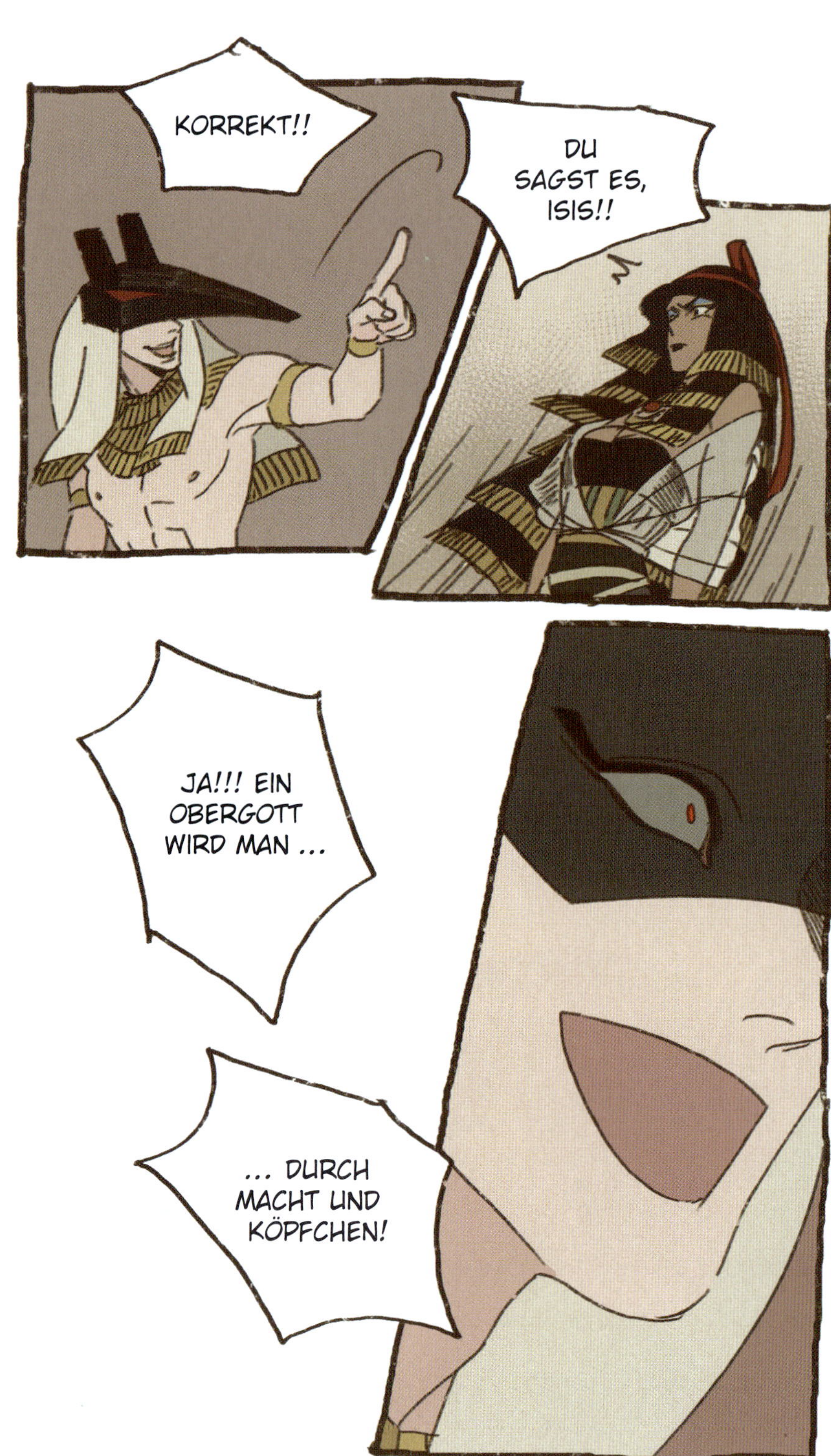
KORREKT!!
DU SAGST ES, ISIS!!
JA!!! EIN OBERGOTT WIRD MAN ...
... DURCH MACHT UND KÖPFCHEN!

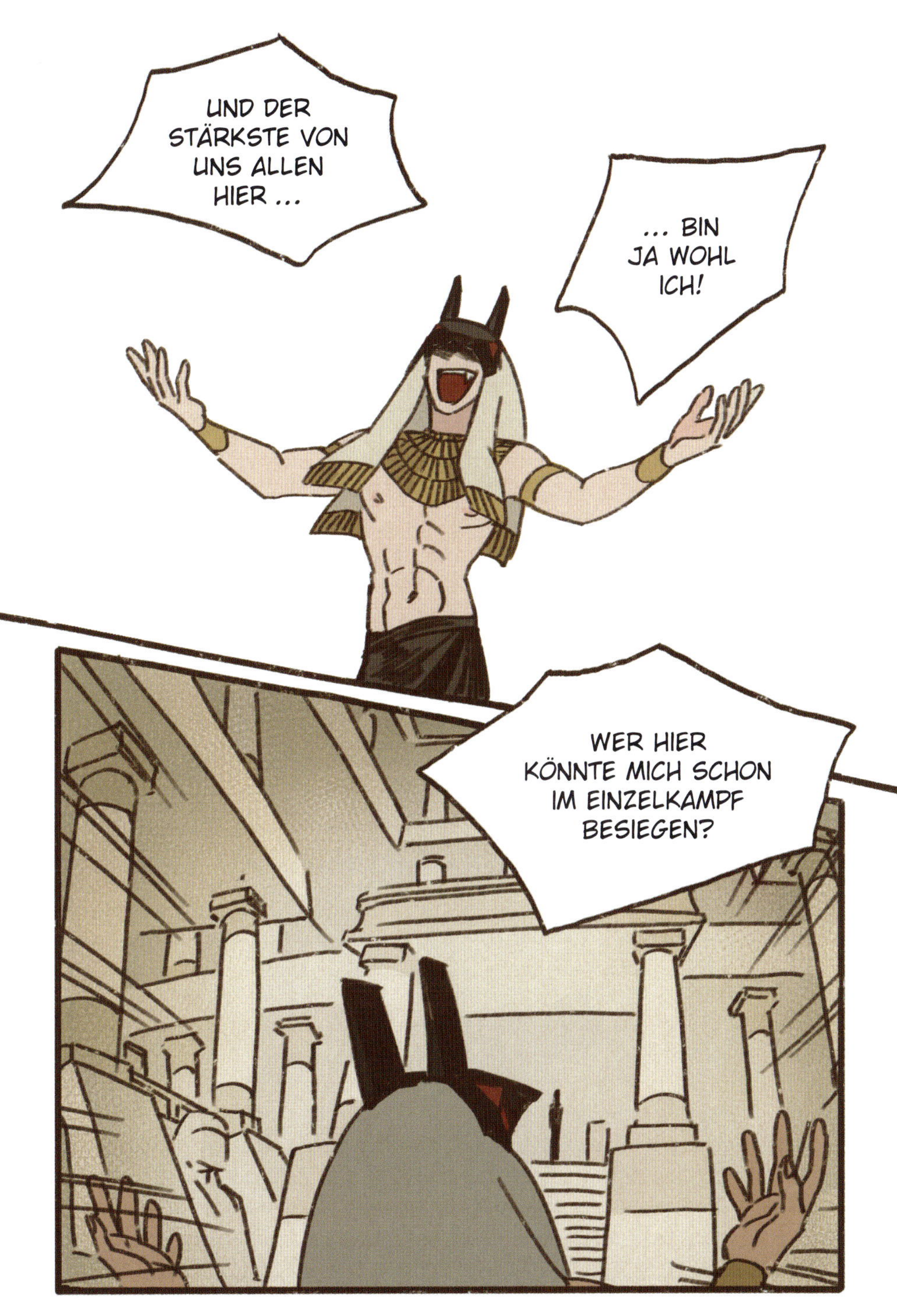
UND DER STÄRKSTE VON UNS ALLEN HIER …
… BIN JA WOHL ICH!
WER HIER KÖNNTE MICH SCHON IM EINZELKAMPF BESIEGEN?

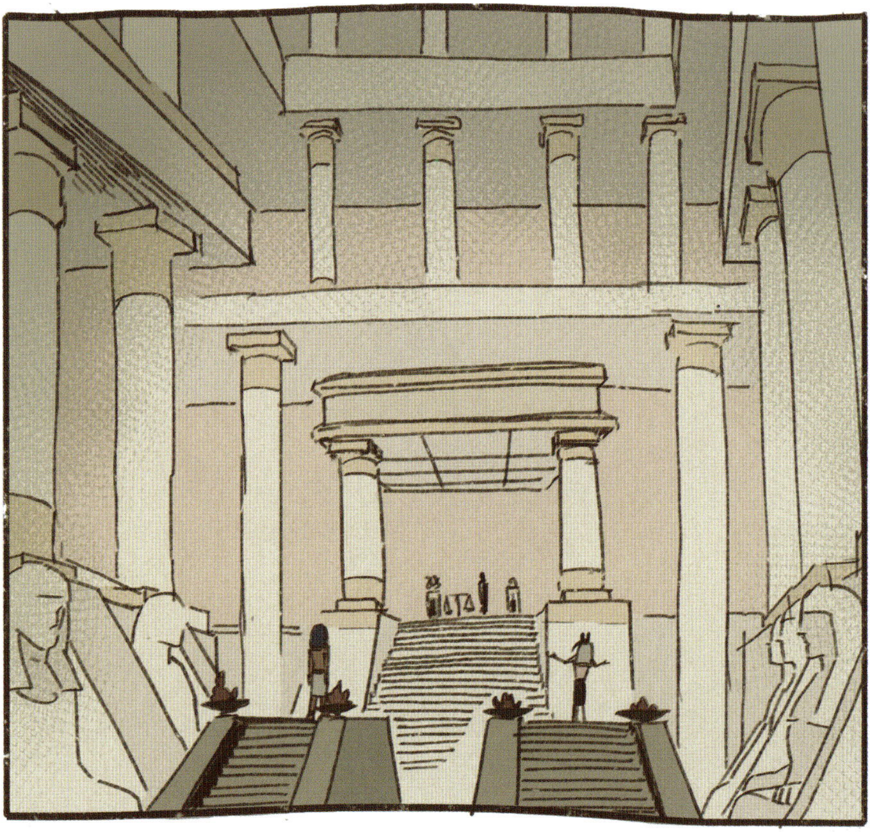

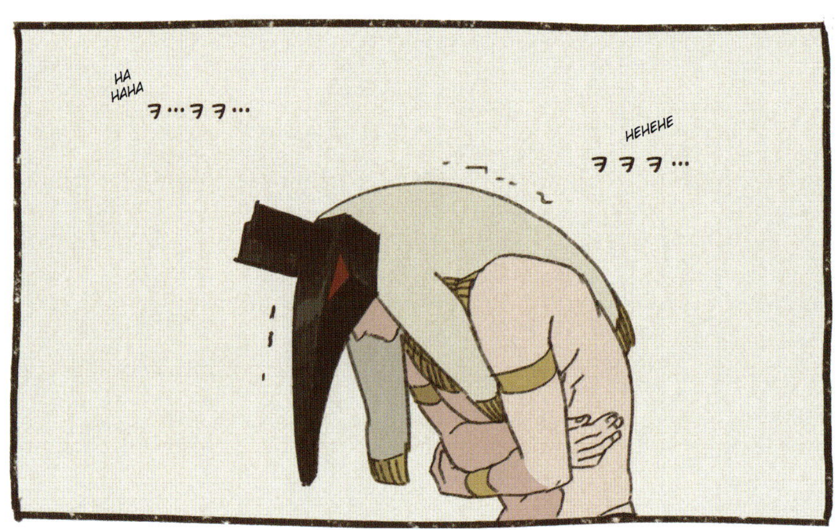
HA
HAHA
ㅋ…ㅋㅋ…
HEHEHE
ㅋㅋㅋ…

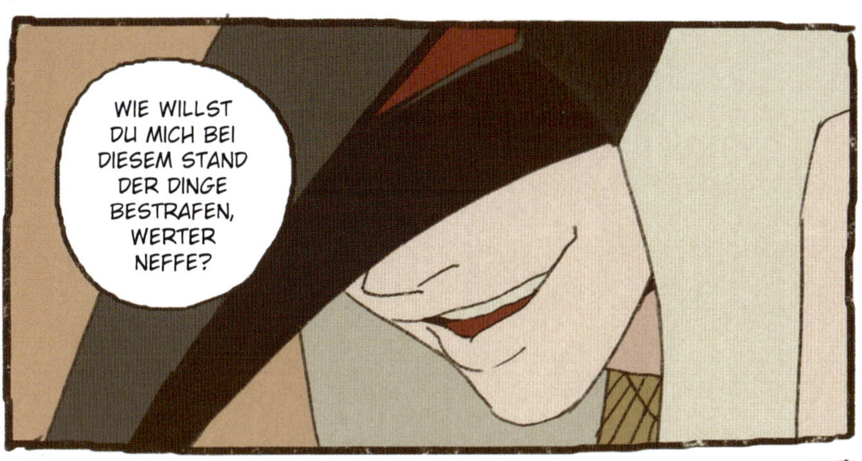
WIE WILLST DU MICH BEI DIESEM STAND DER DINGE BESTRAFEN, WERTER NEFFE?

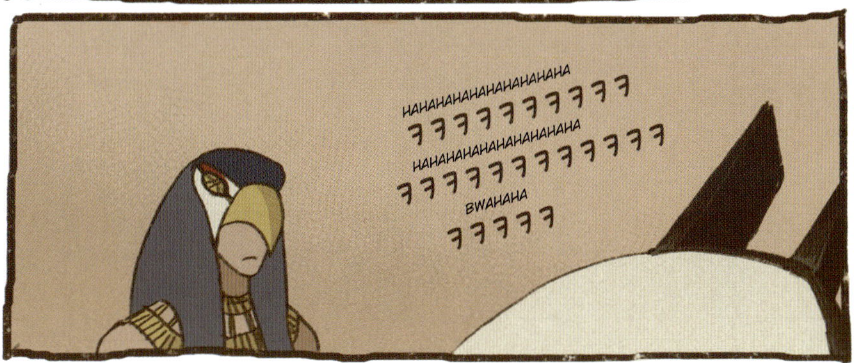
HAHAHAHAHAHAHAHAHAHA
ㅋㅋㅋㅋㅋㅋㅋㅋㅋㅋ
HAHAHAHAHAHAHAHAHAHA
ㅋㅋㅋㅋㅋㅋㅋㅋㅋㅋㅋㅋ
BWAHAHA
ㅋㅋㅋㅋㅋ

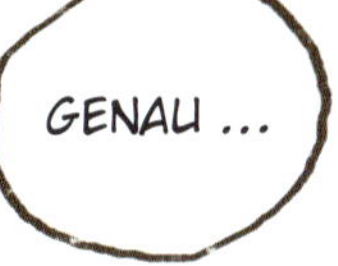
GENAU …

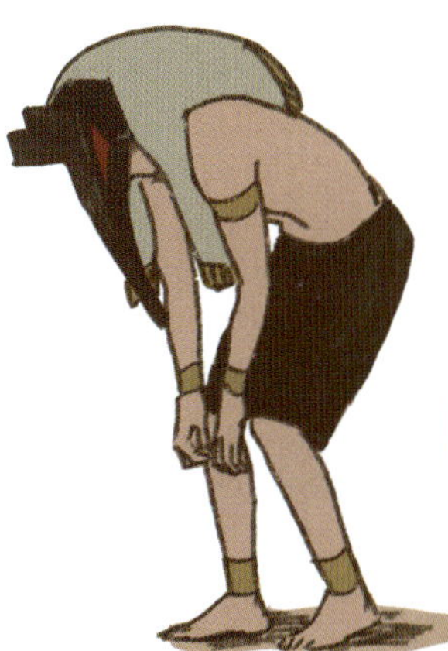
IHR KÖNNT NICHTS TUN, AUSSER MICH VOR DIESES DUMME GERICHT ZU STELLEN.

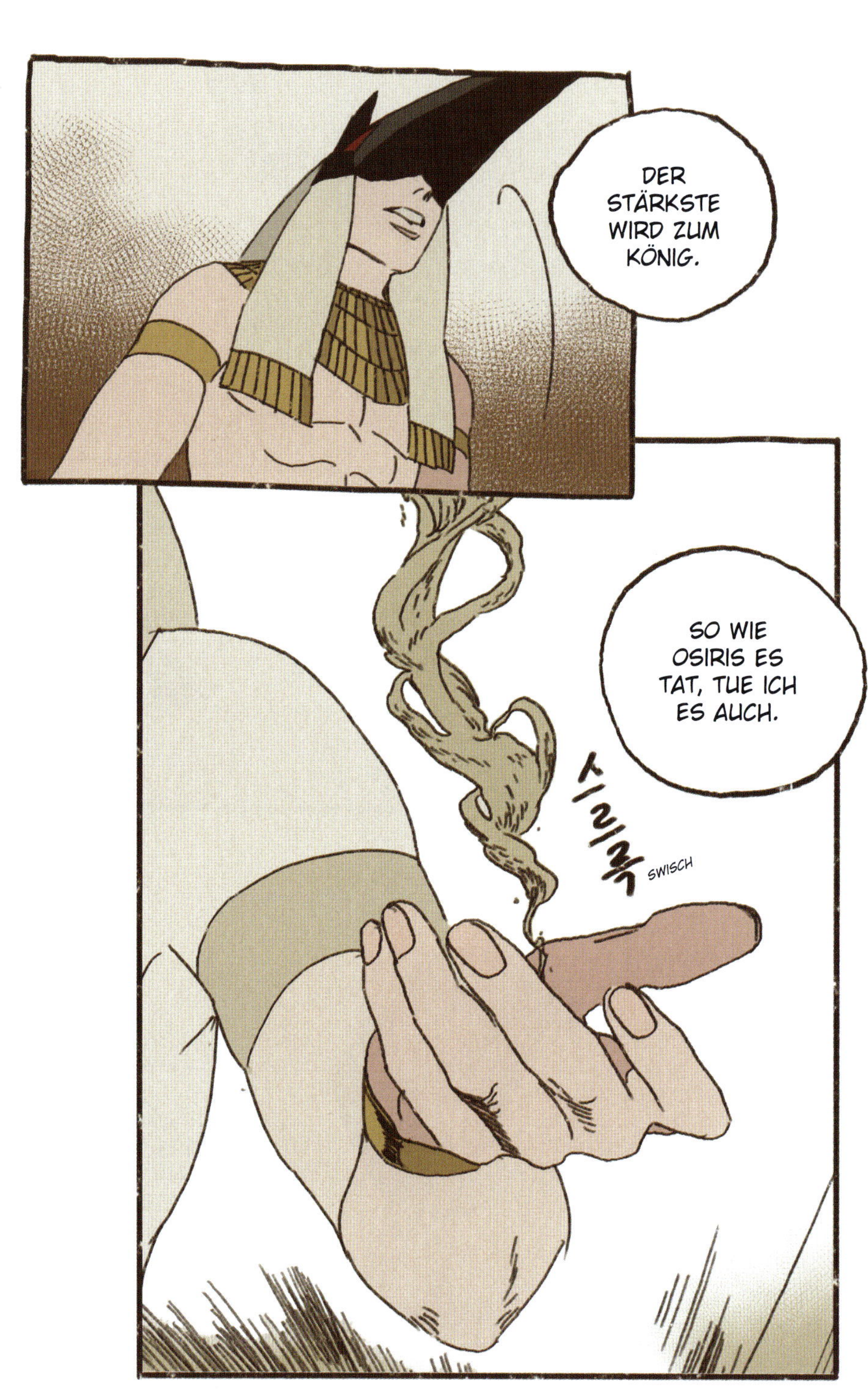
DER STÄRKSTE WIRD ZUM KÖNIG.
SO WIE OSIRIS ES TAT, TUE ICH ES AUCH.
SWISCH

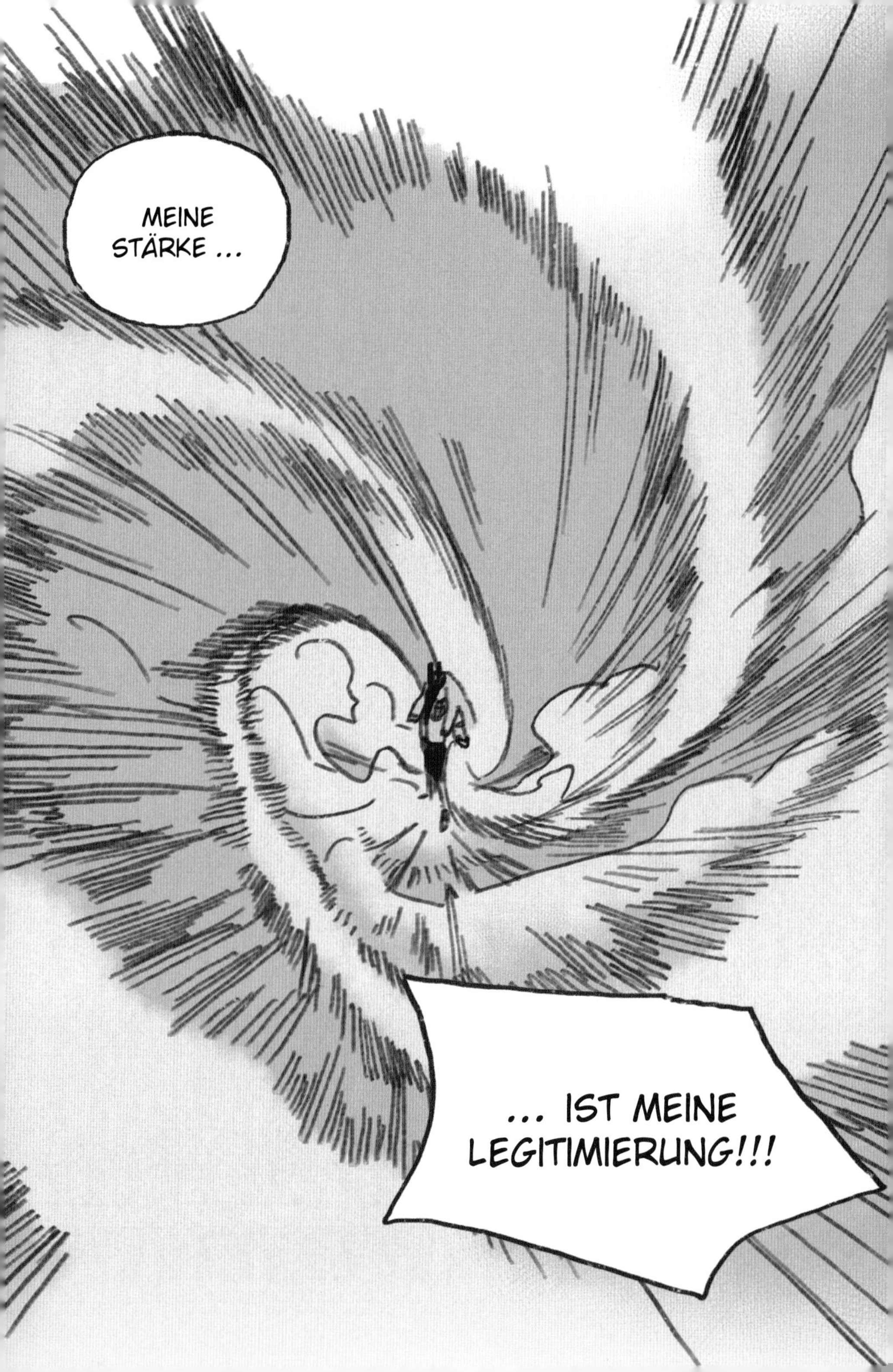
MEINE STÄRKE …
… IST MEINE LEGITIMIERUNG!!!

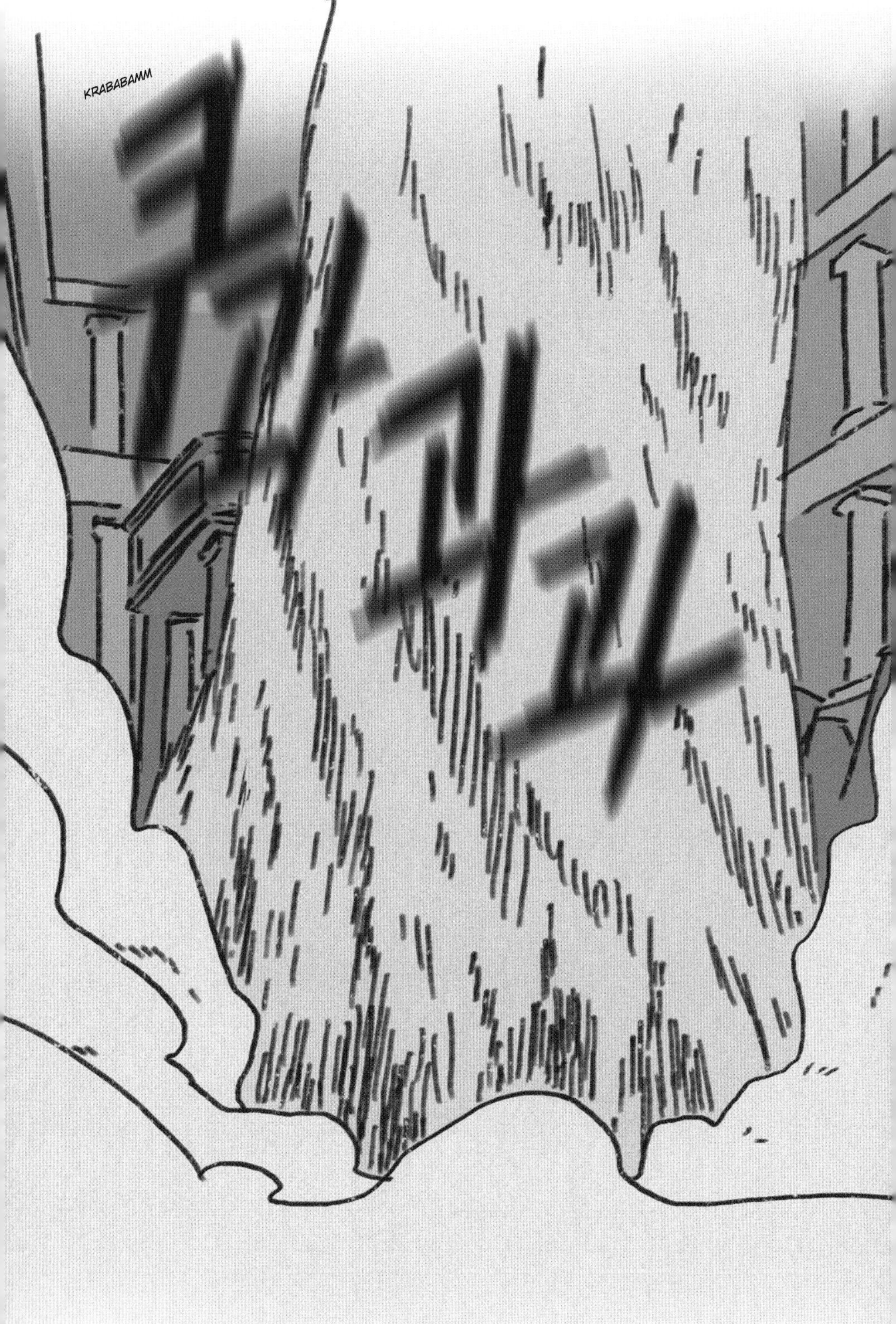
KRABABAMM

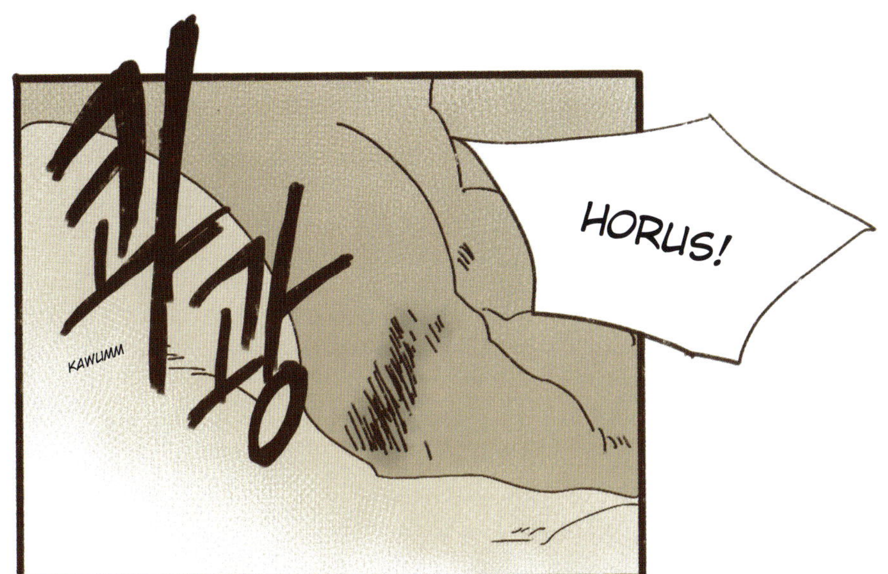

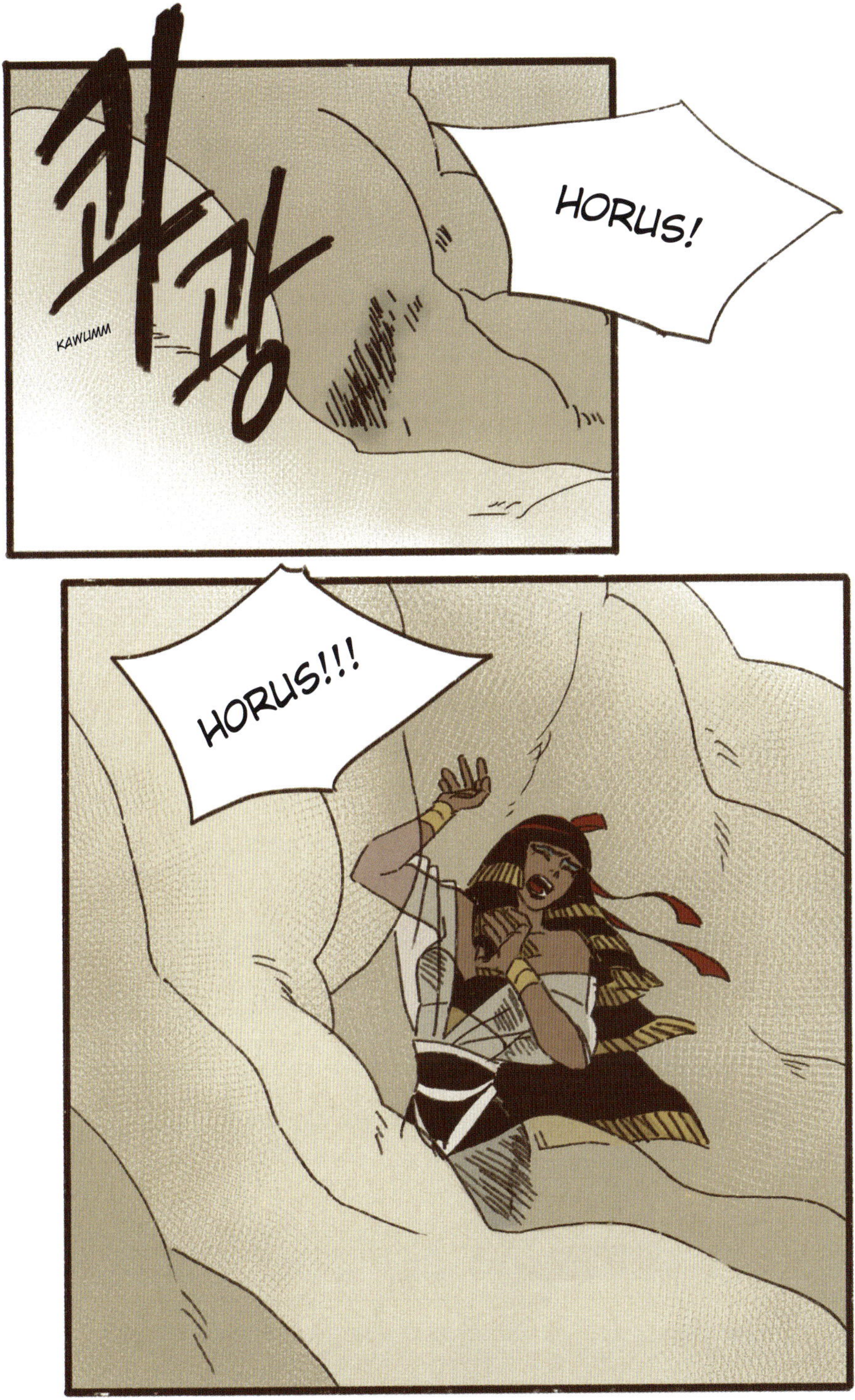

HORUS!!!

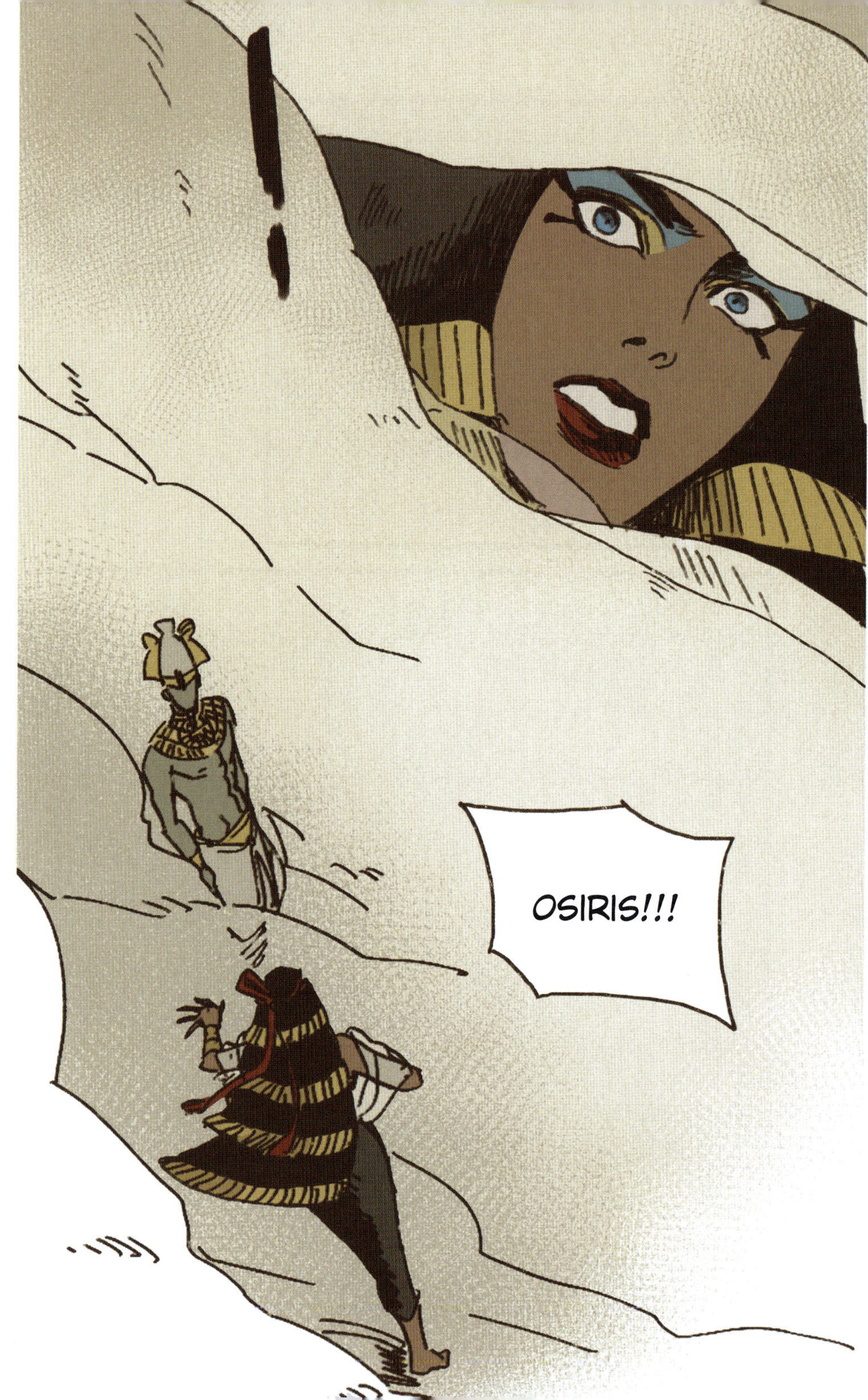
OSIRIS!!!

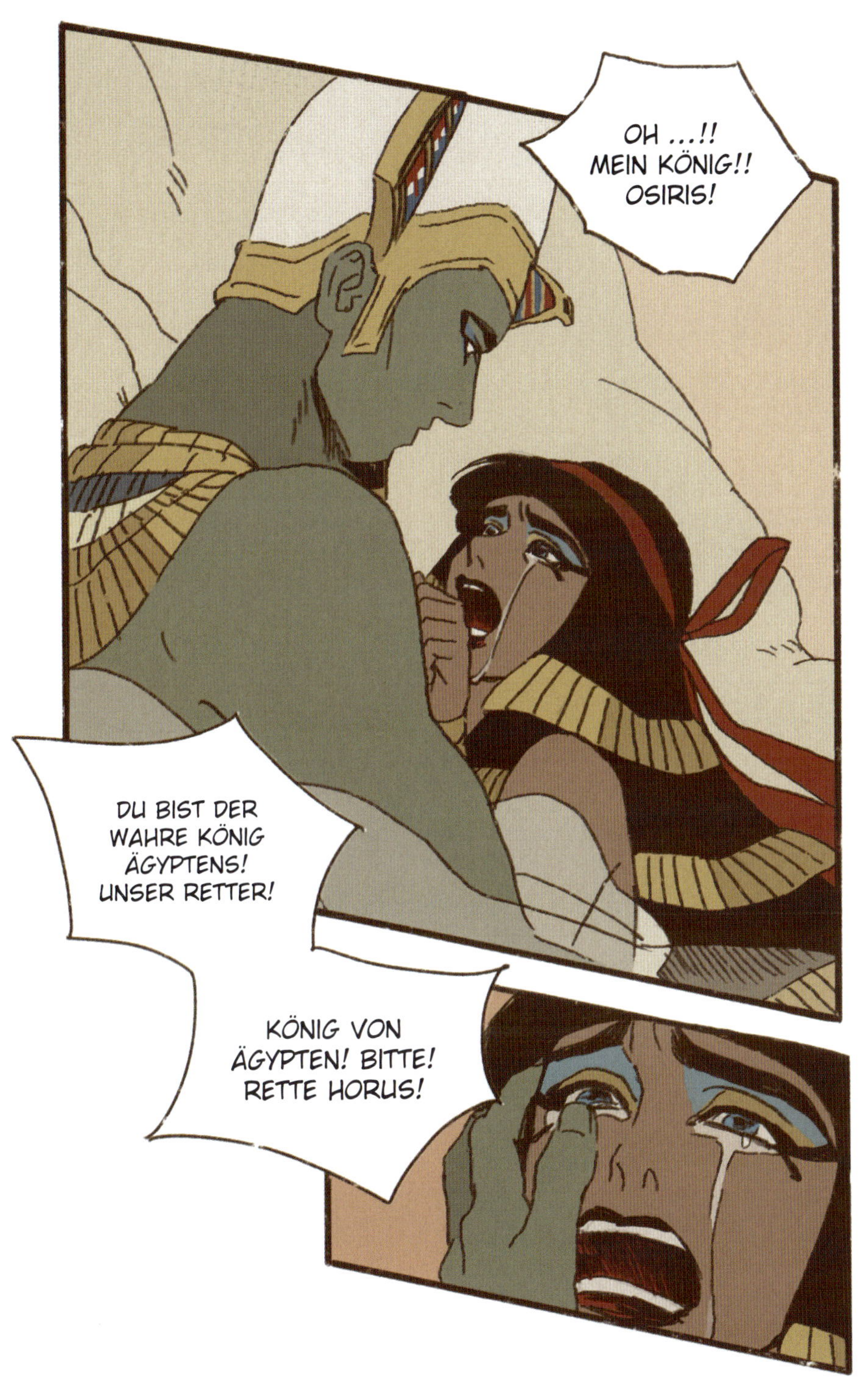
OH ...!!
MEIN KÖNIG!!
OSIRIS!
DU BIST DER WAHRE KÖNIG ÄGYPTENS! UNSER RETTER!
KÖNIG VON ÄGYPTEN! BITTE! RETTE HORUS!

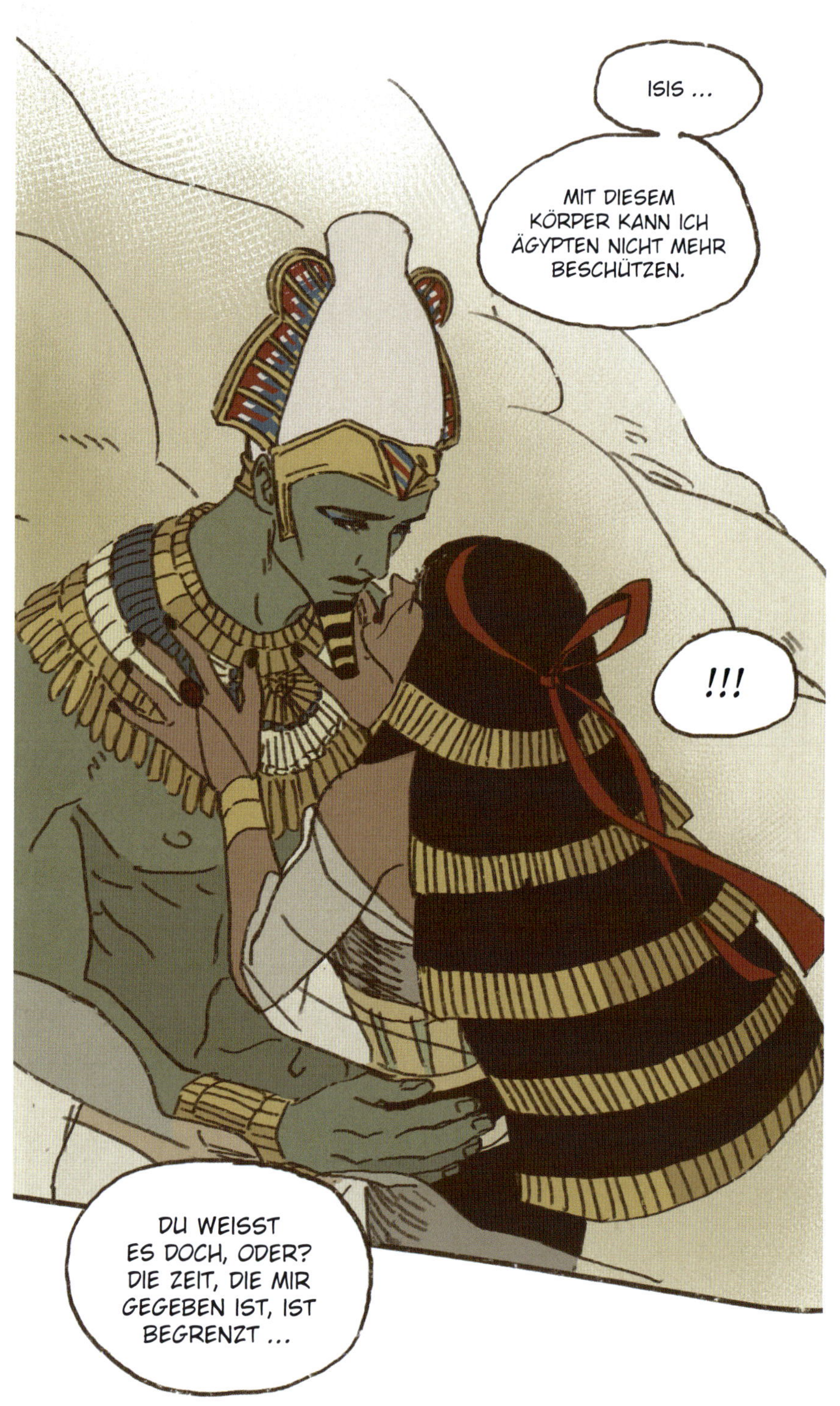
ISIS ...
MIT DIESEM KÖRPER KANN ICH ÄGYPTEN NICHT MEHR BESCHÜTZEN.
!!!
DU WEISST ES DOCH, ODER? DIE ZEIT, DIE MIR GEGEBEN IST, IST BEGRENZT ...

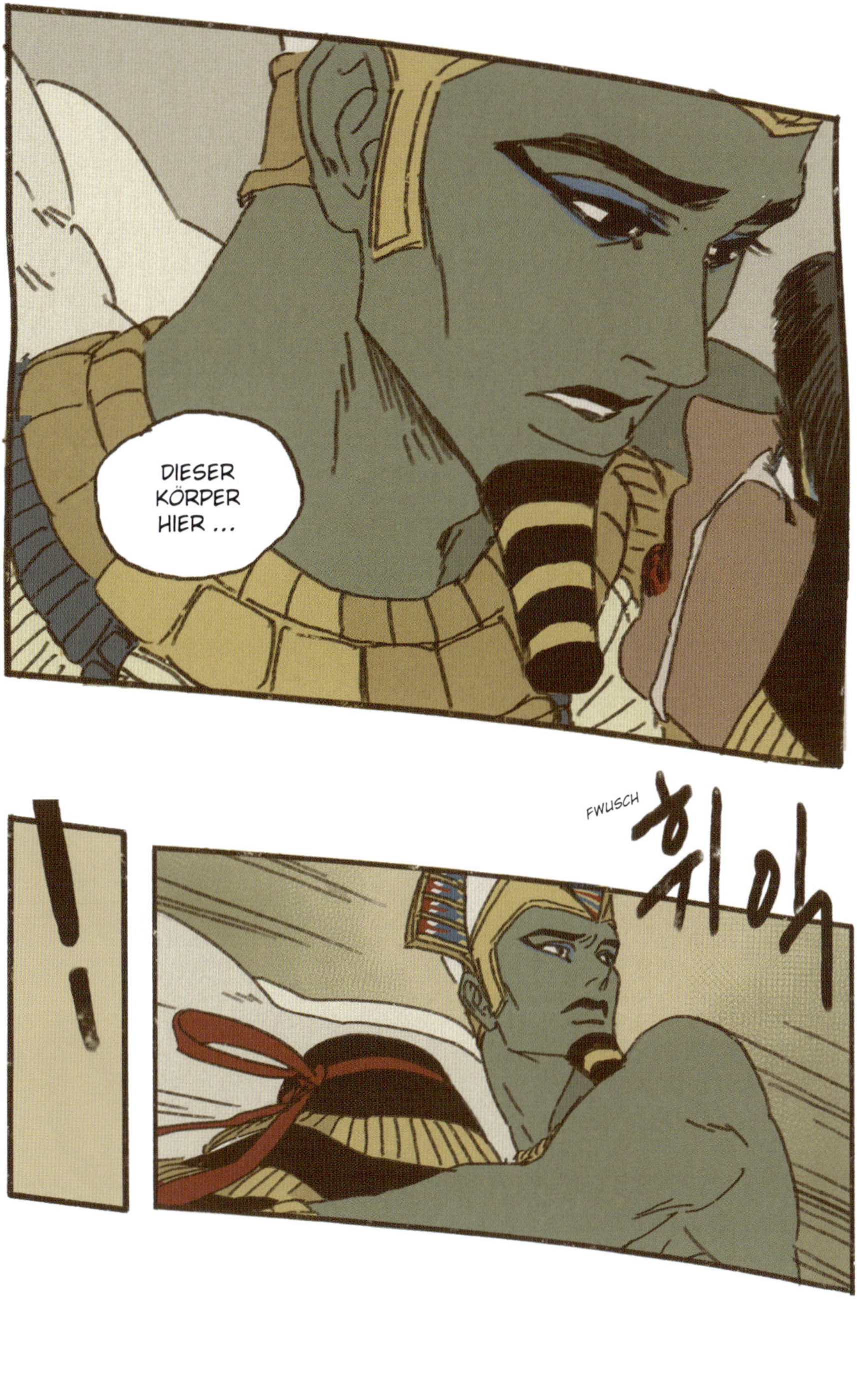

DIESER
KÖRPER
HIER …

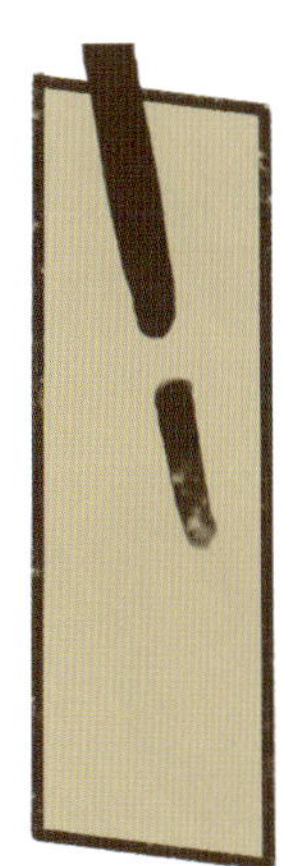

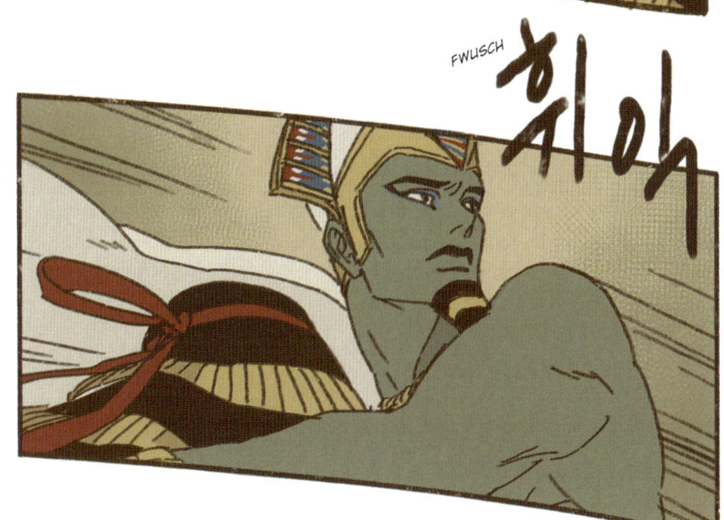

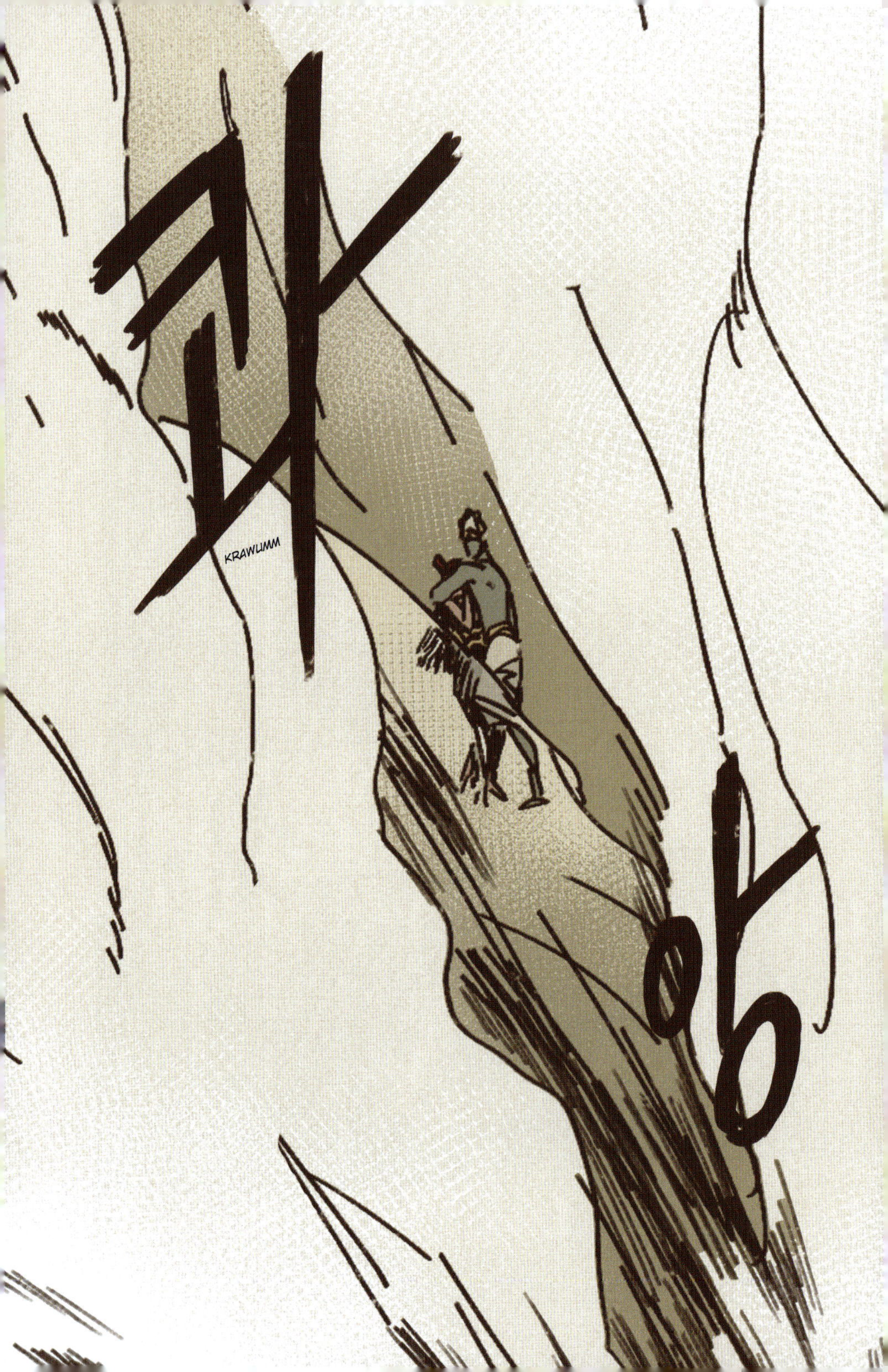
KRAWUMM

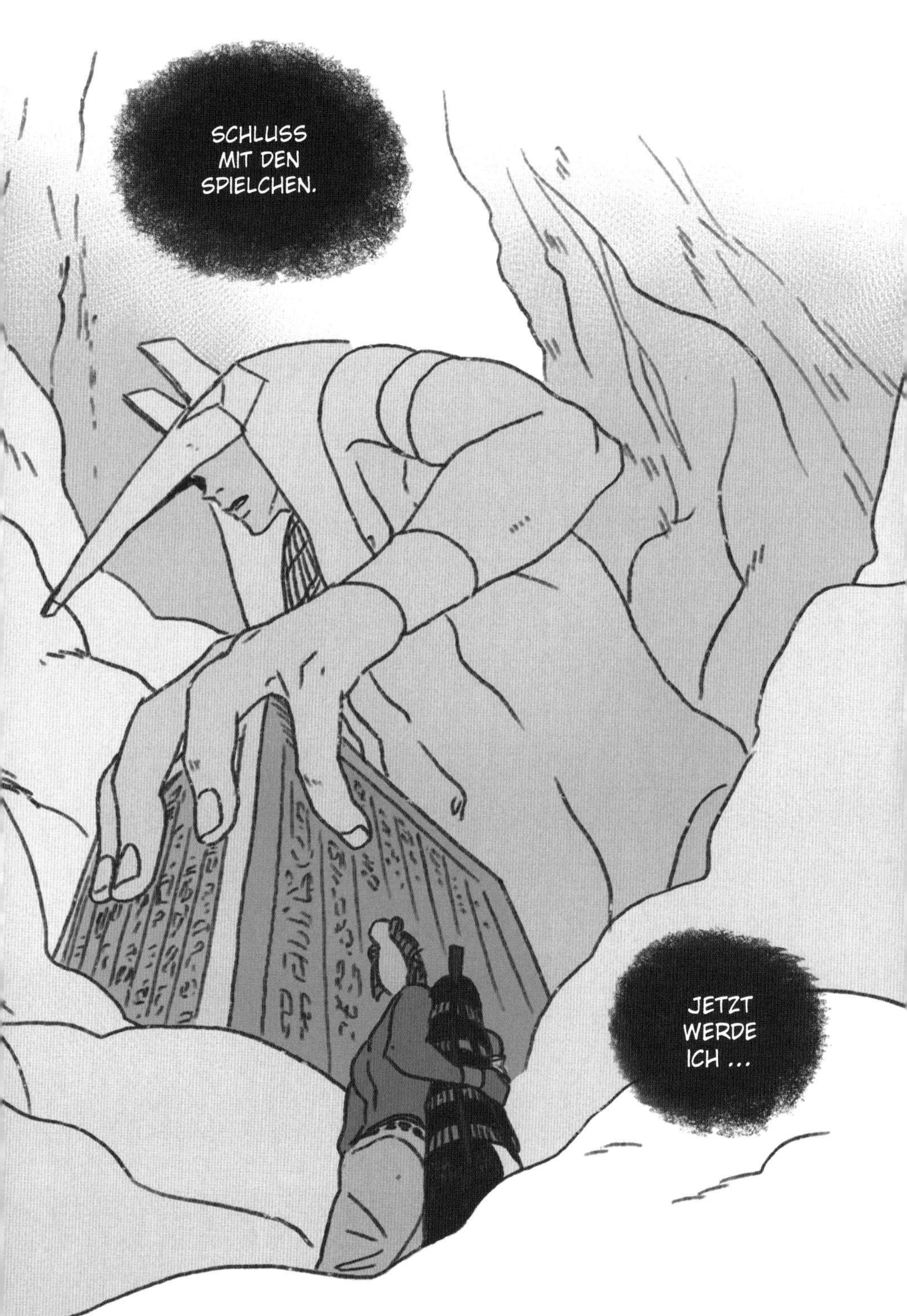
SCHLUSS MIT DEN SPIELCHEN.
JETZT WERDE ICH …

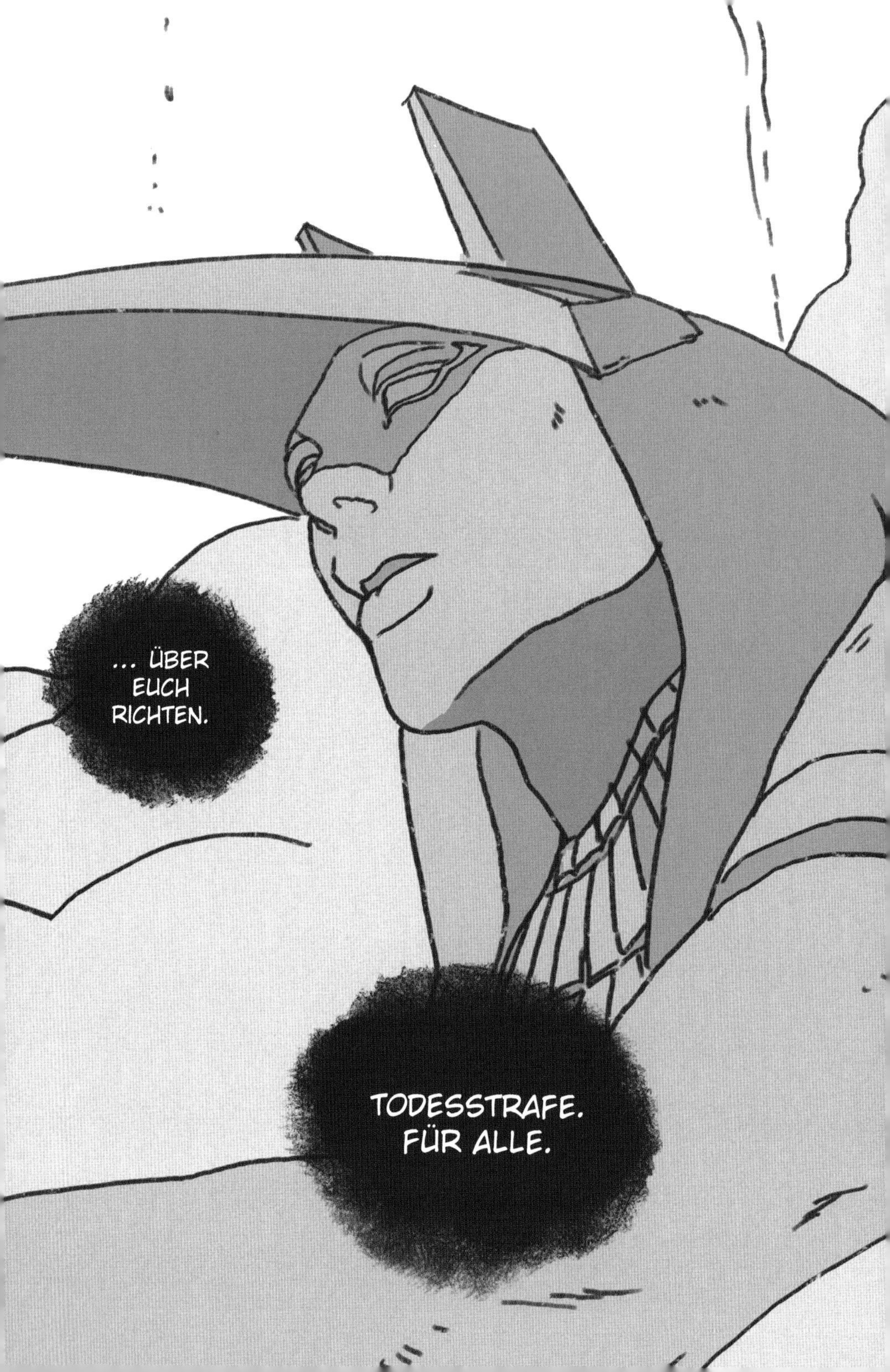
... ÜBER EUCH RICHTEN.
TODESSTRAFE. FÜR ALLE.

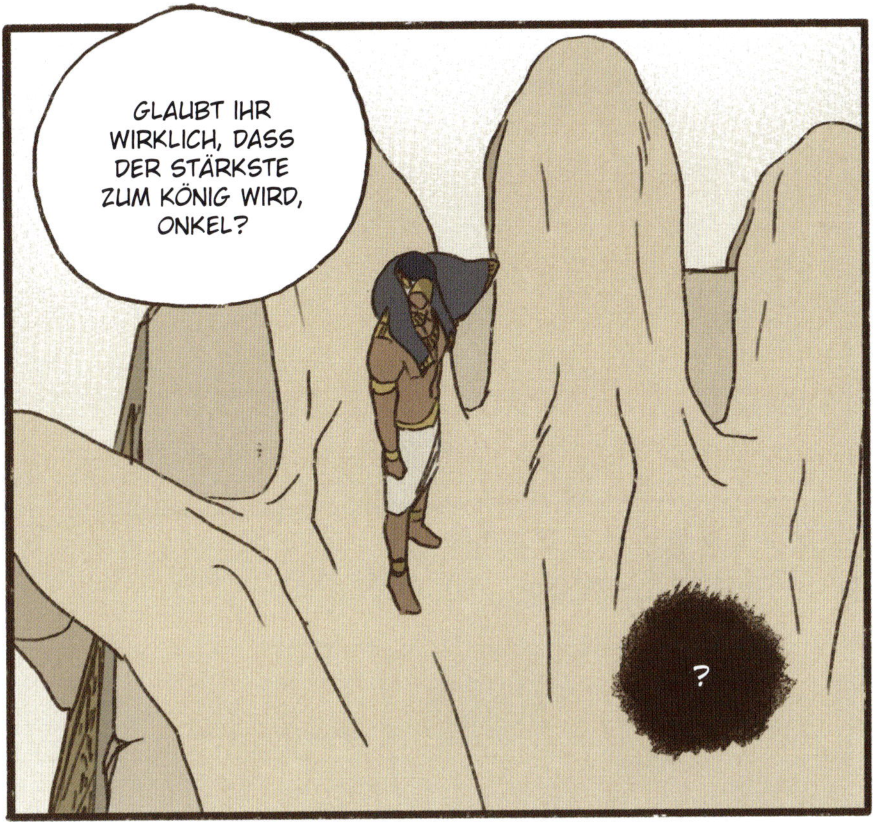

GLAUBT IHR WIRKLICH, DASS DER STÄRKSTE ZUM KÖNIG WIRD, ONKEL?

?

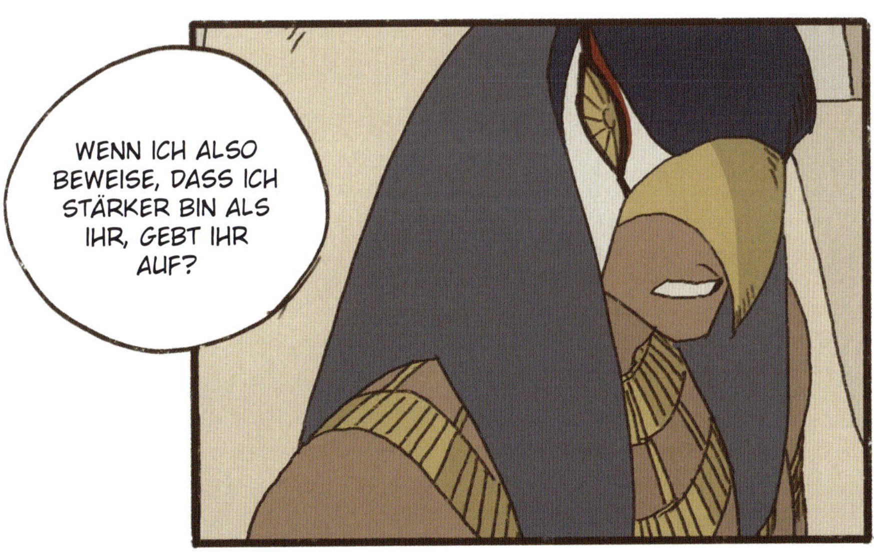

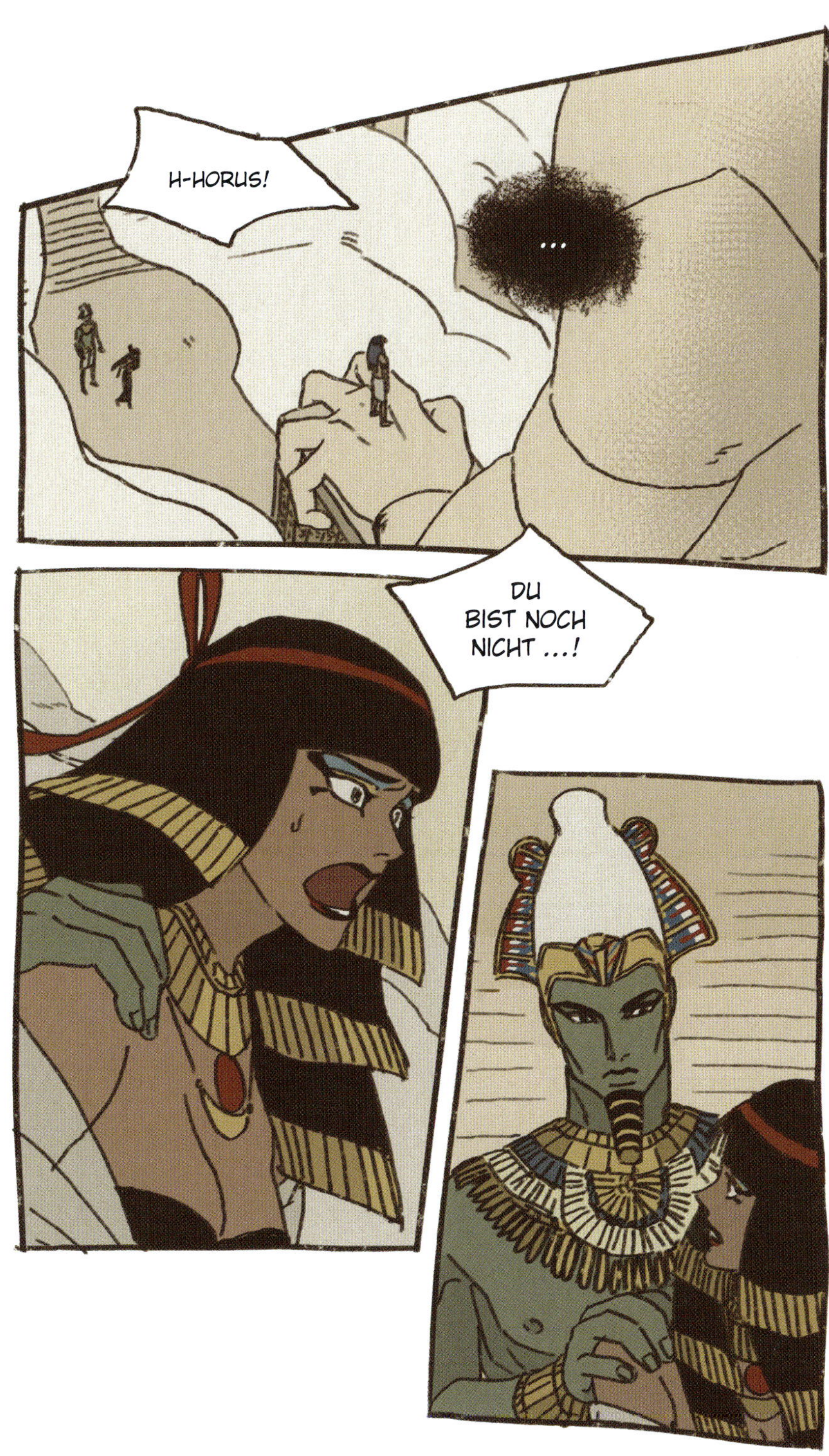
H-HORUS!
...
DU BIST NOCH NICHT ...!

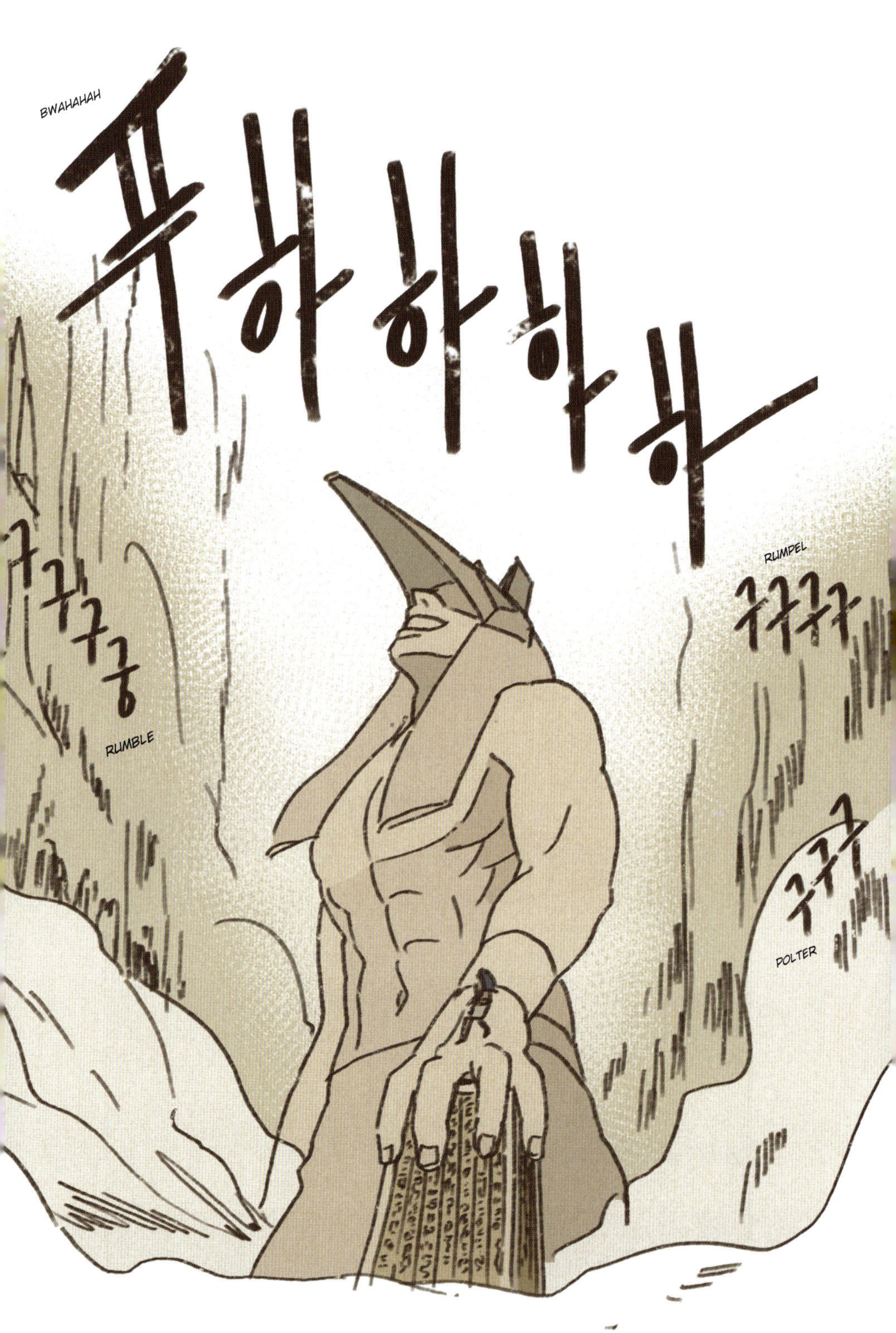
BWAHAHAH
푸하하하하
구구구궁
RUMBLE
RUMPEL
구구구구
구구구
POLTER

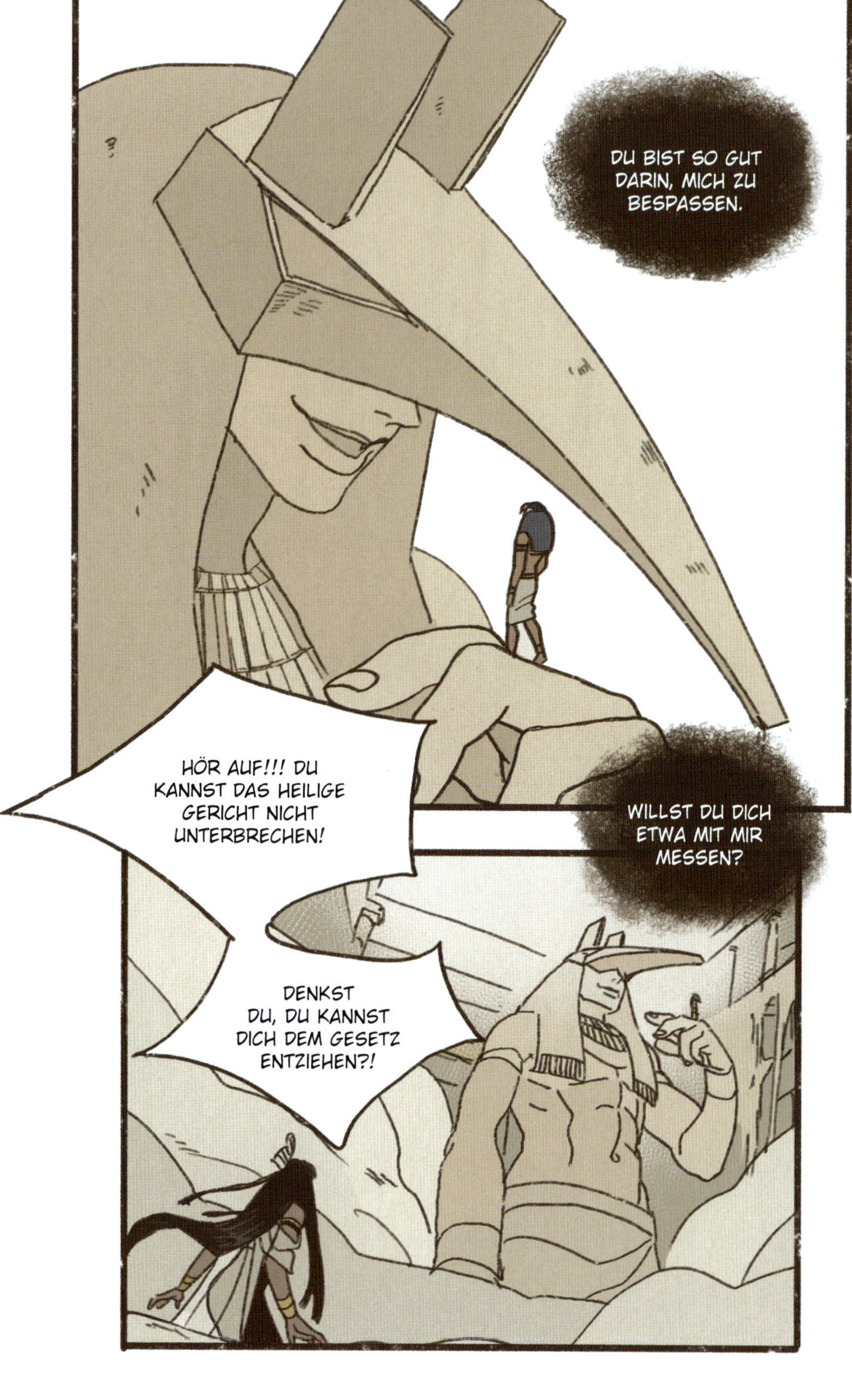
DU BIST SO GUT DARIN, MICH ZU BESPASSEN.
HÖR AUF!!! DU KANNST DAS HEILIGE GERICHT NICHT UNTERBRECHEN!
WILLST DU DICH ETWA MIT MIR MESSEN?
DENKST DU, DU KANNST DICH DEM GESETZ ENTZIEHEN?!

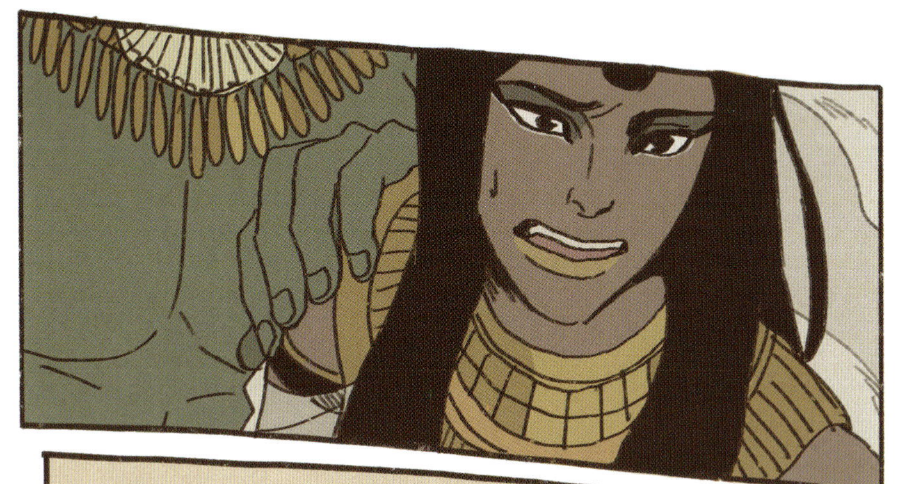

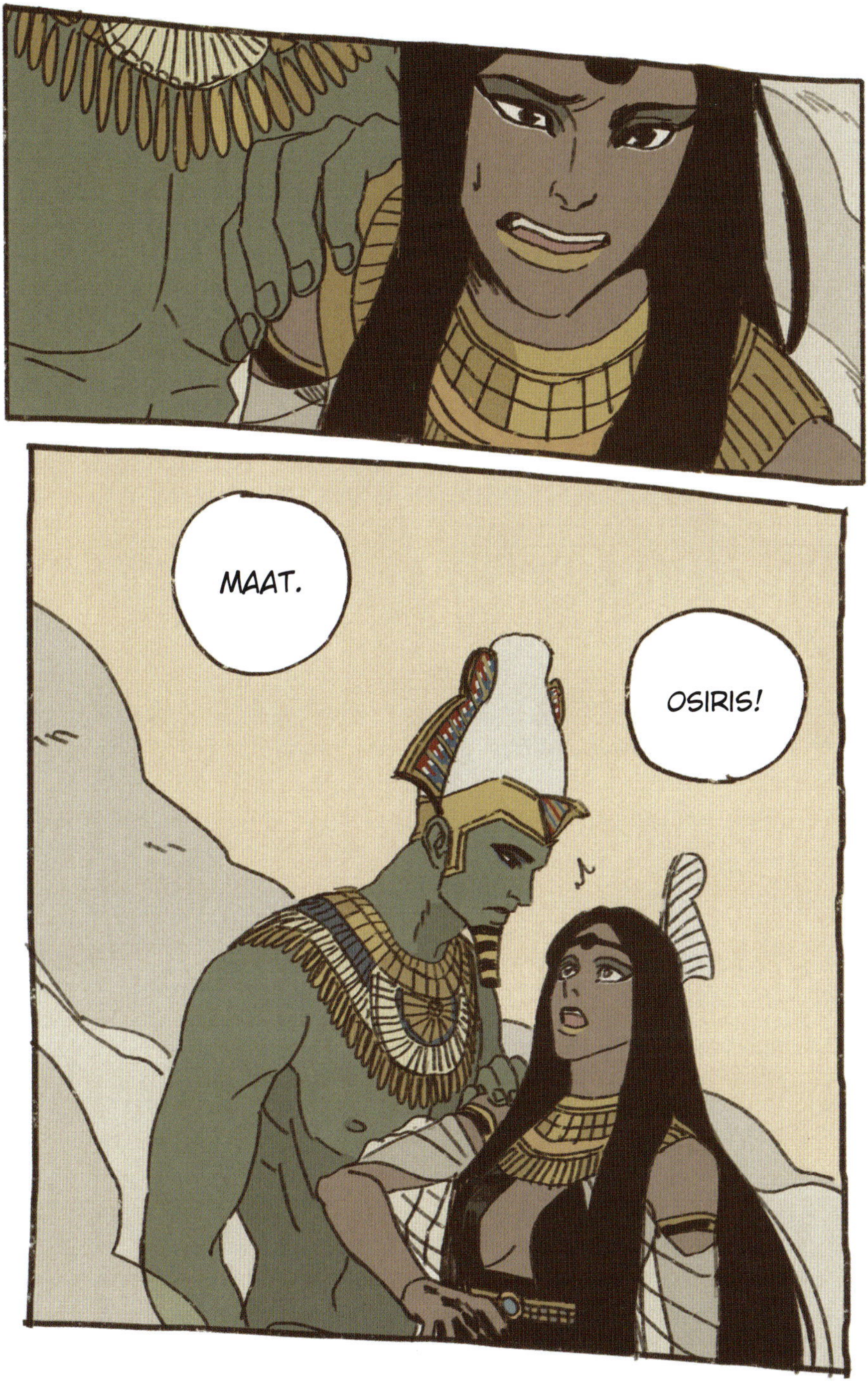

MAAT.

OSIRIS!

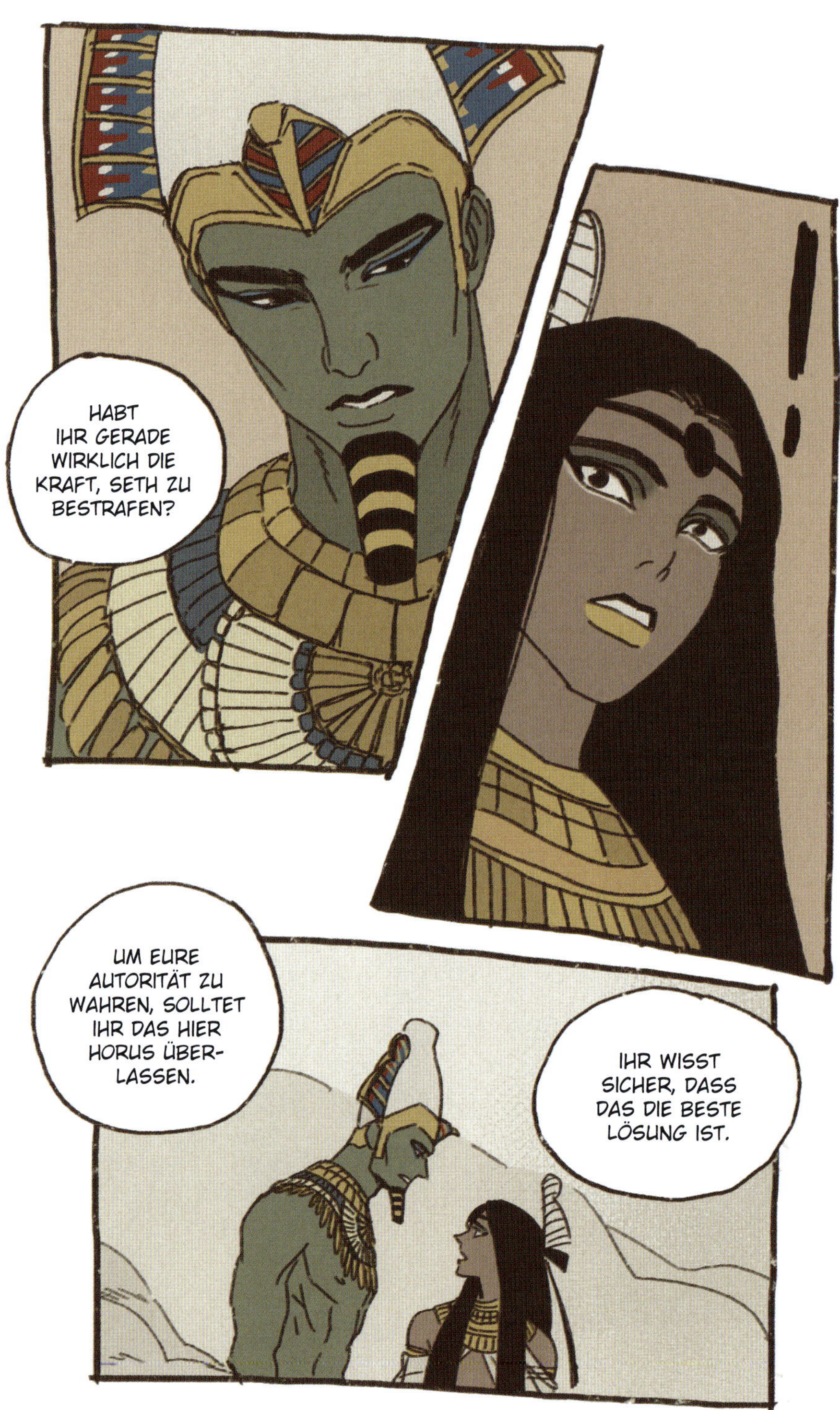
HABT IHR GERADE WIRKLICH DIE KRAFT, SETH ZU BESTRAFEN?
!
UM EURE AUTORITÄT ZU WAHREN, SOLLTET IHR DAS HIER HORUS ÜBER-LASSEN.
IHR WISST SICHER, DASS DAS DIE BESTE LÖSUNG IST.

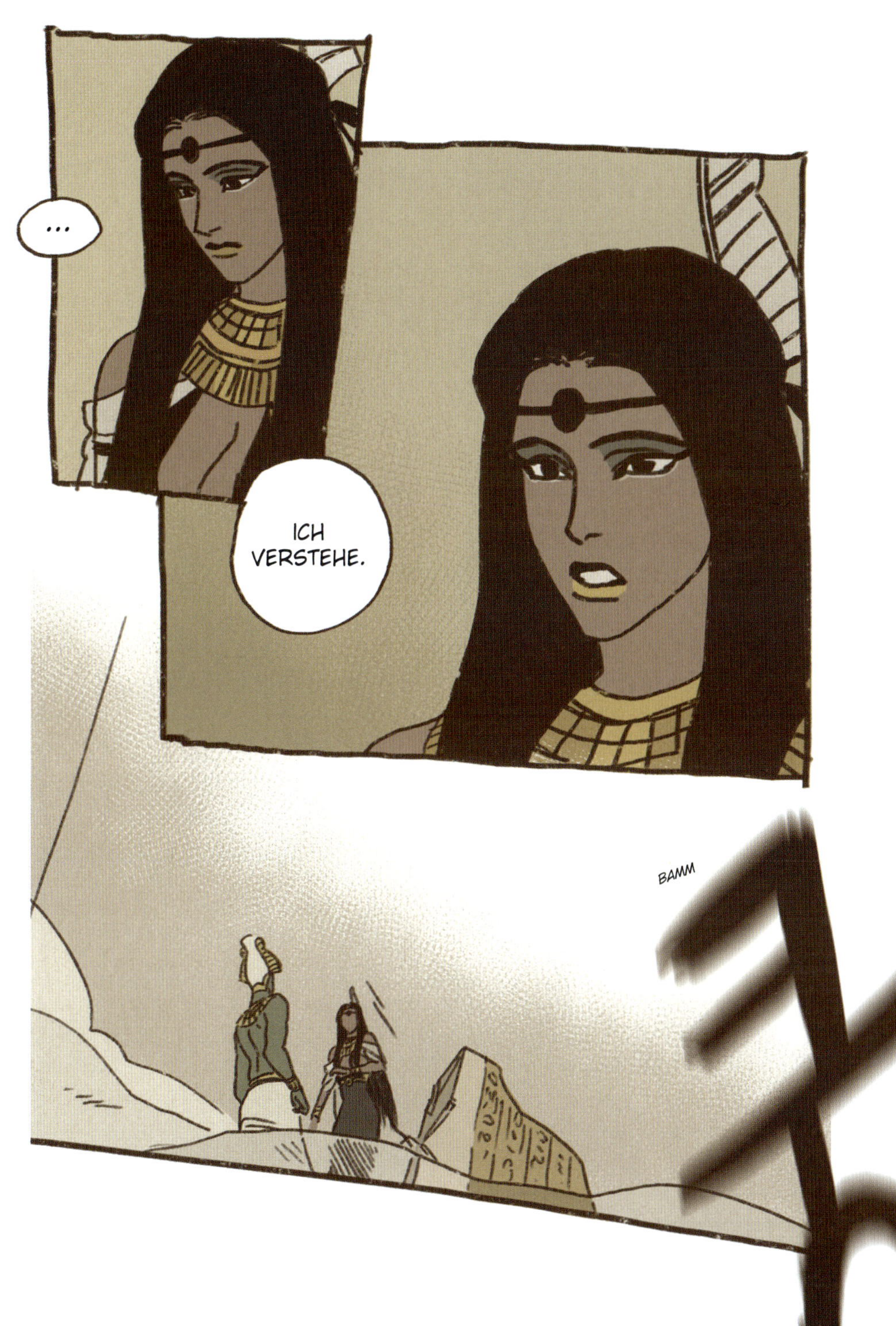
...
ICH VERSTEHE.
BAMM

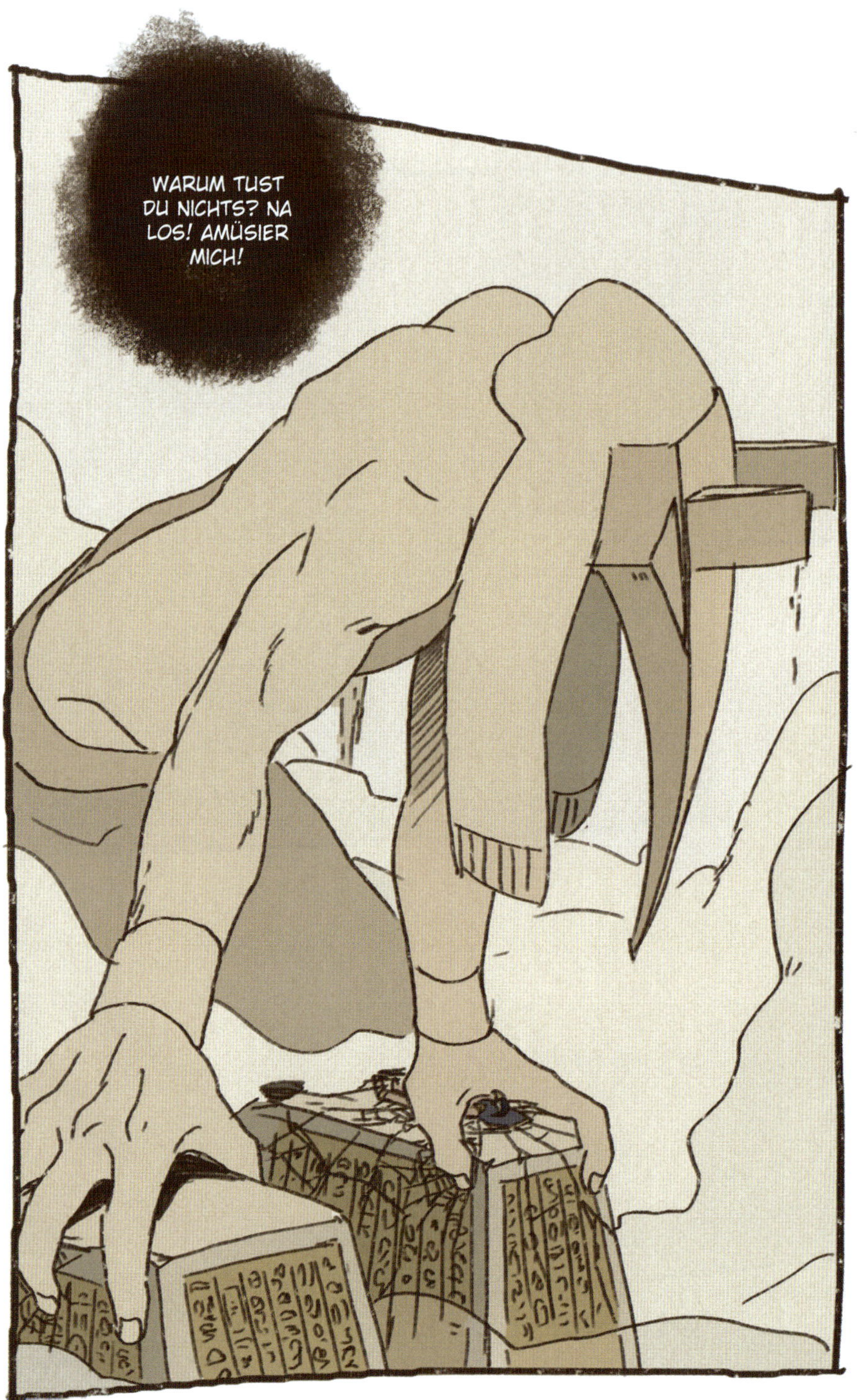
WARUM TUST DU NICHTS? NA LOS! AMÜSIER MICH!

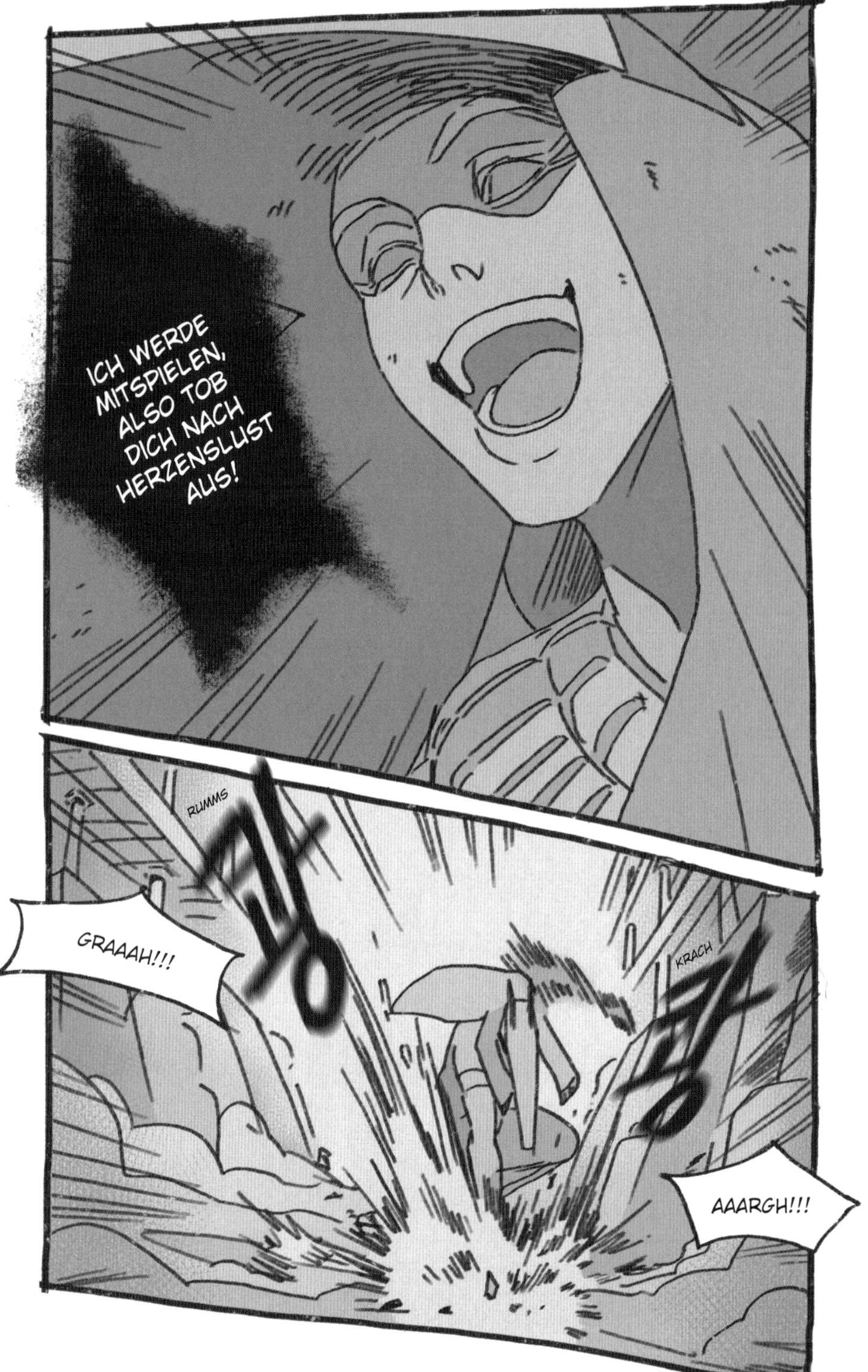

ICH WERDE MITSPIELEN, ALSO TOB DICH NACH HERZENSLUST AUS!
RUMMS
GRAAAH!!!
KRACH
AAARGH!!!

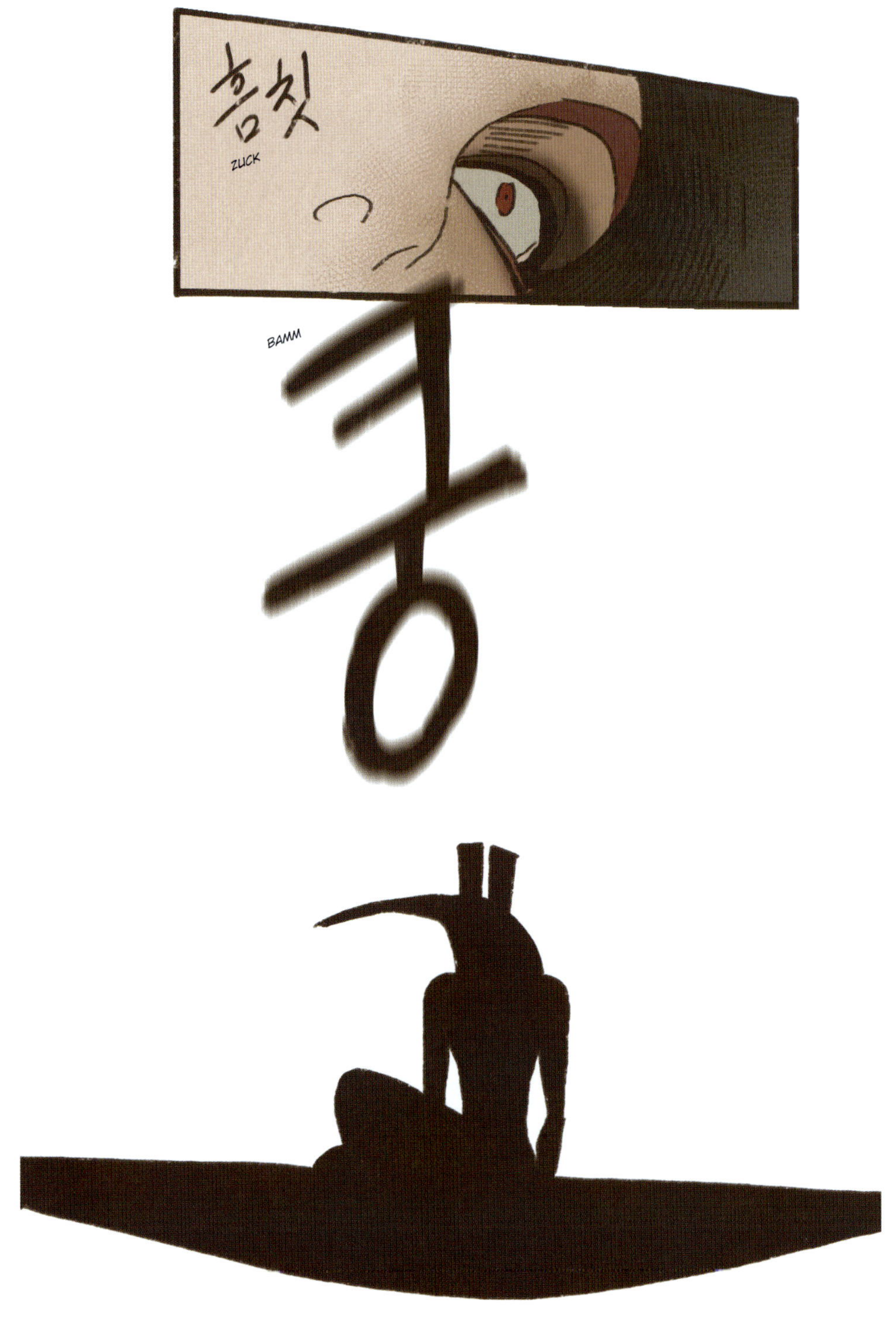
흠칫
ZUCK
쿵
BAMM

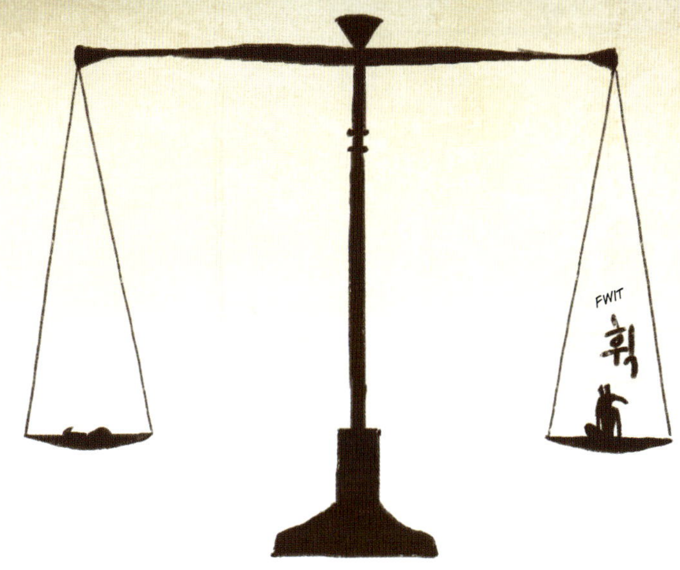
FWIT
휙

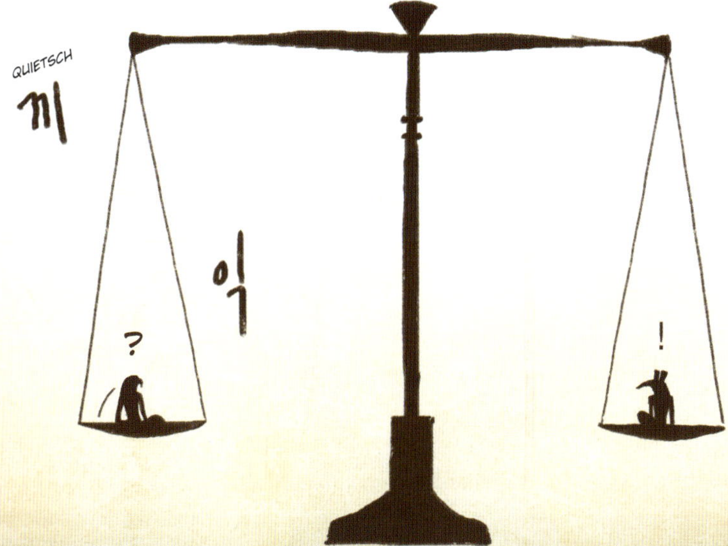
QUIETSCH
끼
익
?
!

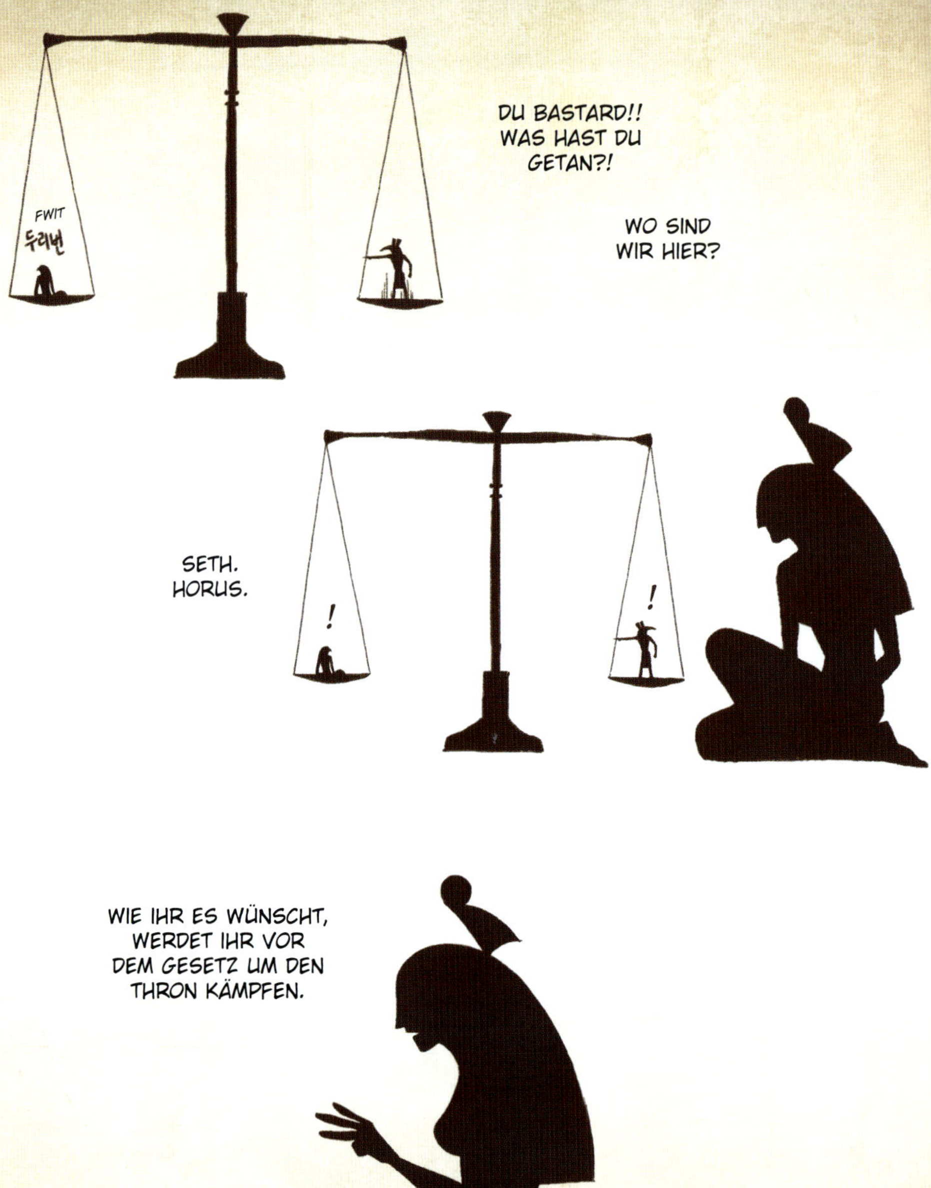

FWIT
두리번

DU BASTARD!!
WAS HAST DU
GETAN?!

WO SIND
WIR HIER?

SETH.
HORUS.

!

!

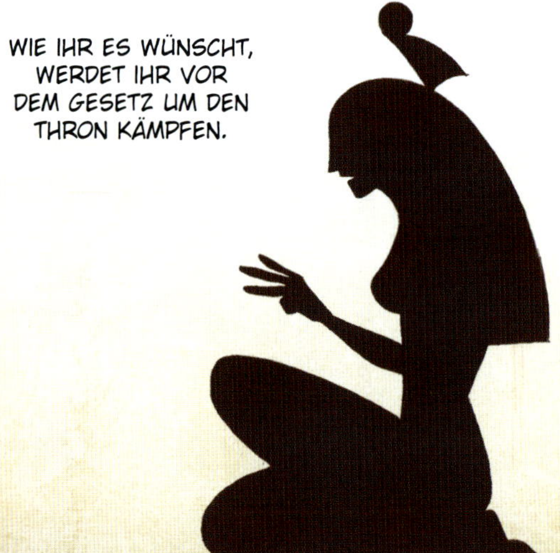

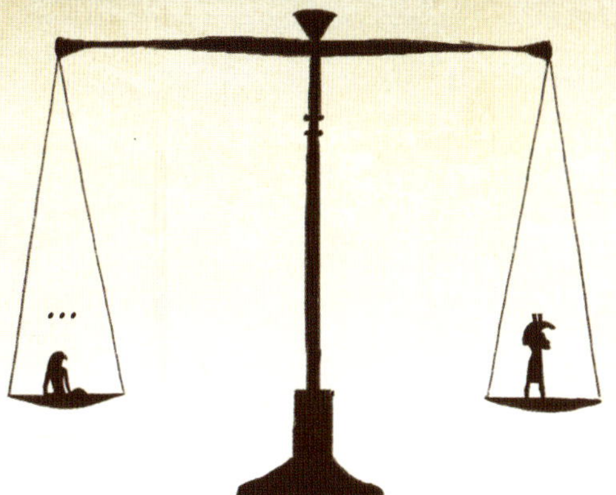
...
WAS? WARUM SO KOMPLIZIERT? ICH BRINGE EUCH ALLE UM UND FERTIG.

ZWEIFELST DU AN DEINEM SIEG, SETH?

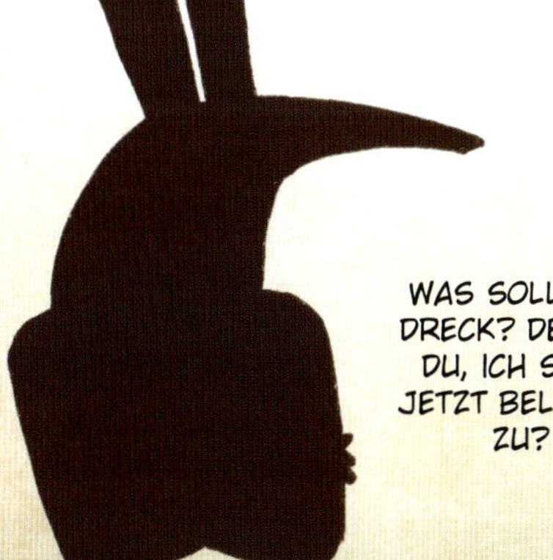
WAS SOLL DER DRECK? DENKST DU, ICH SAGE JETZT BELEIDIGT ZU?

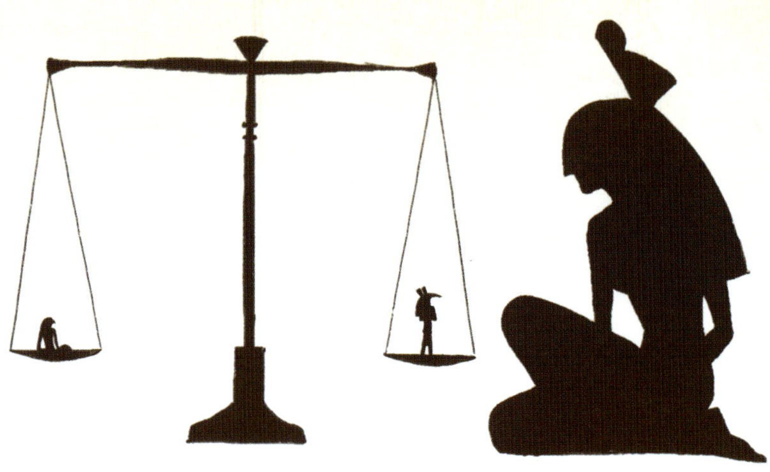
WENN DU HIER GEWINNST,
WIRST DU ALS RECHTMÄSSIGER
KÖNIG ANERKANNT UND NIEMAND
WIRD DICH JE ANGREIFEN ODER
AN DIR ZWEIFELN KÖNNEN.

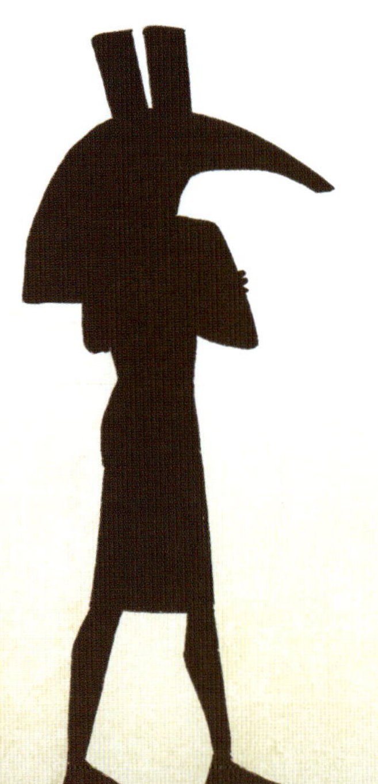
ALLE WERDEN DICH ALS
KÖNIG AKZEPTIEREN.

AUCH ICH LÄGE EUCH
DANN ZU FÜSSEN.

ICH WÜRDE NUR
EUCH DIENEN,
ONKEL.

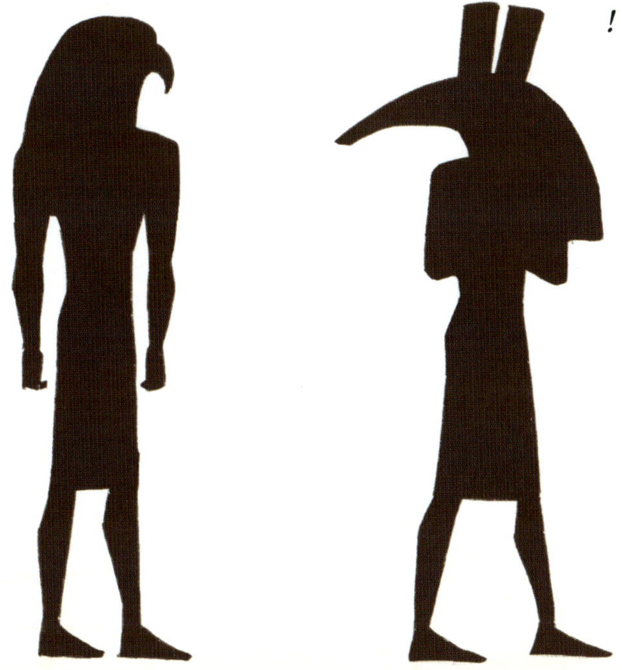

NEHMT IHR MEINE HERAUSFORDERUNG AN?

Kapitel 3
Die Affäre

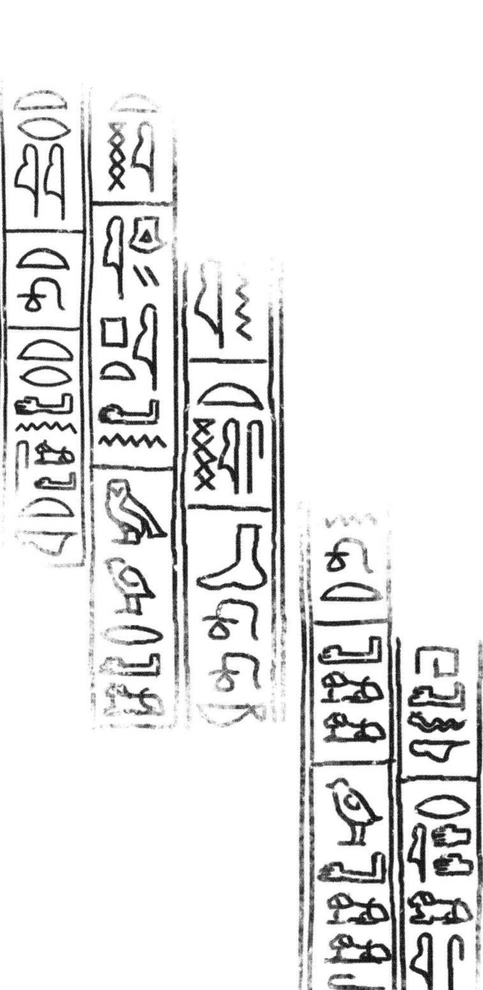

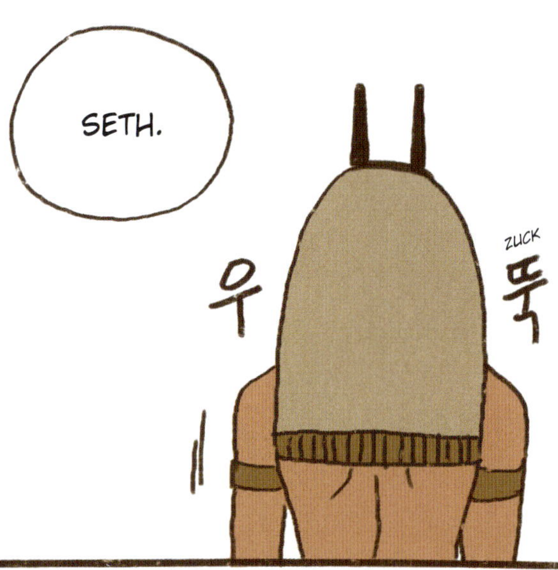
SETH.
ZUCK
우
뚝

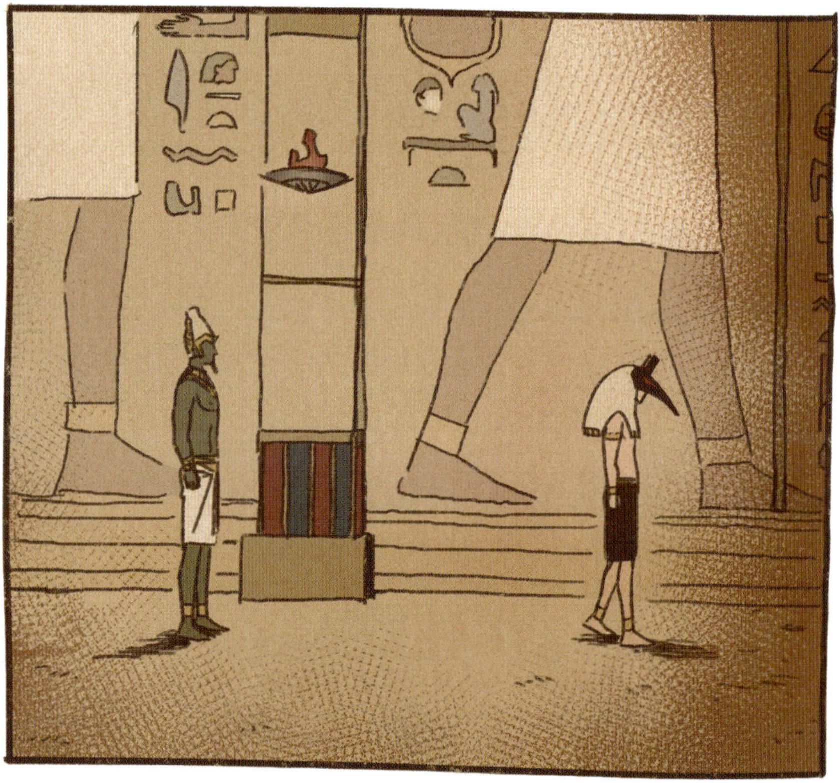

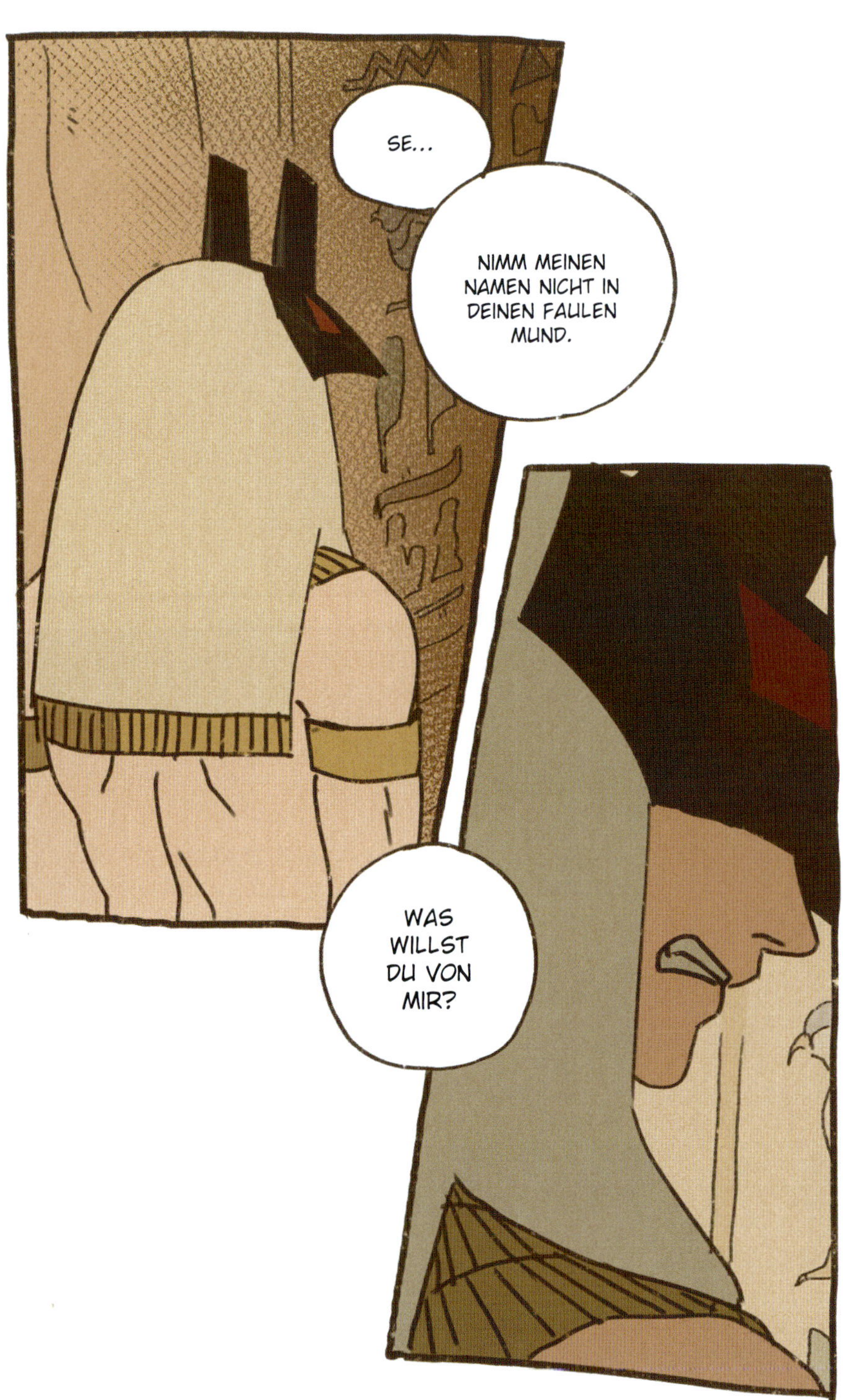
SE…
NIMM MEINEN NAMEN NICHT IN DEINEN FAULEN MUND.
WAS WILLST DU VON MIR?

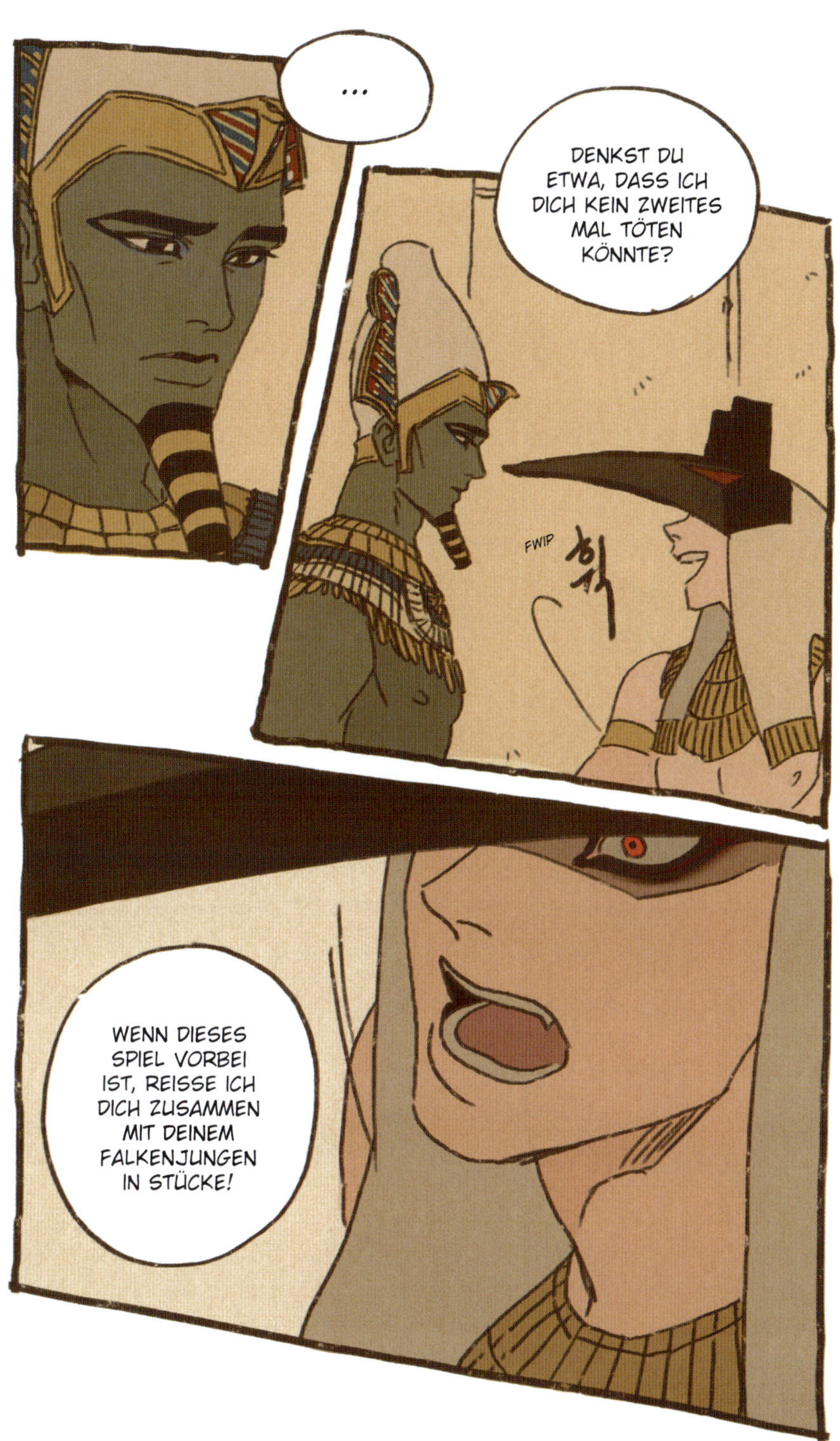
...
DENKST DU ETWA, DASS ICH DICH KEIN ZWEITES MAL TÖTEN KÖNNTE?
FWIP
휙
WENN DIESES SPIEL VORBEI IST, REISSE ICH DICH ZUSAMMEN MIT DEINEM FALKENJUNGEN IN STÜCKE!

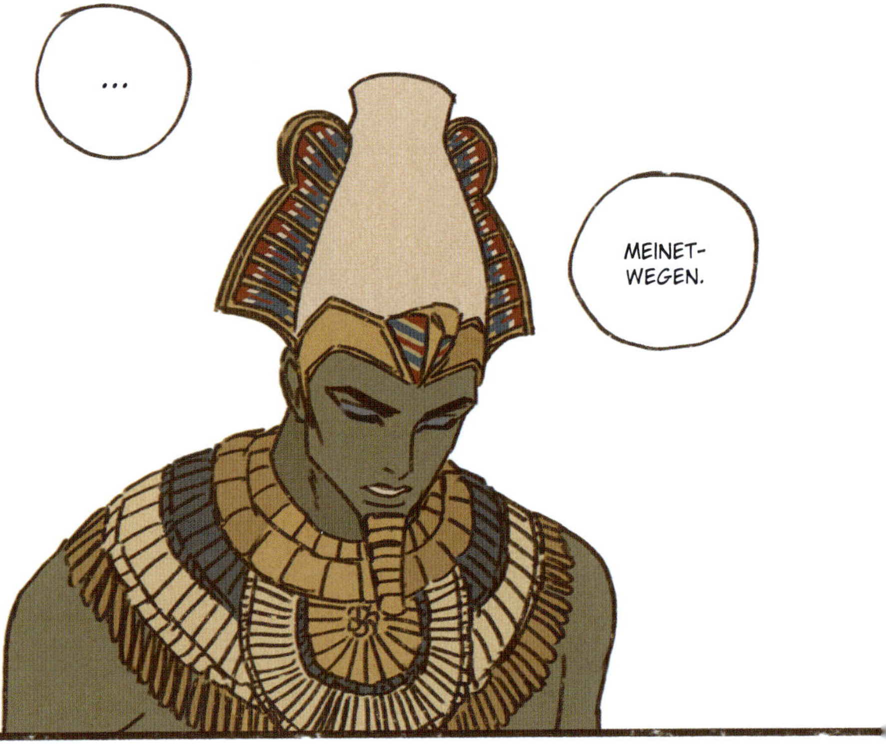

...

MEINET-
WEGEN.

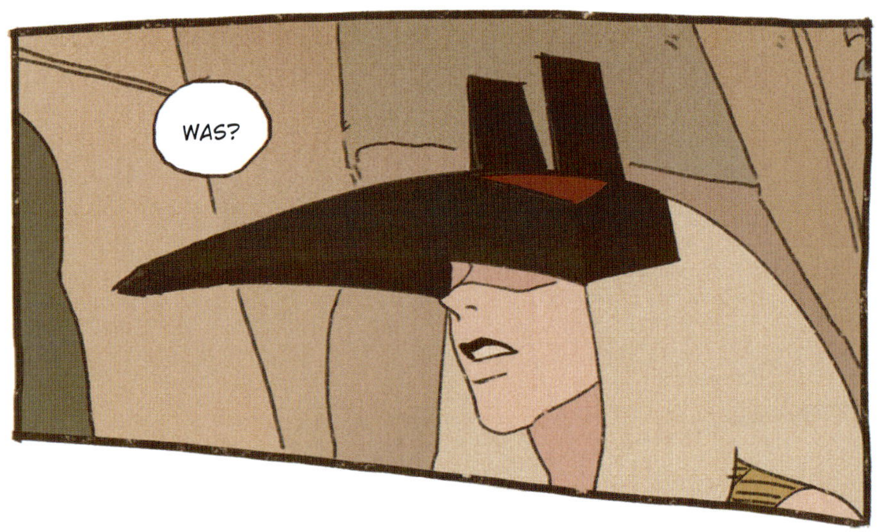

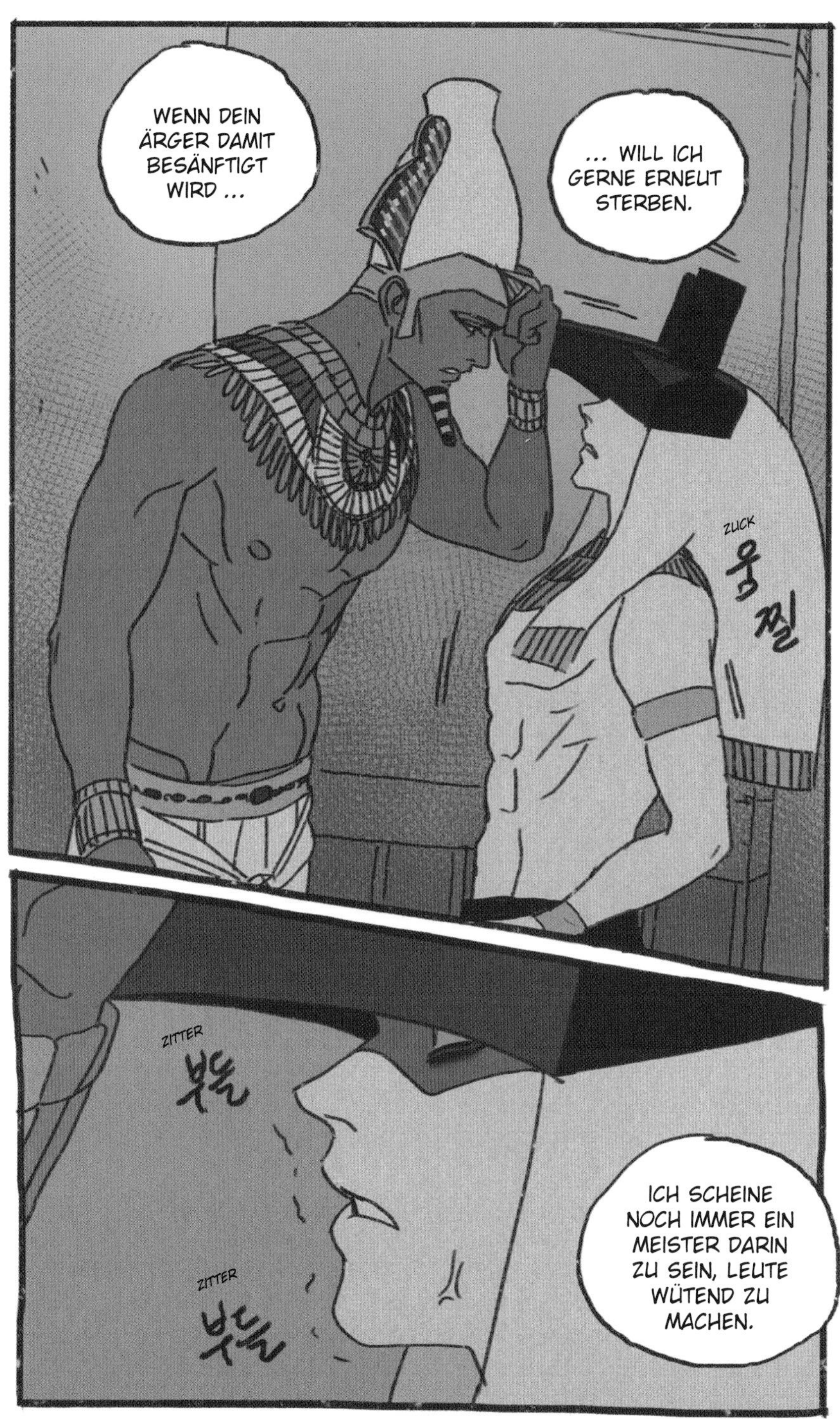
WENN DEIN ÄRGER DAMIT BESÄNFTIGT WIRD ...
... WILL ICH GERNE ERNEUT STERBEN.
ZUCK
움찔
ZITTER
부들
ZITTER
부들
ICH SCHEINE NOCH IMMER EIN MEISTER DARIN ZU SEIN, LEUTE WÜTEND ZU MACHEN.

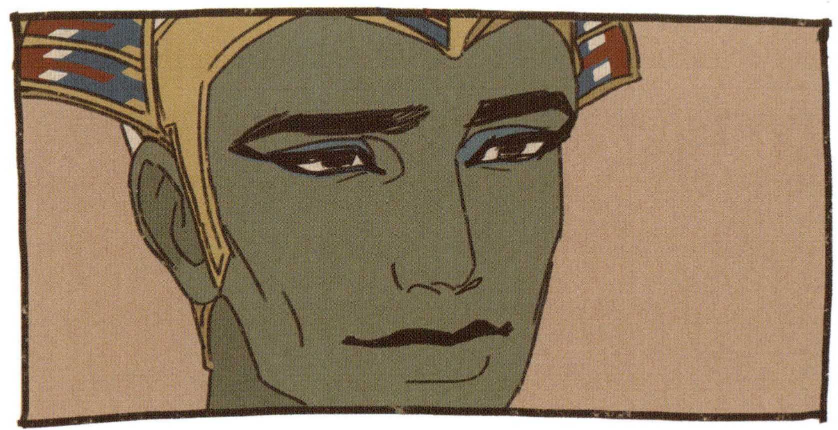

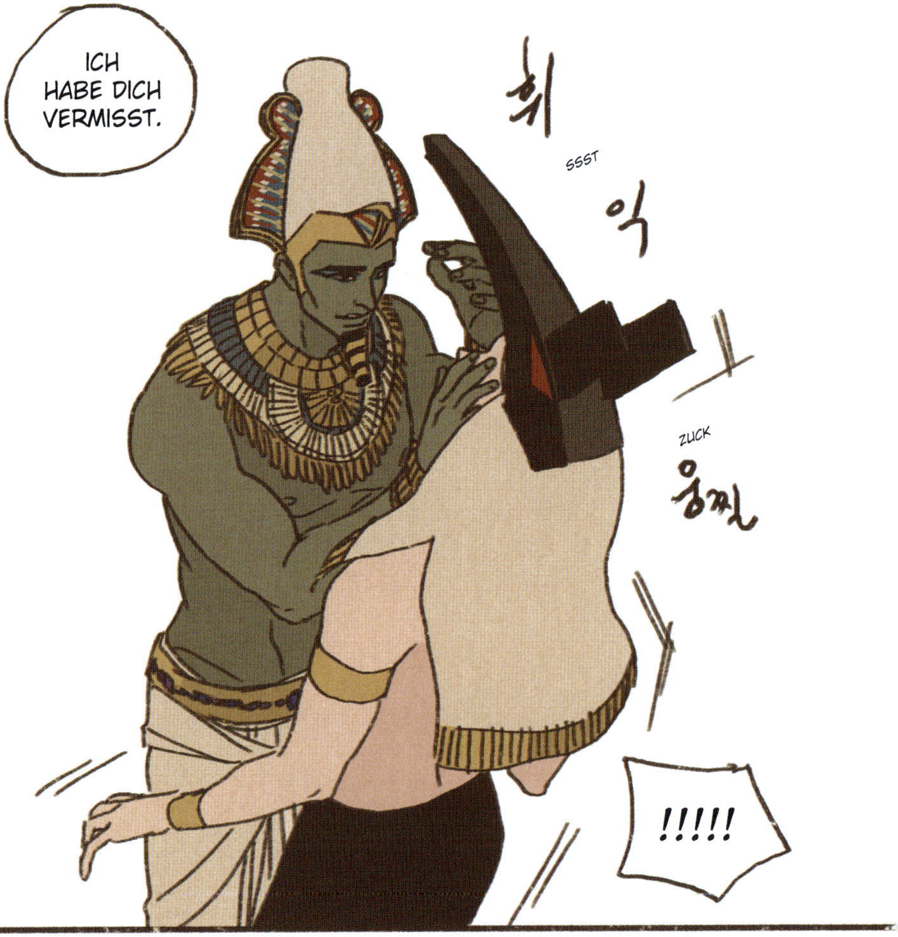

ICH HABE DICH VERMISST.

휘익

SSST

ZUCK

움찔

!!!!!

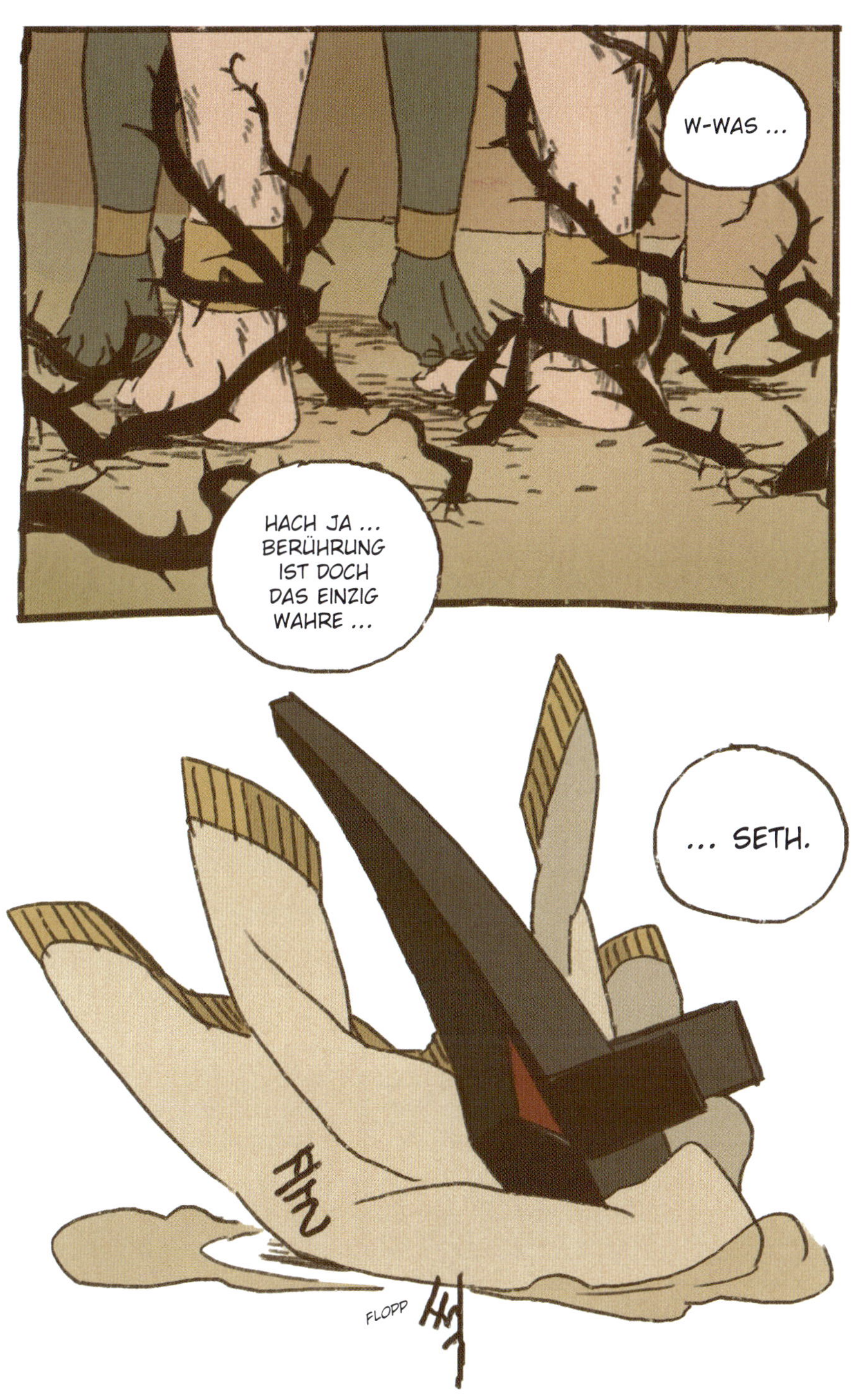
W-WAS ...
HACH JA ... BERÜHRUNG IST DOCH DAS EINZIG WAHRE ...
... SETH.
FLOPP

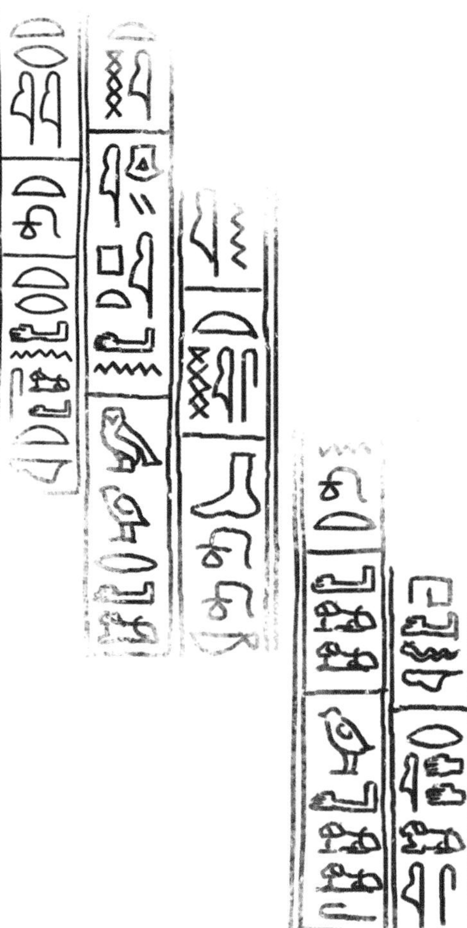

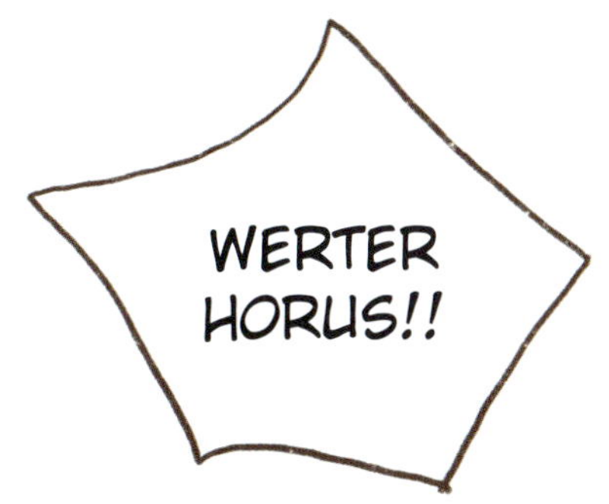
WERTER HORUS!!

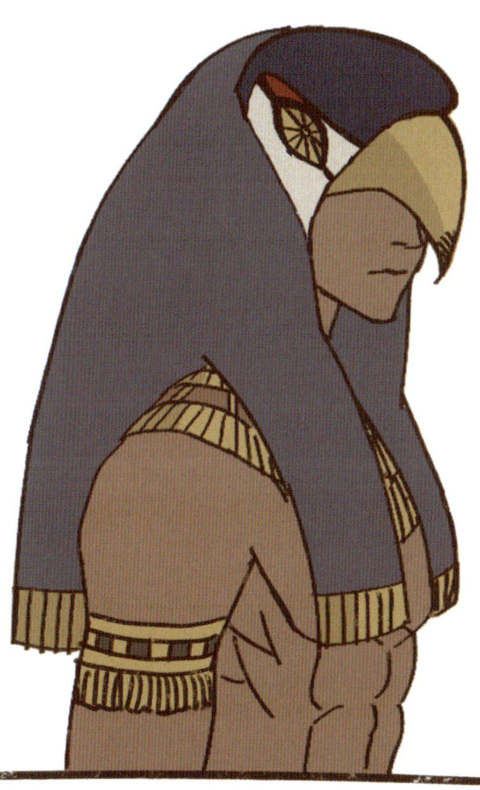

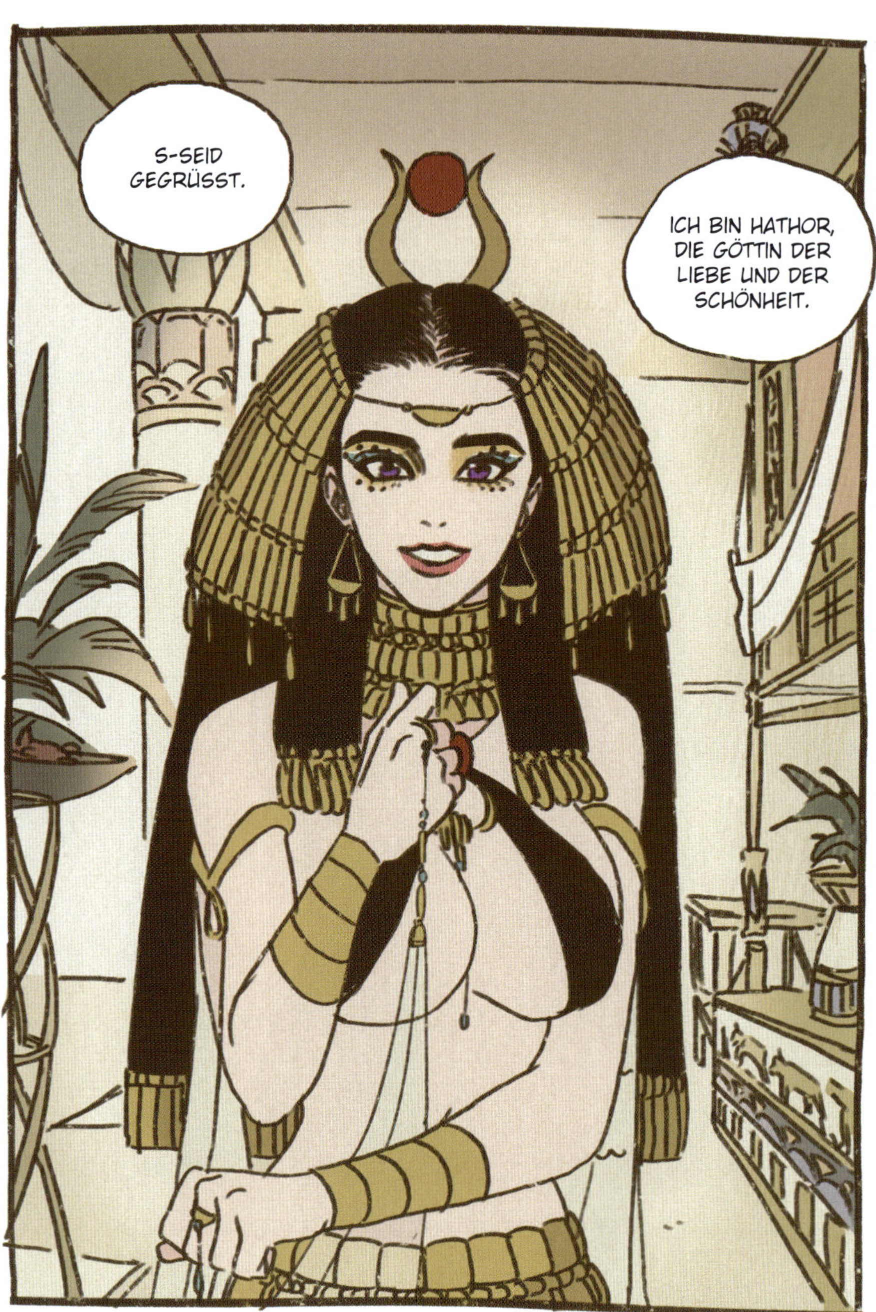
S-SEID GEGRÜSST.
ICH BIN HATHOR, DIE GÖTTIN DER LIEBE UND DER SCHÖNHEIT.

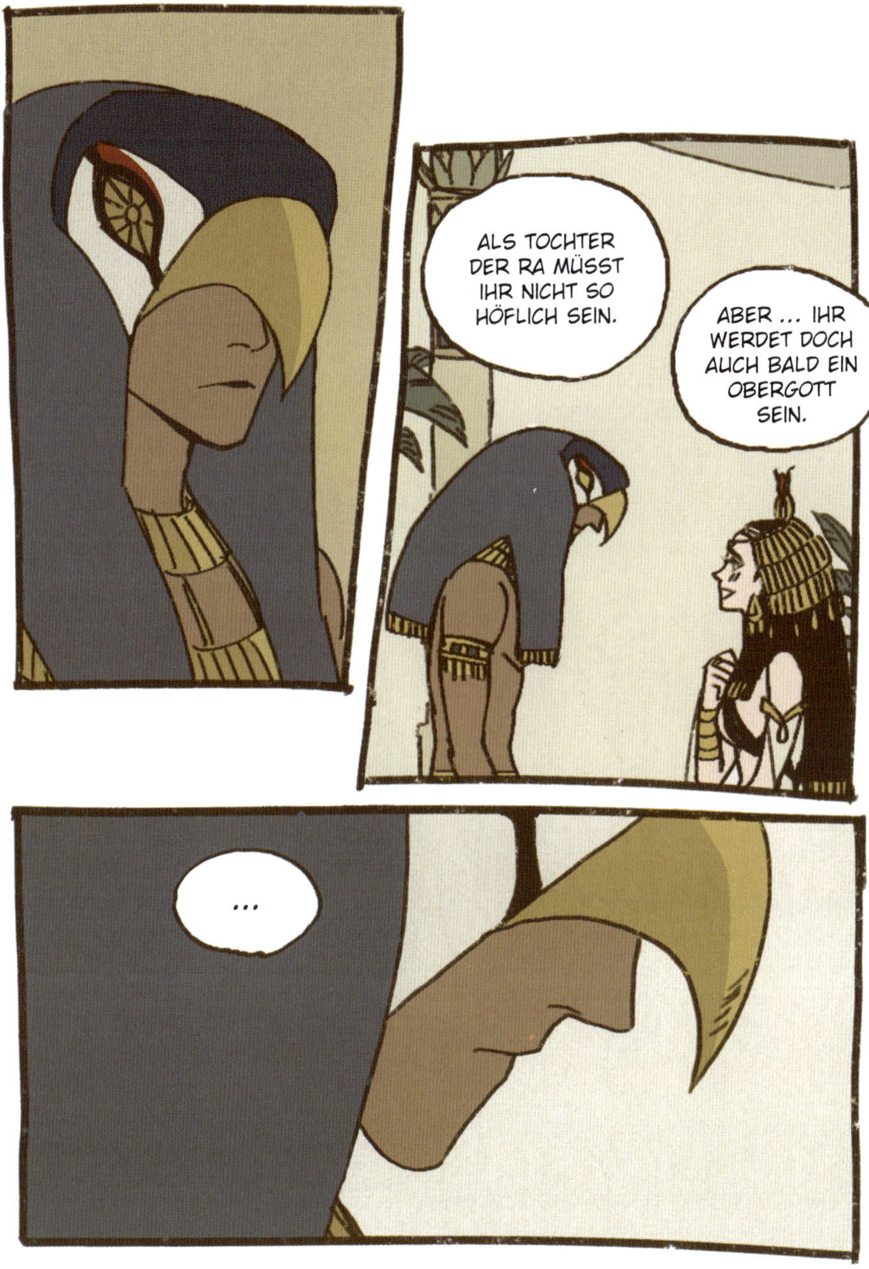

ALS TOCHTER DER RA MÜSST IHR NICHT SO HÖFLICH SEIN.

ABER ... IHR WERDET DOCH AUCH BALD EIN OBERGOTT SEIN.

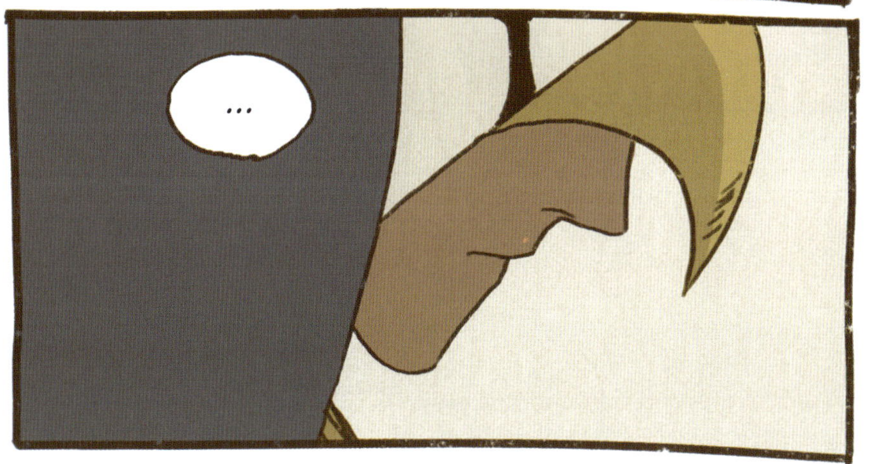

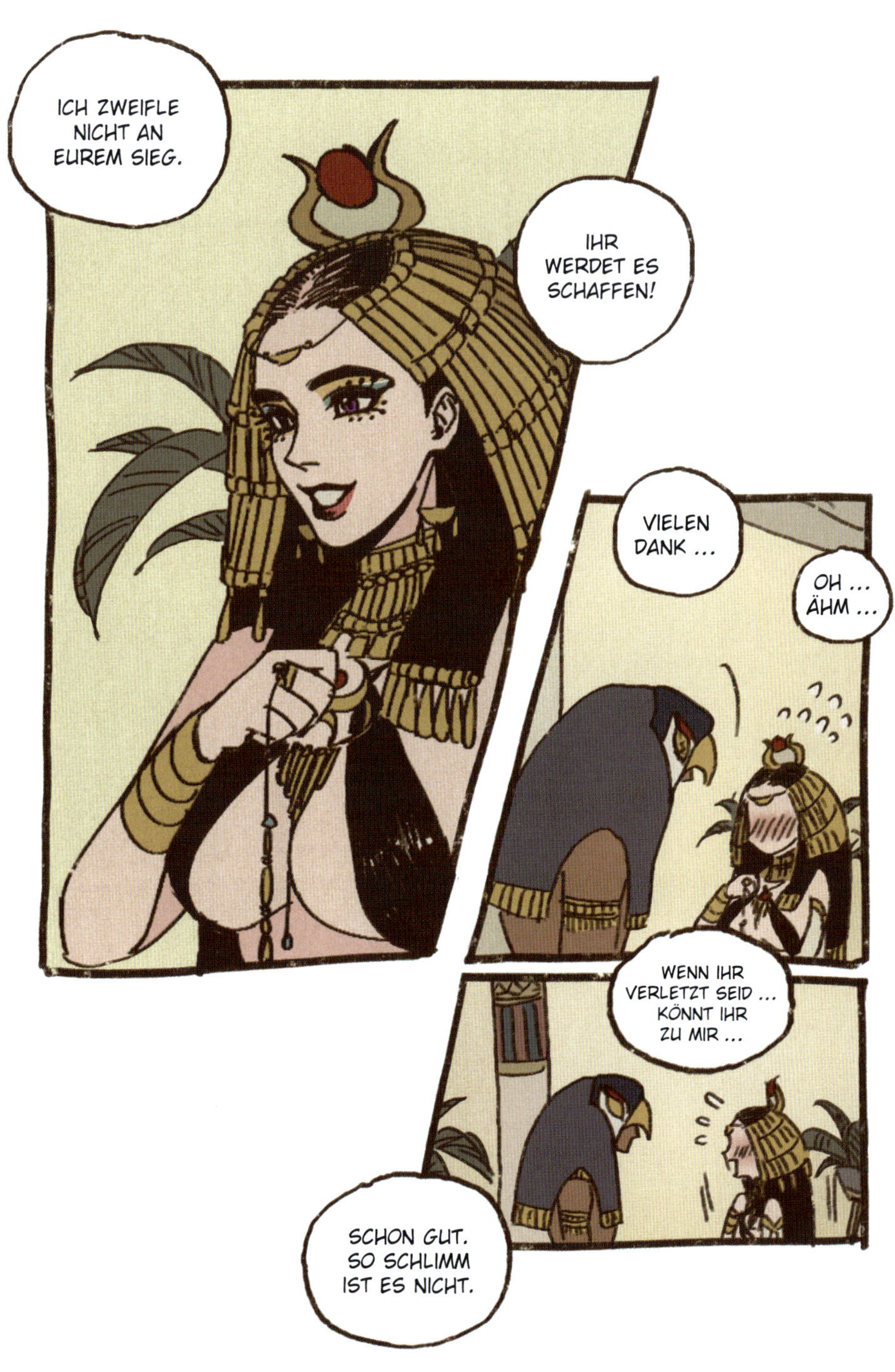
ICH ZWEIFLE NICHT AN EUREM SIEG.
IHR WERDET ES SCHAFFEN!
VIELEN DANK ...
OH ... ÄHM ...
WENN IHR VERLETZT SEID ... KÖNNT IHR ZU MIR ...
SCHON GUT. SO SCHLIMM IST ES NICHT.

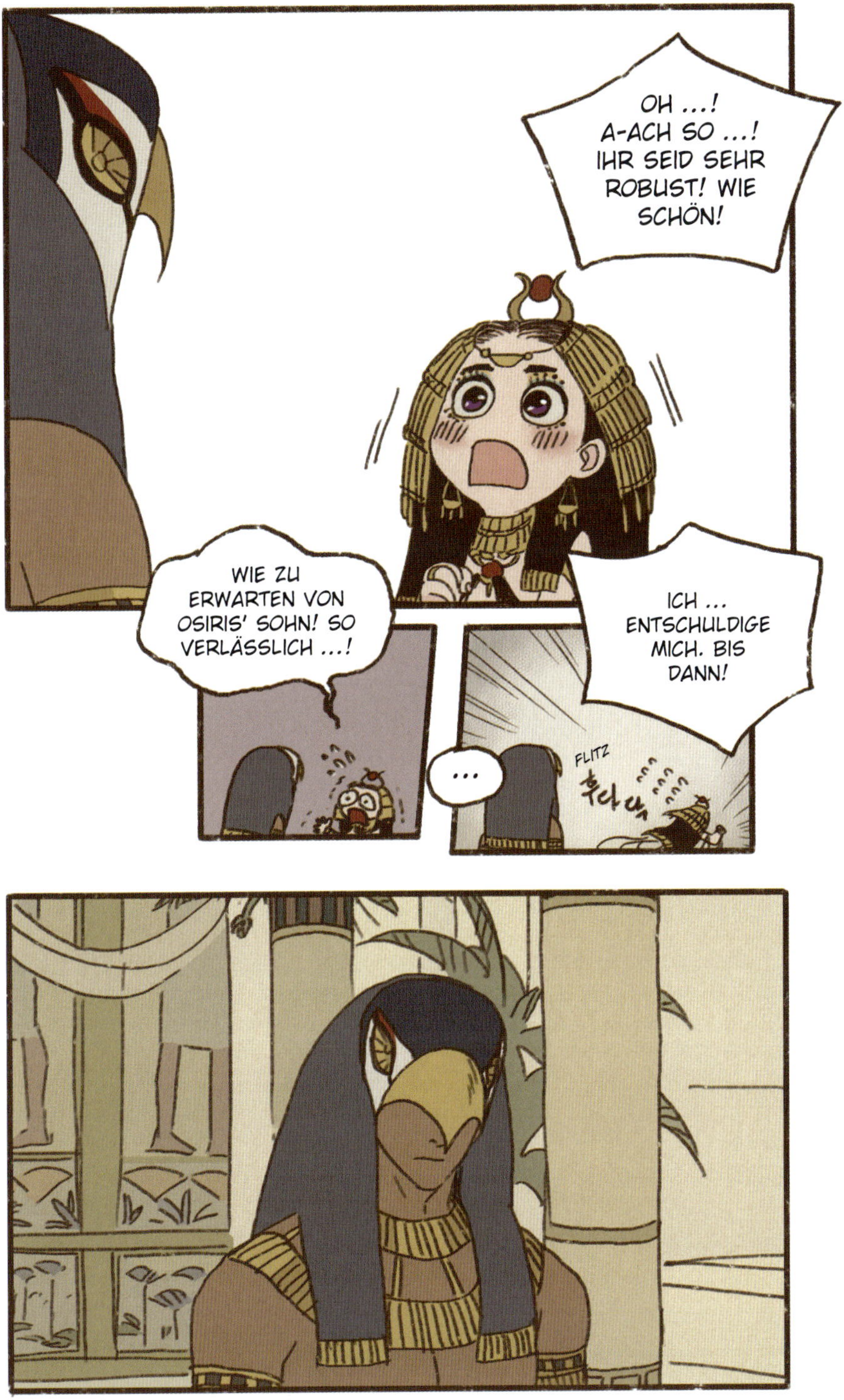

OH ...!
A-ACH SO ...!
IHR SEID SEHR ROBUST! WIE SCHÖN!

WIE ZU ERWARTEN VON OSIRIS' SOHN! SO VERLÄSSLICH ...!

...

ICH ... ENTSCHULDIGE MICH. BIS DANN!

FLITZ

후다닥

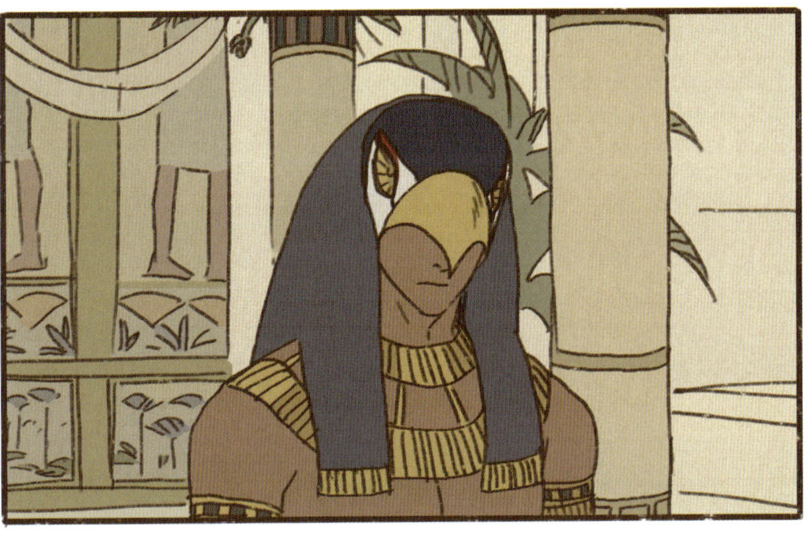

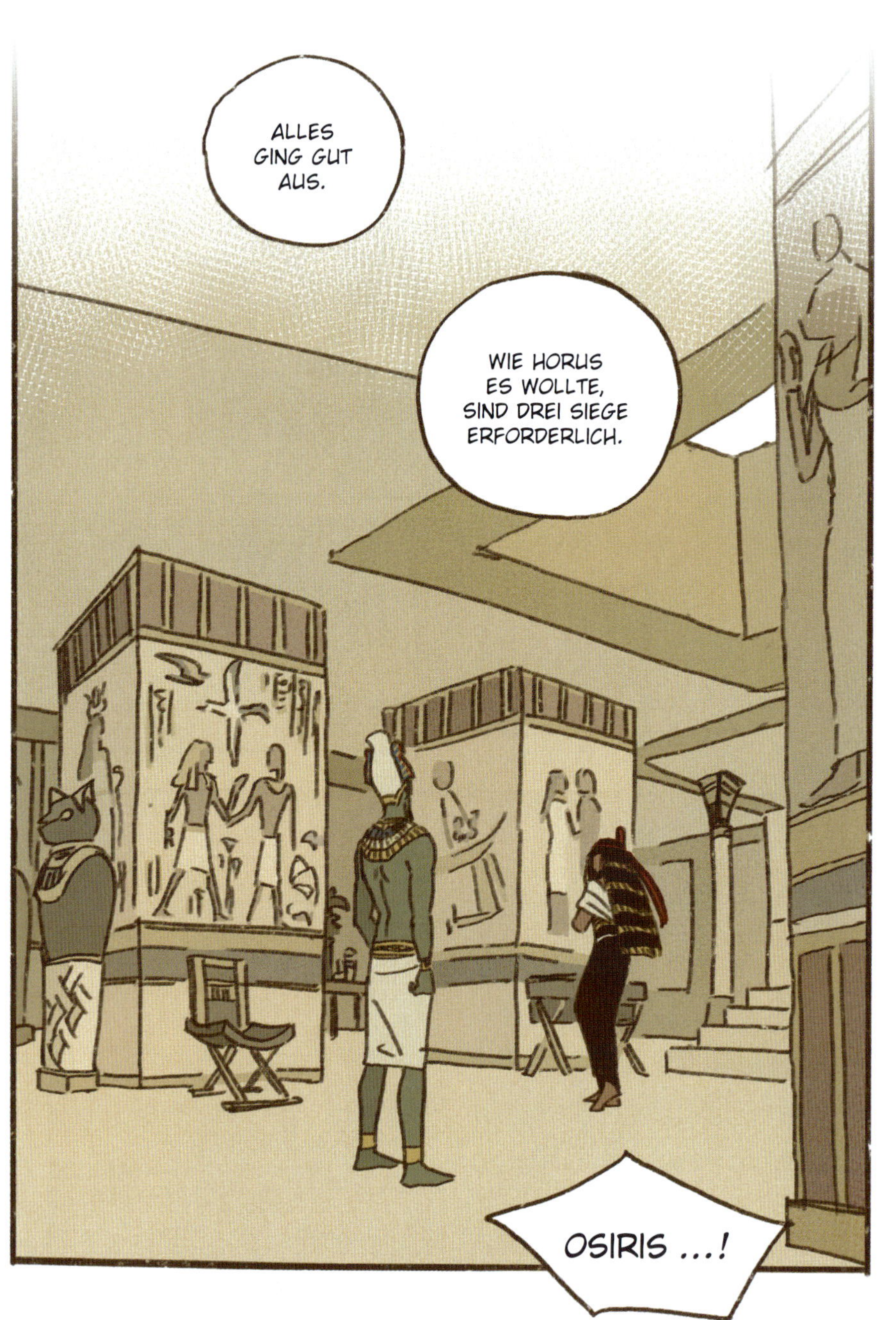
ALLES GING GUT AUS.
WIE HORUS ES WOLLTE, SIND DREI SIEGE ERFORDERLICH.
OSIRIS ...!

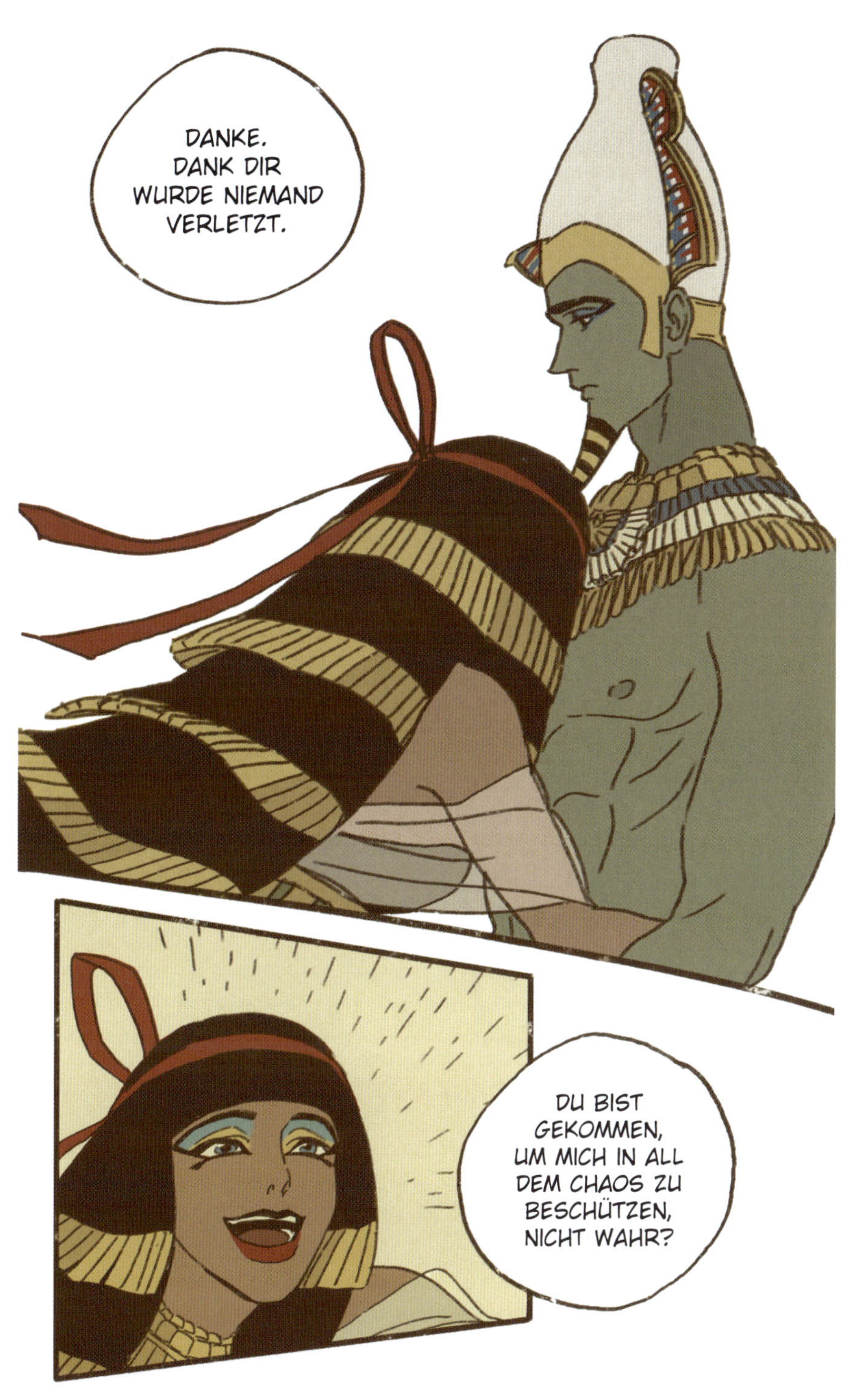
DANKE. DANK DIR WURDE NIEMAND VERLETZT.
DU BIST GEKOMMEN, UM MICH IN ALL DEM CHAOS ZU BESCHÜTZEN, NICHT WAHR?

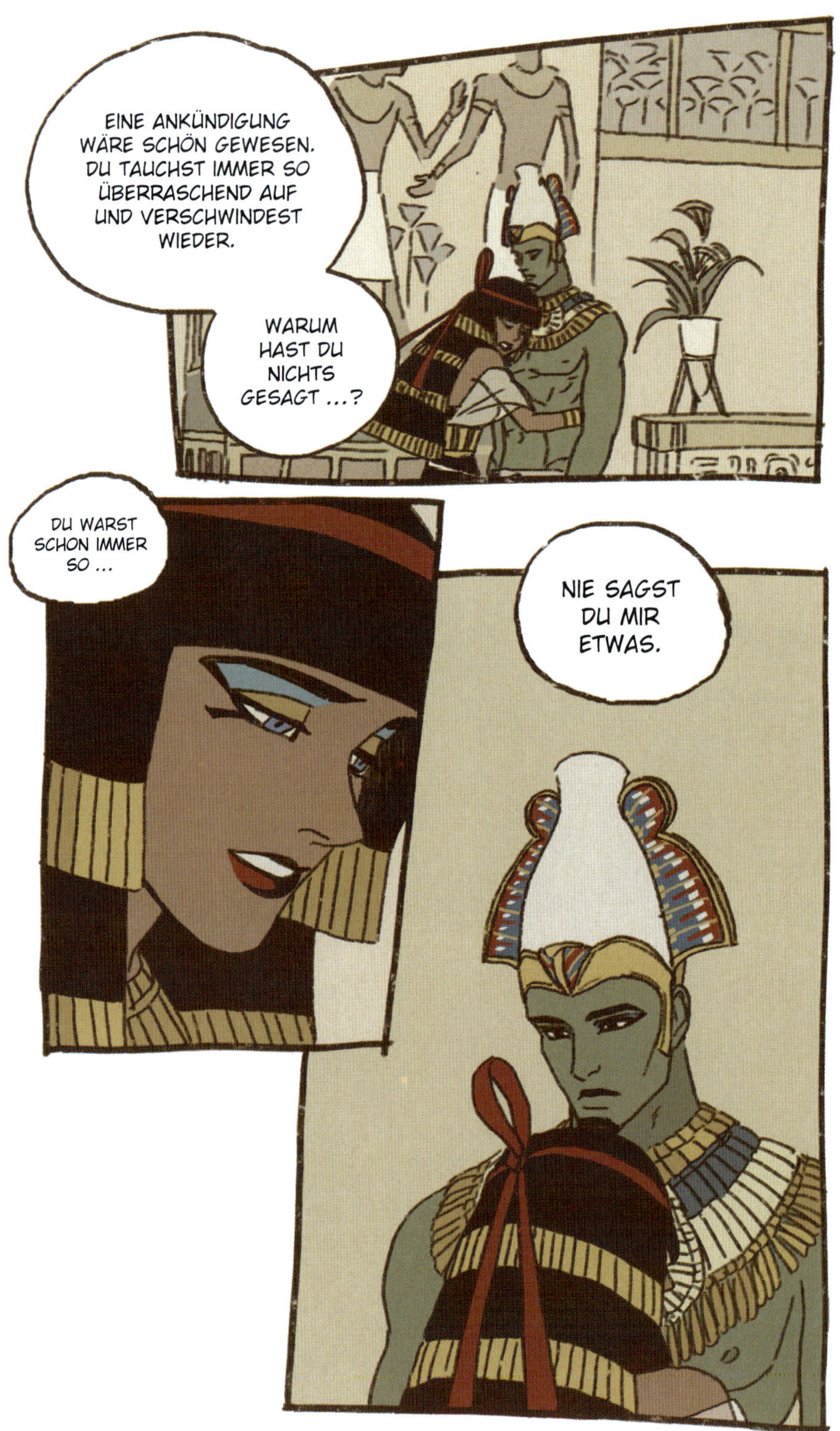

EINE ANKÜNDIGUNG WÄRE SCHÖN GEWESEN. DU TAUCHST IMMER SO ÜBERRASCHEND AUF UND VERSCHWINDEST WIEDER.
WARUM HAST DU NICHTS GESAGT ...?
DU WARST SCHON IMMER SO ...
NIE SAGST DU MIR ETWAS.

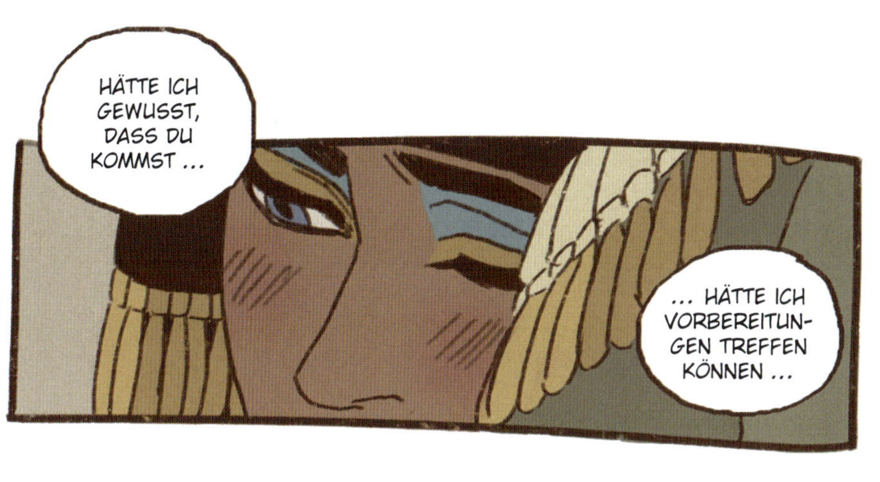

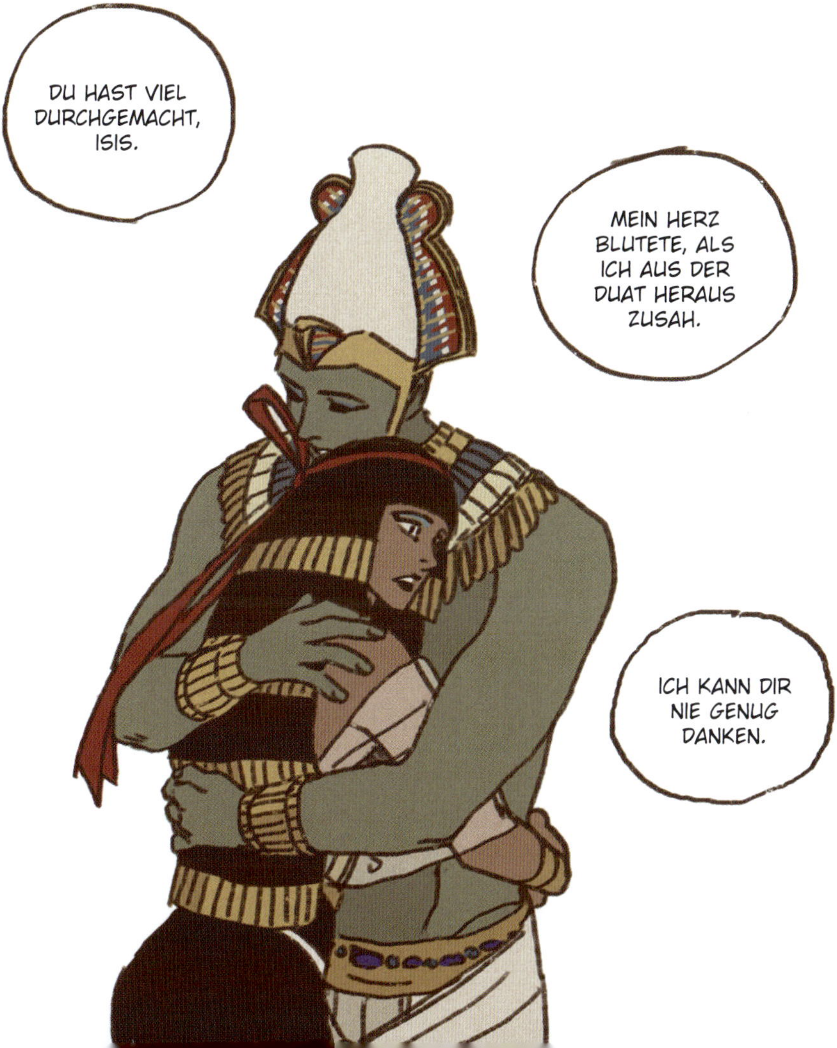

DU HAST VIEL DURCHGEMACHT, ISIS.

MEIN HERZ BLUTETE, ALS ICH AUS DER DUAT HERAUS ZUSAH.

ICH KANN DIR NIE GENUG DANKEN.

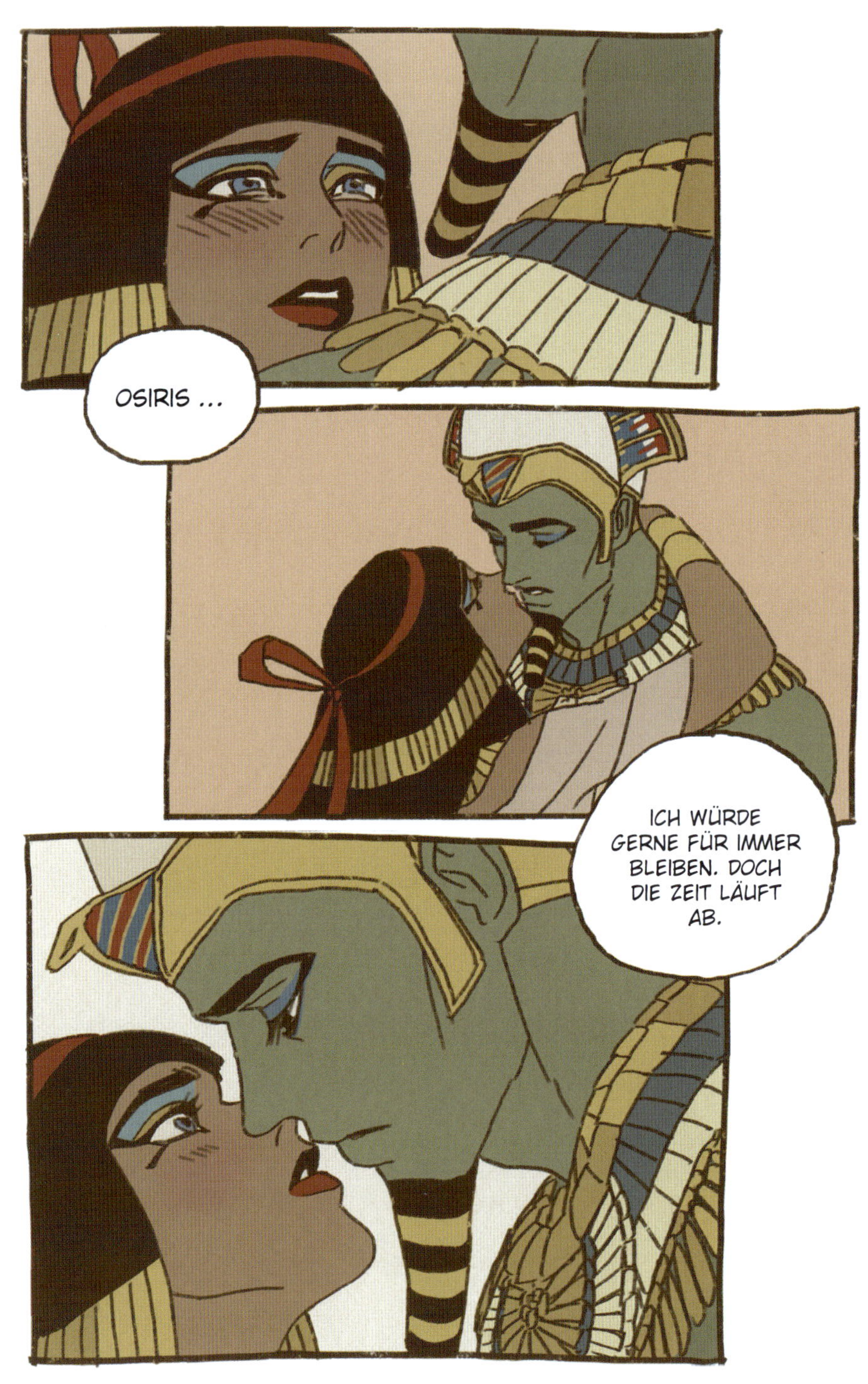
OSIRIS ...
ICH WÜRDE GERNE FÜR IMMER BLEIBEN. DOCH DIE ZEIT LÄUFT AB.

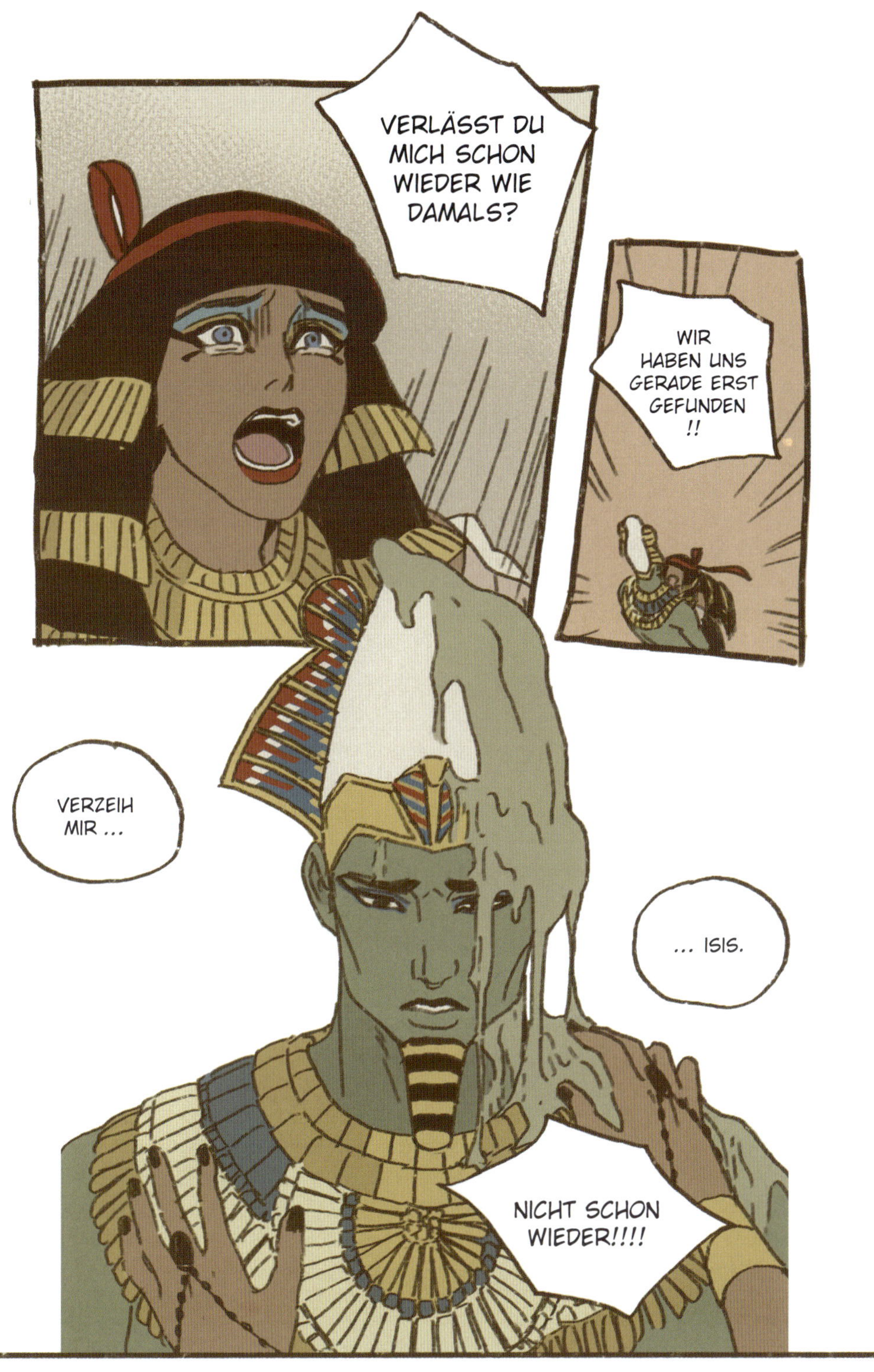
VERLÄSST DU MICH SCHON WIEDER WIE DAMALS?
WIR HABEN UNS GERADE ERST GEFUNDEN !!
VERZEIH MIR …
… ISIS.
NICHT SCHON WIEDER!!!!

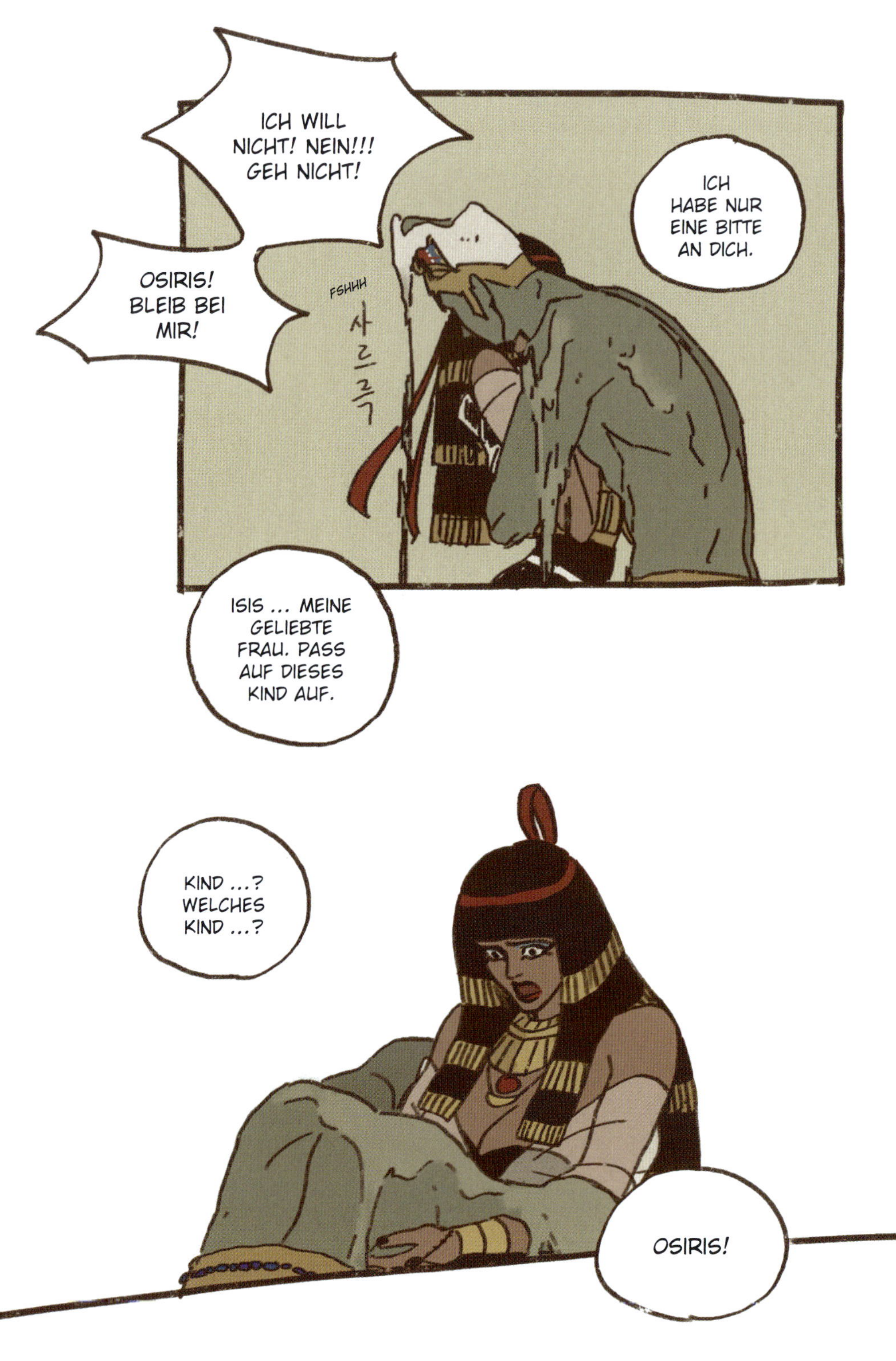

ICH WILL NICHT! NEIN!!! GEH NICHT!
OSIRIS! BLEIB BEI MIR!
ICH HABE NUR EINE BITTE AN DICH.
FSHHH
사르륵
ISIS ... MEINE GELIEBTE FRAU. PASS AUF DIESES KIND AUF.
KIND ...? WELCHES KIND ...?
OSIRIS!

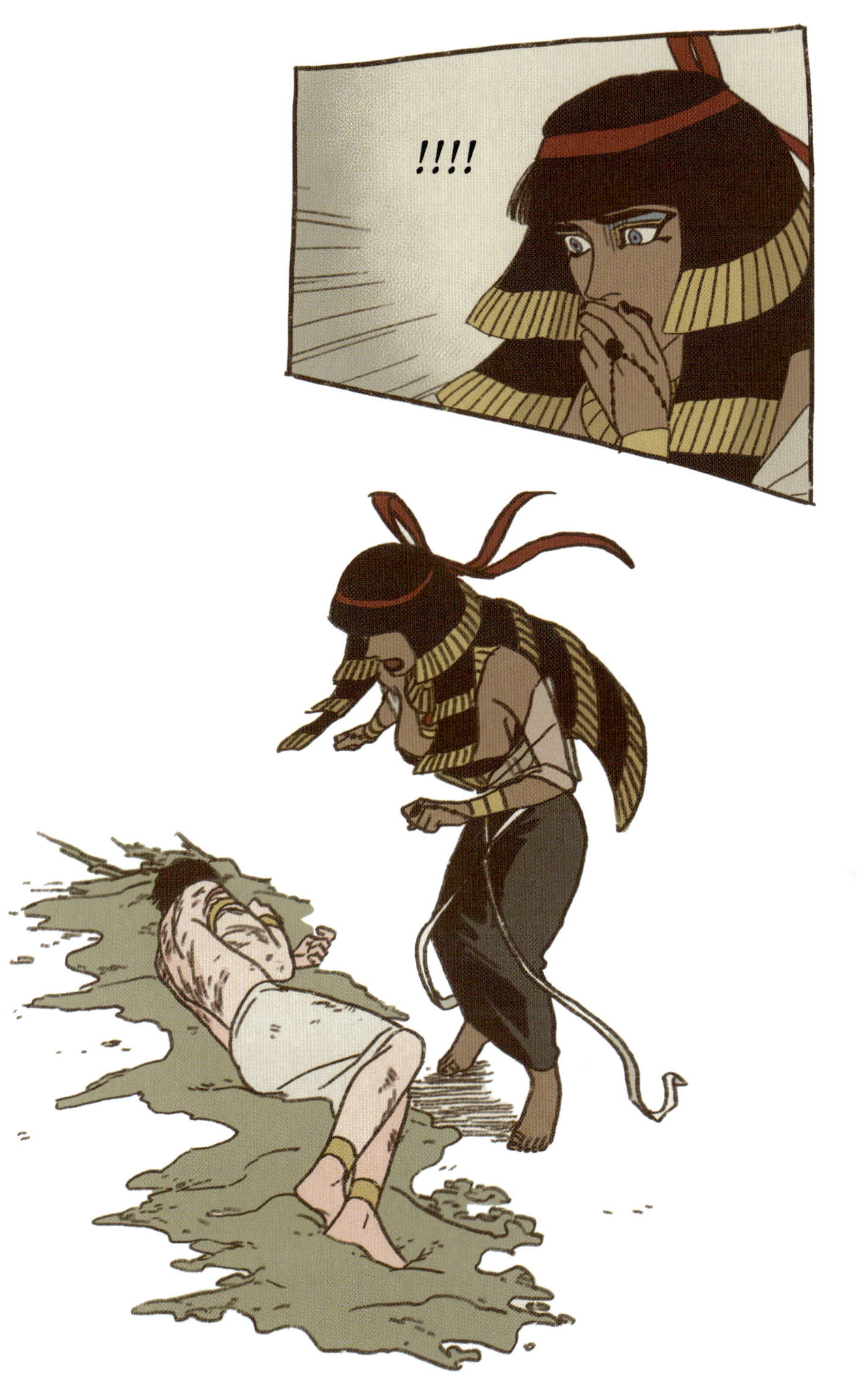

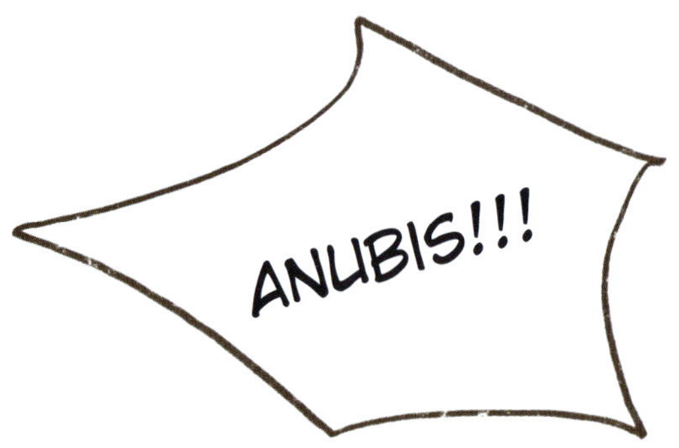

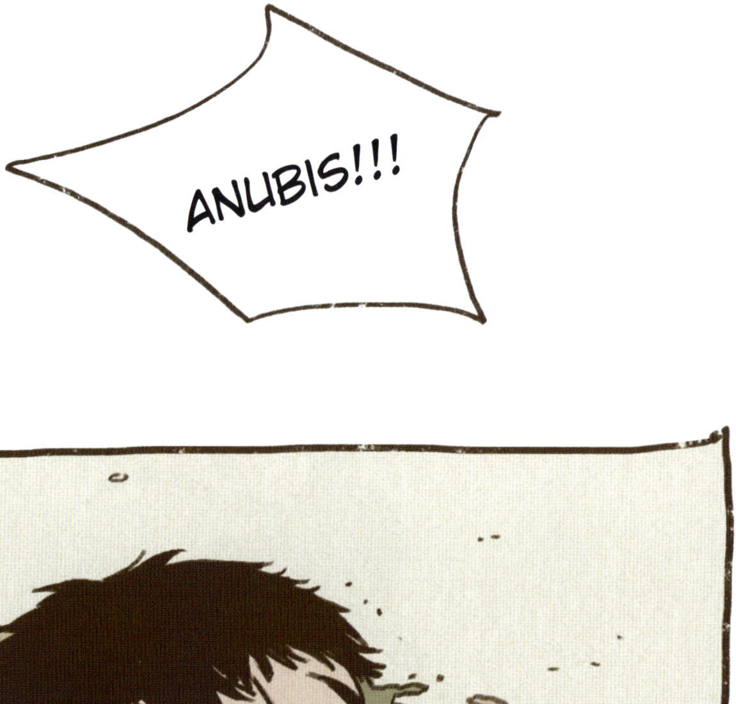

ENNEAD BAND 1 ENDE – LEST WEITER IN BAND 2

ENNEAD

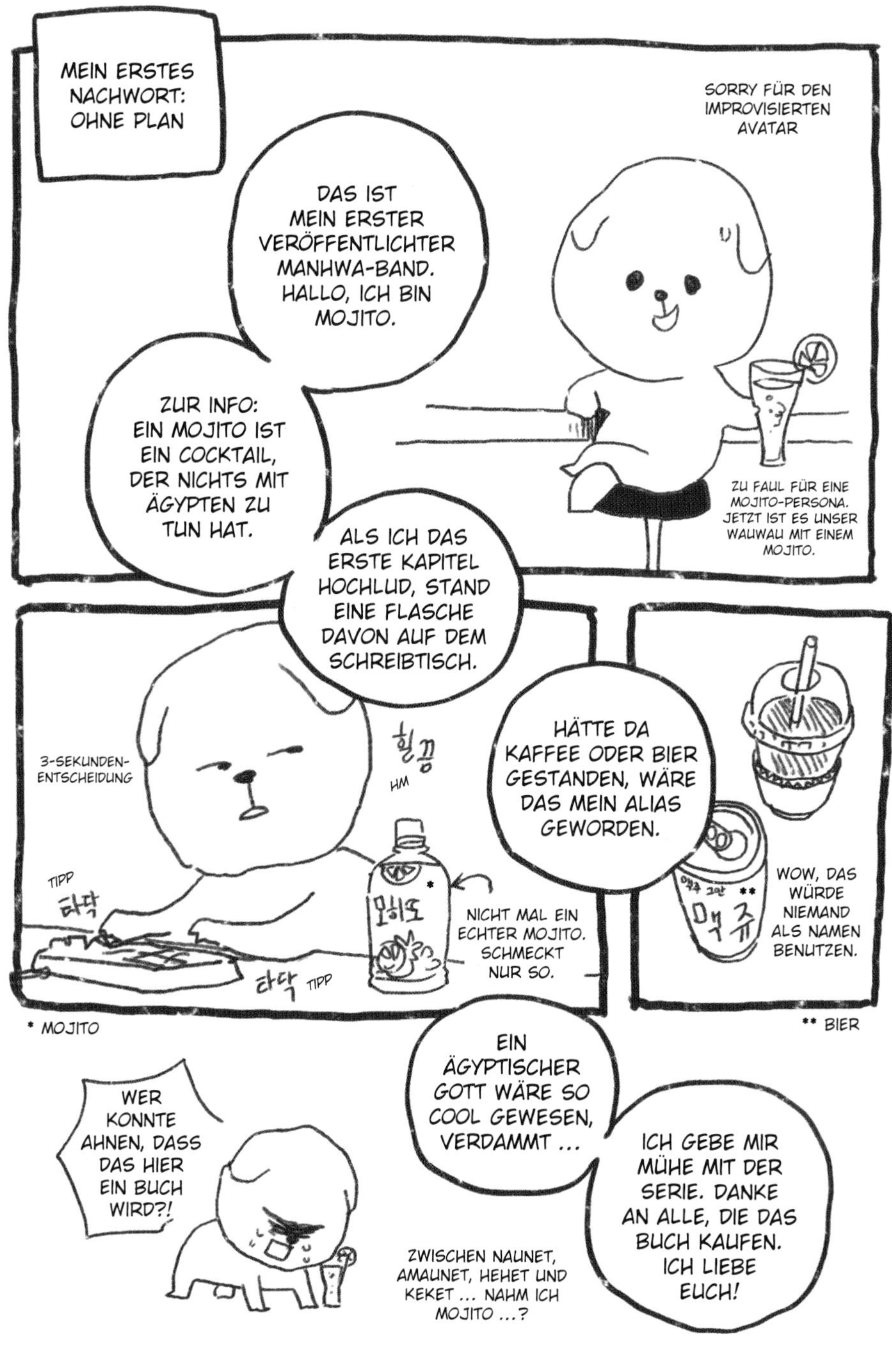
MEIN ERSTES NACHWORT: OHNE PLAN
SORRY FÜR DEN IMPROVISIERTEN AVATAR
DAS IST MEIN ERSTER VERÖFFENTLICHTER MANHWA-BAND. HALLO, ICH BIN MOJITO.
ZUR INFO: EIN MOJITO IST EIN COCKTAIL, DER NICHTS MIT ÄGYPTEN ZU TUN HAT.
ZU FAUL FÜR EINE MOJITO-PERSONA. JETZT IST ES UNSER WAUWAU MIT EINEM MOJITO.
ALS ICH DAS ERSTE KAPITEL HOCHLUD, STAND EINE FLASCHE DAVON AUF DEM SCHREIBTISCH.
3-SEKUNDEN-ENTSCHEIDUNG
흰끙
HM
TIPP
타닥
타닥 TIPP
모히또
NICHT MAL EIN ECHTER MOJITO. SCHMECKT NUR SO.
HÄTTE DA KAFFEE ODER BIER GESTANDEN, WÄRE DAS MEIN ALIAS GEWORDEN.
맥주
WOW, DAS WÜRDE NIEMAND ALS NAMEN BENUTZEN.
* MOJITO
** BIER
WER KONNTE AHNEN, DASS DAS HIER EIN BUCH WIRD?!
EIN ÄGYPTISCHER GOTT WÄRE SO COOL GEWESEN, VERDAMMT …
ZWISCHEN NAUNET, AMAUNET, HEHET UND KEKET … NAHM ICH MOJITO …?
ICH GEBE MIR MÜHE MIT DER SERIE. DANKE AN ALLE, DIE DAS BUCH KAUFEN. ICH LIEBE EUCH!

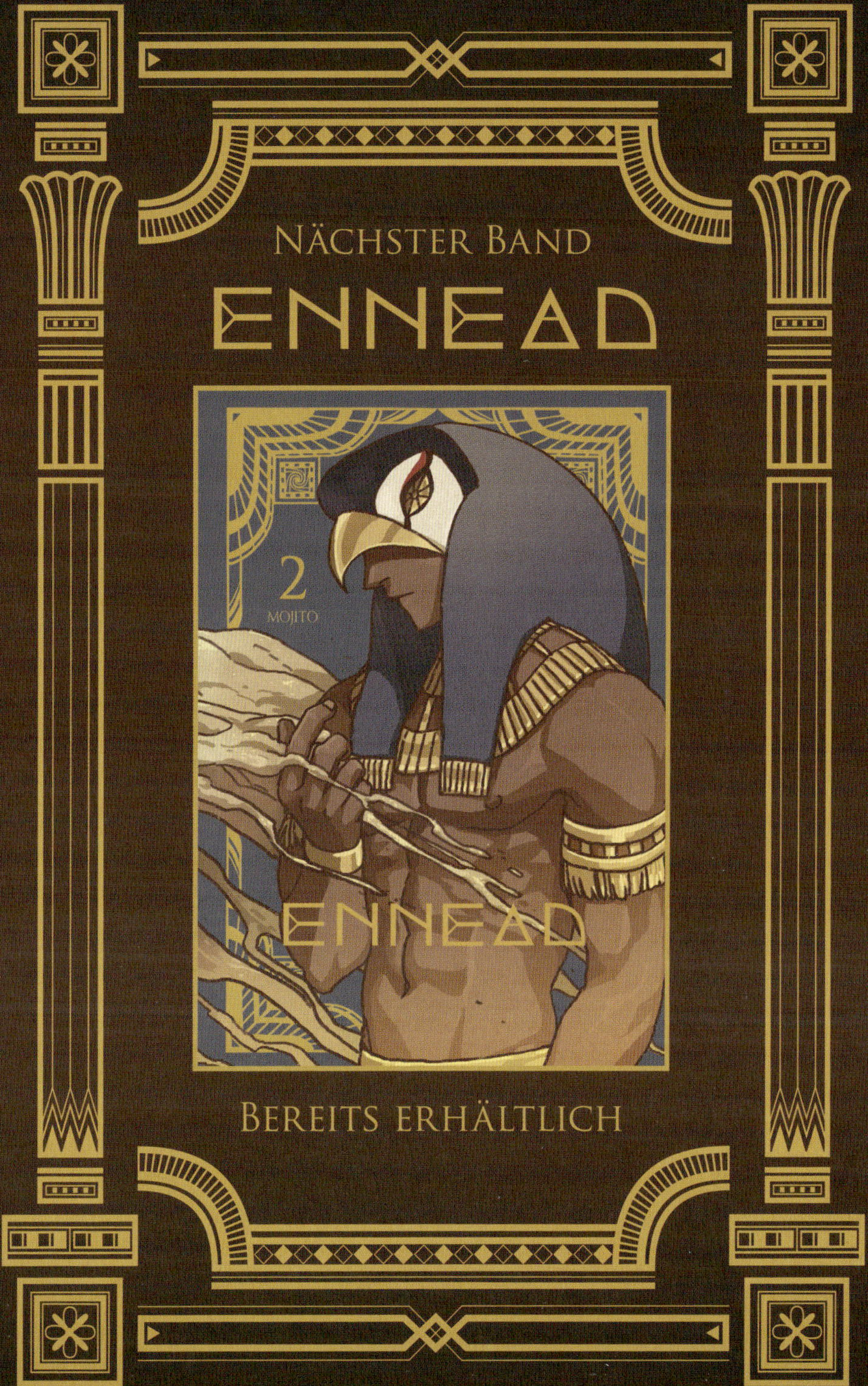
Nächster Band
ENNEAD
2
MOJITO
ENNEAD
Bereits erhältlich

ENNEAD